U0711315

车用安全通信

——协议、安全及隐私

[意] 卢卡·戴尔格罗斯 (Luca Delgrossi)
[美] 张涛 (Tao Zhang) 著

鲁光泉　田大新　王云鹏　译

北京理工大学出版社
BEIJING INSTITUTE OF TECHNOLOGY PRESS

图书在版编目（CIP）数据

车用安全通信：协议、安全及隐私／（意）戴尔格罗斯（Delgrossi，L.），（美）张涛著；鲁光泉，田大新，王云鹏译．—北京：北京理工大学出版社，2015.4

书名原文：Vehicle safety communications：protocols，security and privacy

ISBN 978－7－5682－0092－9

Ⅰ．①车…　Ⅱ．①戴…　②张…　③鲁…　④田…　⑤王…　Ⅲ．①汽车－通信设备　Ⅳ．①U463.67

中国版本图书馆 CIP 数据核字（2015）第 014757 号

北京市版权局著作权合同登记号　图字：01－2014－1559 号

出版发行／北京理工大学出版社有限责任公司
社　　址／北京市海淀区中关村南大街 5 号
邮　　编／100081
电　　话／（010）68914775（总编室）
　　　　　82562903（教材售后服务热线）
　　　　　68948351（其他图书服务热线）
网　　址／http：//www. bitpress. com. cn
经　　销／全国各地新华书店
印　　刷／保定市中画美凯印刷有限公司
开　　本／710 毫米×1000 毫米　1/16
印　　张／24.75
字　　数／396 千字
版　　次／2015 年 4 月第 1 版　2015 年 4 月第 1 次印刷
定　　价／98.00 元

责任编辑／封　雪
文案编辑／封　雪
责任校对／孟祥敬
责任印制／王美丽

译者序言

交通拥堵、交通污染和交通安全是交通领域亟待解决的三大难题。不断提升交通系统的智能化水平，是提高交通安全水平、缓解交通拥堵和交通污染的有效途径。随着通信技术的快速发展，作为新一代智能交通系统技术的车路协同受到越来越多的关注。协同式的智能交通系统成为智能交通系统的新阶段，美国、日本和欧盟先后部署了相关的国家计划开始关键技术研发。2012 年，美国运输部、美国国家公路交通安全管理局会同密歇根大学在密歇根州进行了车车/车路通信及其预警技术的应用试验，有 3000 辆车参与。随后，美国运输部在 2014 年 2 月 3 日发表对外声明，决定推动车车通信技术在轻型车上的应用。这标志着车路协同技术即将从实验室走向应用市场，将成为继安全带、ABS 之后汽车的第三个基础安全装备，将为交通安全带来新的技术变革。

毋庸置疑，车用通信是未来车路协同技术的基础。在为车与车、车与路提供有效、可靠的无线通信的同时，车用通信的安全与隐私问题也越来越受到人们的关注。作为一项可能会影响大部分人出行安全的新技术，安全与隐私是车用通信技术在大规模推广应用之前必须解决的问题。我国也越来越关注车路协同技术的发展，并对其进行了系统研究，但总的来说，通信的安全与隐私问题还没有引起足够的重视，相关的研究工作开展得还不够深入。Luca Delgrossi 和 Tao Zhang 的这本著作，对车用通信的安全与隐私问题，提出了一系列解决方案。本书的翻译出版，对我国车路协同技术的发展具有非常积极的意义，能够为我国进行车用通信方案的设计和部署提供非常有价值的参考。

本书的翻译工作由鲁光泉、田大新和王云鹏负责，前言、第1~5章由王云鹏负责翻译，第6~9章和第14~17章由田大新负责翻译，第10~13章和第18~22章由鲁光泉负责翻译。参与翻译的人员还包括杨家骐、鲍泽文、张然、陈海冲、李鲁苗、罗毅、李良、宋阳、张鑫、杨越、单雄宇、鲁彬彬。另外，衷心感谢北京理工大学出版社的大力协助。作为一本学术专著，本书涵盖了通信技术、车辆工程、交通运输等学科的知识，专业程度较高，在翻译过程中，我们尽可能保留原著的写作风格，但由于自身水平有限，本书在翻译过程中难免存在不足之处，也希望能够得到各位读者的悉心指正。

译　者

2014年8月于北京航空航天大学

前言（一）

经过数十年的发展，车辆已具备多种辅助驾驶功能。现代汽车已经具有主动制动避撞、安全车距保持、车道保持、避让行人等功能，这些功能是通过安装在车辆上的传感器实现的。车辆可以通过传感器监测其行驶安全性并感知周围的行车环境。当车辆实现了用自己的“眼睛”检测周围的行车环境，并将这些信息传递给周围车辆的功能的时候，上述功能会变得更加完善。这就进入了车车通信技术的发展时代。

在当今世界几乎所有事物都趋于联网的大环境下，人们自然会想到开发具有信息交流功能的汽车。然而，目前高档汽车上最先出现的车车通信应用都需要人的参与：车辆能够为乘员提供浏览网页和查看邮件服务，或者允许远程访问车辆状态，例如重新调整车辆充电过程。在车辆之间、机器之间实现直接通信是一个全新的领域，本书将对该领域中的一些规则进行阐述。

Luca Delgrossi 和 Tao Zhang 不仅是定义车车通信的先驱，同时也是车车通信方面研究的开拓者。从最早参与美国运输部（U. S. Department of Transpor-tation，US DOT）按照美国电气和电子工程师协会（Institute of Electrical and Electronics Engineers，IEEE）的标准进行的早期研究项目到现在发展情况测试，他们参与了许多著名的项目，并创立了汽车领域里的通用语言。在此，谨对他们能够通过本书分享其学术成就表示祝贺。作为工程师，由于在开发车车通信功能时需要借助此语言进行研究，本书将成为我们的重要参考书籍。

开展车车通信研究前景何在？可以肯定的是，我们能够提高车辆和道路交通的安全水平。汽车可以将检测到的危险情况发送给后面的车辆，通过提前预警的方式减缓驾驶员面对紧急情况时的惊慌情绪。这些预警包括前方道路转角处发生交通事故、前方出口匝道有“黑冰”路况、在右侧车道上有故障车辆等。最后，驾驶辅助系统可以通过将采集到的信息进行整合分析以及与其他传感器的联合使用，实现更高级的自动控制，比如采取紧急制动和车道保持等功能。此外，从车辆上收集的大部分信息都可以用来提高车辆的机动性，甚至能够通过更加统一的车车通信平台来提高通行效率。最终，车辆可以通过接收到的信息进行协调控制，使车车通信成为自动驾驶新兴领域中的一个元素。

我们尚未完全进入车车通信的时代，在未来的几年内也不能实现。任何网络技术的价值都是随着通信实体数目的增多而提高的。要想在道路上使通信车辆达到合适的数量并不是一项简单的工作，在研究开展的过程中还存在其他的问题，比如使用者会担心系统的安全问题而阻碍研究的推广。本书在介绍车车通信内容的同时也会对相关问题加以适当的阐述。

Ralf G. Herrtwich
驾驶辅助系统和底盘系统
群组研究和先进工程
戴姆勒公司

前言（二）

我为能够在这本适时且重要的书上发表一些自己的想法感到非常荣幸。

本书是由该领域内的两位先驱编写的。他们是车车通信和车路协同技术方面技术、规范、开创性研究和相关应用方面研究的积极参与者。本书将很快成为该领域内的一本参考书，它在技术层面上提供了清晰的、有组织的、全面性的指导，站在该领域研究的最前沿，而且具有历史性、推动性和应用性。

本书对我们的产业发展非常重要，它让我们看到了交通运输领域发生巨大转变的希望。

本书是车车通信研究成就的一个重要见证，作者是学术界和工业界充满激情、富有远见的领导者——Luca Delgrossi 和 Tao Zhang。他们在该领域研究多年，使得这些技术逐渐发展成熟，并最终达到了可以普遍应用的程度。

事实上我们相信，他们的努力最终不仅仅在传统的道路交通领域内有重大意义，更会在相近领域有恰当的体现。

本书所介绍的技术和应用必将在智能交通、智能城市、自动化产业和因移动信息广泛连接而著称的“物联网”方面起到非常重要的作用。

感谢 Luca Delgrossi 和 Tao Zhang 这么多年来的梦想坚持、研究努力和科研成果。感谢这本书，给许多人介绍了该领域技术的价值体系，这些人也会帮你们实现梦想！

Flavio Bonomi

思科公司，副总裁

高级架构和研究部主管

思科系统公司

前言（三）

汽车在当今全球社会中所扮演角色的重要性一如既往。Luca Delgrossi 和 Tao Zhang 编写了一本意义重大的书，该书提出了在车辆设计、公共监管机构和消费者方面一个最重要的问题，即安全和现代通信能够给什么带来显著改善并使其得以实现的问题。这是一个复杂的课题，我不得不称赞作者在研究中所采用的清晰和结构化的方法。首先，他们从许多观点中总结了有关机动车辆“安全”的事实现状。其次，他们抓住了先进技术的要旨，明白对于减少事故数量和降低事故损失的研究是永无止境的课题，该课题需要借助一些在特定时刻可以使用的应用技术。这也为我们带来了一些新的技术方法，其核心是对无线通信技术和数码电子产品的开发。再次，他们提出了多学科方法的重要性，这也是该书如此重要的原因之一，它融合了来自不同技术领域的基础和细微的知识，将汽车工程、安全、无线通信工程和网络安全都组织到一个架构内，这就给尽快减少机动车辆事故数量、降低事故带来的人员伤害和财产损失带来了希望。

我们正处于数字化革命迫使车辆设计者和制造商重新考虑和修改汽车的功能和控制系统的时代，同时也是高速公路基础设施发生巨大变化的时代。这些变化的产生在很大程度上是因为功能强大的移动设备得到广泛使用，这些设备具备不断增长的计算能力、访问储存和实时信息的能力、移动通信能力等以及功能更加强大的接口。研究人员希望一些已经进入人们日常生活中的功能能够在车辆上得到实现，包括娱乐、便利性、车辆管理和行车安全。我们在数字传感器和执行器、人工智能和各种子系统方面进行了大量投资，并把它们应用到汽车和高速公路上，这些投资要依靠大规模普及才能获利。以汽车安全问题为例，需要考虑以下两个方面：首先，从被动系统到主动系统，最后到自动化系统，该自动化系统可以在很少或者没有驾驶干预的情况下实现自动化安全指引。其次，从独立的车辆到与其他车辆或周围基础设施之间互相通信的系统，最终实现信息交互的深度优化系统，该优化系统协调共享信息、协同决策以提高行车安全性和机动性，并减少对环境的影响。这就是网络和云计算的时代。

要想实现以上描述还有着很复杂的技术性问题，本书可以为解决这一问题奠定基础。本书内容包括了车内信息传送和处理的体系结构，以及车辆对外部信息的接收和处理。值得注意的是，本书的主题通过几个层面进行讨论，清晰地阐述了影响车辆安全的因素。这些主题包括：车辆交互的总体方案，以及利用信息连通性实现各种功能的方式。其中，一个重要的内容就是信息交互技术的解释性说明和如何满足设计要求，包括延迟、延迟抖动、可扩展性要求。本书对于计算和仿真的过程都进行了详细描述，使得读者能够理解其中各细节。本书极其重要的研究内容之一是对安全和隐私的深入探索，以及建立加密和密钥/证书管理的基本机制。我们很难想象，如果没有本书的正确思想引导，该如何建立智能汽车的基本控制系统。同时，要明白我们所面临的问题是什么，以及找到难以满足通信要求的核心原因。最后，虽然我们可以理想化一些概念，并构建一个理想化的安全系统，再对其进行仿真研究，但是这仍然不如根据实验和典型实际场景进行研究。作者阐述了该领域已经取得的一些研究成果。本书对于从事车车交互系统的研究人员以及想要了解这方面潜在技术的人员来说，都是一本非常不错的参考书。

在本前言的最后，谨表达对于 Luca Delgrossi 和 Tao Zhang 编写本书的感谢。我知道他们每天处于充满压力的生活环境里，很难抽出大量时间来编写本书。无论如何，他们成功地向我们提供了一本非常优秀的书，并且为他人奠定了相关研究的知识基础。我们可以看到他们在日常工作之外的付出，同时我们对他们的努力和成就表示称赞。

Adam Drobot
董事长
Open Tech Works 公司
达拉斯，得克萨斯

前言（四）

每天由道路交通事故所造成的人员伤亡和财产损失都是巨大的。虽然近几年来出现了许多改善行车安全性的措施，但是随着车辆数目和车辆平均行驶里程的增加，解决行车安全问题变得越发困难。因此，开发可以显著减少碰撞事故次数、降低事故损失的安全系统就变得尤为重要。无线通信技术或许能够成为新的自动安全系统的基础。

在过去的十几年里，工程师已经在应用于车辆安全的无线通信技术方面取得了突破性进展。使用专用短程通信（DSRC）可以获取高质量的数据（数据由车载传感器获取），这在很大程度上完善了现有系统。在车辆之间共享这些高质量数据，可以使得车辆“看见”周围的行车环境和潜在的危险。2012 年，在早期样机开发和相关实验进行的基础上，一种基于无线通信的安全系统在世人面前展示了其功能。

本书重点关注车辆安全通信，阐述了建立适用于日常行驶车辆的完整无线通信系统的基本原理、设计准则和通信协议。同时，还描述了一些风险和挑战，诸如如何建立车辆间的信任机制、数据的安全交换机制以及车车通信网络的隐私保护机制等。

车辆安全通信系统的设计过程中存在有许多问题，比如传统车辆需要在短时间内完成加速过程，这就要求通信延迟尽量低并且搭建通信通道的速度要快。与现有网络不同，在车辆间交换关键安全数据是通过对短消息进行周期性广播来实现的。提高数据传输可靠性的传统机制（例如数据包确认和重新传输）不再有效，因为车辆是时刻运动的，延迟的数据包很可能包含过时信息。数据的传输可以在不同环境中实现，从城市峡谷到山地地区和农村地区，不同环境对于信号传播和网络性能都有不同影响和要求。此外，通信系统还必须能够迅速适应车辆的高速运动状态和交通密度等情况。

类似地，对于车车通信网络还有专门的安全性和隐私方面的要求。车辆要在很短时间内交换数据信息，因此它们必须对这些信息建立充分的信任。保护驾驶员的隐私会与其他一些功能产生冲突，这些功能包括通信安全、车辆安全应用程序、错误或恶意实体检测等。全国范围的车车通信网络需要高度的系统可扩展性，这对安全和隐私管理提出更高层次的复杂要求。在这样的要求背景下，许多针对小型网络的解决办法都无法扩展、失效或者变得效率低下。

同时，车车通信网络的搭建也受到车辆需求带来的额外约束。车载安全设备必须进行机动车等级标准认证，解决车载硬件或者软件的问题或者对其进行改装会在给消费者和制造商带来不便的同时产生巨大的成本。最后，由于现代车辆的使用寿命普遍较长，若要使得不同年代的车载通信和安全系统协调工作，这就给车辆发展带来了兼容性方面的挑战。

在过去的十几年里，工业界、学术界和政府部门之间开展合作，大力推动了车辆安全通信的发展。本书介绍了这些努力所催生的主要成果，并为以后的研究奠定了坚实的基础。为了吸引更多读者，我们将尽量平衡技术细节与文本可读性之间的矛盾。

本书大纲

第 1 章至第 3 章主要介绍主动安全的概念，包括撰写本书的动机、内容和车辆安全应用的种类。第 1 章给出美国、欧洲、日本和其他一些国家的道路交通事故数据，说明交通事故在人员伤亡和财产损失方面造成的巨大代价，也同时说明了车辆安全问题的实际现状。第 2 章阐述主动安全系统的发展过程，包括对于被动安全技术（如安全带和安全气囊）、主动安全技术和最新的驾驶辅助系统的介绍。第 3 章介绍支持车载安全系统的车载单元，包括电子控制单元、传感器和车载通信网络等，同时还讨论车辆数据采集、定位与安全方面的问题。

第 4 章至第 9 章重点介绍面向车辆安全的无线通信技术，即车车通信。第 4 章讨论车车通信的模式和应用需求，强调车车通信网络的重要性。此外，还对现有的各项技术进行评估，以得出其是否适用于车辆安全通信的结论。第 5 章介绍 5.9 GHz DSRC 的频率分配和车间无线通信（Wireless Access in Vehicular Environment，WAVE）的接入标准协议栈。第 6 章和第 7 章分别描述按照美国电气和电子工程师协会（Institute of Electrical and Electronics Engineers，IEEE）802.11p 标准的物理和介质访问控制层行为。第 8 章介绍有关确定 DSRC 最佳数据传输速率的研究。第 9 章介绍 WAVE 的上层协议，包括 WAVE 简讯通信协议（WAVE Short Message Protocol，WSMP）和关于 DSRC 多通道操作的 IEEE 1609.4 标准。

第 10 章至第 12 章阐述在几个方面具有代表性的安全应用，这些应用是近期合作研究的部分研究成果。第 10 章主要介绍车路（Vehicle to Infrastructure，V2I）协同技术应用。第 11 章主要介绍车车（Vehicle to Vehicle，V2V）交互通信技术应用。第 12 章介绍 DSRC 的扩展性和消费者车联网拥塞控制算法方面的进展。

第 13 章至第 21 章介绍有关车车通信网络安全和隐私保护方面的问题。第 13 章阐述在大规模车车通信网络中特有的安全隐患与隐私要求。第 14 章描述基本加密机制，该机制对于支持车联网中的安全和隐私至关重要。第 15 章着重讲解如何将公钥基础设施（Public Key Infrastructure，PKI）扩展到管理安全凭据的应用方面（例如将数字证书用于大规模车车通信网络），并讨论在使用数字证书和 PKI 隐私保护时需要解决的问题。第 16 章至第 18 章介绍并分析三种隐私保护数字证书管理方法：共享证书、短期证书和群体证书。第 19 章提出的方法扩展了第 16 章至第 18 章中所给出的各解决方案，该方法可以排除违反运营商安全证书管理系统的潜在风险，从而能够保护驾驶员的隐私。第 20 章对前面提到的三种隐私保护数字证书管理方法进行简单的对比。第 21 章介绍支持 DSRC 网络安全的 IEEE 1609. 2 标准。

本书在最后一章，即第 22 章，讨论第四代蜂窝网络在支持相应车辆安全通信技术方面的应用。

Luca Delgrossi
Tao Zhang

致　谢

感谢所有参与本书所提及研究的学者、研究人员、各界朋友，在此我们无法将各位名讳一一列举。在防碰撞联盟（Crash Avoidance Metrics Partnership，CAMP）项目中，我们组建了一个富有协作成效的理想环境。研究荣誉应当颁给 CAMP 项目的负责人 Mike Shulman。作为一系列国际项目的领导者，Farid Ahned - Zaid、Hariharan Krishnan、Michael Maile 和 Tom Schaffnit 带领我们不断改进原型样机系统。我们通过与 CAMP 项目工程师的交流拓展了思路并获取了丰富的知识。在车路协同联盟（Vehicle Infrastructure Integration Consortium，VIIC）项目中，我们开发了车载设备和终到终隐私保护安全证书管理系统来实现安全通信。非常感谢包括 VIIC 项目主要负责人 Ralph Robinson、Dave Henry 和 Tom Schaffnit 在内的 VIIC 项目中的所有工程师和专家，他们都做出了卓越的贡献。宝马、克莱斯勒、福特、通用、本田、现代 - 起亚，梅塞德斯 - 奔驰、日产、丰田、大众 - 奥迪等公司都参与了 CAMP 和 VIIC 项目，在此，为它们能在当下如此激烈的竞争环境中配合开展本研究表示感谢。

在美国加利福尼亚州帕罗奥多的梅赛德斯 - 奔驰团队中，有一些 DSRC 方面的先驱致力于该项工作。Qi Chen 和 Daniel Jiang 与卡尔斯鲁厄理工学院的 Felix Schmidt - Eisenlohr 合作，共同开发了网络仿真器 2（Network Simulator 2，NS - 2），本书中有许多结果都是由该软件模拟得出的。网络研究人员可以免费使用该软件。Michael Maile 带领团队开展了交叉口协同避撞系统（Cooperative Intersection Collision Avoidance System for Violations，CICAS－V）的开发，同时他也是车路（V2I）协同系统研究领域的世界级专家之一。Craig Robinson 是 2008 年公开展示的综合安全系统的首席研发人员。Gordon Peredo、Graham Brown 和 Kyla Tirey 对 V2V 和 DSRC 系统研究有着多年的经验，他们在乘用车和商用车上建立了大量功能完整的模型系统。Mike Peredo 开发了应用于路测设备的软件，本书中有多张关于该软件的照片。Tessa Tielert 在 DSRC 项目的拥塞控制和可扩展性研究中取得了重大突破。

本书中有关隐私保护安全技术的车辆通信研究成果是在与 Telcordia 公司多位同事的密切合作下共同完成的，特别感谢 Stanley Pietrowicz、Hyong Shim、Giovanni Di Crescenzo 和 Eric van den Berg 的大力配合。我们已经与诸多工业界伙伴和汽车供应商建立了密切的合作关系，特别感谢 Roger Berg、Sue Graham 和日本电装国际（美国）的大力支持，是他们最早参与并研发了我们今天仍然在使用的平台和系统。

Andrew Moran 和 Yvonne Peredo 对本书第一部分内容中的数据和实例进行了研究和验证工作。John Kenney 对本书初稿提供了宝贵的意见。Emma Asiyo 和 Greg Stevens 对本书给予了支持。最后，特别感谢本书编辑的大力支持：Wiley 公司的 Diana Gialo 和 Kristen Parrish 以及 Toppan Best－Set Premedia 公司的 Stephanie Sakson。

Luca Delgrossi

Tao Zhang

目　录

第 1 章　交通安全 …… 1
1.1　交通安全数据 …… 1
1.2　欧盟 …… 5
1.3　日本 …… 7
1.4　发展中国家 …… 8
参考文献 …… 8
第 2 章　汽车安全技术进展 …… 11
2.1　被动安全 …… 11
2.2　主动安全 …… 13
2.3　高级驾驶辅助系统 …… 16
2.4　协同式安全技术 …… 18
参考文献 …… 20
第 3 章　车辆结构 …… 23
3.1　电子控制单元 …… 23
3.2　车用传感器 …… 24
3.3　车载通信网络 …… 26
3.4　车辆数据 …… 28
3.5　车辆数据安全 …… 29
3.6　车辆定位 …… 31

参考文献 …… 34
第 4 章 车联网 …… 37
4.1 车联网应用 …… 37
4.2 车辆用户网络的唯一性 …… 39
4.3 车辆通信模式 …… 40
4.4 车辆无线通信技术 …… 44
参考文献 …… 46
第 5 章 专用短程通信 …… 49
5.1 5.9 GHz 频段 …… 49
5.2 欧盟的 DSRC …… 51
5.3 日本的 DSRC …… 52
5.4 DSRC 标准 …… 53
参考文献 …… 55
第 6 章 WAVE 的物理层 …… 59
6.1 物理层计算 …… 59
6.2 物理层修正 …… 63
6.3 物理层建模 …… 65
参考文献 …… 69
第 7 章 WAVE 的媒体访问控制层 …… 71
7.1 媒体介质控制层操作 …… 71
7.2 MAC 层修正 …… 73
7.3 MAC 层建模 …… 74
7.4 升级后的 NS－2 设施 …… 79
参考文献 …… 80
第 8 章 DSRC 的数据速率 …… 83
8.1 简介 …… 83
8.2 通信密度（CD） …… 84
8.3 最佳的数据速率 …… 92
参考文献 …… 98
第 9 章 WAVE 的上层 …… 101
9.1 简介 …… 101
9.2 DSRC 多信道操作 …… 102
9.3 协议评估 …… 105

9.4　WAVE 简讯通信协议（WSMP）…… 110
参考文献 …… 111
第 10 章　车路协同安全应用 …… 113
10.1　交叉口碰撞 …… 113
10.2　针对交通违法的交叉口协同避撞系统 …… 114
10.3　综合安全应用演示 …… 125
参考文献 …… 131
第 11 章　车车协同安全应用 …… 133
11.1　车车交互技术 …… 133
11.2　V2V 安全应用技术 …… 134
11.3　车车协同安全应用设计 …… 135
11.4　系统实现 …… 142
11.5　系统测试 …… 145
参考文献 …… 147
第 12 章　DSRC 扩展（DSRC 可扩展性） …… 149
12.1　引言 …… 149
12.2　DSRC 数据流量 …… 150
12.3　拥挤控制算法 …… 153
12.4　总结 …… 156
参考文献 …… 157
第 13 章　安全与隐私威胁及需求 …… 161
13.1　引言 …… 161
13.2　对手（攻击者）…… 161
13.3　安全威胁 …… 162
13.4　隐私威胁 …… 165
13.5　基本安全功能 …… 169
13.6　隐私保护功能 …… 170
13.7　设计与性能要素 …… 171
参考文献 …… 174
第 14 章　加密机制 …… 177
14.1　概述 …… 177
14.2　加密机制的类别 …… 177
14.3　数字签名算法 …… 181

14.4 身份验证和完整性确认 …… 205
14.5 Diffie - Hellman 密钥建立协议 …… 208
14.6 椭圆曲线加密集成方案（ECIES） …… 210
参考文献 …… 214
第 15 章 车辆网络公钥基础设施 …… 219
15.1 概述 …… 219
15.2 公钥证书 …… 220
15.3 信息身份验证与证书 …… 221
15.4 证书撤销列表（CRL） …… 222
15.5 基准参考车辆 PKI 模型 …… 223
15.6 配置初始安全参数和初始分配证书 …… 224
15.7 接收新的密钥和证书 …… 226
15.8 将证书分发到车辆以核实签名 …… 228
15.9 误用检测证书和具备异常行为的车辆 …… 230
15.10 车辆获取 CRL 的方式 …… 234
15.11 CRL 分发到车辆的时间间隔 …… 236
15.12 公钥基础设施（PKI）的层次结构 …… 238
15.13 车辆 PKI 的隐私保护 …… 240
参考文献 …… 242
第 16 章 隐私保护与共享证书 …… 245
16.1 共享证书 …… 245
16.2 组合认证方案 …… 245
16.3 证书撤销附带损害 …… 247
16.4 认证间隔 …… 249
16.5 减少间接损害，提高认证间隔 …… 252
16.6 低密度区域车辆的隐私 …… 260
参考文献 …… 264
第 17 章 短期独有证书的隐私保护 …… 267
17.1 短期独有证书 …… 267
17.2 基本短期独有证书计划 …… 267
17.3 CRL 过于庞大的问题 …… 269
17.4 通过匿名链接的证书来减小 CRL 的大小 …… 270
17.5 减少 CRL 的搜索时间 …… 274

17.6　不可链接的短期证书 …… 275
17.7　减少证书申请量和信文回复 …… 276
17.8　决定每个车辆的证书数目 …… 276
参考文献 …… 279
第 18 章　群签名机制下的隐私保护 …… 281
18.1　群签名 …… 281
18.2　知识的零知识证明 …… 282
18.3　ACJT 群签名方案及其在 ITS 中的扩展 …… 284
18.4　包含撤销功能的 CG 群签名方案 …… 293
18.5　短群签名方案 …… 294
18.6　使用本地验证撤销的群签名方案 …… 298
参考文献 …… 299
第 19 章　针对认证授权中心的隐私保护 …… 303
19.1　引言 …… 303
19.2　基本思想 …… 303
19.3　基础分离式 CA 架构、协议和消息处理 …… 304
19.4　共享证书的分离式 CA 架构 …… 309
19.5　无关联短期证书的分离式 CA 架构 …… 309
19.6　匿名关联短期证书的分离式 CA 架构 …… 314
参考文献 …… 320
第 20 章　隐私保护证书管理方案对比 …… 321
20.1　引言 …… 321
20.2　主要特征比较 …… 322
20.3　异常行为检测 …… 324
20.4　阻止 CA 和 MDS 运营商滥用隐私的能力 …… 325
20.5　总结 …… 326
第 21 章　IEEE 1609.2 安全服务 …… 327
21.1　引言 …… 327
21.2　IEEE 1609.2 标准 …… 327
21.3　证书和证书授权等级 …… 329
21.4　公共密钥、签名、证书以及 CRL 的格式 …… 331
21.5　消息格式及建立加密消息的方式 …… 337
21.6　发送消息 …… 339

21.7 从 CA 获取证书 …… 340
21.8 请求和处理 CRL …… 345
21.9 现行 IEEE 1609.2 标准中未包含的内容 …… 346
参考文献 …… 348
第 22 章 4G 技术在车辆安全通信中的应用 …… 351
22.1 引言 …… 351
22.2 长期演进技术（LTE） …… 351
22.3 LTE 在车辆安全通信中的应用 …… 356
参考文献 …… 362
词汇表 …… 365

第 1 章 交通安全

1.1 交通安全数据

在美国，每年平均发生 600 万次交通事故，涉及 1 000 万辆机动车。2009 年，发生了大约 5 505 000 次机动车辆事故，造成了 33 808 人死亡和 2 217 000 人受伤，平均每天有 93 人死亡（即平均每 16 min 死亡 1 人）。在美国，道路交通事故是造成 3 ~ 34 岁人群死亡的最主要原因。这些数据还仅仅是警方提供的事故数量，实际道路交通事故的数量可能会更庞大。

在交通事故的发生地点中，占比例最大的是交叉路口。2007 年，美国发生在路口的事故有 2 392 061 次，占交通事故总量的 39.7%，这些事故共导致 8 061 人死亡，1 711 000 人受伤。据估计，平均每年在路口发生 250 000 起因闯红灯而与其他方向行驶而来的车辆发生碰撞造成的交通事故。

近来，有一项研究计算出了交通事故给美国不同规模和人口数量的大城市所造成的损失。研究表明，在小城市、较大城市和大城市发生的交通事故中，每人次的平均损失分别是 1 946 美元、1 392 美元和 1 579 美元。交通事故在造成人员死亡的同时，也给社会造成了严重的经济压力，使得包括医疗、伤残、保险和财产损失等方面在内的成本都会增加。仅 2000

年，美国因车辆事故所造成的相关社会经济损失大约为 2 300 亿美元，约占当年国内生产总值（GDP）的 2.3%。

车辆事故对通行效率也造成了极恶劣的影响。据美国联邦公路局（Federal Highway Administration，FHWA）统计，大约25%的交通阻塞与车辆碰撞和其他交通事故有关。根据统计，每年因交通拥堵所造成的每人次平均损失，在小城市、较大城市和大城市中的分别是 214 美元、575 美元和 407 美元。

1.1.1 死亡数据

根据美国国家公路安全管理局（National Highway Traffic Safety Administration，NHTSA）和美国联邦公路局（FHWA）发布的数据，仅自 1899 年以来，道路交通事故已经在美国造成了 3 300 000 人死亡。1899—1931 年，随着汽车的普及，每年死亡人数大幅度增加。交通事故所造成的年死亡人数在保持了几十年稳定状态后，再次出现增长态势，到 1969 年达到了最高值的 53 543 人（图 1－1）。自此，每年死亡的人数在很长一段时间内又一次进入相对稳定的状态，在车辆安全措施大幅改进之后，死亡人数在一定范围内甚至有所下降。随着汽车保有量的增加，降低交通事故所造成的伤亡变得越来越难。

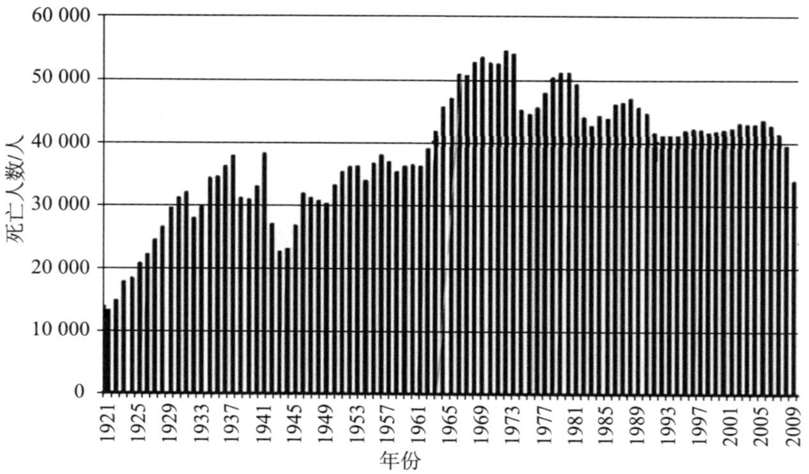

图 1－1 美国交通事故年度死亡人数

交通事故的死亡人数并不能完全说明汽车安全的现状。根据美国联邦公路局数据，自 1899 年起，汽车市场开始不断扩大，车辆行驶里程（Vehicle Miles Traveled，VMT）从 1900 年的 1 亿车英里①暴涨到 2007 年的 3 兆车英里。但是，汽车平均每行驶 1 英里所造成的死亡人数实际上是下降的（图 1－2）。1921 年，美国每亿车英里行驶里程死亡人数为 24 人，是 2009 年每亿车英里死亡人数 1.13 人的 21 倍。

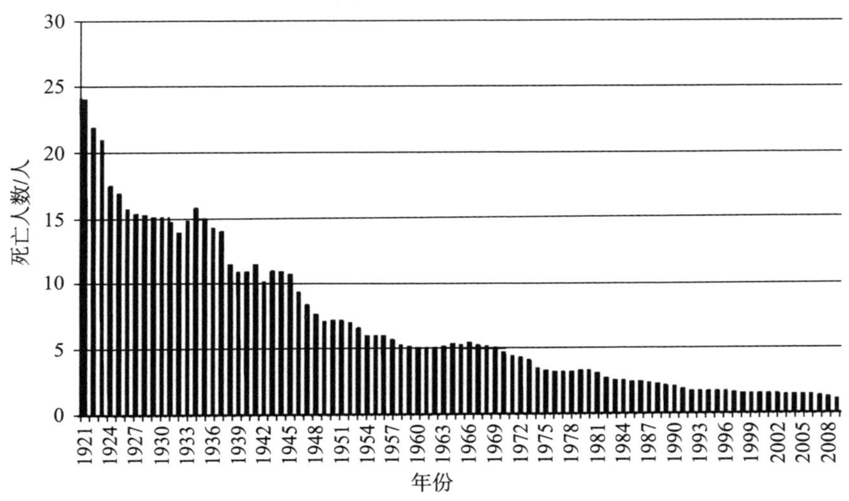

图 1－2　美国年度亿车英里死亡人数

尽管道路上的车辆数量和车辆行驶里程增加了，但是随着高效汽车安全系统的广泛采用，以及安全立法的改进和安全教育力度的提高，由交通事故所造成的伤亡得到了有效控制。随着人们出行量的增加，全新科技将会在降低事故伤亡方面发挥越来越关键的作用。

1.1.2　事故原因

根据美国国家公路安全管理局所给出的数据，造成碰撞事故发生的三个主要原因是：无预警操作、前车突然停止、路边起步时操作不规范。2004 年，上述情况每年都造成 100 万功能年损失和 400 亿经济损失。

---

① 1 英里（mi）＝1 609.344 米（m）。

理解导致机动车事故的原因对于未来开展交通事故的预防研究至关重要。2008年，美国国会授权美国国家公路安全管理局（NHTSA）进行全国机动车事故原因调查。NHTSA对2005—2008年具有代表性的一些事故样本进行了调查统计。在数据的收集过程中，调查人员得到了当地执法部门授予的临时权限并可以作为事故现场的紧急人员，可以在事故现场被执法部门清理之前，对事故痕迹进行调查。调查人员通过询问交通事故相关的驾驶员、乘员和目击者等，及时了解事发当时的情形。调查人员能够快速准确地将现场的痕迹物证与目击者描述结合起来，再通过将这些线索与其他数据进行对比分析，这样就可以找到造成事故的关键点和原因，并能够找出其他在事故中起到促进作用的因素。

因驾驶员失误而引发的事故占事故总数的95%。驾驶员失误可以分为认知失误、决策失误、操作失误、未进行操作，以及其他不确定的失误，以下是对各类失误的具体描述：

（1）认知失误。认知失误占这类交通事故原因的40.6%。观察不足和注意力分散是导致产生认知失误的主要因素，在驾驶员因失误所导致的各类交通事故中分别占20.3%和10.7%。

（2）决策失误。决策失误占这类交通事故原因的34%。能够导致产生决策失误的因素不管是数量还是类型都比导致产生认知失误的因素要多。其中，超速是最主要的因素，被认为是导致了这类交通事故（因驾驶员失误所导致的交通事故）总量13.3%的主要原因。

（3）操作失误。操作失误占这类交通事故原因的10.3%。出现操作失误的基本原因是操作控制不佳，体质差的驾驶员出现操作失误的概率是体质好的驾驶员概率的2倍。

（4）未进行操作。未进行操作占这类交通事故原因的7.1%。包括驾驶途中瞌睡、突发急性症状等，比如在驾驶过程中突发心脏病。

（5）其他不确定的失误。其他不确定的失误占驾驶失误的7.9%。

为了预防车辆事故，了解交通事故的类型也非常重要。研究表明，36.2%的事故发生在车辆在路口转弯或通过的时候。冲出道路在事故频率中排名第二，占交通事故的22.2%。骑线行驶是交通事故发生的主要因素之一，占交通事故的10.8%。车辆违法停车占所有交通事故的12.2%。预防和减少这些因素所导致的车辆事故是安全研究中的首要内容。

1.1.3 目前发展趋势

图 1－3 为美国 1988—2008 年的交通安全统计数据，包括注册车辆数目、车辆行驶里程（VMT）、受伤人数和死亡人数。该图中每个数据都是通过与 1990 年的同期数据相比较得到的。伤亡人数在近几年里虽然有所下降，但是仍然保持在较高的水平上，下降的速度很缓慢。这就带来了一个问题，即我们现有的车辆安全系统难以使伤亡人数的下降率保持与过去相同。随着道路上车辆数和车辆行驶里程的持续增加，交通安全技术也需要不断的创新。

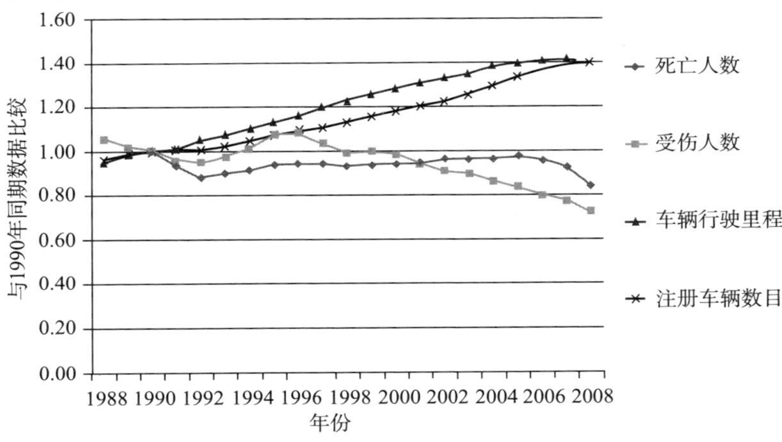

图 1－3　1988—2008 年美国交通安全统计数据（以 1990 年为基准）

1.2 欧　盟

欧盟（欧洲联盟，简称欧盟）各国家交通安全发展趋势相似，如图 1－4 所示。

德国的交通事故死亡人数呈现出明显的长期下降趋势，从 1970 年的 21 332 人到 2008 年的 4 477 人，下降了 79%，与此同时，年人身伤害交通事故数从 414 362 次下降到 320 614 次，下降了 23%。值得一提的是，在人员伤亡数字下降的同时，其行驶车辆数目增加了近 3 倍。这些改观应当归功于先进安全技术的应用、路侧设备的发展、先进的法律构架和高度

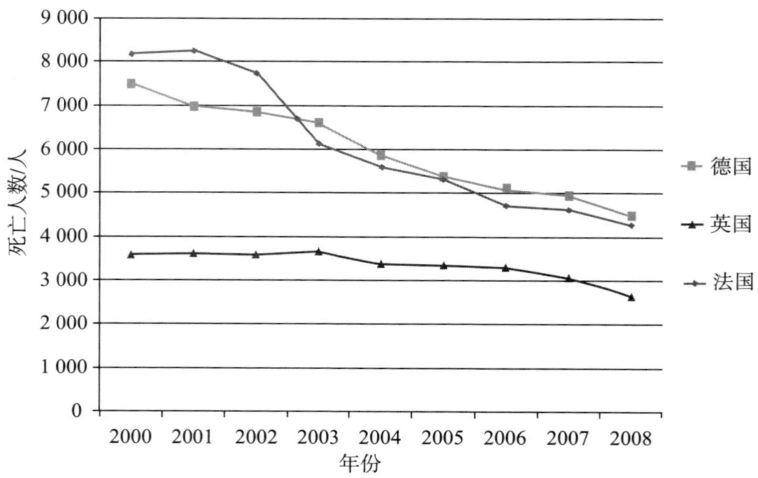

图 1-4 2000—2008 年德国、英国、法国的交通事故死亡人数

完善的惩罚系统。德国在酒后驾驶、超速和安全带使用方面都制定了严格的法律，同样为交通事故数和事故死亡人数的持续下降做出了贡献。

英国的交通事故死亡人数也明显下降。1970—2008 年，年交通事故死亡人数下降了 66%，伤亡事故次数下降了 35%，平均行驶里程增加了 10%。数据表示，年交通事故死亡人数从 1970 年的 7 771 人下降到 2008 年的 2 654人，交通事故数从 1970 年的 272 765 次下降到 2008 年的 176 723 次。目前，英国的交通事故死亡率是欧盟中最低的，每十万人死亡率仅为 4. 3 人。和德国一样，英国改进了安全技术，加大了对道路基础设施的投资并针对酒后驾驶和超速驾驶行为实行了严格的执法措施，使得交通安全状况显著改善。同时，英国重视交通安全教育的重要性，通过开展教育使驾驶员提高了对高风险驾驶行为的警觉并且知晓了会由此带来的严重处罚。

法国的交通事故死亡率也呈现出显著的持续下降趋势。1970—2008 年，道路上的车辆数增加了 3 倍，然而死亡人数下降了 74%（从 1970 年的 16 445 人到 2008 年的 4 275人），交通事故数下降了 68%（从 1970 年的 235 109 次到 2008 年的 74 487 次）。用十亿车公里①死亡数作对比会更加明显，其从 1970 年的每十亿车公里死亡 90. 36 人下降至了 2008 年的 8. 1 人，下降了 91%。法国的交通安全状况在未来还会不断改善。自 2002 年起，

① 1 公里 =1 000 米。

法国已经采取了一系列道路安全政策，其中包括车辆速度管理、对酒驾的查处、安全带使用和在改善系统安全性不足方面的措施，这些都是对交通安全有显著影响的因素。

和美国一样，欧盟国家近几年交通事故死亡人数的下降速度变慢了，这表明继续通过改进传统汽车安全技术改善交通安全的能力空间已变得十分有限，而因需要通过对汽车安全技术进行创新来提高道路交通的安全性。

1.3 日　本

20 世纪 60 年代，日本汽车的增长速度超过了道路建设的速度。人们越来越关注道路交通事故，这就促使政府部门采取措施降低交通事故。1970 年，政府先后颁布了交通安全法律、成立了交通安全中央委员会、形成了第一个基本的安全程序。从 1971 年起，交通安全中央委员会开始制订交通安全五年计划，该计划制订了基本原则和综合目标，并依据交通安全制度法律制订了针对路、海、空三个方面安全的长期措施。

日本交通安全状况得以改善的基础是对道路基础设施进行的大量投资。通过对高速公路、支路、环城高速公路、交叉口、路灯、道路标志和交通信号的改进，提高了道路交通系统的安全性。在保护行人方面也采取了安全措施，包括设置人行道、行人和自行车共用道、增建行人过街天桥和过街地道等。因此，行人死亡人数显著下降，从 1996 年的 2 794 人下降到 2007 年的 1 943 人，下降了约 31%。

自第一个交通安全计划实施以来，日本的交通伤亡情况已经得到了明显改善。1970—2008 年，道路交通事故死亡人数下降了 72%，交通事故数下降了 7%。同期，亿车辆公里死亡人数下降了 91%。近年来，尽管车辆保有量和行驶里程增加到了原来的 3 倍，但是日本一直保持着交通事故死亡人数的持续下降。2000—2008 年，随着交通安全技术持续的进步，死亡率继续下降，大约下降了 42%。对于高人口密度的日本来说，这样的数据成果是十分卓越的，但同时这种下降速率很难长时间维持下去。

1.4 发展中国家

发达国家的交通事故死亡率已经显著下降，但许多发展中国家却并不乐观，比如中国和印度。在未采取相应治理措施期间，发展中国家发生的交通事故伤亡人数占了全球伤亡人数的90%，尤其是在亚洲，交通安全状况持续恶化。预计到2020年，发展中国家交通事故死亡人数将增加80%。中国的交通事故死亡率将增加接近92%，印度的交通事故死亡率将增加近147%。在发展中国家，因交通事故造成的伤害是当地医疗服务的一大部分，许多医院中1/3的急性患者和30%~86%的创伤患者是由交通事故造成的。除了人身伤害外，每年发展中国家因交通事故所导致的经济损失大约是650亿美元。这对发展中国家的经济来说是很重的负担，对于该国的医疗系统来说，也是巨大的财政消耗。

发展中国家之所以没有和发达国家一样使交通事故死亡率降下来，主要是因为它们的道路设施建设速度不能与汽车保有量的快速增长速度保持同步，这就导致了危险驾驶和大规模交通堵塞的出现。对于道路使用弱势群体（比如行人、骑自行车的人、使用推车的人、使用人力车的人、使用助力车的人、骑踏板车的人）来说，恶劣的交通状态使得他们受到了更多伤害。这种状况与发达国家相反，发达国家的交通事故中驾驶员和乘员是主要受害者。在发展中国家，车辆牵扯到致死交通事故中的频率比在发达国家中要高出很多，有些情况下甚至是后者的200倍。

因此，研究新型汽车安全技术不仅仅是对发达国家，对于全世界来说都是极其重要的。

汽车数量和行驶里程正在快速增长，因此，为了降低交通事故伤亡人数，我们必须继续寻找新的方法来减少交通事故，降低事故损失。

参考文献

[1] G. Jacobs, A. Aeron-Thomas, and A. Astrop: "Estimating Global Road Fatalities," Department for International Development (DFID), ISSN 0968-4107, Transport Research Laboratory, Re-

port 445, 2000.

[2] Federal Highway Administration: "Highway Statistics 2007: Public Road Mileage, Lane Miles, and VMT 1900 – 2007," Table VMT-421, 2011.

[3] Federal Highway Administration: "The National Intersection Problem," FHWA-SA-10-005, 2009.

[4] International Association of Traffic and Safety Sciences: "Statistics 2007: Road Accidents Japan," Traffic Bureau, National Police Agency, 2008.

[5] International Traffic Safety Data and Analysis Group (IRTAD): "AnnualReport 2009," Organization for Economic Cooperation and Development (OECD) International Transport Forum (ITF), 2010.

[6] M. J. Kittelson: "The Economic Impact of Traffic Crashes," Georgia Institute of Technology, 2010.

[7] E. Kopits and M. Cropper: "Traffic Fatalities and Economic Growth," WorldBank Development Research Group, Infrastructure and Environment, Policy Research Working Paper 3035, 2003.

[8] National Highway Traffic Safety Administration: "The Economic Impact of Motor Vehicle Crashes, 2000," DOT HS 809 446, 2002.

[9] National Highway Traffic Safety Administration: "Pre-Crash Scenario Typology for Crash Avoidance Research," DOT HS 810 767, 2007.

[10] National Highway Traffic Safety Administration: "Motor Vehicle Traffic Crashes as a Leading Cause of Death in the United States," DOT HS 810 936, 2008.

[11] National Highway Traffic Safety Administration: "Traffic Safety Facts 2008," DOT HS 811 170, 2009.

[12] National Highway Traffic Safety Administration: "An Analysis of the Significant Decline in Motor Vehicle Crashes in 2008," DOT HS 811 346, 2010.

[13] National Highway Traffic Safety Administration: "Traffic Safety Facts 2009," DOT HS 811 402, 2011.

[14] W. Odero, P. Garner, and A. Zwi: "Road Traffic Injuries in

Developing Countries: A Comprehensive Review of Epidemi-ological Studies," Tropical Medicineand International Health, vol. 2, pp. 445 – 460, 1997.

[15] M. Peden, R. Scurfield, D. Sleet, D. Mohan, A. Hyder, E. Jarawan, and C. Mathers: World Report on Road Traffic Injury Prevention, World Health Organization, United Nations, Geneva, Switzerland, 2004.

第2章 汽车安全技术进展

2.1 被动安全

安装在车辆内的被动安全设备可以减轻驾驶员和乘员在交通事故中受到的伤害，被动安全设备一般包括安全带和安全气囊，它们能有效降低交通事故的死亡率。在许多国家的强制要求下，安全带和安全气囊已经成为车辆的基本安全设备。据美国国家公路安全管理局（NHTSA）统计，仅仅通过使用儿童约束装置、安全带、安全气囊和摩托车头盔，1975—2008 年就有 322 409 人免于死亡。

2.1.1 安全笼式车身和被动安全的诞生

在第二次世界大战不久后，梅赛德斯－奔驰工程师巴恩伊发明了第一代安全笼式车身，这标志着车辆被动安全的诞生。这种安全笼式车身有一个坚固的中央乘员舱，与前后缓冲区中的可变形碰撞舱柔性连接，这类似于现代汽车中有前后溃缩区的刚性客舱的设计。可变形碰撞舱即后来的溃缩区，其能够在交通事故中发生变形，从而吸收碰撞过程中的动能。

1951 年，梅赛德斯－奔驰在刚性客舱设计方面获得一项专利授权，该设计中客舱位于前后的缓冲区之间。这一设计理念在 1959 年首次用于量产汽车上，从此成为全行业的标准。巴恩伊的突破性工作刺激了一系列的创新，这些创新为乘员安全技术方面带来了戏剧性的发展。

2.1.2 安全带

关于汽车安全带的第一个专利是1885年提出的。然而，直到1951年，沃尔沃公司的工程师尼尔斯·波林才设计出了第一款汽车三点式安全带，并将其发展成了今天的形式。到了1965年，美国所有50个州都颁布法律要求汽车前座必须安装安全带。到了1968年1月1日，美国颁布了第一个关于安全带使用的联邦法律，要求所有的车辆（除了公交车）必须在设计的座位上安装安全带。到了1975年，大部分发达国家都颁布了相应的法律，要求汽车制造商为车内的每一个座椅安装安全带。

最初，安全带的使用并不是强制性的。1984年，纽约成为第一个颁布法律要求车辆乘员必须使用安全带的州。目前，美国有30个州颁布了安全带使用方面的基本法律（例如，警察可以要求没有使用安全带的驾驶员停车并开具罚单），19个州有二级法律（例如，不管驾驶员是否有其他诸如超速、闯红灯等违法行为，没有使用安全带，警察就可以责令其停车或者对其进行教育），只有新罕布什尔州没有制定关于成人驾驶员必须使用安全带的法律。

随着立法和安全意识的提高，据统计，前排座位安全带的使用率从1983年的14%增加到了2008年的83%。在美国乃至整个世界，安全带的使用显著地促进了交通事故死亡人数的整体下降。根据美国国家公路安全管理局的数据，1975—2008年，安全带已经使得255 115人免于死亡。因此，与其他类似安全系统相比，安全带成为我们能首先想到的最有效的被动安全系统。

2.1.3 安全气囊

安全气囊是另一种被动安全设备，同样每年拯救成千上万人的生命。安全气囊作为一种约束装置，一旦事故发生就会迅速膨胀，降低车内物件对乘员的伤害。安全气囊最早在20世纪50年代初就已经设计完成，然而直到20世纪70年代，美国才开始在客车上使用安全气囊。

根据美国国家公路安全管理局统计，安全气囊在1995—2008年已经挽救了超过 27 000 人的生命。安全气囊在减少乘员死亡方面发挥了巨大的作用，在此数据上只有安全带的表现超过了安全气囊。通过将安全气囊和安全带配合使用，预计能够将驾驶员伤亡的风险降低 61% 。

现代的许多安全气囊使用传感器采集信息，包括质量、乘员的乘坐位置和是否使用了安全带等。发生交通事故时，这些信息可以帮助确定安全气囊膨胀时的最优力度。在考虑降低安全气囊自身给乘员带来的伤害方面，这种膨胀时的自适应性进一步提高了安全气囊的高效性与可靠性。

图 2 - 1 为被动安全系统的工作原理。作为一种高效安全舱，乘员舱可以保护乘员免受事故的伤害，同时通过结合安全气囊和安全带，系统得到了进一步增强。

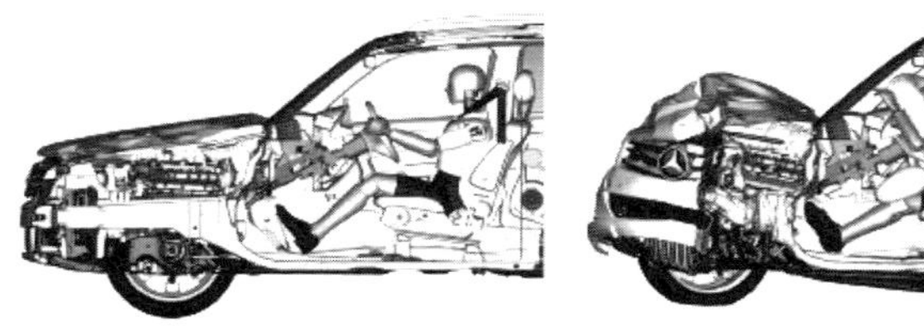

图 2 - 1　被动安全系统（由戴姆勒公司提供）

2.2　主动安全

作为车辆安全中不可缺少的一部分能动安全系统，它们的效能似乎已经到了发展的极限。随着时间的推进，借助电子系统和主动安全系统，车辆安全系统有了进一步的发展。在降低交通事故伤害方面，主动安全系统与被动安全系统不同，它旨在预防事故的发生，并且在事故无法避免时尽量减小伤害。

2.2.1　防抱死制动系统

防抱死制动系统（Antilock Braking System，ABS）可以防止车轮在紧急制动时停止旋转，使得驾驶员能够实现转向操作，防止打滑，并保持牵引力。ABS 可以自动改变每个车轮的制动压力，保持最佳的制动状态，而不是将车轮抱死。电子控制单元（Electronic Control Unit，ECU）可以调节制动压力，使得车辆与道路环境相适应，避免车轮抱死。车辆在湿滑路面上紧急制动时，ABS 能缩短制动距离，同时提高操纵稳定性。

传统的 ABS 包括四个轮速传感器、制动液压系统内的液压阀和一个 ECU。ECU 时刻检测各车轮的转速，判断是否存在车轮抱死的迹象，比如某个车轮的转速明显低于其他车轮的转速。一旦检测到有车轮转速过低，即存在抱死风险，ECU 将驱动液压阀降低该车轮制动器压力，从而降低施加在该车轮上的制动力，使该车轮转速加快。同时，如果有车轮转速过快，ABS 会增加相应车轮的制动压力，从而使该车轮转速变慢。

ABS 是汽车主动安全系统的重要组成部分之一。例如，电子稳定控制系统（Electronic Stability Control，ESC）就是在 ABS 上增加了转向和回转单元，辅助驾驶员可以在危险制动情况下实现转向操作。

2.2.2 电子稳定控制系统

ESC 是一项通过减小车轮滑移提高驾驶稳定性的计算机技术。当 ESC 检测到转向失控工况时，会通过有效使用每个车轮上的 ABS 来主动调整每个车轮的制动力，帮助驾驶员转到想要的方向。ESC 是一个非常高效的主动安全系统。根据美国公路安全保险协会（Insurance Institute for Highway Safety，IIHS）和美国国家公路安全管理局的数据，ESC 可以预防 1/3 的死亡事故，在降低车辆发生滚翻事故风险方面的效率高达 84%。由于这项技术十分重要，美国国家公路安全管理局要求，自 2012 年起美国所有新车必须装备 ESC。同时，通过联合使用 ABS 和 ESC，可将车辆冲出道路的事故发生概率降低 30%。

图 2-2 是 ESC 的工作原理。没有装 ESC 的车辆在弯路上行驶时［图 2-2（a）］，车辆前轮向外偏移。而装有 ESC 的车辆［图 2-2（b）］能够通过内侧后轮的制动干预作用，使车辆保持正确的转向。

正如 ABS 为 ESC 奠定了基础一样，ESC 也为其他先进的主动安全系统提供了基础。ESC 技术对于计算机技术的需求促进了更深层次主动和被动安全系统的发展，同时，后者的发展又为解决引起交通事故的其他因素提供了新的可能。

（a）　　　　　　（b）

图 2－2　电子稳定控制系统（由戴姆勒公司提供）

（a）没有装 ESC 的车辆在弯路上行驶时；（b）装有 ESC 的车辆在弯路上行驶时

2.2.3　制动辅助系统

1992 年，梅赛德斯－奔驰在德国柏林使用其驾驶模拟器进行了一项研究，结果表明超过 90% 的驾驶员在紧急情况下无法获得足够制动力。这个发现促使了制动辅助系统（Brake Assist System，BAS）的发展，用于辅助驾驶员进行制动操作。

关于制动辅助技术最初的开发是用来检测紧急制动情况下所需的制动压力，检测的方法是测量制动踏板的下压速度。当检测到有紧急制动的工况时，制动辅助系统自动提高制动压力，弥补驾驶员踩踏产生所制动力的不足，进而缩短停车距离。

1996 年，梅赛德斯－奔驰成为第一个应用制动辅助系统的汽车制造商。1998 年，该系统成为奔驰所有车型的基本设备。其他汽车制造商如沃尔沃和宝马等，也很快跟了上来。沃尔沃拥有带自动制动的碰撞预警系统（Collision Warning with Auto Brake，CWAB），可以使用雷达信号和摄像机传感器进行危险检测。当检测到可能发生碰撞时，一旦驾驶员采取了制动操作，就能够产生足够的制动力。该系统采用闪烁灯和警示音提醒驾驶员，当与前车的碰撞无法避免时，如果驾驶员对警示没有反应、没有制动动作，车辆会自动实施制动。

制动辅助系统目前还在发展中。现代车辆通常将避撞系统与自适应巡航系统（Adaptive Cruise Control，ACC）结合，显著降低了追尾事故的数量。

2.3 高级驾驶辅助系统

大多数的主动安全系统通过使用车载传感器和执行器来辅助驾驶员进行制动或进行自动控制，高级驾驶辅助系统能够在有潜在危险的情况下为驾驶员提供视觉和听觉上的警示。有的系统可以检测到潜在的危险，并且可以主动采取避撞措施。此外，不同的高级驾驶辅助系统之间的结合将会产生功能更加强大的解决方案。例如，自适应巡航系统可以与避撞系统相结合，组成一个综合安全系统，防止或减轻不可避免事故所带来的严重后果。

因注意力分散所导致的事故占2008—2009年致死事故总量的16%。高级驾驶辅助系统能够采集当前的道路情况信息，这可以有效降低因注意力分散所产生的事故风险。

2.3.1 自适应巡航系统

自适应巡航系统也被称为走－停巡航系统，有的制造商也用其他一些专门称呼。该系统能够提升驾驶的舒适性和安全性。与传统的巡航系统一样，自适应巡航系统保持驾驶员设定的速度行驶。自适应巡航系统也采用雷达（或者激光扫描仪）来检测前方车辆的速度以自动调节自车速度，从而与前车保持安全跟驰距离。当前方没有障碍物或者通行速度较低时，自适应巡航系统与传统的巡航系统一样，能够按照驾驶员设定的速度行驶。

驾驶员也可以设定跟驰距离。如果自适应巡航系统检测到前方有行驶缓慢的车辆，系统将减小油门来保持驾驶员设定的跟随距离；当前车加速或者变道时，系统会使汽车回到预设的速度。

自适应巡航系统能够使得车辆一直减速直至停车，或者在交通情况许可的情况下使车辆加速至预设的速度。图2－3为梅赛德斯－奔驰S系列轿车的仪表盘上的跟驰距离保持功能。

图 2－3　自适应巡航系统（由戴姆勒公司提供）

2.3.2　盲区辅助系统

自 2005 年起，已经有很多汽车将盲区监测和辅助系统应用在量产车辆上，监测盲区内车辆的方法也从最初的观察后视镜发展到现在的使用基于传感器的系统。该系统能够在车辆即将进入非空闲车道时，在视觉和听觉上向驾驶员发出警示。当车辆与其他的车辆较近时，有些主动式盲区辅助系统将通过方向盘或者驾驶员座椅振动来警示驾驶员。其他有的系统甚至可以小范围控制转向操作来避免车辆与其他车辆发生碰撞。

2009 年，沃尔沃开发了盲点信息系统（Blind Spot Information System，BLIS），该系统采用两个安装在门镜上的摄像头检测处于盲区内的车辆，并且在车辆换道时，在视觉上提醒驾驶员。梅赛德斯－奔驰的主动式盲区辅助系统采用短距雷达检测车辆两侧区域和车辆左后方、右后方区域，一旦有车辆进入了盲区，系统会通过在相应一侧后视镜发出红色警示标志来提醒驾驶员。如果驾驶员没有注意到提醒而打开了转向指示灯，红色警示标志会开始闪烁，并开启车内声音警示。如果驾驶员在意识到了提醒的情况下仍然试图换道，则系统会开启电子稳定控制系统对每一个车轮施加压力，进而将车辆平稳地引入到预定的车道。

2.3.3　注意力辅助系统

驾驶疲劳产生的瞌睡是道路事故的一大诱发因素，根据美国汽车协会基金会（American Automobile Association Foundation，AAAF）统计，接近16.5%的致死事故是由于驾驶员瞌睡引起的。主动安全系统研究的一个领域，就是通过瞌睡检测和注意力检测辅助技术来减少与瞌睡有关的交通事故。有些驾驶员警示系统，比如沃尔沃公司研发的系统，采用摄像机检测车道偏移特征。其他的驾驶员警示系统，比如日本丰田汽车公司开发的系统，通过检测眼皮判断驾驶员是否开始瞌睡。依据这些特征，系统将会持续发出警示直到驾驶员停止瞌睡驾驶行为。

梅赛德斯-奔驰注意力警示系统于2010年开发，采用传感器检测转向特征、制动信息、加速信息、天气信息和道路情况，再结合这些信息综合判断驾驶员的驾驶状态。如果系统判断驾驶员在驾驶时处于瞌睡状态或者即将进入睡眠状态，车辆将会发出语音警示，并且在仪表盘上点亮一个闪烁的咖啡杯图标。

2.3.4 预碰撞系统

预碰撞系统能够在碰撞之前及时开启，降低碰撞的严重程度。该系统采用车载传感器检测车辆前后方是否存在无法避免的碰撞，并且判断是否应当采取制动措施。当检测到碰撞无法避免时，车辆会迅速启动预碰撞系统，采取措施以尽量减少乘员受到的伤害。不同的系统采取不同形式的保护措施，如一旦驾驶员踩下制动踏板就可以立即获得最大的制动力，为座椅充气从而提供额外的支撑，将座椅移动到最佳的位移，调整头枕位置以减少颈部扭伤，摇起车窗，系紧安全带等。所有的这些保护措施都会在即将发生碰撞前的2 s之内完成。不同类型和功能的预碰撞系统可从原装设备制造商（Original Equipment Manufacturer，OEM）处获取，随着系统功能的进一步完善，会有越来越多的车安装预碰撞系统。

2.4 协同式安全技术

在过去的50多年里，人们开发了许多创新性安全技术，标志着车辆安全研究的主要内容从被动安全系统（可以降低在碰撞事故中的伤害）演化到主动安全系统（在平时驾驶和即将发生事故前提供安全辅助驾驶）。这些安全系统提升了现代汽车的安全性，也减少了交通事故数，降低了事故严重程度。

图 2－4 为不同安全系统会在交通事故中做出有效反应的不同阶段。一旦发现有潜在危险，系统（如 ABS、ESC 和 BAS）会为驾驶员在防止碰撞事故方面提供保护。在无法避免事故发生前的极短时间内，预碰撞系统会采取相应措施降低碰撞带来的伤害。安全带在所有类型的事故中是必不可少的安全设备，尤其是对降低轻微事故所产生的伤害有显著效果。安全带能够防止驾驶员和乘员从车内抛出，降低事故致死风险。安全气囊的及时工作为驾驶员和乘员在严重碰撞事故中提供了保护。最后，远程辅助系统可以为发生事故后的援救工作提供巨大的帮助。

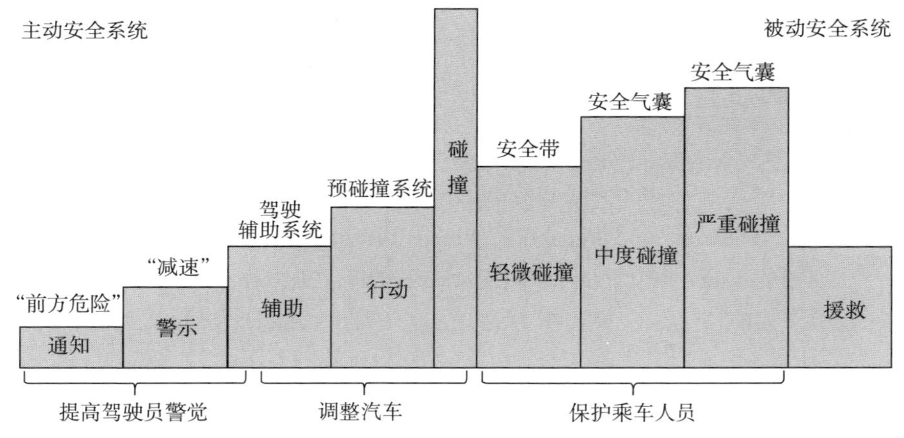

图 2－4　不同安全系统在事故各阶段起的作用

多数被动安全系统已经投入商用，并且要求在所有的车辆中安装使用。相比之下，主动安全系统仍然属于高端配置。不同汽车设备制造商的主动安全系统也不尽相同，他们竞相为日益增长的客户群提供顶级的安全服务。

汽车级自动传感器是车辆安全技术的革命性发展，其功能可以从辅助驾驶到完成特定的驾驶操作甚至完全控制车辆。然而，与其他技术一样，自动传感器存在一定的局限性。现有传感器的探测范围与驾驶员的视觉范围相当，受测量精度和可靠性所限，其研究还不容易有突破性进展。而且其的性能会在一定情况下受到影响，比如遇到恶劣天气、周围车辆存在异常反射面和前方道路有障碍物时。

如今，汽车工程师正在探索能够应用在汽车安全方面的无线通信技术，应用该技术是基于传感器的车辆安全系统的自然发展方向。基于无线通信技术的汽车安全应用初步开发成果是车车（Vehicle to Vehicle，V2V）通信技术和车路（Vehicle to Infrastructure，V2I）通信技术，可以用来提升车辆的主动安全性能。通信技术能够为车辆提供高质量的数据信息，而这些数据是很难通过其他方法获取的。

车辆之间实现实时交换关键安全信息的能力开创了汽车安全技术领域的一种全新模式，在该模式中，车辆与车辆之间以及车辆与周围环境之间得以相互配合。汽车通信技术的应用有望使车辆安全系统技术的研发进入一个崭新的阶段，使得交通事故在将来变得越来越少。

参考文献

[1] AAA Foundation for Traffic Safety: "Asleep at the Wheel: The Prevalence and Impact of Drowsy Driving," 2010.

[2] Insurance Institute for Highway Safety: "Electronic Stability Control Could Prevent Nearly One-Third of All Fatal Crashes and Reduce Rollover Risk by as Much as 80%," News Release, 2006.

[3] International Traffic Safety Data and Analysis Group (IRTAD): "Annual Report 2009," Organization for Economic Cooperation and Development (OECD) International Transport Forum (ITF), 2010.

[4] National Highway Traffic Safety Administration: "Federal Motor Vehicle Safety Standards: Electronic Stability Control Systems; Controls and Displays," RIN: 2127AJ77, 2007.

[5] National Highway Traffic Safety Administration: "Traffic Safety Facts 2008," DOT HS 811 162, 2009.

[6] National Highway Traffic Safety Administration: "Fatalities in Frontal Crashes despite Seat Belts and Air Bags," DOT HS 811 202, 2009.

[7] National Highway Traffic Safety Administration: "An Examination of Driver Distraction as Recorded in NHTSA Databases," DOT HS 811

216, 2009.

[8] National Highway Traffic Safety Administration: "The LongTerm Effects of ABS in Passenger Cars and LTVs," DOT HS 811 182, 2009.

[9] National Highway Traffic Safety Administration: "Distracted Driving 2009," DOT HS 811 379, September 2010.

车辆结构

3.1 电子控制单元

相对于单纯的机械控制，现代车辆更加倾向于采用电子控制手段。由于大多数汽车厂商用来生产汽车的平台区别不大，因此，不同型号汽车的差异主要在于电子控制系统。车载设备和元件由电子控制单元（Electronic Control Unit，ECU）控制。ECU 是能够控制一个或多个电子系统或子系统的车载嵌入式控制单元，可以接收来自汽车传感器的信号，经过计算转换，之后将结果指令发送给相应的汽车电子控制系统，从而保证汽车安全高效地行驶。ECU 控制着汽车的各项功能，它既负责如开启制动灯、开闭车窗这样的小功能，也负责像控制自动制动系统这样的关键任务。一般情况下，ECU 是独立工作的，但某些复杂的功能需要多个 ECU 的协作来完成。

ECU 按功能分类，分为动力传动系统 ECU、安全系统 ECU、舒适系统 ECU、娱乐和通信系统 ECU 等。动力传动系统 ECU 负责控制汽车发动机和自动变速器等。安全系统 ECU 控制汽车的安全装置及其子系统，例如安全气囊系统、自适应巡航控制系统、辅助制动系统。舒适系统 ECU 控制电子悬架和车内温度等。娱乐和通信系统 ECU 控制影音播放和移动通信系统。

开发汽车电子及其相关控制软件已成为当今汽车研究和发展的主要方

向，90%的汽车创新成果来自于电子控制领域。从2002年开始，ECU的价值稳步上升。目前，每辆汽车的电子控制系统成本估计占到总成本的40%左右，相对于20世纪90年代的比例增长了146%。

目前，功能完善的汽车一般包含50~70个ECU，那些更为高端的汽车甚至包含100个左右ECU。例如，2010年产奔驰S系轿车的电子控制系统包含超过2000万行的代码，这几乎与空客A380的电子控制系统（除去机上娱乐系统）所用代码总量相当。

随着ECU和电子控制系统在车辆上以及在支持先进汽车技术方面的应用，电子元件和ECU在未来的作用将会越来越重要。

3.2 车用传感器

如雷达、摄像头等自动传感器是实现汽车主动安全系统正常运行的必备工具。它们在车道跟踪、物体识别、自适应巡航控制系统中具有重要的作用。目前，这些基于传感器的系统还主要应用在高端汽车上，但是有向更多型号车辆推广的趋势。

3.2.1 雷达

雷达传感器可以通过发射无线电波来识别物体并判断其位置和速度。车辆研发人员已经发现了利用雷达的很多方法，可以用来识别和追踪其他车辆或其他道路使用者的运动。一些采用基于雷达的安全系统的汽车通过在车身重要位置装备雷达来实现汽车安全功能。

远距离雷达拥有15°~20°的探测角，探测范围可以达到近250 m，主要用于自适应巡航控制系统识别车辆方面。相对廉价的雷达可以探测到150 m左右的距离，主要用于汽车低速行驶的过程。短距离雷达拥有更广的探测角，探测范围在50~60 m，主要应用在类似盲区警示系统、前车碰撞警示系统等避撞系统中。

3.2.2 摄像头

摄像头应用于多种车辆安全状态的识别和警示系统，并经常与雷达结合起来使用，以便提供更加完整可靠的识别信息。将雷达对车辆的距离和速度的判断能力与摄像头的角分辨能力集成使用，可以实现在两者同时工作时，汽车拥有更大的识别探测范围。

摄像头可以应用到单目视觉系统或立体视觉系统中。但就目前而言，立体视觉在汽车上比较少见。相比之下，单目视觉系统更为常见。根据透镜的不同，摄像头能获得的探测角范围为 50°～60°，覆盖距离为 100～200 m。单目视觉系统不仅在行人识别、车道判断、车道保持方面有着特殊的作用，同时也应用于限速检测与停车辅助系统的后视摄像头上。立体摄像机不仅能够完成与单目视觉摄像机相同的工作，并且拥有更高的可靠性。其工作原理与人眼类似，主要通过比较来自不同摄像头的数据，经过分析后合成具有更大视野的图像，而且能够更精确地识别物体并检测物体的距离、速度。

对于可以同时使用雷达和摄像头的汽车安全系统来说，采用摄像头的成本更低。但是一般情况下，设计者倾向于将二者结合起来使用，以便为汽车安全系统提供更全面可靠的信息。同时配备有摄像头和雷达的汽车兼有二者的优点，即雷达优秀的距离和速度探测能力与摄像头可靠的物体（尤其是对行人和非机动车或障碍物）识别能力。许多汽车安全系统使用雷达作为主要传感器，使用摄像头作为辅助传感器，比如自适应巡航控制系统、辅助制动系统、前车碰撞预警系统等，将二者组合使用可以在很大程度上提高汽车安全性的同时减少错误预警。

图 3－1 为自动传感器系统的组成示意图，包括一个装配在汽车前方的摄像头以及数个短程、中程、远程雷达。

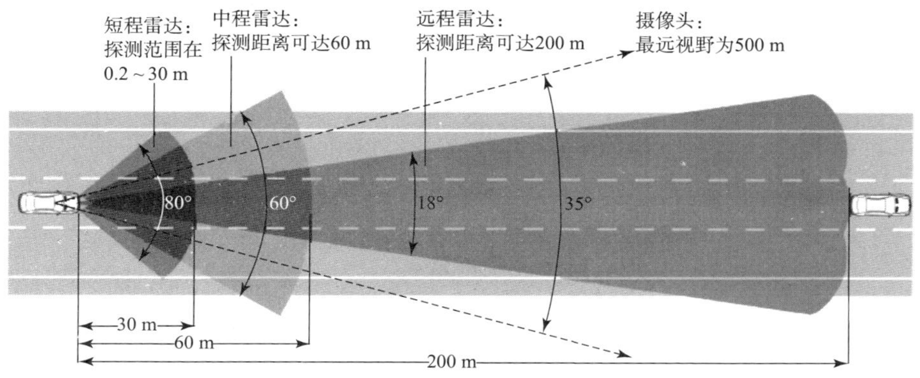

图 3－1　车载自动传感器（由戴姆勒公司提供）

3.3 车载通信网络

对于安装了大量电子元件的汽车来说，各子系统间的正常通信是保证汽车可靠工作的关键要素。另外，子系统间的通信对于控制执行机构或接受来自传感器的反馈信息也至关重要。为了满足这些要求，车载通信网络技术迅速发展起来。

3.3.1 控制器局域网络（CAN）

控制器局域网络（Controller Area Network，CAN）是目前最主要的车载通信网络，是一种允许汽车内多个 ECU 相互之间通信的总线协议。通过 CAN 总线，短帧数据会发布到整个网络中。CAN 总线是为汽车工业开发的，其传输速度最高可达 1Mb/s，并且具有很强的抗电子干扰能力。同时，CAN 总线也被应用在汽车自诊断和通信问题修复系统上。

CAN 通信是以载波监听多路访问/冲突检测机制（Carrier Sense Multiple Access with Collision Detection，CSMA/CD）和优先级仲裁（Arbitration on Message Priority，AMP）为基础的。其信息由 11 位的标识符（ID）和数据组成，标识符用来确定信息的优先级，而数据被传输到总线中以便被所有单元感知。总线空闲时，所有与总线相连的单元都可以开始发送新消息。两个以上的单元同时开始发送消息时，根据标识符决定优先级，高优先级的信息会覆盖低优先级的信息并传输到所有单元。优先级仲裁机制对于汽车的正常工作十分重要，它能保证系统优先执行对时间敏感的安全系统，再执行相比起来紧急性较低的任务。

根据国际标准化组织（International Organization for Standardization，ISO）在 ISO 11519 标准中的规定，低速 CAN 提供 125 Kbps 容错数据传输。根据 ISO 11898—1993 规定，在第二个版本的 CAN 中速率最高可以达到 1 Mb/s，通常称之为 CAN v2.0。在该标准的第二次修正版本中，也提供最高 1 Mb/s 的通信速度，但其对信息的标识符进行了扩展，这个新协议被称为 CAN 2.0B 或 ISO 11898—1995。

3.3.2 局部互联网络（LIN）

局部互联网络（Local Interconnect Network，LIN）或SAE（汽车工程师协会，Society of Automotive Engineers）J2602是一种低成本的通信总线设计，用于实现智能传感器和汽车部件执行机构之间的通信。在不需要CAN总线的带宽和多功能的场合，使用LIN总线可以大大节省成本。典型的LIN总线的应用是仪表盘、座椅、后视镜、雨刷、光线传感器、门锁和车窗等。

LIN采用单主控制器/多从设备的模式，其总线一般与传感器、执行器和ECU相连，就像通往CAN总线的门一样。LIN利用广播和与主时钟同步的从动装置来保证低成本。LIN总线有很多优势，比如易用性、组件的可用性、部件成本低廉性和安装简易性。这些优势使得其在考虑节约成本和不需要高传输速度或带宽的情况下，成为CAN总线优秀的辅助系统。

3.3.3 FlexRay

近些年开发的FlexRay是一种具备故障容错性的高速汽车总线系统。FlexRay联盟推进了FlexRay的标准化，使之成为新一代汽车通信总线标准。FlexRay可以为下一代的车内控制系统提供比CAN总线更高的速度和可靠性，但是制造成本也随之提高，并且需要对现有的网络结构重新进行设计。FlexRay提供两条数据传输速率可达10 Mbps的通信信道，较之其他车载网络协议的传输速率提高很多。FlexRay利用差分信号来减少网络噪声干扰的影响，同时，其双通道结构也提高了容错性与带宽。尽管有高科技优势，但受成本所限以及当下车载网络结构过渡的挑战，FlexRay在近期还将仅继续作为一种高端通信网络系统存在而无法被大范围普及推广。

3.3.4 面向媒体的系统传输（MOST）

面向媒体的系统传输（Media Oriented Systems Transport，MOST）是以光纤总线为传输媒介的车载多媒体通信系统，具有数据传输速率大、成本低的优点，主要用来支持影音娱乐、媒体应用等大数据的传输。MOST总线应用环型拓扑结构和同步数据通信来传输音频、视频、声音以及经由光纤和电线传播的数据信号。MOST 设备主要用于影音设备、媒体界面和复杂的信息与媒体系统，几乎世界上所有的汽车生产厂商都在使用。

3.3.5 车载自动诊断系统（OBD）

CAN 或 LIN 这样的车载网络和车内系统的接口只对汽车厂商和开发人员开放，汽车修理工和车主无法通过它们对车辆进行定制、诊断或修理。车载自动诊断系统（On-Board Diagnostic，OBD）即是专门设计来满足对车辆诊断需求的系统。

OBD 能够进行多种自诊断并报告故障信息。自 20 世纪 80 年代初期以来，OBD 已经在汽车上广泛使用。初期的 OBD 只具有在检测到故障时亮起故障灯的功能。现代的 OBD 利用一个标准化的数字通信端口来提供实时数据和标准化的故障码，并且支持快速诊断和汽车故障修复。20 世纪 90 年代中期，初期 OBD 经修订发展为 OBD - Ⅱ，它可以提供包括发动机和汽车底盘、车身、配件等部分在内的更加全面的诊断信息。但是由于该协议存在多种 OBD - Ⅱ 连接协议，因此在 SAE J1979 标准中规定了其命令集。

OBD 在车辆上有多种应用，比如故障扫描、数据记录和 ECU 的故障分析。此外，OBD 还应用于汽车子系统校准、保险风险分析、尾气测试以及驾驶员连接的外接设备等。再后来，还应用于燃油经济性分析设备、行程计算、个人数字辅助接口和导航单元等仪表上。

3.4 车辆数据

车内网络提供的车辆数据是高精度、高可靠性的信息，它们能用于非车载应用和车车（Vehicle to Vehicle，V2V）通信应用。例如，交通指挥中心需要获取当地交通的确切信息以制定针对旅客的高通行效率服务策略。这些最有用的交通数据都可以由车辆在行驶过程中自行采集并存储。

车辆数据可以通过集成在智能手机里的全球定位系统（Global Positioning System，GPS）模块或通过其他方式经由估计得到，这些数据包括位置、速度、加速度等车辆基本信息。同时，这些车辆信息能够应用于能见度差时打开前灯或雾灯、根据当地天气状况打开雨刷以及在检测到路面有凹坑时提供垂直加速度等状况。数据收集装置记录相应的车辆数据，并将其发送到后台服务器，同时，后台服务器对来自各道路检测器的数据进行收集、加工、分析，进而生成精确的实时路况信息。

车辆应用一般通过 CAN 总线获取车辆信息。对于乘用车，CAN 总线的信息及其格式为各原装设备制造商（Original Equipment Manufacturer，OEM）所专有，并且同一制造商生产的不同型号车辆也可能不同。此外，不同的 OEM 也会利用不同的方法来定义和计算它们专有车内网络间交换数据的价值。这就使得将多种来源的数据进行对比和整合变得十分困难。为了解决这一问题，各 OEM 在美国联合开发了 SAE J2735 标准，该标准通过标准化消息集合、数据帧和数据源促进了非车载应用程序的互操作性。SAE J2735 标准有两点局限性，其一是需要指定一个初始的典型信息结构及信息基本组成，其二是需要提供给应用程序开发人员充分的背景资料以合理分析这些数据。

相比之下，重型商用车已经广泛采用了 SAE J1939 标准来实现 CAN 总线数据信息的交换。该标准是一个用来在汽车元件之间进行通信和诊断的基于 CAN 总线的高层协议。通过 J1939 协议传输的消息由一个确定了消息优先级的 29 位标识符、一个 8 bit 的数据数列和识别哪个 ECU 发送了消息的信息组成。对于 CAN J1939 控制系统，ECU 的最大数量为 30 个，CAN 总线的最大长度为 40 m。嵌入到标识符中的参数被划分为一个参数组号和一个 8 bit 的源地址。

3.5　车辆数据安全

对于多数现代车辆，车辆数据通过 CAN 总线进行传输。如果攻击者获取到车辆 CAN 总线的物理接口，就能拦截、修改和发布 CAN 总线信息。因此，存在有虚假消息可以被注入 CAN 总线中的隐患。

目前的汽车利用隔离不同 CAN 总线的方式来保护各个车载子系统。比如，用于汽车安全系统的 CAN 总线信息与用于汽车娱乐系统的是相互独立的。然而，这些独立的 CAN 总线经常通过子系统交互网关连接在一起，这些网关容易受到恶意黑客行为的攻击，造成 CAN 总线之间相互发送错误信息的后果。

华盛顿大学的研究人员和加利福尼亚大学（圣地亚哥）展示了如何通

过 CAN 总线系统控制大量的车辆元件，其中包括发动机、制动系统、控温系统、灯光、仪表盘、收音机和车锁。目前，存在有大量技术可以用来获取汽车的控制权及攻击车载系统，比如通过电脑中的某些特殊程序可以侦听到 CAN 总线中传播的消息。数据包侦听能够有效地揭示车载元件之间通信过程的不同点。另一项攻击技术是模糊攻击，即将随机信息注入网络中，造成网络混乱而暴露出系统安全漏洞。在测试中，研究人员通过模糊攻击能够重置 ECU 并控制其许多功能，最终很可能通过反编译工程软件代码来控制车载设备。例如，攻击者能够利用中间商保留的软件部分，反编译远程处理单元中的代码，从而改变或控制其功能。这些技术使得研究人员能够控制如下多种汽车子系统：

（1）收音机：研究人员能够完全控制收音机，并切断车主的控制。这使得他们能够使收音机播放任何消息，控制音量，并使车主无法重置收音机。同时，研究人员还可以使收音机以任意频率产生不同持续时间的嘀嗒声和钟声。

（2）仪表盘：研究人员能够完全控制仪表盘，使其显示任意信息，比如篡改油量显示、行驶里程数以及控制仪表盘的亮度。

（3）车身控制器：通过反编译工程代码与数据包模糊攻击，研究人员能够从根本上控制车身控制模块（Body Control Module，BCM）的所有功能。可以开启或锁定车门、干扰车门锁、打开行李箱、调节内外光线、按喇叭、禁用刮水器、持续喷射挡风玻璃清洗液、禁用闭锁继电器并将钥匙锁定在点火开关中。

（4）发动机：通过对发动机控制模块（Engine Control Module，ECM）进行模糊攻击，研究人员能够在短时间内提高发动机转速，通过重置曲轴传感器来干扰发动机，禁用所有的缸体和发动机功能使得汽车起动时敲缸甚至不能起动等。

（5）制动系统：通过对电子制动模块进行模糊攻击，研究人员能够锁止制动器。

（6）拒绝服务：研究人员能够在任意时间禁用 CAN 总线系统中独立元件之间的通信，通过在车轮旋转时切断与 ECM 之间的通信能将车辆的反馈速度立即降为 0。另外，还可以通过禁用与 BCM 之间的通信来冻结仪表盘的显示状态，以及操纵车辆不受驾驶员的起动或熄火控制。

为了克服上述缺陷，我们需要制定更先进的汽车安全策略。随着更多的车辆功能采用软件进行控制，保护所有车载网络的数据和通信安全已经成为汽车研发人员的关键任务。车联网使得车车之间能够分享更多的数据，从而为车辆应用提供更高的安全性和灵活便利性。车联网对数据十分依赖，因此，汽车数据的安全问题就变得尤为重要。

3.6 车辆定位

对于车辆应用程序来说，最有用的数据是车辆位置和运动状态的精确估计值。这一部分中将介绍目前全球定位的解决方案。

3.6.1 全球定位系统（GPS）

大多数汽车应用程序都采用美国研制的全球定位系统（Global Positioning System，GPS），这是一种精确可靠的定位系统。GPS 通过围绕地球轨道的卫星群与地面 GPS 接收器之间的通信来提供可靠的地面精确定位数据。GPS 接收器通过发射高频、低功率的无线电信号，同步的时钟，以及一个包含任意时刻各卫星精确位置的卫星星历来计算它与各个卫星之间的距离。GPS 接收器与至少 4 个视线无障碍的 GPS 卫星相互通信，获取到这些卫星的距离，再通过三边测量法来实现定位。依据 GPS 数据，能够获得很多有价值的数据，比如汽车的行驶里程、旅行时间、即时速度和平均速度以及估计到达时间（Time of Arrival，TOA）等。

由于用户在使用过程中仅通过接收卫星信号来与 GPS 卫星进行被动式的交互通信，因此，GPS 能够为无数用户提供服务。该系统利用高精度的频率协议，利用单向的 TOA 进行测距。卫星传输的测距码和双频导航数据应用了码分多址（Code Division Multiple Access，CDMA）技术。双频定位用到的频率选用 L1（1575.42 MHz）和 L2（1227.6 MHz），每个 GPS 卫星都用上述频率来传输具有低相关性的唯一测距码。测距码包括一个短码 C/A 码与一个长码（P 码）。GPS 接收器通过接收卫星发射的导航电文，推算出卫星发射电文时所处的位置，同时根据测距码得到信号的传播时间，从而推得卫星与用户之间的距离。这项技术要求接收机使用高精密时钟。如果能够保证用户接收器时钟与卫星星载时钟完全同步，那么只需使用 3 颗卫星就可以完成定位过程。但实际上时钟无法保证完全同步，这便需要接收器保持与另一颗卫星的通信信号来减少定位误差，也就是在定位过程中至少需要 4 颗卫星来确定用户的位置。因此，GPS 接收器往往价格不菲。

GPS 是美国军方研发的一个军民两用的导航定位系统。随着改进后的差分全球定位系统（Differential Global Positioning System，DGPS）和广域增强系统（Wide Area Augmentation System，WAAS）的应用，GPS 的定位精度有了进一步提高。目前，GPS 的用户测距误差（User Range Error，URE）接近 1 m。同时，随着 GPS 的现代化进程不断推进，预计未来其定位精度将提升 4 倍。

在接收机与卫星之间有障碍物的情况下，比如汽车进入隧道或穿过密林区域的时候，汽车的导航系统可能暂时无法与足够数量的卫星保持通信。当汽车的 GPS 暂时失效时，通常使用航位推算系统来定位。通过收集分析车轮转速、方向盘转角、角速度等数据并与地图进行匹配，汽车导航系统能够在 GPS 失效的几分钟内继续提供足够精确的定位信息。航位推算技术的导航精度能够应对大部分情况下的导航要求。

3.6.2 伽利略系统（Galileo）

伽利略系统（Galileo）是欧盟为满足全球卫星导航系统（Global Navigation Satellite System，GNSS）的需求而设计开发的，其工作模式与 GPS 类似，并且与 GPS 兼容。但与 GPS 不同的是，伽利略系统处于公众控制之下，它能为民事和军事用途提供相同精度等级的定位信息。伽利略系统能够实现精度为 1m 的实时定位，除去个别极端情况，无论何时何地伽利略系统都可以提供服务，而且如果有卫星出现故障，系统也能够在几秒内通知到用户。预计至 2020 年，伽利略系统将实现全系统运行。欧洲空间局（European Space Agency，ESA）分别于 2005 年和 2008 年发射了两颗试验卫星 GIOVE-A 和 GIOVE-B，用于预留通信频率和测试关键技术。用于验证伽利略系统的四颗卫星中的两颗于 2011 年 11 月发射成功，另外两颗卫星于 2012 年发射成功，完成了在轨验证（In-Orbit Validation，IOV）阶段。预计到 2015 年左右，将继续发射额外的卫星使伽利略系统具备初始运行能力（Initial Operational Capability，IOC）。然而，全操作能力（Full Operational Capability，FOC）则需要等到 21 世纪 20 年代末才能实现。部署全部完成后的伽利略系统将由 30 颗卫星组成，包括 27 颗工作卫星和 3 颗备用卫星，这些卫星分置于 3 个轨道面内，轨道高度为 23 616 km，倾角为 56°，甚至能够覆盖南北极地区。

3.6.3　格洛纳斯系统（GLONASS）

格洛纳斯系统（Global Navigation Satellite System，GLONASS）是俄罗斯研发的一种全球卫星导航系统，其作用类似于 GPS 和 Galileo。GLONASS 目前由 22 颗 GLONASS-M 卫星和 1 颗试验用 GLONASS-K 卫星组成。这些卫星广播两种信号，这也是目前唯一采用这种方式的全球卫星导航系统。GLONASS 目前的精度已经提高到了 1.8 m，比 GPS 和 Galileo 要高，也在 GLONASS 界面控制文件规定的范围内。CDMA 调制方式目前仅用于 GLONASS-K 卫星，日后将会推广使用，用以消除在与 GPS 和 Galileo 进行信息交互时产生的障碍。

现今，市场上已经有很多能够同时接收 GPS 和 GLONASS 数据的设备。因此，未来实现两个系统的配合使用后，得益于卫星数量与通信数据量的增长，这些系统的精度和使用范围将会有进一步提升。

3.6.4　定位精度

在车辆应用方面，研究人员通常参考以下定位精度指标：

（1）道路级精度：确定车辆正在行驶的道路（最低精度为 5 m）。

（2）车道级精度：确定车辆正在行驶的车道（最低精度为 1.5 m）。

现有导航应用对道路级精度的要求并不高。但是，一些安全应用需要信息的精度能够达到更高的车道级。比如，当汽车行驶到路口的信号控制区域，并且此刻信号灯仅允许左转或右转、禁止直行时，这些安全应用就能够通过车道级精度的定位信息帮驾驶员做出正确选择，在安全的交通信号相位通过该区域。

当前，DGPS 和 WAAS 的一些应用使得 GPS 接收器可以得到亚米级的定位精度。差分全球定位系统根据其基准站的已知精密坐标，能够计算出基准站到卫星的距离修正参数，并由基准站将这一数据实时发送给各接收器，再由接收器通过这些数据对其定位结果进行修正，从而提高定位精度。广域增强系统则是依靠约 500 个管控中心的地面参考站台和地方基站计算机的修正数据来提高精度。

参考文献

[1] R. Charette: "This Car Runs on Code," IEEE Spectrum Magazine, [online]. Available at: <http://spectrum. ieee. org/green-tech/advanced-cars/this-car-runs-on-code > (Accessed October 22, 2011), 2009.

[2] P. Dumas: "GLONASS-K for Airborne Applications," Inside GNSS, [online]. Available at: < http://www. insidegnss. com/auto/julyuag11-Dumas. pdf > (Accessed October 28, 2011), 2011.

[3] European Space Agency: "What is Galileo? Fact Sheet," [online]. Available at: < http://download. esa. int/docs/Galileo_ IOV_ Launch/Galileo_ factsheet_ 20110801. pdf > (Accessed October 28, 2011), 2011.

[4] FlexRay Consortium: "FlexRay Communications System Protocol Specification," Version 3. 0. 1, 2010.

[5] G. Gibbons: "GPS, GLONASS, Galileo, Compass: What GNSS race? What Competition?" Inside GNSS, [online]. Available at: <http://www. insidegnss. com/node/1389 > (Accessed October 28, 2011), 2009.

[6] International Organization for Standardization (ISO): "Road vehicles – Low-Speed Serial Data Communication," ISO 11519, 1994.

[7] International Organization for Standardization (ISO): "Road vehicles – Controller Area Network (CAN)," ISO 11898, 2003.

[8] E. Kaplan and C. Hegarty, eds.: Understanding GPS: Principles and Applications, 2nd edition, Artech House Inc., 2006.

[9] K. Koscher, A. Czeskis, F. Roesner, S. Patel, T. Kohno, S. Checkoway, D. McCoy, B. Kantor, D. Anderson, H. Shacham, and S. Savage: "Experimental Security Analysis of a Modern Automobile," IEEE Symposium on Security and Privacy, 2010.

[10] National Instruments Corporation: "FlexRay Automotive Communication

Bus Overview," [online] . Available at: < http://zone.ni.com/devzone/cda/tut/p/id/3352 > (Accessed October 20, 2011), 2009.

[11] D. K. Nilssion, P. H. Phung, and U. E. Larson: "Vehicle ECU Classification based on Safety-Security Characteristics," Proceedings of Road Transport Information and Control (RTIC 2008), Manchester, UK, 2008.

[12] Society of Automotive Engineers: "SAE J2602 LIN Network for Vehicle Applications Conformance Test," 2005.

[13] Society of Automotive Engineers: "SAE J1979 E/E Diagnostics Test Modes," 2007.

[14] Society of Automotive Engineers: "SAE J2735 Dedicated Short-Range Communications (DSRC) Message Set Dictionary," 2009.

[15] Society of Automotive Engineers: "SAE J1939 Vehicle Applications Layer," 2010.

[16] W. See: "Vehicle ECU Classification and Software Architectural Implications," Technical Report, Feng Chia University, Taiwan, 2006.

[17] R. Shorey: "Emerging Trends in Vehicular Communications: Communications in Electric Vehicles," IEEE New York Monitor, 2011.

[18] R. Stevenson: "Long-Distance Car Rader," IEEE Spectrum Magazine, [online] . Available at: < http://spectrum.ieee.org/greentech/advanced-cars/longdistance-car-rader/0 > (Accessed November 4, 2011), 2011.

[19] J. Voelcker: "Top 10 Tech Cars of 2008," IEEE Spectrum Magazine, [online] . Available at: < http://spectrum.ieee.org/greentech/advanced-cars/top-10-tech-cars-2008/3 > (Accessed November 7, 2011), 2008.

第4章 车联网

4.1 车联网应用

通过无线通信，能够实现将车与车、车与路网基础设施及互联网连接在一起，并由此在汽车上产生大量的创新应用。车联网的应用可以分为以下几类：硬安全（Hard Safety）、软安全（Soft Safety）、机动性和便利性应用。

4.1.1 硬安全应用

硬安全应用的作用是避免即将发生的碰撞，以及在碰撞无法避免时尽量减少伤害，比如紧急制动灯（Emergency Electronic Brake Light，EEBL）和交叉口运动辅助（Intersection Movement Assist，IMA）。

当车辆采取制动时，该车的 EEBL 将这一消息发送给邻近车辆。当与制动车辆之间有障碍物时，这一应用十分有效。

当车流在路口形成交叉时，目标车辆一般只有当其与驾驶员（或传统的主动感应器摄像头等）距离较近时才能被发现，因而无法避免碰撞，这是一种十分危险的交通状况。当 IMA 检测到车辆即将进入一个碰撞事故多发的不安全路口时，会向驾驶员发出警示，由此，便为车辆在这种情况下行驶提供了解决方案。

硬安全应用对通信系统有十分严格的要求。为了给驾驶员足够的反应时间，需要将通信延迟降到最低，一般要求控制在 100 ms 以内。此外，通信系统必须具有高度的可靠性，如较高的信息接收率。

4.1.2 软安全应用

相比硬安全应用，软安全应用在对时间的要求上并不太严格，比如针对天气、道路、交通状况以及其他的危险行驶条件等对驾驶员做出警示。这些行驶条件一般包括道路结冰、前方即将通过建筑区、能见度降低、路面凹坑和交通堵塞等。软安全应用能够提高驾驶的安全性，但一般情况下危险不会马上发生，因此不需要驾驶员立刻采取行动。对于软安全应用的警示，驾驶员一般可以采取谨慎驾驶或改行其他路线的方式来避免危险状况的发生。

区分硬安全和软安全应用是很重要的，因为两者对通信系统的要求明显不同。软安全应用通常能允许存在几秒甚至更长的通信延迟，这比硬安全应用对延迟时间的要求宽松很多，但软安全应用的可靠性要比硬安全应用低。同时，更长的消息扩散时间使得软安全应用可以从其他并不十分可靠的通信信道中接收足够的消息。此外，相比于硬安全应用，如果软安全应用在消息接收时失败并不会造成特别严重的后果。

4.1.3 机动性和便利性应用

机动性应用是指能够改善交通流状况的应用，比如导航、交通诱导、交通信息服务、交通辅助和交通协调等。

便利性应用能够使驾驶过程更愉快，并可以向驾驶员和乘员提供便利的服务，比如兴趣点通知、电子邮件、社交网络、影音下载和应用更新等。

驾驶员和乘员都会习惯性地携带智能手机或其他便携电子设备，他们可以通过这些设备来使用机动性和便利性应用。同时，如果将这些应用嵌入到车载设备上，就可以拥有更多优势，比如车载影音播放系统的优良用户界面能最大限度地避免驾驶员注意力分散。此外，将车载传感器和子系统提供的信息与外部来源的信息相结合，能够研发功能更为强大的应用。

目前，人车交互系统的一个杰出代表就是福特的Sync系统。该系统通过无线方式与驾驶员或乘员携带的手机相连，从而可以实现免提接听电话、接收语音短信以及通过语音指令控制手机等功能。

相比于软安全应用，机动性和便利性应用能够允许更长时间的通信延迟。但是，一些需要下载大文件的应用则需要较高的通信带宽支持。

图4-1是汽车通信应用的类型及相应的例子。

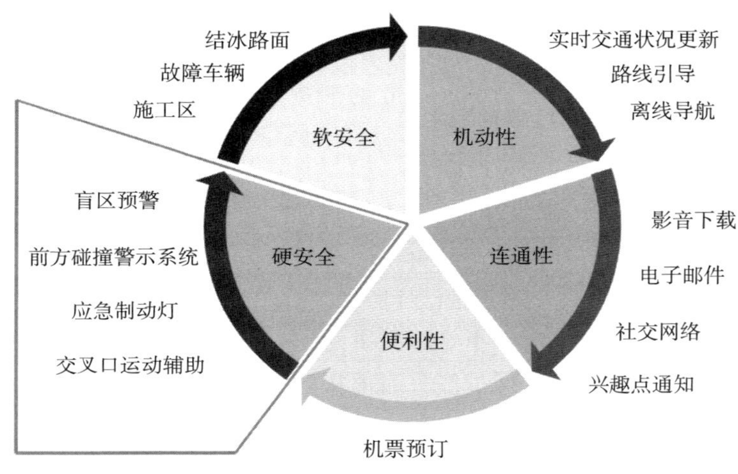

图4-1　车联网应用

4.2　车辆用户网络的唯一性

车辆通过无线网络与其他车辆和路侧基础设施相连接构成了消费者汽车网络（Consumer Vehicle Network，CVN）。本节将重点介绍CVN相对于其他类型网络的特点。

车辆安全通信的过程是非常短暂的。当车辆与其他车辆接近时，通信过程的持续时间通常只有几秒。车辆与路侧基础设施的通信过程与之类似。

车辆在行驶过程中会遇到许多陌生车辆。车辆相互之间不知道其他车辆的地址和先验安全证书。然而，为了保证硬安全应用的正常工作，它们必须在短时间内立即建立通信。

在车车之间进行直接通信的车辆数量会随时间不断变化，这也使得优化通信协议和信息传播策略变得更为困难。

车辆修理或更换车载通信系统的软硬件通常需要在汽车维修中心进行。如果驾驶员仅仅因为车载通信系统需要维修而专程前往服务中心的话，既费时又不方便，并且也是一种高昂的成本支出，因此应该尽量避免这种情况。

当代汽车都有较长的使用寿命，这也给在属于不同时代的车载通信系统之间相互兼容带来了巨大的挑战。

CVN 中的大部分汽车都属于独立的消费者，车载通信设备不受信息技术组织或专家管理，尤其是当汽车与路侧网络基础设施缺乏频繁互动时，管理这些设备和应用会变得很困难。

CVN 必须解决每辆车特有的安全方面威胁，车辆必须对短时间内接收到的通信信息建立足够信任，同时，汽车通信系统必须充分保护驾驶员的隐私。因此，设计一个可扩展的并可以实际应用的国家级隐私保护安全系统仍然面临巨大挑战。为了更好地提供隐私保护还要满足多种要求，包括支持多种汽车安全应用，保护汽车通信安全，识别出那些利用汽车通信功能攻击其他车辆或交通系统的恶意车辆等。其中，内部攻击是安全威胁的一种主要形式。一般情况下，攻击者会利用带有有效安全证书的车辆来攻击 CVN，这就为确定恶意车辆提高了难度。

CVN 网络是非常巨大的，根据美国运输部的统计资料，美国目前的登记车辆数目达到了 2.56 亿辆，要想设计一个如此大规模的汽车通信系统是一项空前巨大的工程。许多不具有扩展性且效率低下的小型网络方案都不适合作为 CVN 网络。

4.3 车辆通信模式

图 4 – 2 是几种汽车交互模式的原理图。汽车通过本地广播直接交换安全信息，并通过众多的中间点转发到汽车通信网络范围外的车辆上。路侧基础设施网络向车辆发送消息。汽车与应用服务器通信，并且通过基础设施网络与其他车辆通信。

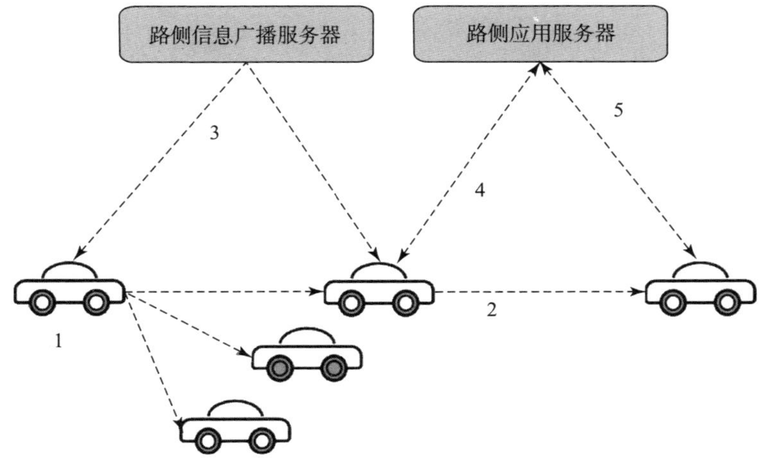

图4-2　车辆安全信息交互模式

1—车车本地广播模式；2—车车多跳模式；3—车路本地广播模式；
4—车路双向通信模式；5—车车间接通信模式

4.3.1　车车（V2V）本地广播模式

通过本地的车车（Vehicle to Vehicle，V2V）广播，车辆向通信范围内的其他所有车辆发送消息，而且这些消息不支持转发。这种通信模式是实现车车协同避撞安全应用功能的基础。比如，车辆能够通过车车（V2V）本地广播告知相邻车辆彼此当前的位置信息、行驶方向信息和速度信息等。

汽车在发布安全信息时，一般并不知道其周围是否有车辆。对于车辆来说，由于周围汽车的分布变化很快，因此推算出路网中其他车辆的位置通常十分困难。针对这个问题，带有本地广播功能的短距离无线通信技术可以很好地解决。

对于要用于支持汽车安全应用要求的短程无线广播，其传播距离在很大程度上依赖于汽车速度和驾驶员反应时间等关键因素。驾驶员反应时间指从驾驶员产生刺激到对道路和交通状况开始采取应对行为之间的时间。大量的研究表明，当清楚地意识到刺激时，最警觉的驾驶员能够在2.5 s之内对突发状况做出反应。比如，假设两辆汽车正以120 km/h的相对速度相互接近，它们之间的距离以大约33.3 m/s的速度减少。假设驾驶员对警示做出反应需要 3 s，汽车需要至少 0. 5 s 来完成分析接收到的消息、评定碰撞风险和生成警示信息等工作，则短程无线广播建立通信的距离要在 116. 5 m 以上。

对车车本地广播来说，一个需要解决的基本问题是在许多车辆同一时间互相发送消息时，如何保证系统能够正常工作。一般情况下，用户通过无线电信道来广播消息，但随着用户数量和广播频率的增多，用户之间对信道资源的竞争加剧，就会造成大量信息的丢失。

4. 3. 2 车车多跳信息传播模式

在车车多跳信息传播模式下，一辆车发送的消息可以被其他车辆转发，从而让不在该汽车通信距离内的车辆接收到。在信息转发次数比较少的情况下，这种模式能够用于硬安全应用。比如，可以使用多跳信息方式转发 EEBL 消息，从而延伸其传播距离。V2V 多跳信息传播方式也能用于软安全功能，比如用来发布危险道路信息和交通状况信息。

制定车车多跳信息传播协议，需要解决的第一个基本问题是如何平衡性能和系统负载，其中重要的性能指标包括信息传播延迟和信息交互率。对于主要的系统负载，取决于完成传播策略所需要信息的数量、汽车处理信息工序的数量和实现起来的复杂程度。

汽车不可能随时处于接入车车网络的状态中，因此需要解决的第二个基本问题是如何保证信息传播功能可以在系统随机短时网络中断的状况下继续工作。

就目前来说，已经制定了许多车车协同多跳信息传播协议和机制，这些协议在性能和系统负载方面的条款大不相同，具体来说可以分为以下几类：

（1）基于拓扑的组播模式：这类协议通过车车信息传播网络建立和维护一个组播拓扑结构，比如组播树。

（2）位置辅助组播模式：这类协议通过位置或地理信息将汽车分为多组播或多组播区，然后在每个区域内部传播信息，从而辅助信息的传播。

（3）增强型广播模式：增强型广播模式保留了广播低延迟、实施简单的优势，同时通过减少转发车辆的数量，降低了系统的负担。汽车能够根据自身到发信源和目的地的距离、已经接收到的消息副本数量、位置和方向等信息来决定是否转发此消息。

（4）随机传播模式：车辆利用其机动性来传播消息，同时，其余各车根据消息的转发概率来决定是否转发该消息。比如，提出一种基于随机图论的汽车转发概率的方法。随机传播机制为延时容忍网络提供了一定的基础，而延时容忍网络能够应对随机的短时网络中断状况。

基于拓扑的组播和位置辅助组播传播机制需要通过一个巨大而高动态的汽车网络才能实现建立、维护和改组组播拓扑结构、组播区与组播组的功能，这会增加系统的通信和计算负担。同时，汽车必须建立和维护拓扑结构或组播区的最新信息，这进一步增加了通信延迟和系统复杂程度，因此对汽车的信息处理能力要求也更高。基于拓扑的组播和位置辅助组播传播机制会要求通信区域内的汽车在信息传播的同时构建一个连通的网络，而这在现实中几乎不可能实现。

增强型广播和随机传播模式能够更好地维护信息传播性能和系统负载之间的平衡。比如，随机传播理论，可以在有效控制系统负载的情况下，最优化传播延迟和交互率。

4.3.3 车路（V2I）本地广播模式

在车路（Vehicle to Infrastructure，V2I）本地广播模式下，汽车接收来自路侧基础设施的广播信息，包括：

（1）交通控制器的信号相位和时序信息。

（2）危险道路状况信息。

（3）安全证书信息。

（4）服务广告信息。

车路通信功能能够通过安装在路侧的短程无线电收发器实现，同时也能通过手机、卫星或覆盖范围很大的数字广播服务来实现。卫星服务和数字广播服务在当前汽车中很常见，通常用来将实时交通和道路状况信息传送给驾驶员和导航设备。

4.3.4 车路（V2I）双向通信模式

许多机动性和便利性应用需要使用车路（Vehicle to Infrastructure，V2I）双向通信模式，比如导航、浏览网页或电子邮件、电子购物或消费、媒体文件下载等。V2I双向通信模式的另一个重要用途是与安全证书的管理系统进行通信。除此之外，V2I 还可以通过路侧基础设施的应用服务器将信息从一车辆传送到其他车辆。

车路通信可以利用远程无线电和短程无线电来完成信息的传播。目前，越来越多的汽车拥有依靠远程信息处理设备接入蜂窝网络的能力。另外，汽车能够通过短程网络接入基于基础设施的服务，这些短程无线网络主要配置在路侧、家庭以及停车场、汽车服务中心等无线热点。

4.4 车辆无线通信技术

现有常用的几种无线技术已经可以满足汽车通信的各种要求。短程无线通信主要包括蓝牙、Wifi、专用短程通信（Dedicated Short Range Communication，DSRC）。远程无线通信包括蜂窝网络、卫星服务和数字广播服务。

蓝牙是一种通过在设备间建立近距离无线连接网络来替代使用传统连接线的技术，其利用全球通用但非授权的 2.4 GHz ISM（即工业、科学、医学）频段实现传输功能。在实际生活中，人们越来越多地使用蓝牙来进行手机与车辆的配对，这样可以实现车内免提接听电话、通过汽车显示屏控制手机以及通过手机控制汽车音响系统的功能。同时，汽车也可以通过蓝牙控制车内手机与外界进行通信，从而实现更多的远程服务功能，比如下载电子地图、娱乐信息节目、出行信息，设备的软件更新，接入基于互联网或云的应用，在车内人员因发生车祸而失去行为能力时进行紧急呼叫等。当汽车静止或低速行驶时，蓝牙也可用于车路通信，比如车辆与停车场入口处的支付系统间的通信。然而，蓝牙的通信距离有限和延迟高的特点也使得它无法用于汽车安全应用中。

Wifi 是基于美国电气和电子工程师协会（Institute of Electrical and Electronics Engineers，IEEE）802.11 标准而制定的网络，能通过自身的自组网能力实现车车本地广播。然而，为了用于支持车辆安全应用，Wifi 必须修改其现有标准，减小延迟，以达到对高速、可靠通信的要求。对于其他基础设施模式下的汽车通信形式，Wifi 网络也基本能够支持。但是 Wifi 热点目前尚未普及，并且当从一个热点移动到另一个热点时需要重新接入网络。当然对于某些非安全应用，Wifi 还是其可以接受的选择。

迄今为止，IEEE 802.11 标准下的技术最符合硬安全应用的技术要求，这也促进了DSRC无线电技术和标准的发展。DSRC的本质是一种自组网模式下的Wifi网络，它能够支持在高速行驶车辆之间进行通信。DSRC可以用来组建大范围的CVN网络，从而支持V2V和V2I通信模式。

第三代（Third Generation，3G）蜂窝网络的通信延迟在数百毫秒范围内，符合一些硬安全和软安全应用的要求。但问题是，现有的3G网络无法有效地支持车车本地广播，而车车通信是大多数硬安全应用的关键。此外，3G网络与语音通信工作时共用带宽，这可能会产生难以预测的延迟，也可能会造成蜂窝网络过载。为了解决这个问题，可以为汽车通信专门建立另外一套蜂窝系统，但是造价高昂。除此之外，过长的呼叫建立延迟也会给硬安全应用带来过多的延迟。

目前主流的第四代（Fourth Generation，4G）蜂窝网络和长期演进（Long Term Evolution，LTE）技术都具有通信延迟低、容量大以及通话能力比3G更好的特点。LTE可以支持规模很小的无线蜂窝网络，包括覆盖2 km范围的微蜂窝网络、覆盖200 m范围的微微蜂窝，甚至覆盖十几米的毫微微蜂窝。小型蜂窝网络通过建立热点，能够实现大容量、低延迟的信息传输。这些热点主要分布在家庭、综合办公区、人口稠密区和繁华的道路交叉口等地。因此，LTE可以支持对时间敏感的应用，比如V2I本地广播和V2V安全应用等。

表4－1简要对比了几种无线通信技术的时间延迟、覆盖范围和所支持的汽车通信模式。

表4－1 无线通信技术的比较

项目	DSRC	Wifi	蓝牙	3G	4G	SDARS
通信距离	数百米	数百米	最大100 m	数十千米	数十千米至100 km	一个国家区域内
通信延迟	10 ms	10 ms	10 ms	50 ms至数百毫秒	数十毫秒	10～20 s
连接启动时间	0s	3～5s	3～4 s	数百毫秒至数秒	50 ms	不支持
V2V本地广播	支持	支持	无可能	需要服务器	需要服务器	不支持
V2V多次转发	支持	支持	无可能	需要服务器	需要服务器	不支持
V2I本地广播	支持	支持	无可能	部分服务商提供	部分服务商提供	支持
V2I双向通信	支持	支持	无可能	支持	支持	不支持
注：SDARS：Satellite Digital Audio Radio Systems，卫星数字音频广播系统						

一般情况，车辆需要根据应用的要求来选择相应的通信技术，并且使用多样的无线技术来满足不同的通信要求。此外，有些应用需要使用多项通信技术来实现。

无线通信技术正在以前所未有的速度飞速发展，对于正行驶在道路上的车辆来说，其正在使用的通信技术也许已经过时了。新型车辆要应用新的无线通信技术，但同时也要保持与旧型车辆的互操作性。因此，我们不仅要依靠科技进步进行汽车无线通信技术的创新，同时还要保证关键应用能够满足在不同时代汽车间的互操作性。

参考文献

[1] 3rd Generation Partnership Project："3GPP TS 22.220 V10.8.0（2011 –2012）Technical Specifi Cation Group Services and System Aspects；Service Requirements for Home Node B（HNB）and Home eNode B（HeNB）（Release 10），" 2011.

[2] A. Bachir and A. Benslimane："A Multicast Protocol in Ad-Hoc Networks Inter-Vehicle Geocast，" IEEE Vehicular Technology Conference，2003.

[3] S. Biswas，R. Tatchikou，and F. Dion："Vehicle-to-Vehicle Wireless Communication Protocols for Enhancing Highway Traffic Safety，" IEEE Communications Magazine，2006.

[4] V. Chandrasekhar，J. G. Andrews，and A. Gatherer："Femtocell Networks：A Survey，" IEEE Communications Magazine，Vol. 46，2008.

[5] R. Chen，W. Jin，and A. Regan："Broadcasting Safety Information in Vehicular Networks：Issues and Approaches，" IEEE Network Magazine，2010.

[6] C. Cheng，H. Lemberg，S. Philip，E. Van Den Berg，and T. Zhang："SLALoM：A Scalable Location Management Scheme for Large Mobile Ad-Hoc Networks，" IEEE Wireless Communications and Networking Conference（WCNC ' 02），Orlando，Florida，2002.

[7] D. V. McGehee，E. N. Mazzae，and G. H. S. Baldwin："Driver

Reaction Timein Crash Avoidance Research: Validation of a Driving Simulator Study on a Test Track," 16th Triennial Congress of the International Ergonomics Association and 44th Annual Meeting of the Human Factors and Ergonomics Society, Vol. 3, pp. 320 – 323, Santa Monica, CA, 2000.

[8] X. Jiang and T. Camp: "A Review of Geocasting Protocols for a Mobile Ad-Hoc Network," Proceedings of Grace Hopper Celebration (GHC), 2002.

[9] G. Karagiannis, O. Altintas, E. Ekici, G. Heijenk, B. Jarupan, K. Lin, and T. Weil: "Vehicular Networking: A Survey and Tutorial on Requirements, Architectures, Challenges, Standards and Solutions," IEEE Communications Surveys & Tutorials, 2011.

[10] M. Kihl, M. Sichitiu, and H. Joshi: "Design and Evaluation of Two Geocast Protocols for Vehicular Ad-Hoc Networks," Journal of Internet Engineering, vol. 2, no. 1, pp. 127 – 135, 2008.

[11] C. L. Lau and T. Zhang: "Planning and Control of LTE Femto Networks," 3rd International Workshop on Indoor and Outdoor Femto Cells (IOFC), Princeton, New Jersey, 2011.

第5章 专用短程通信

5.1 5.9 GHz 频段

早在 1997 年，美国智能交通协会（Intelligent Transportation Society of America，ITSA）就希望美国联邦通信委员会（Federal Communications Commission，FCC）能够将 5.9 GHz 中的 75 MHz 专门用于智能交通系统（Intelligent Transport System，ITS）。

1998 年，美国国会颁布了《21 世纪交通平等法》，其中拟定了适用于专用短程车路无线通信设施的标准，建议 FCC 考虑分配专门的频段用于智能交通系统中。FCC 提议将 75 MHz 分配到专用的短程通信中，以满足"一种短程信号，可以使信息在车与路侧设施之间通过无线连接进行传送"。1999 年，最终通过了分配频段的法案："今后，5.850 ~ 5.92 5GHz 中的 75 MHz 频段将作为智能交通系统中专用短程通信（DSRC）的无线电服务。ITS 服务的目的在于改善交通安全程度，减少拥堵，促进空气污染程度的降低以及保护重要的化石燃料"。

在美国，现在所有介于 5.850 ~ 5.925 GHz 的 75 MHz 频段都被认为是用于 DSRC 的 5.9 GHz。

需要说明的是，每当提及 DSRC 时，5.9 GHz 指的是新的频段，需要与用同样名字表示的原 900 MHz 相区别，后者以前是用于电子收费的。本书中的 DSRC 会经常和 5.9 GHz 联系在一起。

5.1.1 DSRC 波段的使用

分配新的 DSRC 许可频段的最初目的在于实现车车（V2V）通信和车路（V2I）通信，以挽救更多生命并加快交通流的运行。

除了这些公共交通安全应用，FCC 也允许受限的频段用于传播部署定制服务，并鼓励 DSRC 技术快速推广。为了避免与最初的公用频段相冲突，还规定了定制服务不得干扰公共安全应用，或者说定制服务必须对公共安全应用让步。FCC 仍然允许 5.9 GHz 用于非安全项目，但其主要目标还是要防止由此带来的公共安全应用性能降低。

5.1.2 DSRC 频道

美国 5.9 GHz 中 75 MHz 最初是被分配成 7 个 10 MHz 进行使用的。早期的 5 MHz 频段是用来作为保护临近频段的向导频段（图 5－1）。DSRC 中每个 10 MHz 都用 172～184 中的一个偶数来代表。

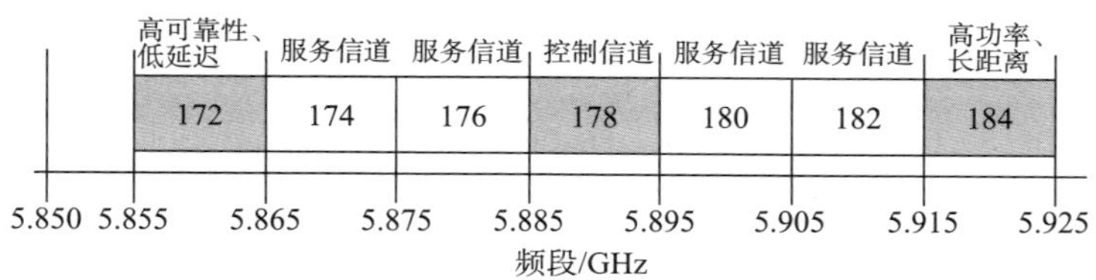

图 5－1 美国 DSRC 广播频段和频道分配

其中，编号为 178 的频道位于 5.885～5.895 GHz，被指定为控制信道（Control Channel，CCH），并被限制为只能作为安全通信。FCC 指定 178 号频道为用于 V2V 安全通信的唯一信道，以避免和减少交通事故、保障生命和财产安全。FCC 同样还指定 184 号（介于 5.915～5.925 GHz）频道作为高功率、长距离通信的唯一信道，用于涉及生命和财产安全的公共安全应用，包括道路交叉口避撞等。172 号频道同样因其高可靠性、低延迟（High Availability Low Latency，HALL）的特点而被熟知，而 184 号频道的特点则是高功率、长距离（High Power Long Range，HPLR）。其余频道被指定为服务信道，可同时用于安全性和非安全性用途。

FCC 又进一步将 174/176 和 180/182 整合成为两个分别名为 175 和 181 的 20 MHz 频道。

5.1.3　DSRC 操作

DSRC 5.9 GHz 是获得许可的免费频段，但是不应当将其与美国其他免费使用的频段相混淆，如 900 MHz、2.4 GHz、5 GHz 等。其他的非许可频段大多数用于 Wifi、蓝牙等类似服务，这些通信技术没有其他限制条件，所以可以共存。从其他角度来说，DSRC 的 5.9 GHz 频段在用途和通信技术上都是有限制的，FCC 规定要求其中所有无线广播必须执行 DSRC 标准，并且制定了使用规范。也就是说，不允许在 5.9 GHz 中使用除 DSRC 之外的其他任何广播技术，即使功率再小也不可以，这与非许可频段的规定不同。

从车辆安全通信的角度来说，使用 5.9 GHz 频段便于避开与智能手机、个人导航设备和其他非 DSRC 设备的使用相冲突，这就可以保证在一个没有其他无线电设施干扰的环境中进行各种操作。比如，该频段不允许非交通安全相关的通信传输向对通信时间要求较高的安全应用产生干扰。

5.9 GHz 频段的传输速率高，受天气影响小。5.9 GHz 的 DSRC 能满足大多数安全应用的要求。

然而，高频频段也受到其他方面影响因素的限制。由于高频信号的穿透性不如低频信号，固体物质更易吸收 5.9 GHz 的信号，例如墙壁等，这在很大程度上限制了城市环境下通信信号的传输范围。

5.2　欧盟的 DSRC

欧盟在很早时候就意识到了开辟专用频段对发展 ITS 的重要意义。欧洲将 DSRC 频段被分成了 5 个 10 MHz 的频道，其中包括两个用作未来扩展功能的预留信道。欧盟和美国的 CCH 分配是不一样的，主要原因是电子通信委员会想要在 CCH（5.895 ~ 5.905 GHz）和 SCH#1（5.875 ~ 5.885 GHz）设置一个警戒区以避免冲突干扰。这个警戒区实际上相当于第二个 SCH（5.885 ~ 5.995 GHz），它只用于低优先权和低功率信息的传送。在这个计划下，使用最多的两个频道就会是 CCH 和 SCH#1（图 5 - 2）。

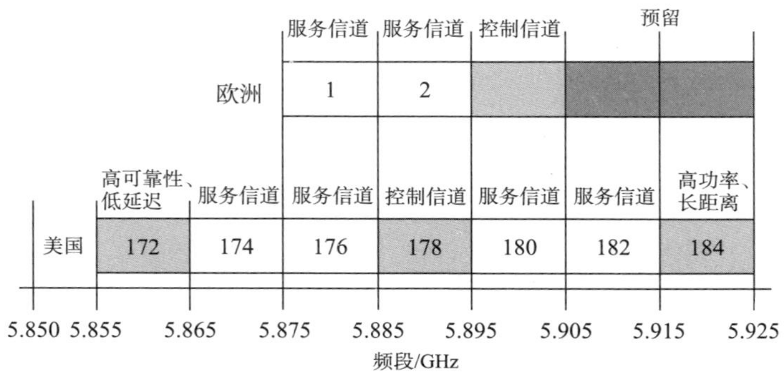

图 5-2 欧洲和美国 5.9 GHz 重叠频段

2009 年，欧盟委员会为在欧洲共同体实现 ITS 推广制定了一份标准要求。该要求中邀请到了欧洲电信标准化协会（European Telecommunications Standards Institute，ETSI）和欧洲标准委员会（European Committee for Standardization，CEN）来共同制定一系列详细的规范和准则以支持实现 ITS 在全欧洲范围内的推广和部署。

5.3 日本的 DSRC

1996 年，日本交通、建筑、邮政与通信、国际贸易、工业和国际警察等多个部门联合制订了一份 ITS 发展计划，其中提及的 9 个发展领域和 20 项用户服务将会在 2015 年之前逐步实现。

2001 年，日本无线工业及商贸联合会（Association of Radio Industries and Businesses，ARIB）颁布了专为 DSRC 技术设计的 ARIB STD-T75 标准。如图 5-3 所示，5.770～5.850 GHz 频段被划分为 7 个下行和 7 个上行频道，每个频道带宽 4.4 MHz，间距为 5 MHz。协议中还指定了陆地移动电台与基站之间的界面形式。之后出版的 ARIB STD-T88 中则规定了关于 DSRC 应用底层操作的内容。

与美国不同，开展 V2V 安全通信并不是日本开发使用 DSRC 技术的主要目的。由于日本的 5.8 GHz 频段太容易被障碍物遮挡，国土交通省（Ministry of Land，Infrastructure，Transport and Tourism，MLIT）选择了使用介于 715～725 MHz 的 10 MHz 进行 V2V 安全通信。

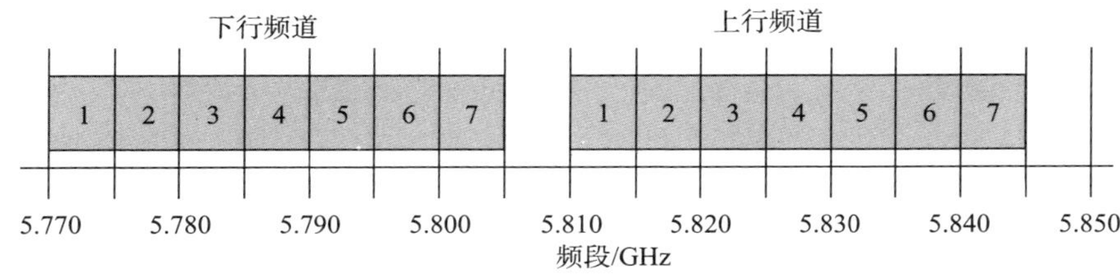

图5-3 日本5.8 GHz的DSRC频段

5.4 DSRC标准

早在对5.9 GHz频段的官方规定出台之前，美国运输部（U.S. Department of Transportation，USDOT）就已经向美国国会做过关于推行5.9 GHz DSRC通信标准对发展ITS重要性的报告。对DSRC进行一套完整的标准开发可以为接下来协调地进行系统部署搭建一个统一的平台。

最初，美国联邦公路局（Federal Highway Administration，FHWA）与包括美国材料与试验协会（American Society for Testing and Materials，ASTM）在内的5家标准管理机构达成了一致意见。FHWA认定关于DSRC的标准应当是“共识性标准”，且开发组织可以保有标准的知识产权。

随后，FCC指定了基于5.9 GHz DSRC的ITS服务许可和服务规则，并且采用了ASTM E2213-03标准来确保其兼容性。不仅如此，FCC还就路侧单元（Road Side Unit，RSU）和车载单元（On-Board Unit，OBU）对DSRC频段的使用进行了解除垄断和地域限制的授权，并建立了对传输功率的限制要求。FCC还禁止任何商业移动无线业务（Commercial Mobile Radio Service，CMRS）使用DSRC频段。

5.4.1 车辆环境中的无线接入

2004年，美国电气和电子工程师协会（Institute of Electrical and Electronics Engineers，IEEE）负责DSRC标准的相关工作。DSRC标准开始基于IEEE的802.11a进行设计，加入对5.9 GHz频段中低负载操作的调整。这样不仅可以更好地利用过去几十年从开展IEEE 802.11a无电线中获取的大量实际经验，同时还可以使用现有的无线芯片组（大部分都可用于 5.8 GHz 附近频段）进行早期研究，从而节省大量成本。

5.4.2 车辆环境中获取无线接入许可协议栈

DSRC 标准是车辆环境下进行车间无线通信（Wireless Access in Vehicular Environment，WAVE）的无线接入准则。WAVE 协议栈包含在车辆环境下同时支持安全性和非安全性应用通信的协议，它包括两部分内容：数据层和管理层。

数据层协议负责空中数据交换的部分。如图 5－4 所示，DSRC 应用能够在互联网协议第 6 版（IPv6）上将数据通过 WAVE 简讯通信协议（WAVE Short Message Protocol，WSMP）进行传送或者是通过传统的传送协议进行传送，如用户数据包协议（User Datagram Protocol，UDP）和传输控制协议（Transmission Control Protocol，TCP）。

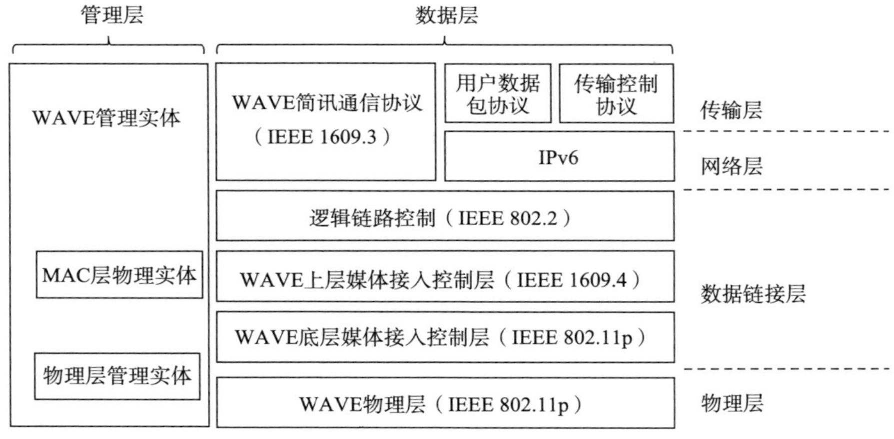

图 5－4　WAVE 协议栈

当互联网协议（Internet Protocol，IP）无法使用或无请求时，会使用在 IEEE 1609.3 标准中有详尽说明的 WSMP 协议。WSMP 用于支持 V2V 和 V2I 安全应用，IP 用于互联网连接。

数据的链接层分为 3 部分：逻辑链路控制（Logical Link Control，LLC）、上层和底层媒体接入控制（Media Access Control，MAC）。IEEE 802.2 中定义的 LLC 协议会为其下层的控制层提供一个标准界面。MAC 上层子层的各种操作，包括对多个 DSRC 频道的操作，在 IEEE 1609.4 标准中都有详尽定义。

IEEE 802.11p 协议是 WAVE 协议栈的驻留基础。IEEE 802.11p 包含了底层 MAC 和物理层（Physical Layer，PHY），这种结构有利于在单个 DSRC 频道上进行通信。IEEE 802.11p 中有对 IEEE 802.11 标准调整的详细说明。

WAVE 管理层由 WAVE 管理实体（WAVE Management Entity，WME）的各种功能组成，包括管理框架处理、广告服务和 IPv6 配置等。WME 同时还维护着一个管理信息库（Management Information Base，MIB），其中包含 DSRC 站点的配置和状态信息。WME 由 MAC 层管理实体（MAC Layer Management Entity，MLME）和物理层管理实体（Physical Layer Management Entity，PLME）共同支持。

作为对图 5-4 中的协议的补充，WAVE 协议栈还提供诸多安全功能，这些功能在 IEEE 1609.2 标准中有详尽说明。这些安全功能正交于 WAVE 结构中定义的数据层和管理层。

5.4.3 国际上对冲突部分的协调

欧盟、日本和美国规定的 DSRC 频段在频率和宽度上都不尽相同，这就导致存在非重叠信道。而且，并非每个区域都会采用同样的标准。

2009 年，欧洲信息媒体委员会和 USDOT 签订了关于开展欧美合作研究的联合协议，其中包括关于“大力支持开放标准的全球化，以保证互操作性，具体措施包括标准化组织的协同，但措施不限于此”的决议。

USDOT 技术革新研究部门与日本的 MLIT 签订了有关智能交通系统（Intelligent Transport System，ITS）方面的合作备忘录，表示要“支持开放标准的全球化进程，以确保 ITS 技术的互操作性”。

参考文献

[1] Association of Radio Industries and Business:“Dedicated Short-Range Communication System,” ARIB STD-T75, 2001.

[2] Association of Radio Industries and Business:“DSRC Application Sub-

Layer," ARIB STD-T88, 2005.

[3] American Society for Testing and Materials: "ASTM E2213-03 Standard Specification for Telecommunications and Information Exchange Between Roadsideand Vehicle Systems – 5 GHz Band Dedicated Short-Range Communications (DSRC) Medium Access Control (MAC) and Physical Layer (PHY) Specifi cations," 2003.

[4] S. Deering and R. Hinden: "Internet Protocol Version 6 (IPv6) Specifications," Request For Comments 2640, Internet Engineering Task Force, 1998.

[5] United States Department of Transportation: "Intelligent Transportation Systems Critical Standards," 1999.

[6] European Commission Enterprise and Industry Directorate-General: "Standardization Mandate Addressed to CEN, CENELEC and ETSI in the Fieldof Information and Communication Technologies to Support the Interoperability of Cooperative Systems for Intelligent Transport in the European Community," M/453 EN, 2009.

[7] European Commission Information Society and Media Directorate-General, USDOT Research and Innovative Technology Administration: "E. U. – U. S. Joint Declaration of Intent on Research Cooperation in Cooperative Systems," 2009.

[8] Federal Communications Commission (FCC) Notice of Proposed Rule Making (NPRM): "Amendment of Parts 2 and 90 of the Commission' s Rules to Allocate the 5.850 – 5.925 GHz Band to the Mobile Service for Dedicated Short-Range Communications of Intelligent Transportation Systems," FCC 98 – 119, 1998.

[9] Federal Communications Commission (FCC) Report and Order 99 – 305: "Amendment of Parts 2 and 90 of the Commission' s Rules to Allocate the 5.850 – 5.925 GHz Band to the Mobile Service for Dedicated Short-Range Communications of Intelligent Transportation Systems," FCC 99 – 305, 1999.

[10] Federal Communications Commission (FCC) Report and Order 03 – 324: "Amendment of the Commission's Rules Regarding Dedicated

Short-Range Communication Services in the 5.850 – 5.925 GHz Band (5.9 GHz Band)," FCC 03 – 324, 2003.

[11] Federal Communications Commission (FCC) Memorandum Opinion and Order 06 – 110: "Amendment of the Commission's Rules Regarding Dedicated Short-Range Communication Services in the 5.850 – 5.925 GHz Band (5.9 GHz Band)," WT Docket 01 – 90, ET Docket 98 – 95, RM – 9096, FCC 06 – 110, 2006.

[12] Institute of Electrical and Electronics Engineers (IEEE): "Telecommunicationsand Information Exchange between Systems – Local and Metropolitan Area Networks – Specific Requirements Part 2: Logical Link Control," IEEE 802.2, 1998.

[13] Institute of Electrical and Electronics Engineers (IEEE): "Telecommunicationsand Information Exchange between Systems – Local and Metropolitan Area Networks – Specific Requirements Part 11: Wireless LAN Medium Access Control (MAC) and Physical Layer (PHY) Specifications High-speed Physical Layer in the 5 GHz Band," IEEE 802.11a, 1999.

[14] Institute of Electrical and Electronics Engineers (IEEE): "Trial-Use Standard for Wireless Access in Vehicular Environments (WAVE) – Security Services for Applications and Management Messages," IEEE 1609.2, 2006.

[15] Institute of Electrical and Electronics Engineers (IEEE): "Draft Standard for Wireless Access in Vehicular Environments (WAVE) – Networking Services," IEEE 1609.3/D5.0, 2010.

[16] Institute of Electrical and Electronics Engineers (IEEE): "Draft Standard for Wireless Access in Vehicular Environments (WAVE) – Multi-Channel Operations," IEEE 1609.4/D6.0, 2010.

[17] Institute of Electrical and Electronics Engineers (IEEE): "Telecommunicationsand Information Exchange between Systems – Local and Metropolitan Area Networks – Specific Requirements Part 11: Wireless LAN Medium Access Control (MAC) and Physical Layer (PHY) Spec.," IEEE 802.11p, 2010.

[18] J. Kenney: "Dedicated Short-Range Communications (DSRC)

Standards in the United States," Proceedings of the IEEE, Vol. 99, no. 7, 2011.

[19] J. Postel: "User Datagram Protocol," Request For Comments 768, Internet Engineering Task Force, 1980.

[20] J. Postel: "Transmission Control Protocol," Request For Comments 793, Internet Engineering Task Force, 1981.

[21] United States Congress: "Transportation Equity Act for the 21st Century," TEA-21, Public Law 105 - 178, 105th Congress, 1998.

第6章 WAVE 的物理层

6.1 物理层计算

在物理层（Physical Layer，PHY），美国电气和电子工程师协会（Institute of Electrical and Electronics Engineers，IEEE）的 802.11 标准设定了无线传输与接收帧的规格。该标准内容涵盖了信号调制、帧格式，以及不同输入单元需要被接收器解码的方式等方面。

本章首先回顾关于 IEEE 802.11 物理层结构的相关内容，之后重点关注有关于汽车安全通信的物理层。描述车间无线通信（Wireless Access in Vehicular Environment，WAVE）的物理层是如何在软件上进行精确建模的，之后进一步描述一个 WAVE 无线网络仿真器（Network Simulator，NS）。读者可以在相关文献中找到关于 IEEE 802.11 标准和网络方面的内容。

6.1.1 正交频分复用技术

IEEE 802.11 使用正交频分复用技术（Orthogonal Frequency Division Multiplexing，OFDM）进行无线传输。OFDM 将频段分成一些窄频带的子信道，在每一个子信道上携带一部分信息。各子信道的频率和传输时刻的选择都要保证各个子信道内信息在传输时相互之间不会产生干涉，因此名为正交分频。子信道以较低的符号率工作，以允许在符号之间可以介入保护间隔。保护间隔可以彻底清除干扰符号（也称码间串扰，Intersymbol Interference，ISI），从而保证了在较高的数据速率下仍具有高度可靠性。

6.1.2 调制和编码速率

IEEE 802.11 无线电的信息率是由调制方案（周期性改变）所确定的，而编码速率则是受数据帧传输的影响。通过对载波进行处理，使其在信道中传播时可以传送信息的过程称作调制。二进制相移键控（也称双移相相键控，Binary Phase Shift Keying，BPSK）调制平均每个副载波每一周期波能传输 1bit 的数据。因为 IEEE 802.11a 无线电能同时发送超过 48 个副载波的数据，所以 BPSK 调制允许每一个 OFDM 符号携带 48 bit 的信息。

编码速率代表了总体携带的信息中用于实际数据的部分，剩下的部分用来修正接收过程中出现的错误。使用一个典型的 20 MHz 的 IEEE 802.11a 信道，用于传递一个周期波形的时间为 4 μs，其中包含用以防止干扰信号的保护间隔时间。如果 IEEE 802.11a 无线电使用 BPSK 调制，在 1/2 编码速率下数据传输速率可以达到 6 Mbps。

如表 6－1 所示，更高的调制方案与编码速率的组合使用可产生更高的数据速率，而在更高的数据速率下接收器需要更清晰的符号，因为在更高的数据速率下接收系统更容易出错。

表 6－1 IEEE 802.11a 调制和编码速率

调制	平均每个副载波编码的位数	平均每个 OFDM 编码的位数	编码速率	每个 OFDM 的数据速率	20 MHz 信道的数据速率/Mbps
BPSK	1	48	1/2	24	6
BPSK	1	48	3/4	36	9
QPSK	2	96	1/2	48	12
QPSK	2	96	3/4	72	12
16－QAM	4	192	1/2	96	24
16－QAM	4	192	3/4	144	36
16－QAM	6	288	2/3	192	48
16－QAM	6	288	3/4	216	54

6.1.3　帧接收

1. 帧前导和物理层聚合程序

IEEE 802.11 发射器可以选择向任意符合标准要求的调制方案与编码速率的组合发送帧。接收器需要辨别通过频道信号是一帧有效信息还是噪声信号，同时还要知道帧的周期长度以及发射器使用的是何种调制方案与编码速率的组合，之后才可以成功接收到一帧。

每一个 IEEE 802.11 帧都以一个已知序列作为开头，我们称之为帧前导。帧前导用于通知接收器该帧即将到来，并且协助接收器锁定信号。帧前导之后是物理层会聚协议（Physical Layer Convergence Procedure，PLCP），内容为帧主体的具体信息，包括帧长、调制方案和编码速率等。

帧前导和 PLCP 头的信号部分即为绝大多数 IEEE 802.11 无线电配置下调制的 BPSK。当帧前导有一个编码速率为零时，PLCP 头的信号部分编码时速率值取 1/2。

帧的有效载荷信息位于 PLCP 头之后，其可以按照表 6－1 中提及的 8 种调制方案与编码速率组合中的任意一种进行调制。发射器要标记出对于就 PLCP 头中“速率”字段所示的编码速率（图 6－1）应当使用何种调制方案与编码速率的组合进行解调。

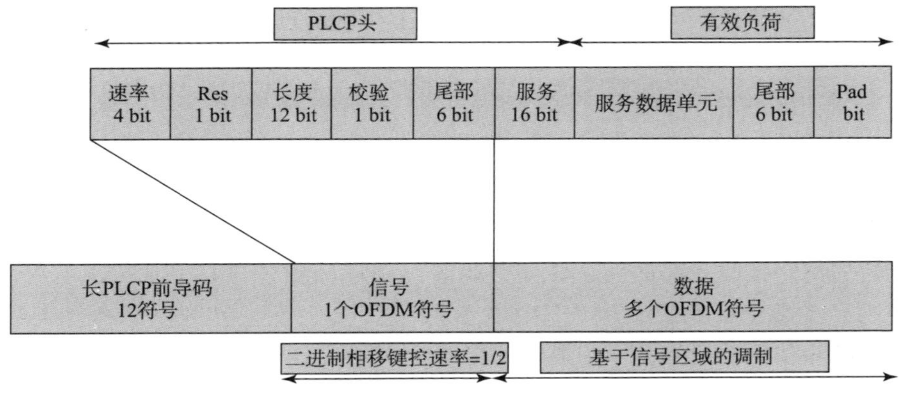

图 6－1　OFDM PLCP 前导码，PLCP 头以及 PLCP 数据。服务数据单元，物理层服务数据单元

2. 帧主体

当 IEEE 802. 11 无线电处于准备接收帧的状态时，会持续解调通过使用 BPSK 接收到的信号，以保持对帧前导已知部分的不断搜寻。当检测到帧前导时，接收器就会尝试解码 PLCP 头，一旦成功，则根据帧调制方案、编码速率和 PLCP 头字段长度对接收到的波形进行解码。解码后的原始字节会被送至媒体接入控制（Media Access Control，MAC）层，由 MAC 中的循环冗余校验码（Cyclic Redundancy Check，CRC）判断是否成功接收到该帧内容。

当无线电使用信道进行消息广播时，它便不能与此同时接收任何帧。同样，如果没收到帧前导和 PLCP 头，也无法接收任何帧，没有关于接收帧主体的方法信息。类似地，当无线电正处于接收帧的状态时，便无法同时接收其他帧，否则会把后收到帧的前导视为正在解调的帧的一部分一并处理。而且，如果后收到的帧信号强度足够高，会与之前的帧造成冲突，对其过程造成不利影响。

同样，由于帧主体发送时所用的调制方案与编码速率组合不固定，所以当信号质量和干扰一定时，可能会出现接收器可以接收并解码帧前导和 PLCP 头却无法接收帧主体的情况。

3. 帧主体的采集

IEEE 802. 11 设定了一个强大的程序用来搜寻和解码帧前导和 PLCP 数据头。当有新的帧到来而无线电仍处于接收上一个帧的帧前导和 PLCP 头时，若新的帧比正在接收的帧强度高很多，则无线电会锁定新的帧。而且，在接收一个帧期间同时采集一个新的帧也时有发生。这就是帧主体采集机制。该机制并非 IEEE 802. 11 标准的一部分，而是作为一种典型特征应用在了一些无线芯片组上。

随着帧主体的采集，物理层不断监测收到的信号强度。当监测到有急剧上升情况（例如大于 10 dB）时，接收器会将新帧标记为更强。之后，会首先终止接收先前的帧，转而开始解码新帧的帧前导和 PLCP 头。一旦成功，就会开始接收新的帧。

帧主体采集机制是专为典型 Wifi 使用环境（例如家里和办公室）而设计的。相比之下，信号更强的帧更容易被接收，因为其更有可能来自于附近的节点。帧主体采集机制同样适用于汽车安全通信。车辆倾向于接收距离它更近的车辆信息，因为其更可能暴露出近距离的危险。帧主体采集机制同样可以用来减少隐藏终端现象产生的消极影响。

6.2 物理层修正

IEEE 802.11p 物理层是 IEEE 802.11a 物理层的扩展，其规定了在 5.9 GHz下进行操作所需做出的最小改变。由此，借由新式无线电芯片组，我们不需要花费太大成本就可以做出 IEEE 802.11p 无线电芯片组。而且，因为 802.11a 无线电在 5.8 GHz 下工作，所以只需将现有的 IEEE 802.11a 芯片组重新配置到可以在 5.9 GHz 下工作，就可以搭建出 IEEE 802.11p 无线电工作平台。

6.2.1 信道宽度

IEEE 802.11p 物理层是基于与 IEEE 802.11a 相同的 OFDM 方案设计的，不同的是它可以用于 10 MHz 信道，而 IEEE 802.11a 设备用于 20 MHz 信道。通过对应用于 IEEE 802.11a 的 20 MHz 传输中的 OFDM 的时序参数翻倍或是将频率参数减半，10 MHz 就可以实现，这意味着发送符号间的保护间隔长度也要加倍。

最近一项研究提议应当缩小信道宽度。研究人员证明了用来发射超过 20 MHz 频道的保护间隔并不足够长到可以弥补做最坏打算的延迟扩展，这种传播是由于车载环境的多路效应所导致的。也就是说，这样的保护间隔在某一个无线电独立发射时不足以防止符号间的干扰。

超量延迟的传播随环境变化。经验测量显示，郊区环境下 90% 以上由多路效应引起的超量延迟小于 0.6 μs。在公路环境和城市环境下超量延迟分别为 1.4 μs 和 1.5 μs。由于 OFDM 保护间隔应当大于超量延迟的传播速度，所以 IEEE 802.11a 在 20 MHz 下规定的 0.8 μs 保护间隔应用于汽车通信环境中时会失效。因此，IEEE 802.11p 使用信道宽为 10 MHz，保护间隔为 1.6 μs。

文献［10］中建议使用 8.5 MHz 作为用于 WAVE 的理论上最佳信道，因为 8.5 MHz 对超量延迟传播的改善作用最明显。然而，为了能够使用现有的 IEEE 802.11a 芯片组，最合理的选择还是使用 10 MHz。

6.2.2 频谱模板

频谱模板用来限制超出目标带宽频率之外的无线电在传输过程中产生的过量辐射，亦即防止邻近信道之间造成的干扰。

IEEE 802.11p 修正中为 5.9 GHz 频段的 DSRC 规定了四个模板，对应 A、B、C、D 四类操作，其中 C 类用于汽车安全通信。表 6-2 列举了各频谱模板对于上述各类操作在不同信道中心偏离方面的要求。对于各 10MHz 信道而言，发射频段应当有不超过 9 MHz 的 0 dBr 带宽。

对用于 WAVE 的频段模板的要求比用于现有 IEEE 802.11 无线电的频段模板的要求要严格很多。

表 6-2 对 WAVE 频谱模板的要求 dBr

类	5 MHz 补偿的限制	5.5 MHz 补偿的限制	10 MHz 补偿的限制	15 MHz 补偿的限制
A	-10	-20	-28	-40
B	-16	-20	-28	-40
C	-26	-32	-40	-50
D	-35	-45	-55	-65

6.2.3 改良的接收器性能

事实证明当临近车道的车辆在相邻的信道里操作时，相互之间会发生干扰。例如，车辆 V1 使用 176 信道传递信息时会造成干扰，影响到相邻车道上的 V2（2.5 m 远）从 178 信道上接收其他车传递来的信息。

无线通信的交叉信道干扰是一个著名的问题。最有效的方式就是借助于信道管理监测。关于这些监测的定义已经超出了 IEEE 802.11 的协议范围。然而，由于在车载环境下该问题尤为突出，因此为保证相邻信道的独立，IEEE 802.11p 改进了接收器性能。

6.3　物理层建模

在汽车安全通信研究方面，我们需要有能够在软件层次上对汽车网络操作进行精确建模的模拟器。在仿真方面，我们使用一款全面更新后的 NS－2 版本，这是广受研究者们喜爱的仿真软件之一。

NS 的第一个版本出现于 1989 年，当时有着 DARPA 的大力支持。版本 2 于 1996 年面世，NS－2 是一个离散事件模拟器，主要用来模拟 TCP/IP 协议、路由以及有线和无线网络下的多路传送。

NS－2 版本上最早实现的 IEEE 802.11 网络深受太阳微系统公司、加利福尼亚州大学伯克利分校影响。此平台已经被无线网络研究者们广泛应用。尽管此应用已经基本满足其主要功能，但是学者们仍然认为它限制了仿真无线电行为的精确性。很久以来，人们都认为它没有实用性（因为它主要是用来研究更高层的协议而不是无线电连接）。然而在 5.9 GHz DSRC 的内容中，它开始变成精确仿真无线电层效应上必不可少的一环，例如信号隐藏以及隐藏终端效应导致的干扰等。

出于深入研究汽车安全通信的需要，学者们对于提高模拟 IEEE 802.11 网络的 NS－2 软件模块做出了许多努力。2007 年，来自德国卡尔斯鲁厄大学和奔驰研究院的学者们重新设计了物理层和媒体访问控制层仿真模型，并创造出了一款新的设备。随着时间的推移，这些新的模块替代了最初的模块并且现在已经变成了官方 NS－2 软件分发的一部分，如图 6－2 所示。2008 年，NS－3 开始发行，它默认了这种用以精确仿真 IEEE 802.11 的新模型，今天，这款软件已经可以在 NS－3 网站上免费下载。

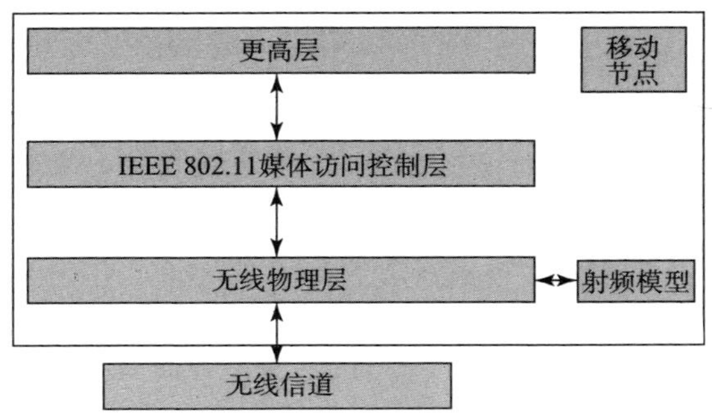

图 6－2　NS－2 IEEE 802.11 仿真结构

6.3.1 网络模拟器体系结构

在 NS－2 IEEE 802.11 仿真模型中，使用了无线信道模块对无线连接进行建模。这种无线信道模块将仿真情景中所有节点互联，并且从每个发射器向所有接收器发射帧。这种无线信道规定了每个传输事件的所在位置和传输能量，但是它并不能处理干扰、冲突或者是进行路径损耗计算。

此无线物理层模块能够实现物理层上的一切操作，例如载波检测、干扰信噪比检测以及 PLCP 状态管理，它的设计能够支持不同的 MAC 设计。无线物理层与射频模型对象相结合，即电脑利用某种射频传播模型和此节点所在的位置来计算出下一帧的信号强度。无线物理层从无线信道中接收每个帧，并且要求射频模型提供相一致的接收能量，如果接收到的能量超过了载波检测到的临界值，这个帧就会被向上层传递到 802.11MAC，进行下一步的处理。当无线物理层从 802.11MAC 接收到一个数据包后，它就会把它传递给无线信道进行下一步的传输。

6.3.2 射频模型

射频模型模块定义了射频信号传播模型。NS－2 设施现能提供四个传播模型：自由空间、双路径、阴影和 Nakaqami 模型。

自由空间是最简单的模型。它假定辐射能量无限制地传播，并且在穿过以天线球心的球面时没有损失。在 NS－2 中，被接收的功率是根据以下 Friis 等式计算的，式中信号衰减与距离的平方成正比：

$$P_r = \frac{P_t G_t G_r \lambda^2}{(4\pi d)^2} \tag{6-1}$$

式中 P_t——发射器功率；

P_r——接收功率，为发射—接收间隔距离 d 的一个函数；

G_t——发送器天线增益；

G_r——接收器天线增益；

λ——波长（m）；

d——接收器和发射器之间的距离（m）。

双路径模型考虑了地球表面对信号传播造成的影响。事实上，在超过一个特定的交叉距离后，这种地面反射波可以抵消视距电波，并且导致接收功率更快地衰减。这个距离取决于波长以及各自的发射器和接收器的高度。如果接收器不超过这种交叉距离，NS－2 计算接收功率时如同自由空间一样使用 Friis 等式，而一旦超过这个距离，它就通过 Rappaport 等式计算，该式如下：

$$P_r = \frac{P_t G_t G_r (h_t h_r)^2}{d_c^4} \tag{6-2}$$

式中　h_t，h_r——发射器和接收器天线各自的高度；

d_c——交叉距离（即 Fresno 距离），其计算公式如下：

$$d_c = \frac{4\pi h_t h_r}{\lambda} \tag{6-3}$$

自由空间和双路径模型的最大缺点在于它们没有考虑射频信号的波动。有了这些模型，已知一个确定的发射功率、距离、发射器和接收器的高度，就可以得到接收器的功率。由于接受和干扰范围演变为完美的圆形，因此这些模型经常被看作是圆形模型。确定的射频模型一般足以用来进行持续通信的研究，因为它提供了在一段时间内信号质量的平均值，然而在短期的信号质量研究时，则必须考虑到由于阴影障碍和多路效应导致的信号波动。

阴影模型就是升级版的射频模型，它考虑到了由大面积地形特征和天线周边障碍物的影响所产生的信号波动，NS－2 利用对数正态分布来刻画 Friis 计算出的面积均质的结果。这种功率波动的概率密度函数如下：

$$\text{Prob}(P_{r\_dBm}) = \frac{1}{\sqrt{2\pi\sigma}} e^{\left(-\frac{P_{r\_dBm}^2}{2\sigma^2}\right)} \tag{6-4}$$

式中　P_{r_dBm}——P_r 的分贝毫伏对数；

σ——标准偏差。

多路阴影是由于有着巨大传播时延的散乱的发射波到达接收器时所造成的。多路效应造成了接收信号的不可预测的波动。通过类似于 Nakagami 分布这样的概率模型可以描述由多路效应造成的信号隐藏。Nakagami 分布是和 Γ 分布相关的，它有两个参数，m 控制阴影，ω 控制扩展。通过 NS－2 我们可以自定义不同的网络平均面积（area－mean）在长、中、短三种距离下的传播。局部功率的概率密度函数如下：

$$\text{Prob}(P_r) = \left(\frac{m}{\Omega}\right)^m \left(\frac{P_r^{m-1}}{\Gamma(m)}\right) e^{-\frac{m}{\Omega}} \tag{6-5}$$

式中 Ω——P_r 的平均值；

m——Nakagami 阴影参数。

对于移动状态，波动频率属于多普勒频移，它取决于发射源与接收器之间的相对速率，多普勒频率的变化可用下式计算：

$$\Delta f = \frac{v}{\lambda} \tag{6-6}$$

式中 v——发射器相对于接收器的速率；

λ——波长。

汽车通信中多普勒频率的最大值约为 2 kHz。在信道一致时间段（也就是该信道保持状态不变的时间间隔）内这是相对来说很小的一个值，而一致时间段通常是要比帧传输时间要长的。换句话说，在单个帧的传输时间内，频道中的振幅和相位可以大概被认为是个常量。基于这些考虑，我们可以使用一个单独的接收功率值来描述整个帧接收的质量。一旦有更长的帧，那么我们必须使用多值来描述每个独立的帧接收的功率。

6.3.3 无线物理层

无线物理层包括两个分离的模块：物理层功率监控器和物理层状态管理器，前者保持跟踪接收到的射频信号，后者负责保持 PLCP 状态。

1. 物理层功率监控器

物理层功率监控器能够为物理介质关联层接口（Physical Media Dependent，PMD）建模。PMD 是唯一直接与模拟射频信号交互的实体。所有接收信号上的信息都在此模块管理。

功率监控器保持跟踪单独的节点经历的噪声和干扰。当累计的干扰和噪声等级超过了载波检测的临界值以后，功率监控器就会指示 802.11MAC 层检测状态变化。节点单独的传输被看作是载波检测忙。

2. 物理层状态管理器

物理层状态管理器能够为 PLCP 子层建模，它保持跟踪无线物理层是如何在四个工作模式间切换的。图 6-3 描述了状态管理器的结构。

无线物理层在既不发射也不接收帧时处于搜寻状态。在此状态下，无线物理层会评估每一个无线信道中的传输事件的通告机制以保证帧的顺利

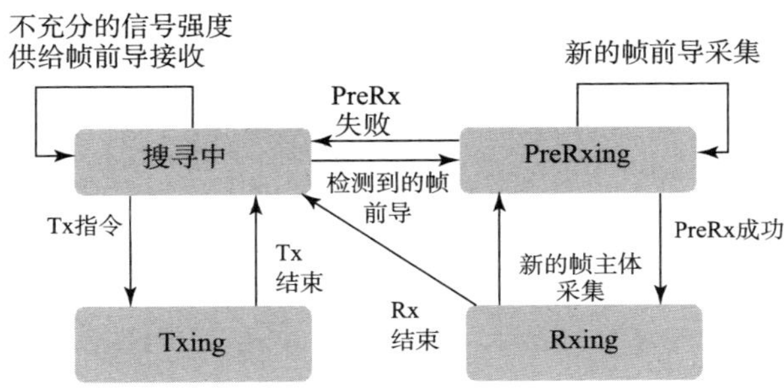

图 6 - 3　物理层状态机制

接收。如果某帧到来时它的帧前导检测到足够强的信号（比如超过了 BPSK 的阈值），无线物理层就会进入 PreRxing 状态。

无限物理层处于 PreRxing 状态是为了帧前导和 PLCP 数据头接收。如果 SINR 在整个期间都超过 BPSK 阈值，那么无线物理层就会进入 Rxing 状态。

无线物理层因为某一帧而处于 PreRxing 状态时，如果有新来的帧有着强大的信号来阻止该帧的帧前导和 PLCP 数据头接收，那么无线物理层就会转回到搜寻状态。然而，当新来的帧有更强的信号从而使得自己被检测到时，无线物理层会触发帧前导采集，处于 PreRxing 状态来接收新的帧。

在 Rxing 状态下，无线物理层控制帧主体的接收，对于 SINR 的监控贯穿帧主体接收时间始终。如果在任意时刻，SINR 降到了低于帧主体调制和编码速率组合所需的最小值，无线物理层会用 Error Flag 标记该帧。

当帧主体采集特征被使能后，下一个到来的帧就可能触发无线物理层返回 PreRxing 状态以采集新的帧。

802.11MAC 发出的传输指令将使得无线物理层移动到 Txing 状态以进行帧传输。802.11MAC 模块在无线物理层处于 PreRxing、Rxing 和 Txing 状态下是不能发出指令的。如果一个新的帧到来时，无线物理层正处于 Txing 状态，该帧不会被接收，而仅仅被功率检测器看作干扰来跟踪。

参考文献

[1] L. Cheng, B. E. Henty, R. Cooper, D. D. Stancil, and F. Bai: "Multipath Propagation Measurements for Vehicular Networks at 5.9

GHz," IEEE Wireless Communications and Networking Conference (WCNC), pp. 1239 – 1244, Las Vegas, NV, 2008.

[2] Q. Chen, F. Schmidt-Eisenlohr, D. Jiang, M. Torrent-Moreno, L. Delgrossi, and H. Hartenstein: "Overhaul of IEEE 802. 11 Modeling and Simulation in ns-2," 10th ACM/IEEE International Symposium on Modeling, Analysis and Simulation of Wireless and Mobile Systems (MSWiM), Chania, Crete Island, Greece, 2007.

[3] Federal Communications Commission: "Code of Federal Regulations CFR47," Sections 90. 377 and 95. 1509, 2004.

[4] M. Gast: 802. 11 Wireless Networks: The Definitive Guide, 2nd edition, O ' Reilly Media, 2006.

[5] K. Fall and K. Varadahn: "The ns Manual (formerly ns Notes and Documentation)", The VINT Project. Available at: < http://www. isi. edu/nsnam/ns >, 2010.

[6] M. Nakagami: "The m-distribution, a General Formula of Intensity Distribution of the Rapid Fading," Statistical Methods in Radio Wave Propagation, W. C. Hoffmann, Ed. Oxford, England, 1960.

[7] Network simulator ns-2 home page: Available at: <http://isi. edu/nsnam/ns/>, 2011.

[8] Network simulator ns-3 home page: Available at: < http://www. nsnam. org/>, 2011.

[9] V. Rai, F. Bai, J. Kenney, and K. Laberteaux: "Cross-Channel Interference Test Results: A report from the VSC-A project," IEEE 802. 11 Task Groupp Report, DCN 11 – 07 – 2133, 2007.

[10] D. Stancil, L. Cheng, B. Henty, and F. Bai: "Performance of 802. 11p Waveformsover the Vehicle-to-Vehicle Channel at 5. 9 GHz," IEEE 802. 11 Task Groupp Report, 2007.

[11] F. Schmidt-Eisenlohr, J. Letamendia-Murua, M. Torrent-Moreno, and H. Hartenstein: "Bug Fixes on the IEEE 802. 11 DCF Module of the Network Simulatorns – 2. 28," Department of Computer Science, University of Karlsruhe, Technical Report TR-2006-1, 2006.

第 7 章

WAVE 的媒体访问控制层

7.1 媒体介质控制层操作

IEEE 802.11 标准中对用于媒体介质控制（Media Access Control，MAC）层的载波监听多路访问/冲突避免机制（Carrier Sense Multiple Access with Collision Avoidance，CSMA/CA）做出了规定。该模式包含一个返回算法和一个用以减少媒体在访问过程中因争用资源而引起帧冲突和解决隐藏终端效应的握手协议。MAC 层能够过滤不用于接收节点的帧。

7.1.1 载波监听多路访问/冲突避免机制（CSMA/CA）

电台应当在发射帧之前先使用 CSMA/CA 检测当前频道状态，若媒介处于忙碌状态，则 MAC 层必须等到媒介处于空闲状态时再进行帧发射。电台只能在媒介处于连续空闲时传输帧，因为一个分布式协调功能的帧间间隔会随机增加一个额外的时间，这个时间是由 MAC 层的返回算法计算出来的。当多个电台争用媒体访问权限时，可以使用这个随机的后退延迟来减少冲突发生的可能性。如果在 DIFS 间隔中或者处于后退延迟期间该频道状态为忙碌，则电台应当暂缓发射。

CSMA/CA 对节点之间的协调状态没有要求，它是很容易实现的，而且还可以在负荷适度的频道上发挥良好的作用。IEEE 802.11MAC 层利用增强分布式信道访问提供了四个不同的通信流量和接入分类。EDCA 允许区分不同的服务，并且能够在 MAC 层上区分输出通信量的优先次序。与接入分类不同，通信流量的优先权主要是通过仲裁帧间间隔（AIFS）获得。IEEE 802.11MAC 层拥有独立的 ECDA 序列与接入类别一一对应，指派给这些序列的帧相互之间竞争来获得媒体接入。

7.1.2 隐藏终端效应

隐藏终端问题是指两个节点之间不能直接检测对方的信号，却都可以检测到第三个节点的信号。在这种情况下，这两个节点并不能确定另一个是否在传输。当隐藏终端效应被提出以后，仅依靠 CSMA/CA 方案并不能有效缓和频道间的冲突。

图 7－1 例证了在特定 Vanet 网络下的隐藏终端效应。在这个例子里，A 和 C 都能检测到 B，但是它们相互之间不能检测。在发射帧之前，A 必须先检测频道以确保没有其他的车辆正在发射。因为 A 不能检测到 C 车，它会认为此时频道是空的，然而事实上 C 正在传输。隐藏终端允许同时对于媒体接入的请求，这就导致了信道冲突。

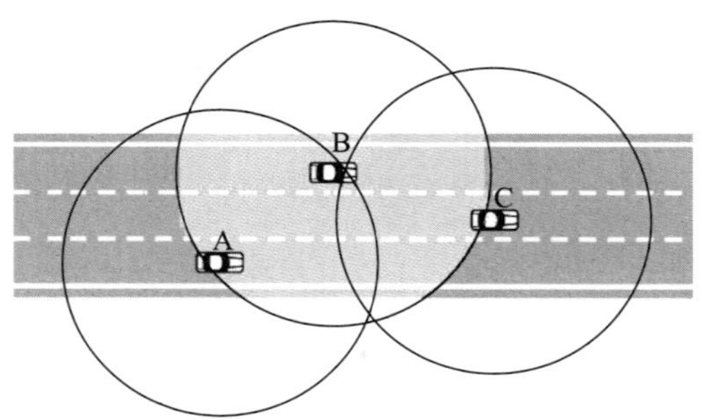

图 7－1 隐藏终端效应

IEEE 802.11MAC 层可以使用握手协议来减少隐藏终端导致的信道冲突。在发射一帧数据之前，节点会发送表明目的地的请求发送帧（Request to Send，RTS）。RTS 的目的地回应一个清除发射帧（Clear to Send CTS）。任何其他收到 CTS 和 RTS 的节点都必须等待一个 RTS 和 CTS 的时间之后才能发出发射申请。

前面提到，A 发送 RTS，B 回复 CTS 表示频道为空。C 从 B 接收到 CTS 后等待一段时间才能发射。RTS/CTS 握手协议只在传输包大小超过一个特定的阈值以后使用，对于较小的数据包则直接发送。它能被看作是虚拟载波侦听，即当两个节点之间不能直接相互检测时可以使用一个节点来检测另一个。RTS/CTS 握手并不是用来广播的，因此对于大多数汽车的安全通信没有影响。

7.1.3　基础服务设置

IEEE 802.11 基础服务集（Basic Service Set，BSS）是一组通过无线连接相互通信的无线电。外来的 BSS 传输不予考虑。一般 BSS 的基础设施中包含一个作为接入点的服务电台。而 IEEE 802.11 自组织模式中不需要接入点的被称为独立的 BSS（IBSS）。

在 MAC 层上每个 BSS 用一个 48 bit 的基本服务集 ID 来确定。而 BSSID 就是 BSS 基础设施接入点的 48 bit 的 MAC 地址。BSSID 的特例是 BSSID 通配符，其中所有的位数都设置为 1。

加入 BSS 需要执行的操作比较费时，例如浏览、认证、联合等。浏览可以是被动的（如侦听发现信标帧），也可以是主动的（如发送探测请求帧）。认证过程需要使用共享密钥和加密函数。而联合过程囊括了节点和接入点之间进一步的信息交换。

7.2　MAC 层修正

IEEE 802.11p MAC 层修正的主要目的是在大幅度减少相关开销时，激发更加有效的通信设置。不像物理层的修正，MAC 层的修改仅仅改变了无线电软件。在设计这些修正上给了我们相对来说更多的自由。传统的 IEEE 802.11MAC 层操作对于 WAVE 来说有太大的时间消耗。许多 WAVE 的使用情况不能接受这种由诸如浏览 BSS 帧标、认证、联合之类的操作所造成的延迟。

关键的解决办法在于能够发送 BSS 内容之外的数据帧。对于并非 BSS 一员的 WAVE 无线电来说这种机制是可行的，这些工作站能够仅利用通配符 BSSID 值而无需其他设置来发射和接收帧数据。这就意味着只要汽车在同一个 DSRC 信道下使用通配符 BSSID，它们可以直接相互通信而无需任何额外的花费。关于 OCB 通信在 WAVE 中完整的使用可以在文献［4］中找到。

7.3 MAC 层建模

在 NS－2 中我们提到，MAC 层操作建模时分为 6 个单独的模块：发射、接收、信道状态管理器、返回管理器、发射协同、接收协同。这些模块的设计脱胎于 IEEE 802.11 标准。图 7－2 展示了这些模块在 NS－2 配置下是如何对 MAC 层建模的以及它们和物理层模块相互之间的联系。

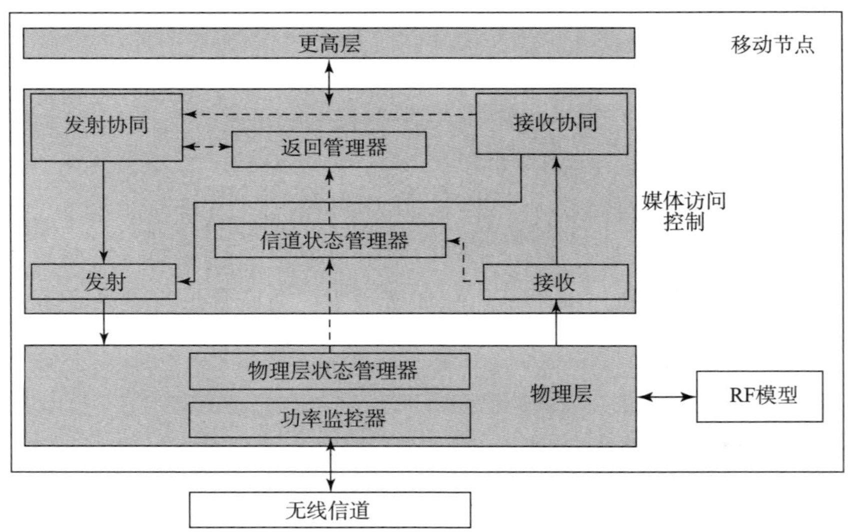

图 7－2　媒体访问控制层模型

7.3.1 发射

发射模块用于 MAC 层与无线物理层的交互。它传递帧给物理层以便发射。这些帧包括了 RTS、ACK 以及来自接收协同的 CTS。此发射模块可处于下列两种状态之一：空闲和发射中。

7.3.2　接收

接收模块补全了无线物理层启动的帧接收程序。接收模块对每一个收到的帧给出一个 CRC 来确定帧是否成功接收。此标准要求刚刚收到坏帧或者未知帧的节点等待一个扩展帧间隔。鉴于此间隔长于普通的分布式帧间隔（Distributed Inter - frame Spacing，DIFS），接收模块得以告知信道状态管理器。

接收模块对于所有成功接收到的帧实施地址过滤，然后只保留发给本节点的帧。在丢弃前检查那些没有通过地址过滤的帧来确定它们是否包含一个网络分配矢量（Network Allocation Vector，NAV），时间值。这个 NAV 时间值能够告知节点它被发射前的等待时延。如果检测到 NAV 值，接收模块会将它传递给频道状态管理器。

接收模块时刻处于空闲或者接收中。

7.3.3　信道状态管理器

在 CSMA/CA 机制下信道状态管理器负责保持物理和虚拟载波检测状态。当物理层正在发射或者接收到的信号强度上升到超出载波检测阈值时，无线物理层调整到信号频道忙碌的状态。而当这两种情况都没有发生时，无线物理层信道为空。信道状态管理器接收到接收模块的虚拟载波检测更新时，设置 NAV 到特定时间段。

图 7 - 3 所提到的信道状态管理器包含 5 个状态。4 个状态用于对物理和虚拟载波检测状态的可能组合建模：CS0NAV0、CS1NAV0、CS0NAV1、CS1NAV1。用来等待帧间隔（IFS）时间的时间模型是一个单独的状态。因为 IFS 机制是一个自我激励的 NAV，信道状态管理器会把 IFS 等待状态看作信道忙。

信道状态管理器返回到物理和虚拟载波检测状态来回应来自其他模块的查询。当处于 CS0NAV0 时它返回载波检测空闲，否则就是载波检测忙。当它进入或退出 CS0NAV0 来指示信道状态改变时信道状态管理就会活跃地向返回管理器发信号。返回管理器依次继续它的返回程序或者是暂停正在进行的一个。

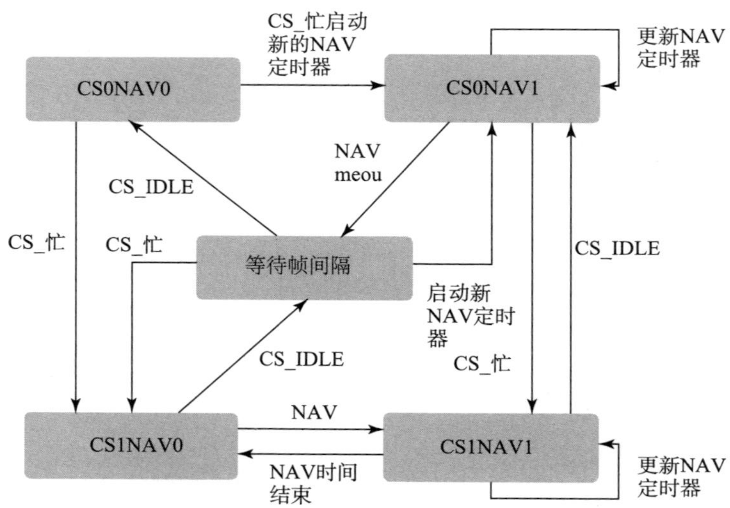

图 7-3 信道状态管理器管理机制

7.3.4 返回管理器

在 IEEE 802.11MAC 冲突避免机制下返回管理器维持后退算法计数器。最开始后退计数器 Back Off Counter 被设置一个任意初始值，然后当频道空闲时该值逐渐减小。当计数器下降到 0 时，节点发射数据包。

后退管理器状态机制，如图 7-4 所示，包含了三种状态：不后退、后退中和后退暂停。每一次信道状态管理器标记载波检测为空时，返回管理器开始减小 Counter 值。信道状态管理器标记载波检测忙时暂停 Counter 的减小直到接收到下一个载波检测空的信号。

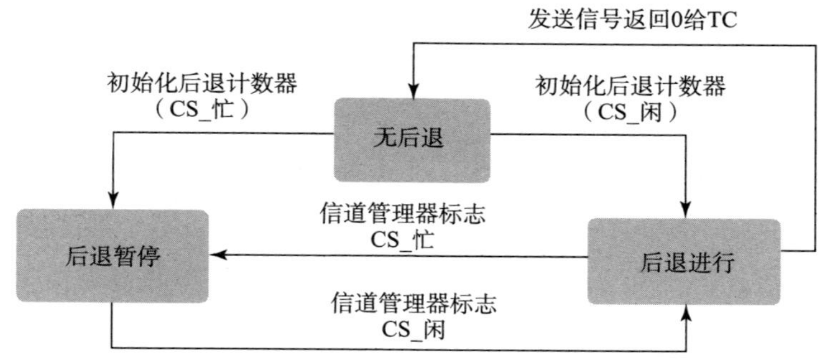

图 7-4 后退管理器状态机制

当后退计数器到达 0 时，返回管理器进入不后退状态，并且向发射协同发送后退数 0。

返回管理器协助发射协同运行常规的后退程序和快速发射后退程序，但是并不知道这两者的不同。

7.3.5　发射协同

发射协同模块管理来自于更高层的数据发射请求的媒介访问。

如图 7－5 所示是简化的发射协同状态机制。如果准备发射的帧数据小于 RTS 阈值或者是正要广播时，在数据发送之前仅该图右侧的状态会被激活。否则，必须使用 RTS/CTS 握手协议而且左边的状态也将被激活。

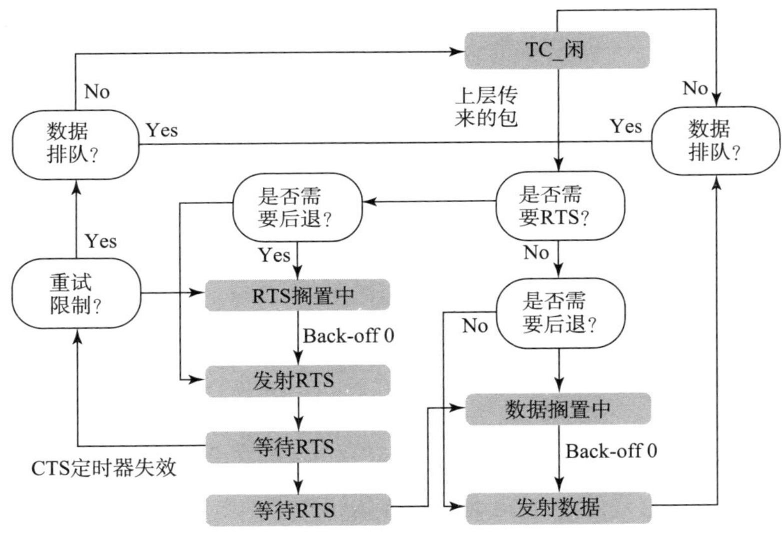

图 7－5　发射协同状态机制

当发射协同因为一个来自于更高层的数据包发射请求而离开 TC_IDLE 状态时，它首先会检查是否有 RTS 的生成。然后，它在后退管理器上启动一个后退程序（除非已经有一个正在运行），并且根据 RTS 决定进入 RTS Pending 或者是 Data Pending。

当发射协同是处于 RTS Pending 或者 data Pending 时，只要它接收到来自后退管理器指示后退数 0 的信号时，它就会发射 RTS 或者数据帧。发射协同偶尔也会绕过 RTS 等待或数据等待状态。例如，如果没有后退程序正在运行而且信道状态管理器报告载波检测空闲，发射协同就会直接发射RTS或者数据帧。这是因为当信道空闲时间超出DIFS时此标准允许无线电预先完成快速发射的后退循环并立刻发射。

发射协同发射完一个RTS之后，就会进入等待CTS状态并且启动CTS定时器。如果接受协同在这个定时器失效之前没有发信号表明CTS的到来，它会开始一个新的后退程序然后退回到RTS Pending状态。这个发射协同会重复这个过程直到一个重传限制到达。如果这个CTS在预期的时间内到达，发射协同就会在指示发射器在发射数据帧之前等待一段SIFS时间。

发射协同完成单播数据帧传送后，转入Wait ACK状态并启动ACK定时器。如果在这个定时器失效之前它没有接收到来自接受协同的ACK回复，后退程序启动并且发射协同退回到RTS Pending或者Data Pending状态。因此，对于一个数据帧的尝试发射会有三种可能的结果：

（1）它是广播帧并且已通过无线发射过一次。

（2）它是单播帧并且MAC层已经收到了通信ACK。

（3）重传限制到了。

在上述三种情况下，发射协同启动快速发射后退程序。然后，如果它在发送队列里发现另一个数据包，它会直接转入RTS等待或者是数据等待状态。否则发射协同将返回到TC_ IDLE状态。

7.3.6 接收协同

接收协同模块接收被过滤掉的去往本地节点的帧。当CTS和ACK到来时接收协同发信号通知发射协同。而当RTS到来时，接收协同负责产生CTS和ACK。

如图7-6所示，接收协同状态机制有三个状态：RC_ IDLE（RC空闲）、Wait SIFS（等待SIFS）和Wait TX（等待TX）。接收协同模块在等待从接收模块收到的数据和控制帧时处于RC_ IDLE状态。

当RTS到达时，接收协同会询问信道状态管理器以获取当前NAV状态。如果回复指示NAV活跃，抛弃此RTS。否则，接收协同生成CTS并且转入到带有SIFS定时器设置的等待SIFS状态。当这个定时器失效后，它会立刻指示发射器去发送CTS。然后在回到TC_ IDLE之前的一段帧发射时间内转入等待TX状态。

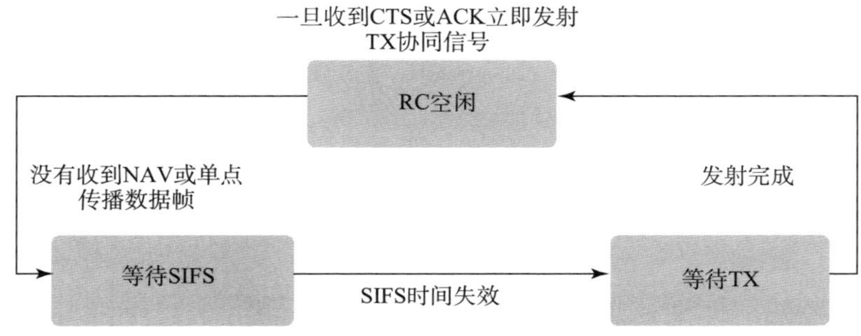

图 7－6　接收协同状态机制

当单播数据帧到达时，接收协同生成 ACK，转入等待 SIFS 状态，然后设置 SIFS 定时器。当定时器到期后，它会立刻指导发射器发送 ACK。一旦有 CTS 或者 ACK 到来，接收协同会发信号通知发射协同。接收协同模块为上一层传送数据帧。它会丢弃单播机制所产生的复制帧。

7.4　升级后的 NS－2 设施

基于对 IEEE 802.11p 物理层和 MAC 层操作建模更加精确的需求。这里，我们会展示关于帧接收速率的仿真结果并且例证使用更新后的 NS－2 得到的结果与之前版本得到结果的不同。假设三个方案中分别有 133 辆、400 辆和 1 000 辆车。它们分别代表了适度、密集和极度密集的交通状况。我们假设每一辆车的广播帧频率都在 10 Hz，而且使用的发射功率水平能够达到理论上 250 m 的通信范围，帧大小是 250 字节。我们利用 Nakagami 分布为射频传播建模。

这种更新的 NS－2 应用在帧传输和接收操作建模时可调控更多的细节。此类仿真有三种不同的配置：所有的特征采集都关掉（CapDisabled）、前导采集打开（PreRxCap）、前导和帧主体采集都打开（PreRx + DataCap）。其结果与原始的 NS－2.31 相比较。图 7－7 显示了在距发射器不同的距离下以平均广播帧接收速率运行时的仿真结果。

原始的 NS－2.31 设备能够在较长距离下有较高的接收速率，但在较短的距离下接收速率相对较低。由于 NS－2.31 允许了持续到来的帧在较长的时间间隔内扩大冲突状态，导致 MAC 层建模不够精确从而使结果出

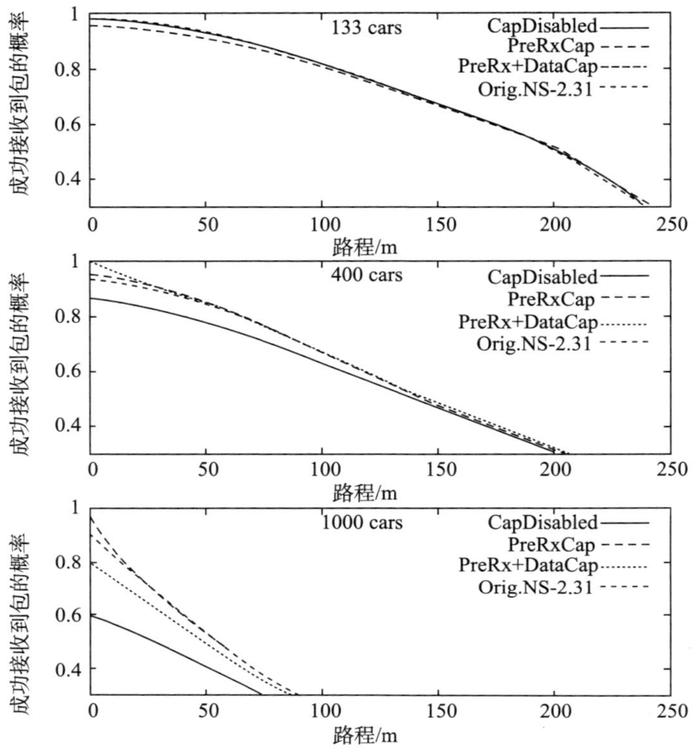

图 7－7　物理层和媒体访问控制层比较

现偏差。图 7－7 强调这些帧前导和帧主体采集特征所造成的不同。它们的采集特征都在距离发射器较近时对采集速率影响较大。总的来说，随着不断增加的隐藏终端效应，更加密集的通信方案使得这些不同变得更加的显著。使用真实 DSRC 无线电的实验已经证实，更新后的 NS－2 设施得到结果与实际测试更加匹配。

参考文献

[1] G. Bansal, J. Kenney, and A. Weinfield: "Cross-Validation of DSRC Radio Testbed and NS-2 Simulation Platform for Vehicular Safety Communications," IEEE Vehicular Technology Conference (VTC

Fall), San Francisco, CA, 2011.

[2] Q. Chen, D. Jiang, V. Taliwal, and L. Delgrossi: "IEEE 802.11 Based Vehicular Communication Simulation Design for NS-2," Proceedings of the International Workshop on Vehicular Ad Hoc Networks (VANET), Los Angeles, CA, 2007.

[3] Q. Chen, F. Schmidt-Eisenlohr, D. Jiang, M. Torrent-Moreno, L. Delgrossi, and H. Hartenstein: "Overhaul of IEEE 802.11 Modeling and Simulation in NS-2," 10th ACM/IEEE International Symposium on Modeling, Analysis and Simulation of Wireless and Mobile Systems (MSWiM), Chania, Crete Island, Greece, 2007.

[4] J. Kenney: "Dedicated Short-Range Communications (DSRC) Standards in the United States," Proceedings of the IEEE, Vol. 99, No. 7, 2011.

[5] F. Schmidt-Eisenlohr, J. Letamendia-Murua, M. Torrent-Moreno, and H. Hartenstein: "Bug Fixes on the IEEE 802.11 DCF module of the Network Simulatorns-2.28," Department of Computer Science, University of Karlsruhe, Technical Report TR-2006-1, 2007.

第8章 DSRC的数据速率

8.1 简 介

在传统的无线网络中，常在广播发射过程中使用能够支持的最低数据速率，这是因为广播只是整个交通网络活动中极小的一个部分。使用最低的数据速率进行广播不仅能够保证广播能力扩展方面的鲁棒性，同时还可以将成功接收帧的终端数量最大化。

车辆安全通信是一种有着显著特征的交通模式，其极大程度地应用了广播手段。由此，隐藏终端效应会被放大，此时限制相互信道间的干扰就变得至关重要。通信数据的速率与干扰程度直接相关，数据速率越高，可用于产生较低水平干扰的帧的时间越短。然而，为了达到相应的接收速率，更高的数据速率需要更高的发射功率，这就会导致更高水平干扰的出现。综上，选择一个合理的数据速率对于汽车安全通信而言至关重要。

本章主要列举一个用来确定支持车辆安全通信的 DSRC 最佳数据速率的分析过程，主要方法是比较在不同负载下的各通信方案表现，并同时观察通信速率不同时网络性能是如何变化的。为方便对不同方案的比较，我们引入通信密度（Communication Density，CD）这一概念，作为评估汽车安全通信条件下全体信道负载的标准。通信密度用于创造各种与对应信道负载有关的不同交通情景，之后，将情景中产生的通信用于仿真过程以确定对应 DSRC 的最佳数据速率。结果显示，通信密度用于支持汽车安全通信方面的研究效果极佳。

8.2 通信密度（CD）

WAVE 无线电利用 IEEE 802.11 空闲信道评估（Clear Channel Assessment，CCA）功能可测量当前的 DSRC 信道负荷。CCA 能够确定媒介在任意时刻所处的状态（空闲或忙碌）。车辆可以通过定期调用 CCA 来计算出信道忙碌时间所占的比重（即 CBR），CBR 可用来评估信道负荷。但利用 CBR 来描述信道负荷有局限性，比如仿真实验中信道占用难以预先确定等。由此我们引入 CD 的概念作为汽车安全通信中有效的信道负荷标准。

CD 被定义为单位时间和空间内载波检测事件的数量。CD 的概念脱胎于一个数学模型，此模型可作为概率分析工具用于 IEEE 802.11 DCF 性能研究。它利用 Nakagami 阴影为信号衰减建模从而分析得出直线高速上同类车辆的广播性能。每辆车以相同的泊松分布比 λ 发布消息。所有信息大小都为 M。分析显示车辆的广播性能，例如帧接收速率和媒介访问延迟等，仅决定于信息大小 M 以及车辆周围的 CD。

CD 在现实意义上可以看作是汽车密度、信息速率和传输速率的乘积。尽管在单位时间和空间内此乘积载波检测事件的数量并非完全匹配，但由于二者之间的相关性，它的结果依然有效。仿真实验显示，在瑞丽衰退（Ray - leigh fading）下，载波检测事件的数量是上述乘积所得 CD 的 2.82 倍。

评判信道负荷标准好坏的关键在于不同的场景下此标准相同的数值能够代表相同的性能输出。仿真结果说明当汽车广播发射功率相同时，以相同水平的 CD 为特征的不同方案在信息接收速率和媒介访问延迟上有着等价的性能表现。这说明 CD 可以作为研究以大规模广播所主导的交通通信系统的有效标准。

CD 在所有车辆发射功率相同并且以相同速率广播消息时是一个直觉型的概念。例如，假设有一条路上有车流密度 D 而每辆车的广播速率是 λ，发射范围是 R。同样路上会出现车流密度 $2D$，广播速率 $\lambda/2$ 以及发射范围

是 R 的情况。同一地区所有车辆的通信密度可以被简单地累加以获得总的 CD。

如图 8－1 所示为汽车在双向高速上行驶。在一个方向上，车辆密度大且移动慢，这些车会不断地广播安全信息，但因距离太近而只能在较低功率下工作。在相反的方向上，稀疏的车辆以高速行驶。第二组的车辆能获得更高的发射功率和更低的信息速率。相同的位置上不同组车辆的通信密度可以被叠加，然后结果（代表 CD）可以被用来预测另一组的广播性能。

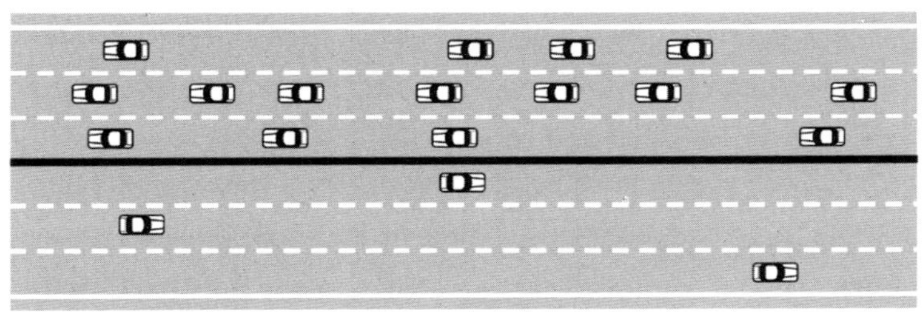

图 8－1　高速公路情景样例

8.2.1　仿真研究

通过仿真研究可以验证 CD 的概念。仿真思路是在相同的 CD 水平下比较不同的交通方案并且观察在广播接收速率和信道访问延迟方面是否表现出相似的性能。

在此类仿真中，所有车辆被随机地放置在一条 2 km 长的圆形道路上。每辆车之间的距离取决于圆弧长。此道路类似于缩小版的赤道。这种排列能够减轻边界效应。每一辆汽车以固定的信息速率和发射功率广播一个 200 字节的净负荷以及相应的 MAC 层和物理层开销。每一个节点的发射功率最大值设置为 100 m 或 250 m。实际的发射范围因为受到信号阴影的影响会更小。仿真中根据 IEEE 802.11p 标准设置所有的信道参数值。

表 8－1 的矩阵枚举出所有的仿真方案。这些方案被分为三组，每组对应于一个不同的 CD 水平。在这个矩阵中，CD 水平 C 是 B 的两倍，而 B 是 A 的两倍。三种 CD 水平分别代表高速路上适度的、高的和极度拥挤的信道负荷。

表 8 -1 通信密度仿真矩阵

情景	CD Level A（适度的）			CD Level B（高的）			CD Level C（极度拥挤的）		
	车辆密度/（辆·km^{-1}）	TX 范围/m	信息速率/Hz	车辆密度/（辆·km^{-1}）	TX 范围/m	信息速率/Hz	车辆密度/（辆·km^{-1}）	TX 范围/m	信息速率/Hz
H1	100	250	10	200	250	10	200	250	20
H2	400	100	6.25	400	100	12.5	400	100	25
N1	100	250	5	100	250	10	200	250	10
	400	100	3.125	400	100	6.25	400	100	12.5
N2	100	250	8	200	250	8	200	250	16
	400	100	1.25	400	100	2.5	400	100	5
N3	100	250	2	200	250	2	200	250	4
	400	100	5	400	100	10	400	100	20

如表 8 -1 所示为每一个 CD 水平的具体构造。例如，CD 水平 A 等价于 100 辆车分布在一段较短的高速路段上，其中每辆车在 250 m 的范围内每秒发射 10 个 message。CD 水平 C 是等价于 400 辆车，而每辆车在 100 m 范围内每秒发射 25 个 message。

每一个 CD 水平包括五个方案。在这些方案中，两个是同类的（H1、H2），而另外三个是异类的（N1、N2、N3）。在同类方案中所有汽车使用相同的信息速率和发送功率。每一个异类的情景包含两组相互混杂的车。两组车有不同的车辆密度、信息速率和发射功率。

例如，CD 水平 A 中的情景 H1 的乘积 $100 \times 250 \times 10 = 250\ 000$ message/（s·km），而情景 N1 在同样的 CD 水平下是 $100 \times 250 \times 5 + 400 \times 100 \times 3.125 = 250\ 000$ message/（s·km）。

在异类的情景中，每一组车辆所占整体 CD 水平的比例不同。例如，N1 中以 250 m 为发射范围的一组车辆占整体 CD 水平的 50%，而在 N2 中是 80%，在 N3 中是 20%。

8.2.2　广播接收比率

广播接收比率是指广播信息在给定与发射器之间的距离下成功接收的概率。相同 CD 水平的情景之间可以直接比较它们的广播接收比率。

如图 8－2 所示为适度的信道负荷下（CD Level A）的平均广播接收比率。横轴表示距离发射器的距离，纵轴表示在特定发射功率下的接收比率。图中形成了两组重叠的曲线。靠上的一组线显示了在 250 m 发射范围内的平均接收比率，而较低的一组线显示了 100 m 传输范围内的平均接收比率，图 8－3 和图 8－4 所示分别是 CD 水平 B 和 C 的平均接收比率。

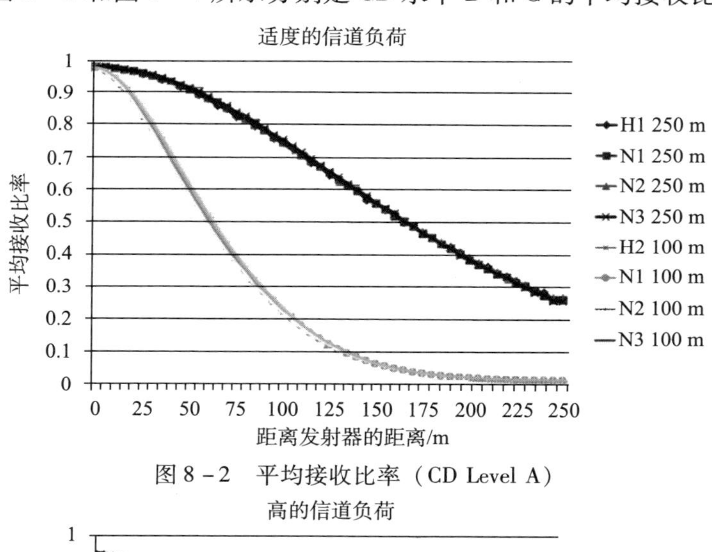

图 8－2　平均接收比率（CD Level A）

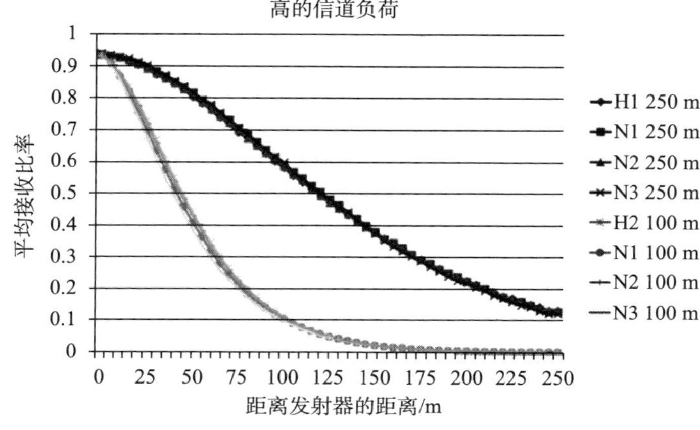

图 8－3　平均接收比率（CD Level B）

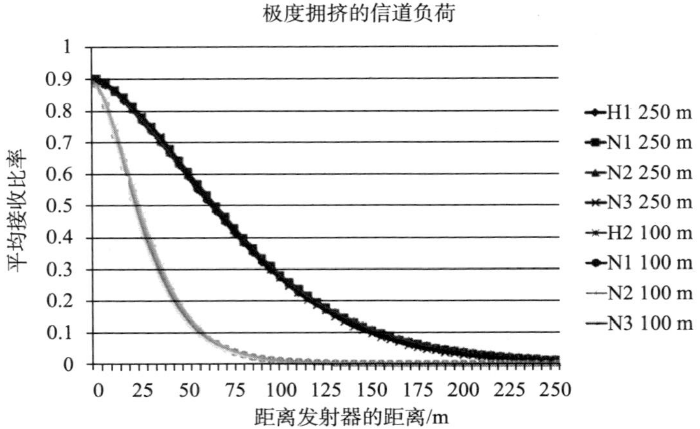

图 8－4　平均接收比率（CD Level C）

正如我们所预想的，在相同的距离下 CD 水平高时平均接收比率低。这些图证明了无论这些情景怎样组合，这些车辆广播在相同的 CD 水平下其发射功率相同时表现是一致的。例如，CD 水平 A 的广播，不管是在同类还是异类场景中，发射功率为 100 m 时在 50 m 处都有着 60% 的平均接收比率。

8.2.3　信道访问延迟

信道访问延迟的定义是一帧从更高一层的协议传递给 MAC 层的时刻到无线发送真正开始的时刻两者之间的时间间隔。汽车安全通信中信道访问延迟是一个重要的参数。根据 CD 理论，信道访问延迟在相同的 CD 水平下并不随着情景而变化。仿真实验已经验证这一点。

如图 8－5 所示为信道访问延迟在 CD Level A 下的分布。延迟分组以 13 ms 为间隔，MAC 层的时隙大小已由 IEEE 802.11p 标准设定。因为信道访问延迟与发射功率无关，由此相同 CD 下的情景可以直接相互比较。如图 8－5 所示，CD 水平 A 下不同的情景其信道延迟分布相似。图 8－6 和图 8－7 证实了 Level B 和 Level C 下的结果。

图 8－5～图 8－7 表明帧直接传输所占百分比较高。它们显示了在拥挤的环境下这种后退机制被激活的可能性如何变得更高。在适度的信道负荷下，超过 71% 的帧被直接发射。而在高的信道负荷下这个比例降到了

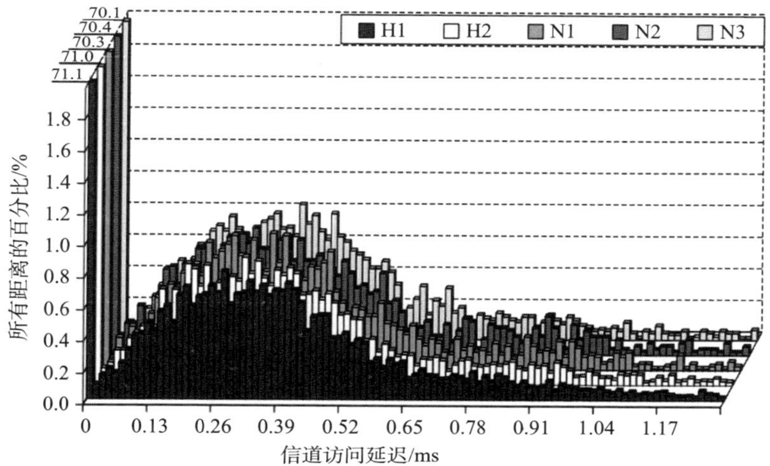

图8-5　信道访问延迟（CD Level A）

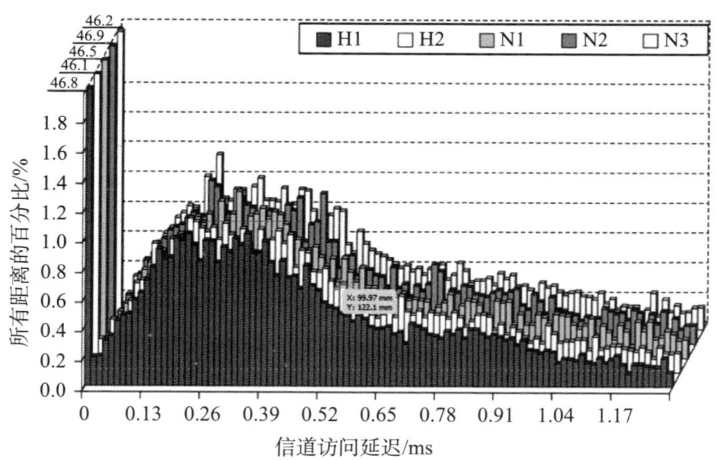

图8-6　信道访问延迟（CD Level B）

46%。在极度拥挤的信道负荷更是下降到了16%，此时不到1/5的帧无需触发后退算法并直接发射。

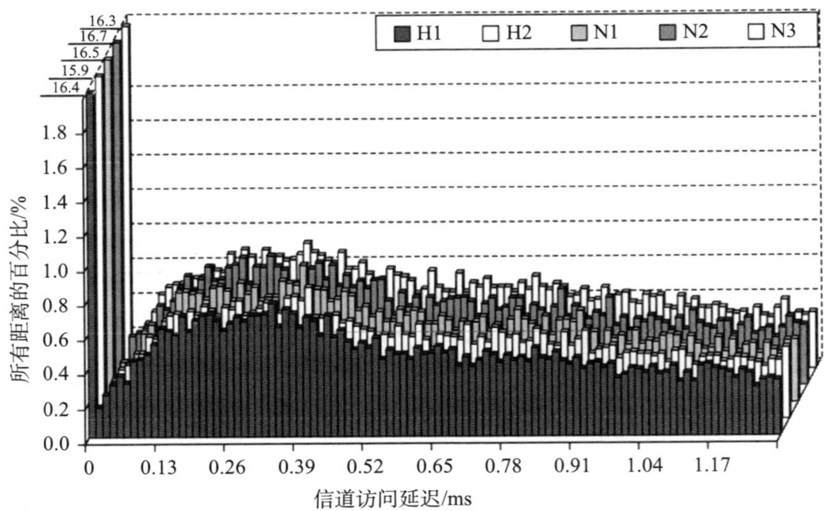

图 8－7 信道访问延迟（CD Level C）

8.2.4 帧接收失败

广播性能标准中平均接收速率和信道访问延迟是最相关的。更新后的 NS－2 可以对帧接收失败进行记录然后制造追踪记录报告那些独立的帧在接收过程丢失的具体原因。此类信息使我们能够更加深入地认识内部网络行为，并且内视潜在的优化可能。

表 8－2 罗列出十个帧接收错误的原因，它们可以被大致分为以下几大类：

表 8－2 帧接收失败原因

排号	原因	排号	原因
1	信号太弱以致无法检测	6	已经有其他帧处于 PreRx
2	信号太弱以致无法采集帧前导	7	已经有其他帧处于 Rxing
3	信号太弱以致无法采集帧主体	8	已经处于 Rxing 且采集关闭
4	干扰导致的 PreRx 失败	9	被传输命令干扰
5	干扰导致的 Rxing 失败	10	Txing

发射忙碌（TXB）：车辆无法接受一个到来的帧是因为此帧到来时该车已经处于发射模式。此案例非常稀少。

预接收忙碌（PXB）：车辆无法成功接收帧前导和物理层收敛程序（PLCP）的数据头。即当一个即将到来的帧和一个随后的帧冲突干扰或者是一个干扰帧没有足够的高于一切的功率使自己被采集到。

接收忙碌（RXB）：车辆不能成功接收一个即将到来的帧的主体，例如一个即将到来的帧和一个随后帧或者是一个功率不够以致无法被采集到的干扰帧发生冲突。

搜寻（SXB）：车辆处于搜索状态下时因为没有足够充足的信号强度是不能检测和接收一个帧前导。

功率不足（PWR）：车辆无法接收到一个信号强度不足的帧主体。

如图 8－8 和图 8－9 所示为在 CD Level B（高的信道负荷）上车辆组 N2 和 N3 各自接收帧失败原因的分布。此类仿真的发射功率皆符合 250 m 的最大通信范围。图 8－8、图 8－9 中最下面那条线代表接收速率（RX）。RX 和 TXB 曲线之间的差值是由发射忙碌导致未被接收帧所占的百分比。由于发射忙碌的情况十分稀少，因此这两条曲线在图 8－8 和图 8－9 上是重叠的。而 TXB 和 PXB 曲线之间的差值是接收前忙碌所导致的无法接收帧所占的百分比。SXB 上方的区域代表 PWR 情况所占的百分比。

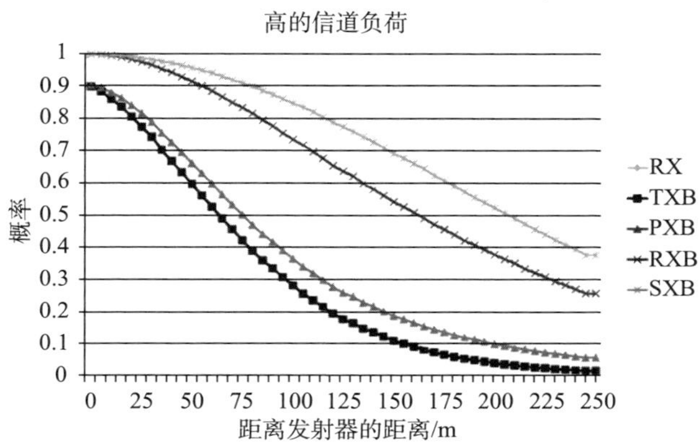

图 8－8 对 N2 来说丢失帧的概率（CD Level B）

结果显示在相同的 CD 水平下无论这些情景如何组合，整体的网络性能包括广播接收速率、信道访问延迟以及帧接收失败分布等，其表现是一

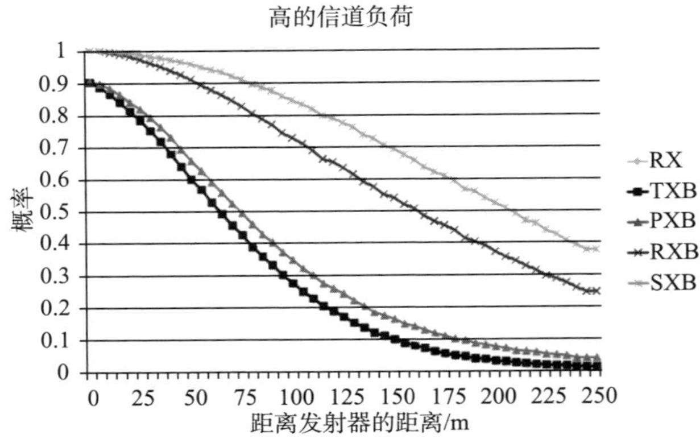

图 8－9　对 N3 来说丢失帧的概率（CD Level B）

致的。证明 CD 能够作为衡量汽车安全通信网络上信道负荷的有效标准。

CD 的概念极大的扩展了关于汽车安全通信的研究，而且使我们能够专注于细小参数的设定以及一系列情景的组合。CD 使得研究分布式交通拥堵控制算法设计更加简单（例如适应性发射功率和速率的算法）。

下面，我们将说明如何利用 CD 确定 DSRC 中最佳的数据速率。

8.3　最佳的数据速率

文献［8］通过研究多跳数和满足特定网络性能的发射功率来选择最佳的数据速率。这里我们实现了在不同的数据速率下广播信息，之后通过调整发射功率创造了相同水平的干扰。从而使得能够公平比较相关的传输性能，并且确定最佳的数据速率。

8.3.1　调制和编码速率

表 8－3 阐明了 IEEE 802.11p WAVE 标准所规定的调制和编码速率。OFDM 把 10 MHz 的信道分成了 52 个正交的副载波，其中 48 个用来携带数据。每个副载波都可使用如下调制方案：

（1）二进制相移键控（BPSK）。

（2）四相相移键控（QPSK）。

（3）16 种符号的 QAM 调制方式（16 – QAM）。

（4）64 种符号的 QAM 调制方式（64 – QAM）。

正如表 8 – 3 所示，在高数据速率下的传输效率更高。然而，它们也更容易受到因干扰和噪声导致的帧接收错误的影响。因此，为实现高数据速率需要更高的抗干扰和噪声的信号。通过实验可以获得此信号的经验阈值。

表 8 – 3　IEEE 802.11p 调制和编码速率以及数据速率

调制	平均每个周期的 WAVE 波编码的位数	平均每个 OFDM 编码的位数	编码速率	每个 OFDM 的数据位数	数据速率/Mbps	SINR 阈值/dB
BPSK	1	48	1/2	24	3	5
	1	48	3/4	36	4.5	7
QPSK	2	96	1/2	48	6	8
	2	96	3/4	72	9	11
16 – QAM	4	192	1/2	96	12	15
	4	192	3/4	144	18	20
64 – QAM	6	288	2/3	192	24	25
	6	288	3/4	216	27	N/A

8.3.2　仿真研究

下述仿真运行于 NS – 2 内核之下。表 8 – 4 列出了 IEEE 802.11p 标准制定的仿真参数以及对应的具体值。

表 8 – 4　IEEE 802.11p 仿真参数

模块	参数	值
802.11 MAC	头部区间	0.000 040
	标识符区间	0.000 008
	竞争窗口最小值	15
	竞争窗口最大值	1 023
	时隙	0.000 013
	SIFS 间隔	0.000 032

续表

模块	参数	值
无线物理层	频率	5.9×10^{9}
	PreRx 区间	0.000 040
	本底噪声	1.2×10^{-13}
	载波侦听阈值	2.512×10^{-13}

仿真实验中帧接收的 SINR 阈值如表 8－3 所示。Nakagami 阴影用于全部的仿真实验中。车辆随机分布在一条 2 000 m 的循环车道上。

路上混合的三组车辆被分别命名为参考组 RG1、参考组 RG2 以及研究组 SG。所有 RG1 和 RG2 的车辆广播数据速率都设置为 6 Mbps。RG1 和 RG2 的传输功率最大值分别设置为 250 m 和 100 m。而 SG 在不同的仿真场景下车辆以不同数据速率和发射功率进行传输。通过比较不同场景下 SG 的性能表现可以确定出适合每个场景的最佳数据速率。

仿真中利用参考组 RG1 和 RG2 来确保调整后的数据速率和传输功率能够组合产生与 SG 相同的 CD 水平。这使得我们能够公平比较不同的场景。而具体方法则是使不同的场景中 RG1 和 RG2 中的车辆性能互相匹配。如图 8－10 所示为仿真中使用的三个车辆组。

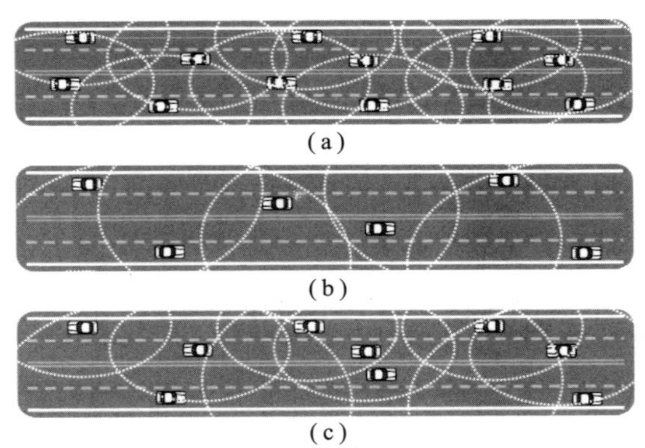

图 8－10　仿真中使用的三个车辆组

（a）大量的低功率传输；（b）少量的高功率传输；（c）混合的高功率和低功率传输

8.3.3　仿真矩阵

信息大小和整体 CD 水平双参数用于确定每一个场景。此类仿真的信息大小有 125 250 字节和 500 字节两种。而此类仿真的 CD 水平为 250 500 或 1 000。仿真中有 9 种不同的组合。

每一个参考组占整体 CD 的 20%。SG 被特意设置为主导信道负荷。如果参考组的性能能匹配于不同的场景下，那么 SG 数据速率和发射功率所占整体的信道负荷比例必须相同。

每一个场景被划分为三个子场景，每一个子场景由不同的 SG 信息频率和 SG 发射功率来确定。CD 水平为 250 的场景下 SG 信息频率是 7.5 Hz、2.5 Hz 或 1.5 Hz，而 SG 传输功率分别对应于 100 m、300 m 和 500 m 范围。

每一个子场景下，仿真首先需要获得 6 Mbps 数据速率下的基础性能。

SG 车辆在下一步仿真中以四种不同的数据速率（3 Mbps、4.5 Mbps、9 Mbps 和 12 Mbps）进行发送。在每一个场景下都需要调整 SG 发射功率以获得 CD 水平的常量。

如表 8 – 5 所示为整体 CD 水平为 250 场景的仿真标准。

表 8 – 5　CD Level 250 的仿真最大值

项目	RG1	RG2	SG
通信密度	50	50	
全局密度的部分/%	20	20	
车辆密度/(辆・km^{-1})	100	100	
信息频率/Hz	2	5	7.5　2.5　1.5
传输范围/m	250	100	100　300　500
数据速率/Mbps	6	6	3　4.5　6　9　12

8.3.4　仿真结果

此项研究的方法基于以下前提，即我们能够调整发射功率从而使得数据速率变化时整体的 CD 保持不变。

如图 8 – 11 所示为 RG1 和 RG2 在四种子场景下的接收速率，其中 CD 水平是 250，而信息大小是 125 字节。发射功率与理论上用于 6 Mbps 数据速率的 250 m 范围相一致。图中显示两组几乎重叠的曲线，分别对应于 RG1 和 RG2。这表明当数据速率和传输功率随着不同的子场景而变化时，由 SG 所造成的干扰保持不变。

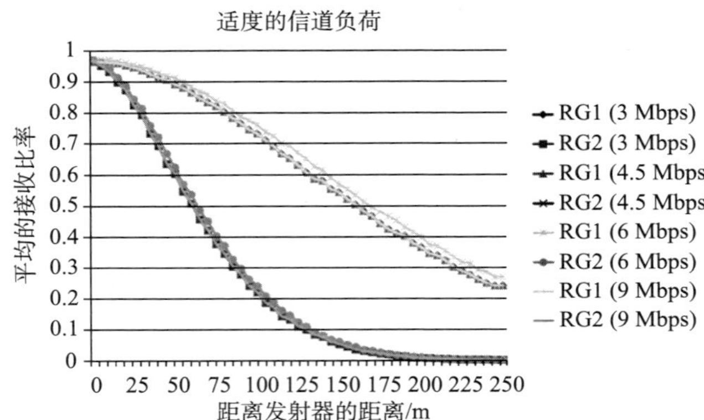

图 8-11　适度的信道负荷下的 RG1 和 RG2 的接收比率

在 CD 水平高并且信息较大时，一些参考组的性能曲线并不完全重叠。这是由此类场景中的信道饱和所导致的。例如，一个 500 字节的信息需要以 6 Mbps 的数据速率花 700 μs 来传输。在 1 000 的 CD 水平下，路上任一点单位时间内载波检测事件所经历的数量就等于 1 000 × 2.82 = 2 820。在这种情况下，信道被压迫至极限后无法调整 SG 的传输功率与参考组的行为完美匹配。

如图 8-12 所示为极度拥挤的信道负荷条件下的仿真结果。与上述场景类似，RG1 和 RG2 的性能曲线相互重叠。尽管并不完美，但是它们足够提供不同数据速率下的合理比较。参考组相匹配的性能使我们能够公平地

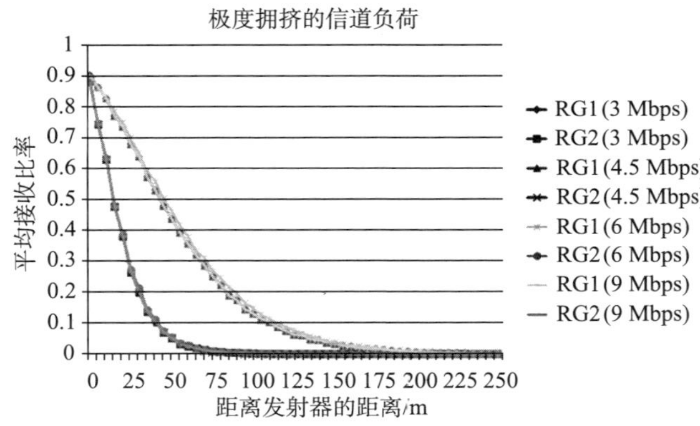

图 8-12　极度拥挤的信道负荷下的 RG1 和 RG2 的接收比率

比较不同的数据速率。因此，选择 DSRC 最佳的数据速率问题可转换为在每个场景中选择最顶层的 SG 曲线问题。

文献［4］提供了完整的仿真结果，这里我们仅提供在适度的、高的和极度拥挤的三种信道负荷条件下数据速率的比较（图 8－13～图 8－15）。

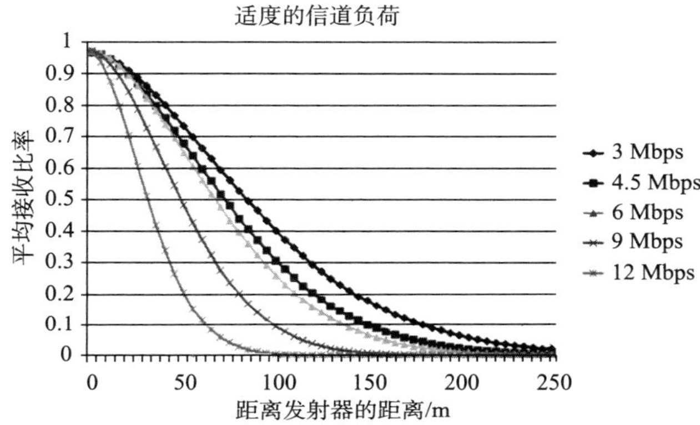

图 8－13　在适度的信道负荷下的数据速率性能表现

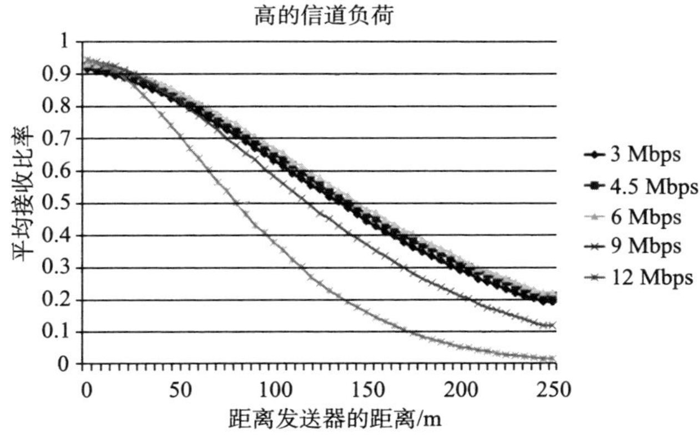

图 8－14　在高的信道负荷下的数据速率性能表现

6 Mbps 的数据速率在绝大多数场景中都提供了最佳性能。如图 8－14 所示为 SG 在 CD 水平是 500，信息大小是 250 字节，发射功率为 300 m，速率为 6 Mbps 下的性能表现。在这个案例中，代表 6 Mbps 的曲线位于所有曲线上方。

尽管 6 Mbps 一般都是最佳性能，但是未免在其他案例中有别的数据速率提供类似或者更好的性能。在适度的负荷信道下数据速率较低时表

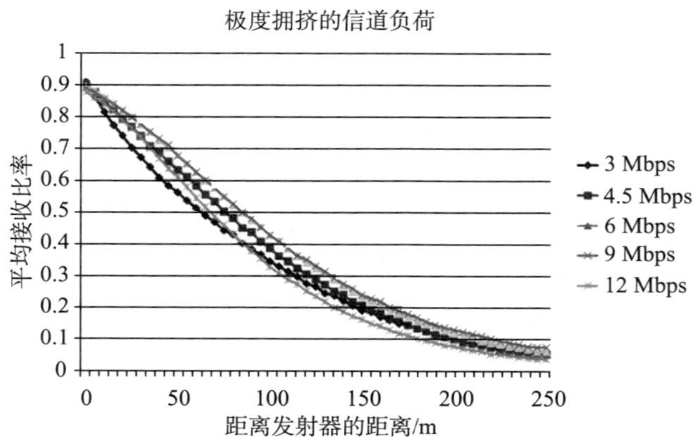

图 8－15 在极度拥挤的信道负荷下的数据速率性能表现

现较好。可以想象当信道几乎为空时，长时间干扰的影响会被最小化。图 8－13 所示为较低压力的场景其中 CD 水平是 250，信息大小是 125 字节，而 SG 发射功率是 100 m。同样在严重的压力场景下高数据速率成为最佳性能表现者，原因同上。图 8－15 所示为严重的压力场景，其中 CD 水平是 1 000，信息大小是 500 字节，而 SG 发射功率是 500 m。

除非信道是空或者饱和，一般假设默认的 6 Mbps 数据速率结果是最佳的选择。此分析验证了学术界长久持有的关于 DSRC 默认数据速率的假定，并且进一步解释了该选择的原因。此类发现使得研究者们在未来的 DSRC 研究中能够略过不同数据速率需求的计算，从而消除了复杂度中的一维。

参考文献

[1] M. M. Artimy, W. Robertson, and W. J. Phillips: "Assignment of Dynamic Transmission Range based on Estimation of Vehicle Density," in Proc. of the Second ACM International Workshop on Vehicular Ad Hoc Networks (VANET), 2005.

[2] Institute of Electrical and Electronics Engineers (IEEE): "IEEE Standard 802.11 – 2007, Wireless LAN MAC and PHY Specifications," Section 7.3.2.22.2, 2007.

[3] D. Jiang, Q. Chen, and L. Delgrossi: "Communication Density: A

ChannelLoad Metric for Vehicular Communications Research," Mobile Vehicular Networks(MoVeNet) Workshop, 2007.

[4] D. Jiang, Q. Chen, and L. Delgrossi: "Optimal Data Rate Selection for Vehicle Safety Communications," ACM MobiCom VANET Workshop, San Francisco, 2008.

[5] D. Jiang, V. Taliwal, A. Meier, W. Holfelder, and R. Herrtwich: "Design of 5. 9 GHz DSRC-based Vehicular Safety Communications," IEEE Wireless Communications Magazine, vol. 13, no. 5, 2006.

[6] V. Taliwal, D. Jiang: "Mathematical Analysis of IEEE 802. 11 Broadcast Performancein a Probabilistic Channel," DaimlerChrysler Technical Paper, 2005.

[7] M. Torrent-Moreno, D. Jiang, and H. Hartenstein: " Broadcast Reception Rates and Effects of Priority Access in 802. 11 based Vehicular Ad-Hoc Networks," First ACM International Workshop on Vehicular Ad Hoc Networks (VANET), 2004.

[8] O. K. Tonguz and G. Ferrari: Ad Hoc Wireless Networks: A Communication-Theoretic Perspective, John Wiley & Sons Ltd., 2006.

[9] Q. Xu, T. Mak, J. Ko, and R. Sengupta: "Vehicle-to-Vehicle Safety Messagingin DSRC," First ACM International Workshop on Vehicular Ad Hoc Networks (VANET), 2004.

[10] J. Yin, T. ElBatt, G. Yeung, B. Ryu, S. Habermas, H. Krishnan, and T. Talty: "Performance Evaluation of Safety Applications over DSRC Vehicular Ad-Hoc Networks," First ACM International Workshop on Vehicular Ad-Hoc Networks (VANET), 2004.

第9章 WAVE的上层

9.1 简　介

在美国，DSRC 使用的 5.9 GHz 被分成了 11 个 10 MHz 的信道，这使得单个 WAVE 无线电可以使用多个 DSRC 信道进行并行操作。例如，WAVE 无线电可以在使用控制信道（Control Channel，CCH）（#178）广播安全消息的同时使用服务信道（Service Channel，SCH）（#182）支持非安全应用。

DSRC 使用一种在 IEEE 1609.4 标准中有详细描述的多信道操作。该标准规定了一个时间划分方案，从而使得 WAVE 无线电能够从一个 DSRC 信道转换到另一个 DSRC 信道。这种机制使得不同的通信应用可以同时使用不同的物理信道。上述 IEEE 1609.4 时间分割方案并非专门用于 DSRC 所用频段，可以直接应用于其他频段。汽车安全应用通过 WAVE 简讯通信协议（WAVE Short Message Protocol，WSMP）与 WAVE 协议栈相连通，在 IEEE 1609.3 标准中有详细描述。WSMP 提供确定帧传输参数的依据库。

本章描述 IEEE 1609.4 标准的一些核心特征，并讨论其设计上的一些相关问题。展示一些仿真结果来例证 IEEE 1609.4 的时间分割方案对 CCH 负载造成的影响。之后，展示相关文献里提到的协议增强部分。本章最后，提供一个关于 WSMP 的简单描述。IEEE 1609.3 初版发行于 2006 年末。版本 D1.6 发行于 2010 年。如图 9－1 所示为 WAVE 协议栈中的

IEEE 1609.4。

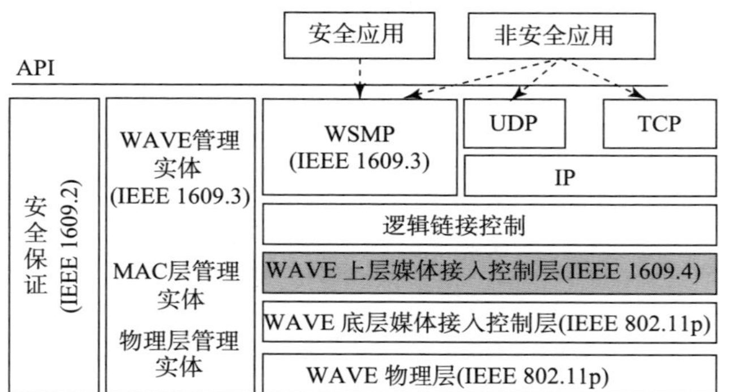

图 9-1 WAVE 协议栈中的 IEEE 1609.4

9.2 DSRC 多信道操作

协议栈中 IEEE 1609.4 在 MAC 层上位于 IEEE 802.11p 正上方。IEEE 1609.4 标准规定了多信道操作的时间分割方案以及同步时间间隔、信道转换、信道路线（图 9-2）。

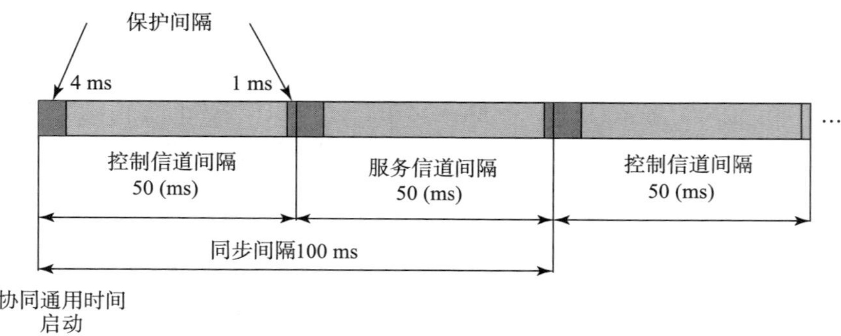

图 9-2 同步、CCH、SCH 和保护间隔

在多个信道上利用多个无线电进行通信是实现多信道操作的方法之一。而 IEEE 1609.4 标准却假设单个无线电经由多路 DSRC 信道操作。协议并不包括多个无线电操作的机制以及单个无线电和多路无线电共存的解决方案。

9.2.1 时钟同步

IEEE 1609.4 信道转换方案需要所有设备在普通的时间基准里保持数秒的同步。例如，现有应用中利用一些 GPS 设备所发出的 PPS 信号保持精确的计时。

此标准使得无线电能够获取来自其他 WAVE 无线电的时间信息而无需直接访问精确计时的设备，例如通过读取包含在发自 WAVE 更高层协议的 WAVE 广告时间帧里的时间信息来获取时间。WAVE 无线电必须满足一些 UTC（协调通用时间）的最小同步要求才能成为其他设备时间信息的提供者。

9.2.2 同步间隔

IEEE 1609.4 基于同步间隔开发出时间分割方案。每秒包含 10 个 100 ms同步间隔。每一个同步间隔分为一个 CCH 间隔和一个 SCH 间隔。每个 CCH 间隔标记出 100 ms 的倍数也即是 UTC 的开始时刻。IEEE 1609.4 标准最初假定 WAVE 无线电使用 CCH 来广播安全信息而 SCH 负责服务类广告。此标准允许安全信息在 SCH 间隔经由 CCH 发射。然而，调频到 SCH 的单一无线电汽车将无法接收此类信息。

此标准避免了 WAVE 无线电陷入信道转换。然而，永久调频到 CCH 的 WAVE 无线电需要保持跟踪同步间隔。这使得这些无线电必要时可以中止在 SCH 间隔内经由 CCH 来扩展发射的信息。例如当无线电需要一些附近的无线电使用 SCH 来支持不同的应用时，此类情况就会发生。

9.2.3 保护间隔

IEEE 1609.4 定义了开始处的前保护间隔以及结尾处的控制间隔或 SCH 间隔的后保护间隔。前保护间隔被定义为同步公差和信道转换时间最大值之和。同步公差是设备间隔时钟的精度，与匹配 UTC 的能力相关。信道转换时间的最大值是由一个物理信道转换到另一个时所造成的最大开销。后保护间隔的目的是在转换到另一个信道之前留出额外的时间以完成帧的接收。WAVE 无线电不允许在后保护间隔内发射任何帧。在现有的无线电芯片组技术支持下，4 ms 的前保护间隔和 1 ms 的后保护间隔足以保护通信。

9.2.4 信道转换

一旦开始控制间隔或者 SCH 保护间隔，WAVE 无线电将中止 MAC 层的活动。无线电会不断等待直到保护间隔的终点，然后启动信道通信或者继续上一循环被中止的活动。无线电不能在保护间隔内启动帧传输。如果帧传输在下一个保护间隔开始之前仍未完成，无线电将放弃此帧并中断此过程。而 IEEE 1609.4 标准建议设备尽量合理地调度发射以保证帧的遗弃最小化。

在一个控制间隔或者 SCH 间隔里未发射的数据帧在下一次循环开始前将被存在本地序列里。IEEE 1609.4 定义一个给独立的帧数据指派时间间隔的机制。从而使 MAC 层能够过滤那些被发射之前就已经期满的数据帧。此标准要求无线电在保护间隔内宣布信道忙从而通过后退机制在下一个间隔开始时调度好发射。如果前保护间隔开始时无线电仍然陷入在帧接收里，接收过程将被终止。

9.2.5 信道转换状态机制

如图 9－3 所示为用于 DSRC 多信道操作的状态机制。车辆起动于非同步状态。时间同步完成后该车立即进入 CCH 保护状态并且调频到 CCH。当汽车处于 CCH 保护状态时从上层接收到的帧被存在本地序列里。当 CCH 保护间隔期满，汽车进入 CCH 状态。此时经由 CCH 的数据帧和管理

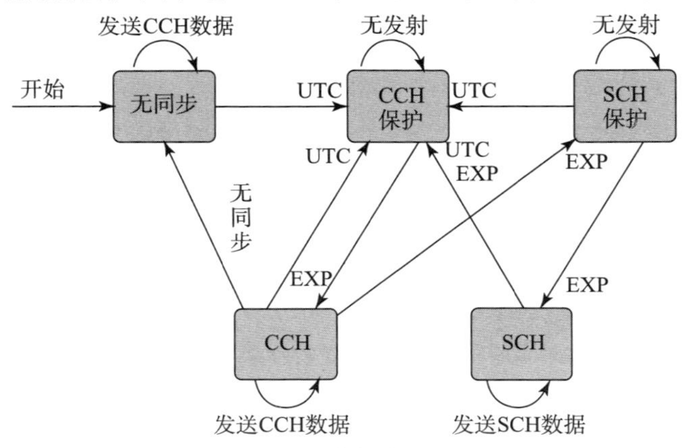

EXP：到期的计时器

图 9－3 IEEE 1609.4 多路信道操作的状态机制

帧被发射，而经由 SCH 的帧则被储存在本地序列里。

当 CCH 间隔期满，汽车就进入 SCH 保护状态。汽车处于此状态下将没有任何帧被发射。当 SCH 保护间隔期满时，汽车转入 SCH 状态，而任何用于 SCH 相关的帧都被发射。在 SCH 间隔期满时，汽车返回到 CCH 保护状态。在 UTC 的开始后，不管车辆此时处在何种状态都将转入 CCH 保护状态。汽车在任意时刻丢失同步后都将进入无同步状态。

9.3　协议评估

IEEE 1609.4 时间分割计划引发了相关的思考。主要问题在于它导致 CCH 在广播安全信息性能方面应用不足。即使当时并没有其他车辆在通信范围内进行信道转换，时间分割计划仍迫使汽车在 CCH 间隔里广播安全信息。而且由于对于其他信道的操作会导致信道忙碌间隔以及保护间隔，在此期间内该方案使用信息序列化还会造成同步冲突的可能性。仿真研究深入分析了 IEEE 1609.4 时间分割方案的有效性。如图 9-4 所示为增强仿真结构。

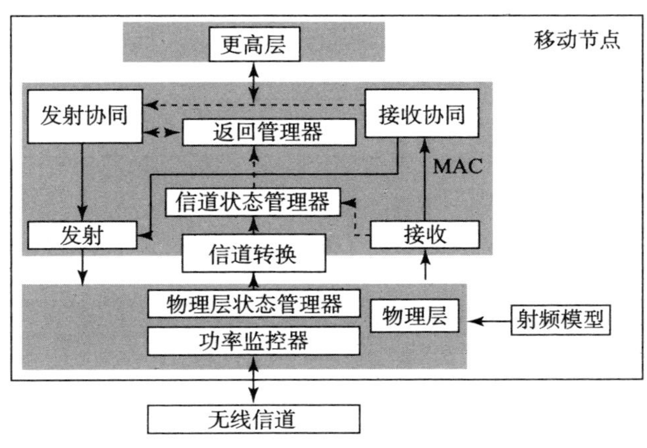

图 9-4　增强仿真结构

9.3.1　仿真研究

更新后的 NS-2 设施需要进行一些扩展之后才能为 IEEE 1609.4 信道

转换建模。新模块信道转换被创造出来并且被插入到物理层状态管理器和信道状态管理器之间。在这两个模块中软件必须得到修改。信道转换发信号通知信道状态管理器每一个 CCH 间隔的开始和结束，而信道状态管理器相应地宣告信道空或者忙碌。信道转换也把转换事件告知给物理层状态管理器。物理层在这种情况下将放弃帧接收。

表 9 - 1 列出了一些研究中使用的仿真参数。车辆密度水平描述了一个紧张但看似合理的场景。75 字节和 150 字节的车辆安全信息分别可以被看作轻松和适度的负荷大小。在没有阴影和干扰的理想信道条件下发射范围将会分别达到 200 m 和 400 m。Nakagami 阴影模型中帧接收比率在传输范围的 1/2 处上减少了 0. 25。

表 9 - 1 仿真参数

车辆密度	2 km 路段，400 辆
发射范围	200 m 和 400 m
发射频率	3，5，10 Hz
信息净负荷	75 字节和 150 字节
调制和编码速率	QPSK，速率为 1/2 编码速率（例 6 Mbps）
隐藏模型	Nakagami

9. 3. 2 仿真场景

在数据源处的数据包发射调度能够对网络性能产生影响。我们比较三种不同的场景：

关：信道转换关着。无线电总是调频到 CCH。应用在任何时刻都产生安全信息。

简单的调度：信道转换开着。无线电在 CCH 和 SCH 之间更迭。应用在任何时刻产生安全信息。

最优化的调度：信道转换开着。无线电在 CCH 和 SCH 之间更迭。应用仅仅在 CCH 间隔内产生安全信息。

如图 9 - 5 所示为简单调度和最优调度之间的区别。在简单调度中，应用意识不到潜在的时间分割方案。在最优调度场景里，应用产生相同数量的信息，但这些信息集中在 CCH 间隔里。

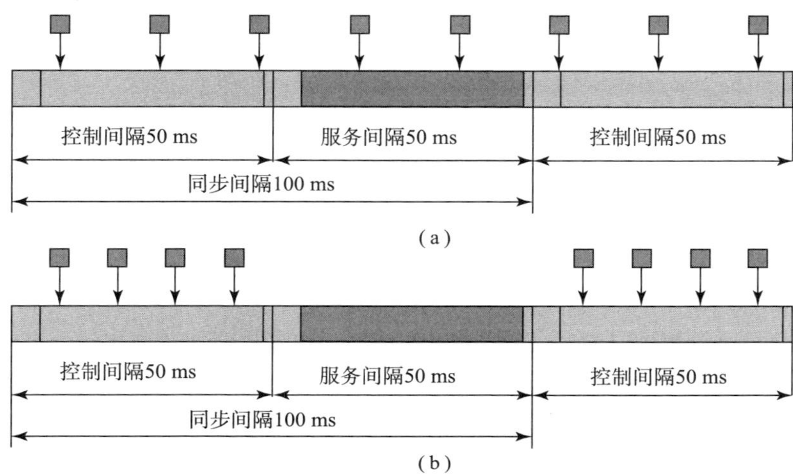

图 9－5　优化的安全信息安排

(a) 原始计划；(b) 优化后的计划

9.3.3　仿真结果

如图 9－6 所示在信息大小是 75 字节、200 m 的发射范围以及 3 Hz 的信息速率的仿真场景中，信息接收比率（纵轴）和距离发射器的距离（横轴）之间的关系。

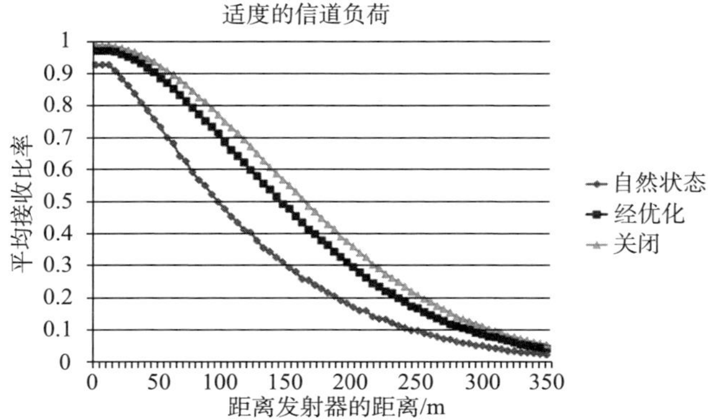

图 9－6　不同距离下的平均接收比率（75 字节，200 m，3 Hz）

正如我们所假设的，即便是在短距离内简单调度仍然在很大限度上减少了信息成功接收的概率，这是由大规模的同步冲突所导致的。由于此场景下的信道负荷仅仅为适度，最佳的调度曲线和信道转换关曲线之间差异才并不明显。

如图 9－7 所示为一个更加紧张的场景：150 字节的信息大小、400 m 的发射范围以及 5 Hz 的信息速率。在此场景下，最佳的调度和信道转换关的曲线之间有相当大的差距。图中显示了由 IEEE 1609.4 时间划分方案导致的严重性能退化。在此信道负荷水平下，可以通过合理的数据包发射调度来实现一些性能上的改善。

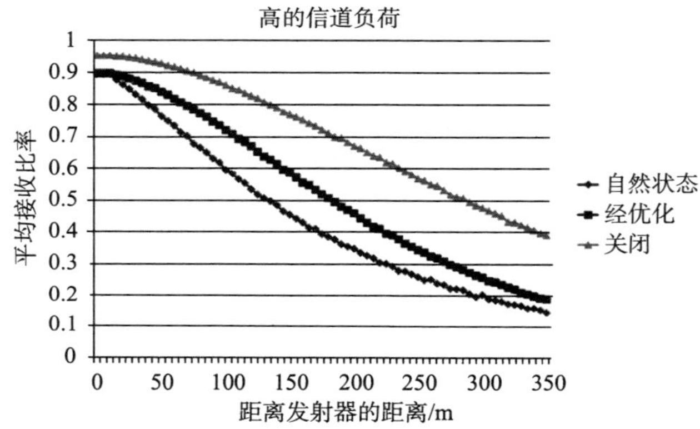

图 9－7　不同距离下的平均接收比率（150 字节，400 m，5 Hz）

如图 9－8 所示，当信道转换启用且信道负荷很紧张时（150 字节的信息大小、400 m 的发射范围以及 10 Hz 的信息速率），任何调度策略都无法使网络性能足以支持汽车安全应用。考虑数据包到来的次数可以得到类似

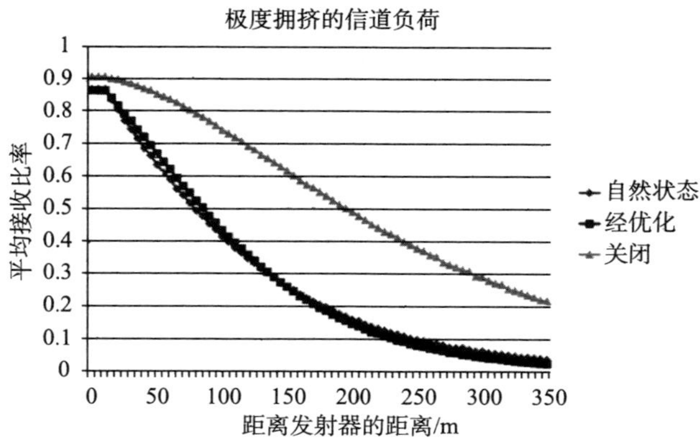

图 9－8　不同距离下的平均接收比率（150 字节，400 m，10 Hz）

的结论。车辆需要频繁地接收来自于它们邻居的状态更新。此时需要数据包到来并不频繁。文献［1］分析显示图9－8所呈现场景中的数据包到来次数无法被汽车安全应用所接受。该仿真研究证实了CCH的应用效率不足问题。在文献［1］中可以找到关于此研究的完整描述。后续的结果可在文献［2］中获得。

9.3.4 协议增强

研究人员提出了一些协议增强方案来提高由IEEE 1609.4时间划分方案所导致的网络性能不足。

方案1是专用的安全无线电。这种方法是使用DSRC#172而不是CCH来进行车辆间的安全通信。它减轻了IEEE 1609.4时间划分方案的需求，并且允许安全应用在任何时刻都能够广播信息。这种手段能够为单一无线电汽车提供最佳性能。然而如果采纳这种方案，装备单一无线电的汽车将不能访问DSRC的SCH所提供的服务。

方案2需要装备有单独的DSRC无线电的汽车在安全信息上设置一个容量字节，利用此安全信息将自身所在告知周围的无线电。多路无线电汽车任意时刻广播安全信息时占用全部的172信道。然而，当一辆多无线电汽车通过收到的安全信息中的容量字节检测到一个单独无线电邻居，它将额外在CCH间隔里经由CCH来广播安全信息。

方案3依然需要配备单独无线电的汽车在汽车安全信息上设置一个目的字节，从而在下一个CCH间隔的结尾处转换信道。汽车可以基于来自于它们邻居的那些附加信息来调整自己的行为。

装备有一个单独无线电的车保持正常状态即调频到CCH。它会在SCH间隔里转换到一个SCH以应对来自应用层的请求。它会设置目的字节来指示其目的即在下一个CCH间隔结束时转换信道。

装备有多个无线电的车辆将它其中一个无线电始终调频到CCH。车辆从不设置目的字节。当汽车遭遇另一个车辆正在使用目的字节设置广播安全信息时，它会仅仅在CCH间隔内发射安全信息。否则，汽车在任一时刻发射安全信息。

目的字节的方法并没有用在172信道上。当通信范围内没有车辆在信道转换模式下操作时，它会使得CCH有着充分的利用。为了克服由IEEE 1609.4时间分割方案所带来的性能衰减并且避免与其他类型信息的媒体争用接入，研究者们正在计划通过 DSRC#172 来广播安全信息。

9.4 WAVE 简讯通信协议（WSMP）

WSMP 的定位介于数据链接和应用层之间。它对应于 IP 网络中的网络和传输层。WSMP 提供了进入 DSRC 安全应用的界面。DSRC 安全通信并不像 IP 网络一样需要寻径函数，它利用单跳即可完成通信。经由 DSRC 连接发射的帧不被网络分片，也就无须在终点重组。诸如 TCP 提供的那些用于数据包稳定接收的函数在大规模广播的通信场景中并不需要。因此 WSMP 被用来支持一些基础服务。

WSMP 实际上能够使得数据源为每一帧确定发射参数，包括信道数字、数据速率以及发射功率。它也允许发射器指示信息所服务的应用，继而在终点促进多路分解。这些可以通过 PSID 在 WSMP 数据头上的使用来完成。PSID 类似于 TCP 的通道数。安全信息共享一个单独的 PSID，因此 PSID 机制计划用于安全与非安全类应用的共存。

WSMP 为 IEEE 1609.3 标准所确定。IEEE 1609.3 的现有版本是版本 2（图 9－9）。图 9－10 描述了 WAVE 简讯通信的数据头。数据头的第一个字节包括了关于协议版本的信息。数据头的第二区域描述了与数据包相关的 PSID。PSID 长度可变，以满足不同的大小。

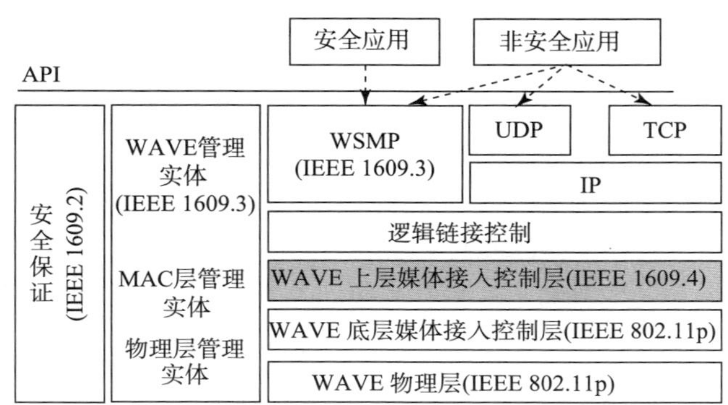

图 9－9 WAVE 协议栈中的 IEEE 1609.3

扩展区域长度可变从而适应多个单元的描述。在当前的 IEEE 1609.3 中确定了三个此类单元：信道数字、数据速率和发射功率。单元 ID 区域代

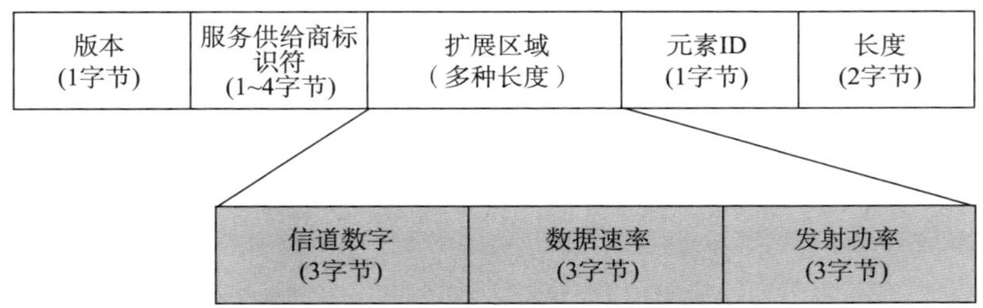

图9-10 WAVE简讯通信的数据头

表扩展区域的结尾。WSMP数据头的最后两个字节描述了信息负荷的长度。

参考文献

[1] Q. Chen, D. Jiang, and L. Delgrossi: "IEEE 1609.4 DSRC Multi-Channel Operations and Its Implications on Vehicle Safety Communications," IEEE Vehicular Networking Conference (VNC), Tokyo, Japan, 2009.

[2] K. Hong, J. B. Kenney, V. Rai, and K. P. Laberteaux: "Evaluation of Multi-Channel Schemes for Vehicular Safety Communications," IEEE Vehicular TechnologyConference (VTC), Taipei, Taiwan, 2010.

[3] Institute of Electrical and Electronics Engineers (IEEE): "Draft Standard for Wireless Access in Vehicular Environments (WAVE) - Multi-Channel Operations," IEEE 1609.4, 2006.

[4] Institute of Electrical and Electronics Engineers (IEEE): "Draft Standard for Wireless Access in Vehicular Environments (WAVE) - Multi-Channel Operations," IEEE 1609.4/D6.0, 2010.

[5] Institute of Electrical and Electronics Engineers (IEEE): "Draft Standardfor Wireless Access in Vehicular Environments (WAVE) - Networking Services," IEEE 1609.3/D5.0, 2010.

[6] J. Kenney, V. Rai, and K. Hong: "VSC-A Multi-Channel Operation Investigation: An Update to IEEE 1609," IEEE 1609 Standard Group, 2009.

[7] T. Mak, K. Laberteaux, and R. Sengupta:"A Multi-Channel VANET Providing Concurrent Safety and Commercial Services," 2nd ACM International Workshopon Vehicular Ad-Hoc Networks (VANET), Cologne, Germany, 2005.

[8] Z. Wang and M. Hassan: "How much of DSRC is available for non-safetyuse?" 5th ACM International Workshop on Vehicular Ad-hoc Networks (VANET), San Francisco, CA, 2008.

[9] A. Weinfield: "5.9 GHz DSRC Channel Switching Design and Implementation," Vehicle Infrastructure Integration (VII) Radio Working Group, Internal Report, 2006.

第 10 章 车路协同安全应用

10.1 交叉口碰撞

在所有重大交通事故中，车辆接近或离开交叉口时发生的碰撞事故占很大比例。美国每年交叉口附近发生 172 万起事故，导致约 9 000 人死亡。仅 2004 年，因违反停车标志和信号灯规定引起的事故就高达 302 000 起，造成 163 000 功能寿命年的损失以及 79 亿美元的经济损失。这其中有 250 000 起事故是当车辆穿过交叉口时闯红灯而与其他车辆发生侧面碰撞，这类事故给美国造成了 66 亿美元的经济损失。

基于 5. 9 GHz 的 DSRC 在协同安全方面的应用，可以使得车辆之间以及车辆与路侧基础设施之间进行信息交互，以达到增强交通安全警示和保障安全的目的，这对于避免交叉口碰撞作用明显。

针对交通违法的交叉口协同避撞系统（Cooperative Intersection Collision Avoidance System for Violations，CICAS - V）（2006—2009）就是一个典型的基于信息交互的避撞系统。CICAS - V 是由美国交通部与其他 5 家原装设备制造商（Original Equipment Manufacturer，OEM）（福特、通用、梅赛德斯 - 奔驰、丰田、本田）在防碰撞联盟（Crash Avoidance Metrics Partnership，CAMP）框架下联合开发的。

为了弥补 CICAS - V 的不足，还进一步开发了交叉口协同避撞系统 -

信号灯左转辅助系统（CICAS－Signalized Left Turn Assistance，CICAS－SLTA）和交叉口协同避撞系统－停车辅助系统（CICAS－Stop Sign Assistance，CICAS－SSA）等。

德国的AKTIV－AS交叉口辅助应用有类似功能，其为驾驶员在靠近、穿过或者在交叉口转弯时提供辅助信息以减少交通事故。

本章主要介绍梅赛德斯－奔驰公司的一体化安全原系统样机，这是CICAS－V项目的原型系统，该系统已经在2008年于纽约举行的第15届世界智能交通系统大会上发布。该一体化安全样机展示了CICAS－V项目对现有车载安全特性的集成。

10.2 针对交通违法的交叉口协同避撞系统

CICAS－V主要用于提高道路交叉口的安全性。系统通过DSRC实现安装在交叉口的路侧单元（Road Side Unit，RSU）与车载单元（On－Board Unit，OBU）之间的实时信息交换。OBU负责监测车辆的运动状态、位置、车道变换操作和到停车线的距离等信息，它会预测车辆违反信号灯指示的风险，并在此基础上对潜在的危险进行警示。

作为CICAS－V项目的一部分，全功能的原装系统已设计完成并进行了测试，CICAS－V的OBU已经安装在了福特、通用、梅赛德斯－奔驰、丰田、本田5家汽车制造商的产品车辆中。加利福尼亚州、密歇根州和弗吉尼亚州的一些交叉口已经安装了几个厂商的交通信号控制器，并且也都安装了一些CICAS－V的RSU进行过测试。测试内容包括道路实测和轨迹预测测试。CICAS－V是一个具有开创性意义的项目，因为它是在美国基于DSRC实现的第一个可以用于现场试运行（Field Operation Trial，FOT）的车路（V2I）协同安全系统原装样机。

10.2.1 CICAS－V设计

1. 运行机制

当车辆靠近信号交叉口的时候，OBU进入到了RSU的通信范围并从RSU获取本地安全信息。这些信息包括当前交通信号控制器的单相和正时

（Single Phase and Timing，SPAT）以及交叉口几何描述（Geometric Intersection Description，GID）。其中，GID 是本地交叉口的小规模电子地图。RSU 会选择性地发送全球卫星定位系统（Global Positioning System，GPS）的修正信息和附近的停车控制信号交叉口几何信息。

当判断到汽车若继续以当前状态行驶下去就会闯红灯时，OBU 会向驾驶员发出警示。该警示目的在于引起驾驶员的注意，使其迅速做出调整并选择最安全的操作，尽量使得汽车在进入交叉口碰撞区之前停车。

OBU 通过不断读取车辆的速度、位置和到停车线的距离等信息来预测汽车违反信号灯的可能性。如果当前信号灯为黄灯，OBU 会根据该相位剩余的时间来预测汽车在红灯亮起之前能否通过交叉口。根据汽车动力学，如果预测到车辆会在信号灯变为红灯之后才超过停车线，OBU 就会向驾驶员发出警示（图 10－1）。

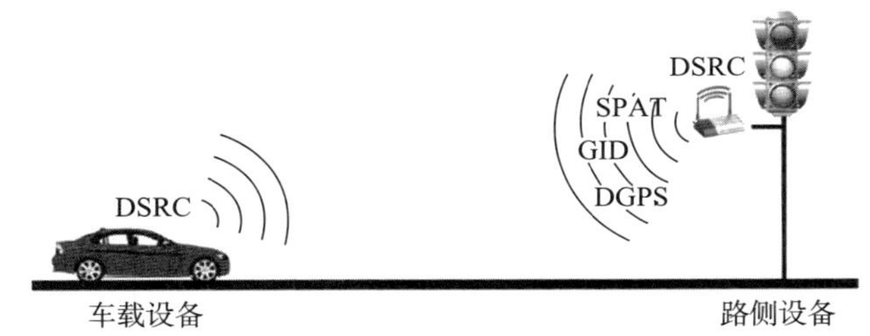

图 10－1　信号交叉口 CICAS－V 运行机制

对于有停车标志控制的交叉口来说，只需要知道车辆距离停车线的距离就可以计算。

2. 定位精度

对于 CICAS－V 而言，在没有独立转弯车道的多数信号交叉口和具有停车标志控制的交叉口，由于直行和转向信号不独立，道路级的定位精度就可以满足要求。换言之，对于有左转或右转专用道的交叉口，当转向信号相位与直行信号相位不同的时候，定位精度必须达到车道级。假定 GPS 的定位精度小于 1m，则交叉口地图的误差必须小于 0.5m 才能达到车道级定位精度。

3. 交叉口几何描述（GID）

GID 是有详细内容的交叉口地图，其足以支持实现交叉口避撞的应用。

GID 主要包含以下内容：

（1）交叉口所有进口道路和车道的精确几何信息。

（2）交叉口的识别信息（包括交叉口是否为停车标志控制交叉口或信号控制交叉口）。

（3）交叉口停车线的位置信息和所有车道的宽度信息。

（4）车辆所在车道对应的交通信息。

CICAS－V 运行机制不会默认所有车辆都有车载的交叉口地图。同样地，也没有规定应当如何向车辆发送停车标志控制交叉口的 GID。一种可行的方法是让 RSU 给车辆发送本地和周围的交叉口 GID 信息。

GID 是通过无线进行发送的，因此需要对其大小进行限制。为了提高接收的可靠性并降低 GID 的传输延迟，GID 的字节量要与 DSRC 消息相适应。美国电气和电子工程师协会（IEEE）制定的 802.11p 标准中要求物理层（PHY）信息帧最大的字节量为 1.4 KB。同时，这其中有 400 字节用来保证有效载荷的安全性。根据这些约束要求，则 GID 的字节量不能超过 1 KB。

为了使 GID 的字节量最小化，需要遵循以下规定：

（1）几何点坐标由相对于交叉口的参考点（Intersection Reference Point，IRP）的偏移量来表示，交叉口的参考点信息包含 WGS－84 坐标系（World Geodetic System，WGS，世界大地坐标系）下经纬度和高程。

（2）道路和车道用一串有序的点进行描述，其中，每个点上标注有对应位置车道的宽度。

（3）车道的几何形状通过车道的中心线来进行描述。

（4）以停车线位置作为描述该车道的第一个几何点。

取从参考点开始的 300 m 范围内的车道信息为有效信息。注意：GID 可能会因此产生重叠部分，例如相邻两个交叉口参考点之间距离小于 600 m 时。

GID 最基础的元素就是点或节点。以一个节点作为交叉口的参考点。描述一条车道的一系列节点称为节点链表（图 10－2）。

此处定义两种车道：参考车道和推算车道。参考车道即为完全用一列节点表示的车道，将参考车道进行单纯的平移就可以得到参考车道。通过这种方法可以将几条平行的车道记录为一条车道以压缩 GID 的大小。推算车道是指由一个方向指向交叉口，受一个独立的信号相位控制的车道。这一定义与交通工程师使用的术语“流向”是一致的。

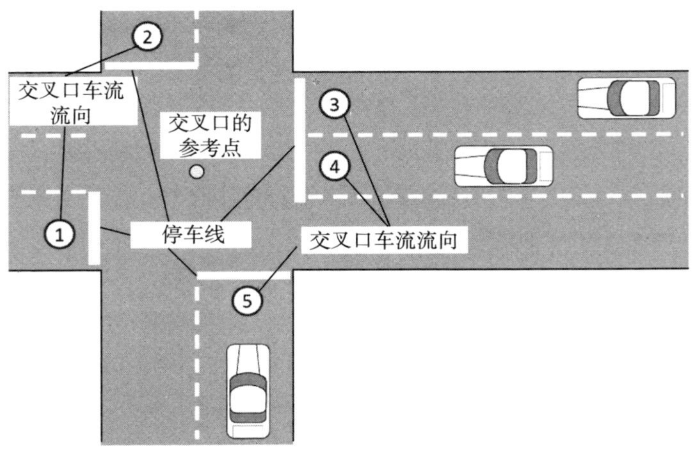

图 10－2　交叉口几何描述构成

上述有关 GID 的各详细说明已经通过美国汽车工程师协会（Society of Automotive Engineers，SAE）J2735 标准。

4. 信号相位与配时

在 CICAS－V 中，本地 RSU 发送交通信号控制器 SPAT 信息时使用的频率是 10 Hz。然后 OBU 根据车辆正在接近的交叉口具体情况选择所需的信号指令。SPAT 信息包含当前相位的信号指令，到下个信号相位的时间以及与 GID 中有关特定道路的具体信息。

与 GID 一样，SPAT 信息也最好封装在一个单独的 DSRC 数据包中，该数据包能够通过从交通信号控制器实时提取信息来生成。由于与交通信号控制器的硬件和信号控制器的协议有关，SPAT 信息可以由信号控制器直接生成并传给本地 RSU，也可以由 RSU 上的状态推理机直接决定。

SPAT 信息作为一种可扩展标记语言（Extensible Markup Language，EML）已经被列入到 SAE 标准中。

10.2.2　CICAS－V 的发展

1. 硬件组件

在信号交叉口，路侧设备主要包括由具有 DRSC 通信功能的 RSU 和本地 GPS 基站构成。当使用差分 GPS（DGPS）时，RSU 同样包括 DGPS 基站接收器和天线。

RSU 通过串口或局域网（Local Area Network，LAN）与交通信号控制器进行连接。交叉口 RSU 的部署由多个设备制造商、区域交通管理法规、设备使用年限以及路测设备安装规定等多重因素共同决定。

RSU 可以进一步连接到骨干互联网协议（Internet Protocol，IP）上，以此实现通过 DSRC 服务频道为车辆提供车载互联网服务，这也便于 RSU 的远程管理。CICAS－V 与互联网连接的功能并不强制要求（图 10－3）。

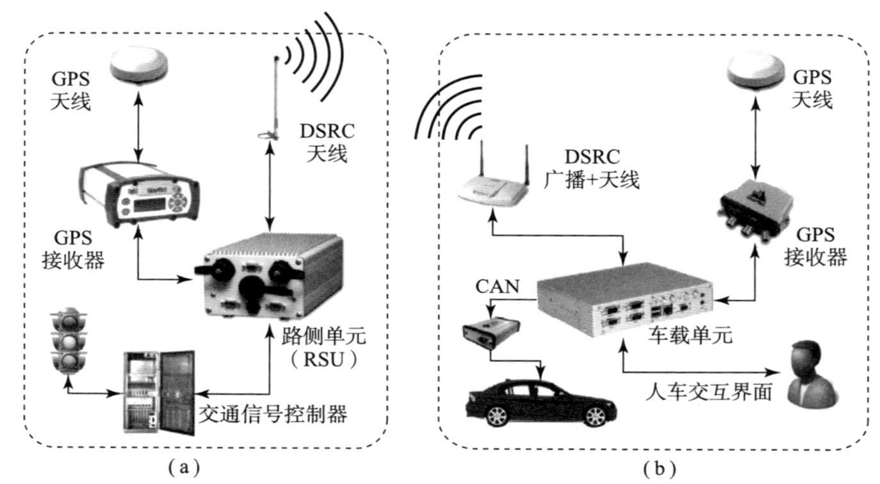

图 10－3　CICAS－V 硬件组成

（a）CICA－V 路侧设备；（b）CICA－V 车载设备

CICAS－V 系统的车载部分包含一个 OBU 计算平台。OBU 与 CAN 总线、DSRC 无线电、GPS 接收器以及人车交互界面（DVI）相连接。为了适应不同 CAN 总线系统的发展，CAN 总线网关提供了一个通用的交互界面。

使用 DENSO 的无线安全通信单元（Wireless Safety Unit，WSU）作为 OBU 的计算平台。其处理器为 400 MHz 的 MPC5200B PowerPC，内存为 128 MB的 DDR SDRAM，采用 Linux 操作系统。WSU 是专门为 ITS 应用设计的，包括支持 DSRC、GPS 和 CAN 的硬件和软件接口。

2. 软件组件

图 10－4 所示为包括信息处理模块和违法行为检测模块的 CICAS－V 软件构架简化版本，其中信息处理模块有连接 WAVE 无线电、GPS 接收器

和 CAN 总线的接口。

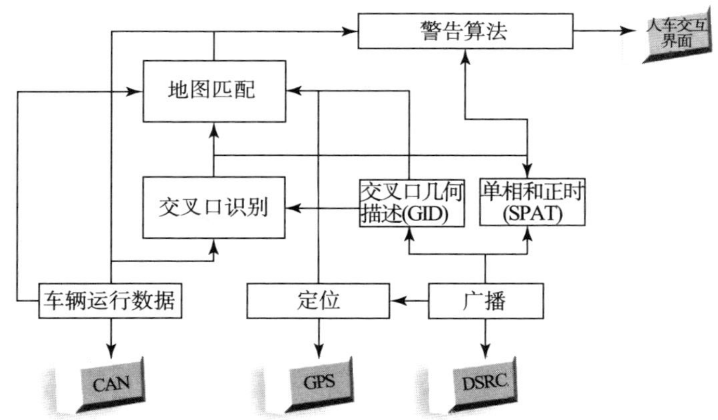

图 10－4　CICAS－V 车载单元软件结构

无线通信处理器负责首先处理 RSU 发来的信息，并从中提取 SPAT 和 GID 信息，之后再把这些信息发送至其他模块。当无线通信处理器从 RSU 接收到 DGPS 信息时，它会把这些信息传送给定位处理器。这样一来，模块便可以通过结合 GPS 接收器和无线通信处理器发来的信息推算出车辆位置。位置推算过程中还要用到交叉口识别和地图匹配。与上述过程类似，车辆数据处理器通过 CAN 实现数据更新，并进行交叉口识别和地图匹配。

CICAS－V 架构的其余模块为违法行为检测模块，它负责处理车辆最新的动态、GPS、GID 和 SPAT 数据，并判断在交叉口是否会发生违法现象。交叉口识别模块用于确认车辆正在靠近哪个交叉口及该交叉口对应的 GID。地图匹配模块用于确认车辆在 GID 地图中的位置。最后，当 CICAS－V 的预警算法认为应该向驾驶员发出警示信息的时候，就会触发车辆 DVI。

3. 皇家大道（El Camino Real）和第五大街（5th Avenue）交叉口

DSRC 技术的第一个应用实例是加利福尼亚州皇家大道与第五大街的交叉口，于 2007 年 1 月由加利福尼亚交通部负责部署。

图 10－5 中标记了该交叉口的一些进口道路。其中 2 号进口有 3 个车道，5 号进口有 2 个车道，6 号进口有 3 车道，由于允许停车，其最右侧的车道稍宽于另外两条车道。对于 2 号进口，GID 使用最左边的车道作为参考车道，另外两条车道作为推算车道。对于 6 号进口，使用最左边的车道

作为参考车道，另外两条车道作为推算车道。

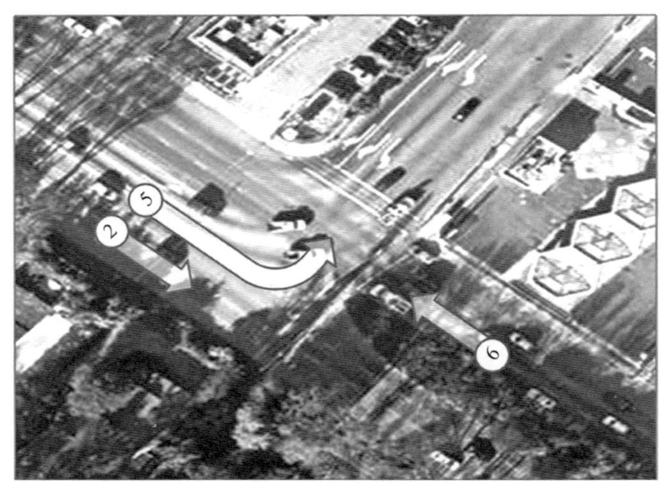

图 10-5 皇家大道与第五大街交叉口

为了压缩数据，GID 不强制要求对推算车道特征进行详细描述，仅用均值来表示。在 GID 数据大小的限制范围内，所有车道都可以通过一系列节点来表示，但在实际应用中，常常只用其中一条车道作为参考车道，其他车道都通过数据推算得出。例如，皇家大道和第五大街交叉口的 GID 大小为 352 字节。CICAS - V 中最复杂的交叉口 GID 大小是 869 字节（弗吉尼克州里斯琴斯堡的 Franklin 与 Peppers Ferry 交叉口）。

4. GID 的生成

目前尚无任何商业地图可以达到 CICAS - V 对交叉口精度的要求。而且，有些 GID 需要特性，比如说停车线的位置，在现有的商业地图中也找不到。因此，研究人员必须亲自调查创建交叉口 GID。

为了解决这一问题，CICAS - V 项目雇用了 HJW 地理空间公司通过空中摄影方式来获取交叉口的地图信息。HJW 用高分辨率相机通过垂直拍摄的方式得到比例尺统一的交叉口几何图像。为了提高精度，图像中的许多点都通过现场调查进行了匹配。该公司通过在图片中对车道进行标记来确定车道中心线的地理位置，并把车道的几何特征转换成一系列点。这些点的信息最终通过专门为 CICAS - V 设计的编译器转换为 GID 信息。

在绘制交叉口地图时，地图上要标出准确的北向方向，该方向与 WGS -

84 坐标系中的地理北向一致。采用在地理上广泛应用的州平面坐标系统（State Plane Coordinate System，SPCS）或通用横轴墨卡托投影（Universal Transverse Mercator，UTM）坐标系中的“北”向，会导致 GID 相对于实际情况旋转一个角度，这个角度的大小与交叉口相对于地球的位置有关。交叉口离赤道越远，UTM 北向与地理北向之间的夹角就越大。

5. 定位

CICAS－V 面临的主要问题是：如何在为降低成本而使用现有产品的前提下，获得误差小于 1 m 的车辆定位精度。

解决方案是在 RSU 上安装 GPS 基站，为进入交叉口的车辆提供计算卫星信号修正参数。差分 GPS 能够通过已知固定位置基站的位置计算得到修正的位置信息。广域增强系统（Wide Area Augmentation System，WAAS）是另一种广泛应用的误差修正技术。由于精度标准更高，人们更愿意选择使用差分 GPS。WAAS 依靠每隔 500 英里设置一个地面参考站获取数据，并依靠这些区域性基础设施计算修正参数。差分 GPS 中的修正结果要远比 WAAS 定位提供的结果更加精确。例如，在密歇根州法明顿市的一个 CICAS－V 交叉口，测试车辆接收到的实时定位误差都小于 0.5 m。

把 CICAS－V 里 RSU 的 GPS 接收器设置为基站模式，为临近车载 GPS 接收器接收到的 GPS 卫星信号计算修正误差。修正信息按照国际海运事业无线电技术委员会（Radio Technical Commission for Maritime Services，RTCMS）规定的标准格式进行编码，例如特殊委员会（Special Committee，SC）104 在差分全球卫星导航系统中为差分全球卫星导航系统（Differential Global Navigation Satellite System，DGNSS）定义的 RTCMS 推荐标准服务。简单来说，无论是依照 RTCMS v3.0 或者是 RTCMS v2.3，修正数据信息格式取决于差分全球卫星导航系统推荐标准的 SC－104 的版本。

CICAS－V 中使用的 RTCMS v3.0 信息格式中包含单频（L1）GPS 信息。RTCMS 1001 修正机制可以提供每个卫星的 GPS 伪距和载体相位的测量值，因此车载（移动的）GPS 接收器能够以更高的精度和可靠性来推算其位置。对 RTCMS 1001 v3.0 消息进行限制使其只包含 L1 修正信息能够适度提高相对通信设施和 GPS 接收器的精度。例如，根据当前可见 GPS 卫星的数目，对于 RTCMS 消息而言，通常仅需 101 甚至更少的字节数就可以满足 12 个卫星修正数据的要求。

需要广播的修正数据字节量取决于 RTCMS 版本和可见卫星的数量。

例如，RTCMS v2.3 格式需要以每秒 4 800 字节来广播双频码和 12 颗卫星的载波相位监测或者监测修正信息。如果使用新的 RTCMS v3.0 格式传送相同信息则仅需要每秒 1 800 字节就够了（也就是对于 12 颗可见卫星，RTCMS v2.3 需要 372 字节传输数据，而 RTCMS v3.0 只需要 8 + 7.25 × 12 字节）。

图 10－6 所示为 CICAS－V 中差分 GPS 的一个应用实例。首先，基站的 GPS 接收器生成 RTCMS SC－104 v3.0 修正信息（1）。之后，RSU 将这些数据编译为 DSRC 消息并以 1 Hz 的频率通过 DSRC 广播（2）。OBU 从 DSRC 中提取出 RTCMS SC－104 v3.0 修正信息（3），并将其发送给车载 GPS 单元，由后者通过这些修正信息进行位置计算，以生成更高精度的定位信息（4）。

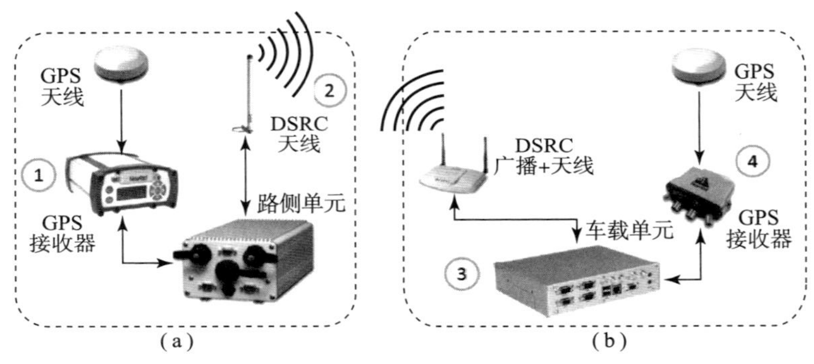

图 10－6　CICAS－V 定位修正装置

（a）基于 DSRC 的 RTCMS SC－104 数据和广播；

（b）车辆 GPS 设备的 RTCMS SC－104 数据接收和使用

最初设计时 RTCMS v3.0 是用于支持各种实时动态差分法（Real－Time Kinematic，RTK）操作的。由于 RTK 一般需要传输大量的信息，同时也需要高度复杂的信息来分析修正信息以及进行错误排除。然而，RTCMS v3.0 格式的 L1 子集就能够很好满足系统性能要求，即使在接收机相对低端时也能够满足要求。来自 RSU 的两条消息应当最小能够支持本地差分 L1 对车载 GPS 接收器信息的修正。

每条 RTCMS 1001 信息都应当包含由基站 GPS 接收器导出的卫星监测信息（特别是单频 L1 GPS 伪距和相位测量载体），这些信息通常通过对当前卫星伪距监测到的位置估计与基站天线的测量值进行比较得出。

GPS 基站逆向计算卫星伪距的修正误差，这样就可以得到更加精准的位置估计。附近其他 GPS 接收器也使用同样的 GPS 卫星伪距来监测误差，所以当它们获取自身监测的卫星伪距修正参数时，就可以有效地减少误差，得到更高精度的位置推算。

6. 通信设施

CICAS－V 会通过 DSRC 的一个控制信道（#178）广播 SPAT 消息，同时，也通过一个 DSRC 服务频道广播 GID 和 GPS 修正消息。

WAVE 服务通告（WAVE Service Advertisement，WSA）消息通过 DSRC 控制信道进行发送，其内容包括交叉口（交叉口 ID）、GID 版本号，以及用来广播 GID 和 GPS 修正消息的服务频道编号。

接收到 WSA 信息后，车载 OBU 将 DSRC 切换至指定的服务频道以接收交叉口完整的 GID 和 GPS 修正信息。若 OBU 已经获取了最新的 GID，就会弃置刚接收到的 GID，但会继续接收 GPS 修正信息。

7. 人车交互界面

人车交互界面（Driver－Vehicle Interface，DVI）是 CICAS－V 的一个基本组成部分，其作用是警告驾驶员可能发生的违规行为。CICAS－V 工程的目的不在于开发一个标准的人车交互界面，因为各个原装设备制造商（OEM）会在未来做大量的这方面工作。该 CICAS－V 中开发的人车交互界面包含可视化图像部分、声音警告部分和制动脉冲部分。测验结果表明，这些功能组合的效果相当好。CICAS－V 的人车交互界面在文献［10］中有详细说明。

10.2.3　CICAS－V 测试

1. 系统安装

CICAS－V 路侧设备组件的安装情况如图 10－7 所示。

图 10－7（a）为安装在弗吉尼亚州布莱克本市一个交叉口交通信号控制匣中的 RSU、GPS 接收器和数据采集系统（Data Acquisition System，DAS）。图 10－7（b）为安装在密歇根州奥克兰市一个交叉口的 DSRC 设备和 GPS 天线。图 10－7（c）是 DENSO WSU，CAN 网关，NovAtel OEMV GPS 接收器和弗吉尼亚交通技术协会（Virginia Tech Transportation Institute，

VTTI）的 DAS。DAS 负责记录来自车辆、交叉口的消息，OBU 的计算输出结果，以及 4 个车载相机的图像。

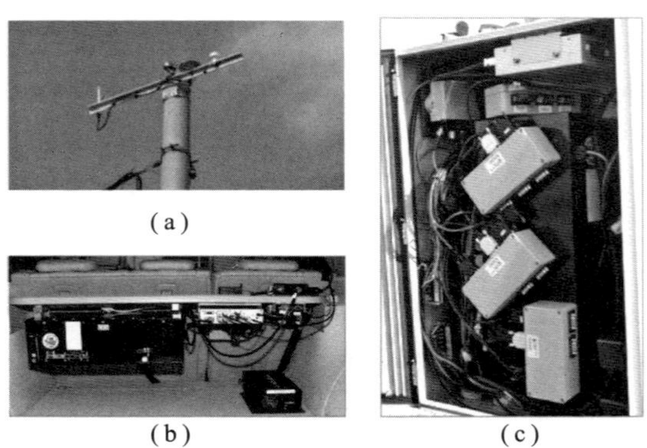

图 10－7 CICAS－V 路侧单元和 OBE 安装

（a）CICAS－V DSRC 和 GPS 天线；（b）车载设备中的 CICAS－V；（c）CICAS－V 交通控制器

2. 目标测试

开发了一套为进行现场试运行（Field Operational Test，FOT）CICAS－V 而开发的目标测试程序（Objective Test Procedures，OTP）。这些 OTP 包括警告测试（系统必须发出警告）、误报测试（系统不必发出警告）和工程测试（测试系统的限制）。测试范例包含了车辆靠近 CICAS－V 交叉口时可能出现的各种典型场景。以这样的形式进行测试能够检测出该系统是否符合技术要求。

测试在由 VTTI 提供的弗吉尼亚智能技术道路上进行的，该道路上有一段设有交叉口的封闭试车路段。为了通过警告测试，根据 CICAS－V 警告算法中对于定时的规定要求，系统必须在汽车速度乘 200 ms 的距离对驾驶员发出警告。所有形式的警告都必须在 200 ms 内相互激活。

同时，还制定了一系列的标准用来判断测试是否有效。例如，根据普通测试速度要求，速度变化应当小于 2.5 mph①，且每项测试至少要进行 8 次。信号交叉口和停车标志控制交叉口的测试速度分别为 25 mph、35 mph、和 55 mph，每项进行 8 轮。

① mph＝mile/h，1 mph＝1.609 344 km/h

系统几乎 100% 通过了测试。唯一的一次失败是车辆通过交叉口时制动脉冲失效了，但当时其他警告形式都已经在正确距离内对驾驶员进行过提醒。

在 SPAT 反射和接收测试中，汽车保持 4.5 m 的距离跟驰一辆挂车牵引车，以测试本地 RSU 能否使用 DSRC 发出足够对车辆进行警告的消息。

在所有的测试中，发布警告都是为了让车辆能够在进入交叉口冲突区域前停下来，但是，有些情况下发出警告的时间会大于 200 ms。文献［2］中有对完整测试过程的记录，文献［3］中有完整的测试结果分析。测试结果表明，系统在测试期间表现良好，预计可以进行大规模的现场试运行。

10.3　综合安全应用演示

2008 年在纽约举办的第 15 届国际智能交通系统大会上，梅赛德斯 - 奔驰公司演示了基于 CICAS - V 技术的范例。该范例展示了汽车安全通信与现有的车载传感器与车内安全系统联合起来以提高车内安全的级别。

该原型样机仅应用于演示，其主要依靠本地 RSU 通过 DSRC 广播的 SPAT 和 GID 信息。当预测到汽车有闯红灯的可能时，系统会发出图像和声音警示信息。如果这些信息被驾驶员多次忽视，并且即将发生违规行为时，汽车会自动采取制动措施并在进入交叉口冲突区域前停车。尽管是自动制动的，系统并未完全掌控整个车辆，驾驶员仍可以随时通过踩下制动踏板或者油门踏板来取消自动制动操作（图 10 - 8）。

图 10 - 8　在第 15 届国际智能交通系统大会上展示的正在运行的集成安全演示的车辆

该原型样机的功能还与现有的车载安全预警系统和制动辅助系统进行了集成扩展，比如梅赛德斯公司的安全预警系统（Pre - Safe）和制动辅助系统（Brake Assist）。安全预警系统的特点在于，当碰撞不可避免时尽可能减少碰撞能量，同时保护车内人员。该原型机为未来将无线通信与车载安全系统集成在一起提供了一定的基础。

10.3.1 演示的内容

当车辆靠近交叉口时，会接收到 RSU 发来的 SPAT、GID 和 DGPS 信息。汽车会根据这些信息识别其正在靠近哪个交叉口，正行驶在哪条车道上，以及当前交通信号灯对应的相位和配时情况。当车辆没有检测到 RSU 时，人车交互界面上会显示如图 10－9（a）所示；当车辆接收到 RSU 通信时，人车交互界面显示如图 10－9（b）所示，屏幕下方的信息栏会显示车辆运行状态，包括制动踏板和加速踏板的状态、安全系统是否激活以及自动停车等。

汽车正在靠近一个当前信号灯为红灯的交叉口，并且驾驶员没有采取有效的制动措施时，车辆就会分以下三个阶段向驾驶员发出警示：

（1）红灯提示：这个阶段是提醒驾驶员本车正在靠近红灯交叉口，应当开始采取制动行为。如图 10－9（b）所示，在人车交互界面上会出现一个“Stop Ahead”的标识，同时系统发出一个轻微的声音。

（2）红灯警示：如果驾驶员在靠近交叉口过程中仍然没有采取任何行动，则提醒级别自动上升，如图 10－9（c）所示，系统会在人车交互界面上显示一个“Stop”的标识，并发出一个响亮的声音。发出这个严重警告

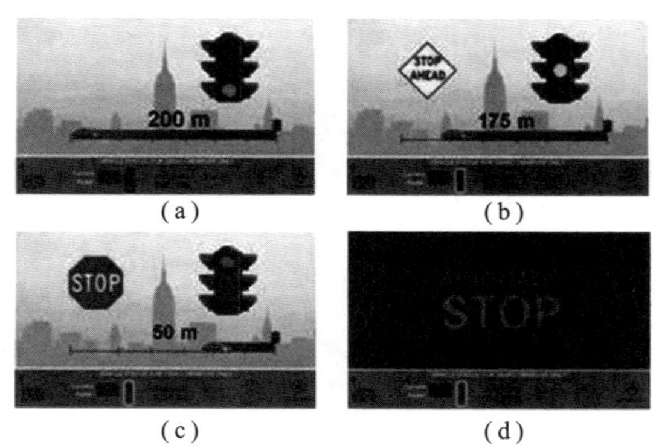

图 10－9 集成安全演示平台

（a）接近；（b）最初警示；（c）最终警示；（d）启动制动

时，应当有足够的时间允许驾驶员可以在进入交叉口前及时采取制动措施，但是必须是马上进行紧急制动。

（3）自动停车：这是警告过程中最关键的一环，仅当驾驶员持续忽视之前所有警告并且闯红灯情况即将发生时启动，这时，会有以下几种措施：

①驾驶员会听到一个很响亮的警告声音，并且可以看到人车交互界面上显示的汽车正在进行自动停车的标识，如图 10－9（d）所示。

②梅赛德斯－奔驰公司的安全预警系统会为汽车即将发生的碰撞做好准备，自动采取收紧安全带、调整座椅位置、升起车窗和升高后方头枕等措施。

③车辆会在进入交叉口之前进行制动并停车。

以上的三个步骤会根据实时的路况和车辆行驶速度作出相应的调整，同时，也会根据驾驶员的特点进行调整。然而，在此要提到的很重要的一点是，由于是在车辆进入交叉口前最后一个有可能停下来的位置采取的措施，且不需要驾驶员做出任何动作，自动制动的触发与驾驶员的驾驶风格无关。因此，在计算过程中不考虑驾驶员的反应时间。不论何时，如果驾驶员采取制动（或加速），系统就会停止自动运行，这就保证了驾驶员对汽车拥有最终掌控权。

10.3.2　硬件组件

原型车主要是基于 CICAS－V。接下来，我们主要关注一些附加功能部分。

1. 梅赛德斯－奔驰安全预警系统

梅赛德斯－奔驰安全预警系统在 2003 年发布的奔驰 S 系列轿车中第一次被引入，目前系统使用许多车载传感器（比如雷达和加速计）来检测危险状况。当处于激活状态时，系统会采取收紧安全带、调整座椅位置、给气垫充气、关闭车窗和天窗、升高后方靠枕等措施以应对潜在的碰撞。当碰撞不可避免时，系统开始采取局部制动（碰撞前 1.6 s）和全制动（碰撞前 0.6 s）以减少碰撞能量。

2. CAN 网关

演示车需要展示两部分独立系统功能。第一部分是激活安全预警系统，第二部分是采取自动制动。当需要激活安全预警系统时，由电子稳定控制系统（Electronic Stability Control，ESC）和电子控制单元（Electronic Control Unit，ECU）发出的 CAN 消息会在到达汽车 CAN 总线前被拦截。当有激活需要时，这些消息在进入 CAN 网络前进行修改。雷达决策单元（Radar Decision Unit，RDU）和汽车 CAN 之间插入了一个类似作用的网关，为了激活自动制动，该网关会将 CAN 消息发送至 ESC 以确保制动发挥作用。

3. 紧急切断开关

仪表盘上安装有一个紧急动力切断装置。当仍然允许对车辆进行常规操作时，该装置可以立即切断到 ESC、ECU 和 OBU 的动力，从而迅速终止演示系统的运行。

4. 车载软件系统

车载软件可以分为三类。第一类是用于实现 CAN 接口装置与汽车和传感器接口连接；第二类是基于 CICAS－V 工程开发平台的警告算法；第三类是很多 WSU 硬件和软件驱动的接口。

其中，很重要的一个设计原则就是将自动制动从警告过程里分离开来（物理上和逻辑上同时分离出来）。这样一来，在制动开始前可以先进行一些低等级的安全检测，之后使用高等级的恢复机制来处理高等级的系统故障。简单地说，即发出闯红灯提醒是由一套程序进行而自动制动则是由其他的程序控制的，这两个过程仅通过 CAN 接口进行交互，其中任何一项失效并不会影响另外一项。

10.3.3 演示设计

1. 定位

该定位系统是在 CICAS－V 应用中使用过的系统的升级版。表 10－1 为了独立 GPS 的精度。我们假定为最坏情况下的误差范围，基线长度为 1 km。这些值排除了水平精度因子（Horizontal Dilution of Precision，HDOP）对于预期误差增加的影响。结果表明，DGPS 修正参数可以提供很高的定位精度来支持交通违法警示。

表 10 - 1　有 DGPS 修正与没有 DGPS 修正的 1 σ 虚拟范围 GPS 估计误差比较

误差来源	L1 GPS	L1 - L2 GPS	L1 - L2 GPS
广播时钟错误	1.1	1.1	0.0
L1 P（Y）到 L1 C/A 组延迟	0.3	N/A	N/A
广播列表	0.8	0.8	0.0006
电离层延迟	7.0	0.1	0.04
对流层延迟	0.2	0.2	0.04
接收器噪点及分解	0.1	0.1	0.1
复合通道	0.2	0.2	0.3
总误差（RSS）	7.1 m	1.4 m	0.3 m

注：RSS 为接收信号强度。

表 10 - 1 的结果并没有完全展现出多通道信号和干扰对定位精度的影响。这些影响如图 10 - 10 所示。卡尔曼滤波位置估计可以用来克服多通道和干扰引起的定位误差。估计器可以将 GPS 的定位信息（纬度、经度、速度、HDOP 和经纬度标准偏差）与汽车传感器的有效测量值（车轮转速、行驶方向、偏航率、纵向加速度）结合起来生成一个精确的车辆位置。

图 10 - 10　由于靠近附近物体而在产生的 GPS 误差

图 10 - 10 中有两座“墙”，各仪表盘都代表各自的 GPS 测量值。高墙是 GPS 的测量原始值，矮墙代表估计器的输出值。车辆被视为有横向和纵向误差协方差的自由体模型。模型误差协方差用来反映汽车的不完整表现

和优化估计性能。使用该模型以及车载传感器时，汽车在常规条件下行驶（柏油路、中等速度、车轮滚动）每200 m的误差不超过2 m。

车辆一般以10 Hz的频率从GPS接收器接收定位更新信息。汽车传感器以50 Hz的频率接收更新信息。这些更新和测量是不同步的。因此，GPS定位更新、车轮速率的测量和汽车偏航率测量值可能会以随机的顺序和不同的时间间隔到达估计器。为了解决这一情况，当有测量值到达时，卡尔曼滤波器时间就会以最近一个测量值到达为标志进行更新。此时，就会使用刚接收到的测量值进行一次测量值更新。

估计器已经解决了两个重要问题。首先是当用以生成位置估计的可见卫星数量不足或者定位误差太大时，GPS接收器无法提供定位估计的问题。这时估计器会通过使用车载传感器和车辆模型，生成定位估计值以补全这些缺失的监测数据。根据收到的传感器测量值，进行不同的测量值更新。当无法获取GPS数据时，汽车的速度传感器会保持更新以确保即使在位置误差不受控制时汽车的速度估计误差仍在一定的范围内。

其次是有卫星信号缺损时（由于干扰等原因），HDOP和测量误差协方差的值不能及时反映出当前的情况。估计器会在使用这些测量值来生成一个位置更新之前，通过为其赋值以减小这些误差造成的影响。

2. 制动扭矩计算

梅赛德斯－奔驰S系有两种施加制动扭矩的方式。ESC通过控制制动泵执行如坡道起步辅助系统、制动衰减辅助系统和减少消除间隙时间等功能。制动辅助系统（BAS）通过控制制动助力器增强驾驶员在紧急制动时的制动力。

对于集成安全演示而言，制动泵是用来产生制动扭矩的。制动扭矩需求通过CAN总线发送到ESC，再由ESC激活制动泵。因此在该模型中存在约0.15 s的延迟。激活之后，制动泵会开始产生压力并线性增加制动扭矩。一旦扭矩达到目标值，制动泵就会保持此扭矩直到该扭矩完全作用在车上。

如果扭矩过大造成车轮开始滑移，ESC会检测到此工况并减小作用在该车轮上的扭矩。一旦发生了上述情况，对停车距离和所需制动扭矩的预测就会变得很困难。因此，选择自动制动是为了避免产生过多的车轮滑移。集成安全演示分别为湿滑、干燥和优质柏油路面条件选择了相应的制动距离。

上述系统可以使任何初速度和初始位置的车辆都在停车线前 20 cm 内停车。

参考文献

[1] S. Kiger, V. Neale, M. Maile, R. Kiefer, F. Ahmed-Zaid, L. Caminiti, J. Lundberg, P. Mudalige, and C. Pall: "Cooperative Intersection Collision Avoidance System Limited to Stop Sign and Traffic Signal Violations (CICA-V) Task 13 Final Report: Preparation for Field Operational Test," Washington, DC: National Highway Traffic Safety Administration (NHTSA), 2010. (In print.)

[2] M. Maile, F. Ahmed-Zaid, C. Basnyake, L. Caminiti, S. Kass, M. Losh, J. Lundberg, D. Masselink, E. McGlohon, P. Mudalige, C. Pall, M. Peredo, Z. Popovic, J. Stinnett, and S. VanSickle: "Cooperative Intersection Collision Avoidance System Limited to Stop Sign and Traffic Signal Violations (CICA-V) Task 7 Final Report: Objective Testing Procedures," National Highway Traffic Safety Administration (NHTSA), Washington, DC, 2009. (In print.)

[3] M. Maile, F. Ahmed-Zaid, C. Basnyake, L. Caminiti, S. Kass, M. Losh, J. Lundberg, D. Masselink, E. McGlohon, P. Mudalige, C. Pall, M. Peredo, Z. Popovic, J. Stinnett, and S. VanSickle: "Cooperative Intersection Collision Avoidance System Limited to Stop Sign and Traffic Signal Violations (CICA-V) Task 11 Final Report: Objective Tests," National Highway Traffic Safety Administration (NHTSA), Washington, DC, 2009.

[4] M. Maile, F. Ahmed-Zaid, C. Basnyake, L. Caminiti, S. Kass, M. Losh, J. Lundberg, D. Masselink, E. Mc-Glohon, P. Mudalige, C. Pall, M. Peredo, Z. Popovic, J. Stinnett, and S. Van Sickle: "Final Report: Cooperative Intersection Collision Avoidance System for Violations (CICA-V)," Technical Report, National Highway Traffic Safety Administration (NHTSA), Washington, D. C., 2008.

[5] M. Maile and L. Delgrossi: "Cooperative Intersection Collision Avoidance System for Violations (CICAV) for Avoidance of Violation Based Intersection Crashes," 21st International Conference on Enhanced Safety of Vehicles (ESV), no. 09 -0118, 2009.

[6] W. Najm, J. Smith, and M. Yanagisawa: "Precrash Scenario Typology for Crash 810 767," National Highway Traffic Safety Administration (NHTSA), Washington, D. C., 2007.

[7] National Center for Statistics and Analysis (NCSA): "Traffic Safety Facts 2006: A Compilation of Motor Vehicle Crash Data from the Fatality Analysis Reporting System and the General Estimates System," Technical Report, DOT HS810 818, National Highways Transportation Safety Authority (NHTSA), 2006.

[8] V. Neale and Z. Doerzaph: "Field Test of a Cooperative Intersection Collision Avoidance System for Violations (CICA-V)," ESV, Paper Number 09 -0478, 2009.

[9] NHTSA: "Independent Evaluation of the Driver Acceptance of the Cooperative Intersection Collision Avoidance System for Violations (CICA-V) Pilot Test," DOT HS 811 497, 2011.

[10] M. Perez, V. Neale, and R. Kiefer: "Test and Evaluation of the Cooperative Intersection Collision Avoidance System for Violations (CICA-V) Driver Vehicle Interface," ESV, Paper Number 09 - 0461, 2009.

[11] Radio Technical Commission for Maritime Services: "Differential Global Navigation Satellite System (GNSS) Services," Technical Report, RTCM Standard 10403. 1, 2006.

[12] C. Robinson and L. Delgrossi: "Integrating In-Vehicle Safety with Dedicated Short Range Communications for Intersection Collision Avoidance," SAE World Congress, Detroit, MI, 2010.

[13] Society of Automotive Engineers: "SAE J2735 Dedicated Short-Range Communications (DSRC) Message Set Dictionary," 2009.

第11章 车车协同安全应用

11.1 车车交互技术

本章重点研究基于车车（Vehicle to Vehicle，V2V）交互安全应用中有关紧急避撞的内容，主要讨论针对这些安全应用的基本交互原理与概念，介绍车车信息交互所需信息的格式，同时进一步阐述车车协同安全应用的设计系统构架，包括关键的促进机制，例如目标分类、历史轨迹、路径预测等。最后，详细分析一个高水平的车车协同安全应用案例。

车车协同安全系统主要通过车辆与周围车辆相互传送的实时状态信息，评估发生碰撞的风险。车车交互技术可以发送车载传感器可检测范围或可视范围之外的车辆信息，而且还可以提供其他高质量信息，比如车辆尺寸、制动信号等。

对于低端车辆，车辆上用于传感器的成本很大程度上决定了车辆的总成本。因此，目前主动式安全传感器一般用于高端车辆中。同时，由于无线通信设备的价格相对来说比较低，因此依靠无线设备来解决车车协同安全应用问题在整个汽车市场中的可行性与可接受性更高。

对于旨在向驾驶员发出危险预警的安全系统，车车交互技术为其提供了实现基础。对于具有主动安全控制功能的汽车，车车信息交互技术应与车载自主传感器相结合，用以提供其他信息并且验证来自无线通道的信息。就目前来看，大部分研究仅仅关注向驾驶员提供安全预警的车车信息交互系统。对于本章描述的系统原型样机，仅仅涉及在给予驾驶员预警的范畴内，并没有对车辆进行主动安全控制。

11.2 V2V 安全应用技术

2010 年，美国国家公路安全管理局（National Highway Traffic Safety Administration，NHTSA）发布了一个报告，该报告中评估了各类智能交通系统可解决的碰撞类型。该报告重点研究了基于车车信息交互的安全应用技术在提高环境感知方面和对驾驶员提供辅助预警方面的内容。同时，该报告指出车车交互协同系统的重要意义：可以每年防止大约 4 409 000 起车辆碰撞事故（占总量 79%），4 336 000 起轻型汽车碰撞事故（81%），267 000 起重型汽车碰撞事故（71%）。

2006—2009 年，美国的第一代车车协同安全应用原型样机重点关注了紧急避撞技术，该原型样机是基于车车信息交互的车辆安全项目的一部分。VSC - A 是由美国运输部（USDOT）和车间安全通信 2（Vehicle Safety Communication 2，VSC2）联合会合作进行的项目，其中 VSC2 联合会由防碰撞联盟（Crash Avoidance Metrics Partnership，CAMP）框架内的汽车厂商组成，其成员有福特、通用、本田、梅赛德斯 - 奔驰和丰田。

依据对事故发生的频率、造成的损失和功能性年损失排序的分析，本章总结车车协同应用技术在车辆安全通信—应用（Vehicle Safety Communication - Applications，VSC - A）项目中的应用情况如下：

（1）紧急电子制动灯（Emergency Electronic Brake Light，EEBL）：该应用向周围车辆广播该车的紧急制动信息，车辆通过分析接收到的制动信息来决定何时向驾驶员发出危险预警。

（2）前方碰撞警示系统（Forward Collision Warning，FCW）：当车道前方有同向行驶的车辆时，该应用会给予驾驶员前方碰撞预警。

（3）换道预警（Lane Change Warning，LCW）和盲区预警（Blind Spot Warning，BSW）：当车辆盲区有同方向行驶的车辆时，该应用向驾驶员发出预警。

（4）禁止超车警告（Do Not Pass Warning，DNPW）：当同车道前方车辆的前方还有其他车辆，自车无法完成安全超车时，该应用在驾驶员进行超车操作时发出警告。

（5）交叉口运动辅助预警（Intersection Movement Assist，IMA）：当判断到与其他车辆发生碰撞事故的风险较高，车辆不应进入交叉口时，该应用向驾驶员发出预警。

（6）控制失效警报（Control Loss Warning，CLW）：该应用向周围车辆广播该车发生控制失效情况的信息，周围车辆通过接受的控制失效信息来决定何时有必要通知自车驾驶员，以及何时向驾驶员发出预警信息。

表 11－1 中列举了一些典型碰撞场景，并标注了 VSC-A V2V 安全应用在这些场景中是否适用。

表 11－1　车辆碰撞场景和 V2V 安全应用

项目	EEBL	FCW	BSW and LCW	DNPW	IMA	CLW
前车突然停下		√				
车辆制动失控						√
车辆在无信号交叉路口转弯					√	
直行通过无信号交叉口					√	
前车减速	√	√				
反方向的车辆没有操作				√		
同方向的车辆进行换道			√			
在无信号交叉口反方向的车辆左转					√	

11.3　车车协同安全应用设计

车车协同安全应用使用无线通信方式接收数据，无线通信装置与数据资源之间没有密切联系。这些数据资源通常是由汽车的其他原始设备制造商（OME）设计的。车车协同安全应用必须决定其具体需要哪些信息，这些资源是否可靠、真实有效，同时还要决定何时以及用怎样的方式向驾驶员发出预警。

11.3.1 基本安全信息

基于车车交互的安全应用需要每辆车周期性地向周围车辆广播安全信息，该信息要按照一定的格式标准进行广播，且能够被其他车辆解析。

VSC - A 项目的部分研究表明，大部分车车协同安全应用需要车辆的位置、速度、航向、制动状态、尺寸等信息。这表明使用一个共同的数据集就可以支持多个车车协同安全应用，该数据集可以按照需要为每一个安全应用分配信息。在美国汽车工程师协会（Society of Automotive Engineers, SAE）J2735 短程通信信息集标准中，对这些数据都有详细的定义。

SAE J2735 标准目前共包含 15 种数据类型，BSM 是其中最重要的类型之一。其他的 DSRC 信息类型包括路边预警、信号相位和时间信息、地图信息、车辆信息以及驾驶员信息等。尽管 SAE J2735 以采用 DSRC 波段为目标，但其数据信息类的定义是独立于波段的，可以在不同的环境下使用。

BSM 类型数据由数据元素与数据结构两部分组成。数据元素是基石，数据结构包含一个或多个数据元素或者其他的数据结构。车辆使用数据元素和数据结构来组成 BSM，就好比使用字典中的单词组成句子。因此，SAE J2735 标准被认为是车车交互的数据字典。

最初对 BSM 格式进行定义时，曾在缩小数据大小方面做过许多努力。使用小容量的数据有助于减少 DSRC 的频段拥堵。为了使 BSM 尽量小，其内容需由两部分构成，第一部分为车辆的基本位置信息，该部分的数据元素与数据结构必须强制性地包含在 BSM 中，字节数为 39。第二部分为有关车辆安全的额外信息，该部分包括可选择的数据元素与数据结构。BSM 数据元素与数据结构如表 11 - 2 所示，被分别标记为 E 类型与 F 类型，第二部分的数据是可选择的。

表 11 - 2　BSM 数据元素与数据结构

BSM 数据项目	类型	位数	部分	BSM 数据项目	类型	位数	部分
信息 ID	E	1	I	航向	E	2	I
信息计数	E	1	I	方向盘转角	E	1	I
临时 ID	E	4	I	加速	F	7	I

续表

BSM 数据项目	类型	位数	部分	BSM 数据项目	类型	位数	部分
时间	E	2	I	制动系统状态	F	2	I
维度	E	4	I	车辆大小	F	3	I
经度	E	4	I	事件标志（可选）	E	2	Ⅱ
海拔	E	2	I	历史轨迹（可选）	F	Var.	Ⅱ
定位精度	F	4	I	轨迹预测（可选）	F	3	Ⅱ
传输和速度	F	2	I	RTCMS 包（可选）	F	Var.	Ⅱ

注：RTCMS 为海上服务无线电技术委员会。

为了降低对信道的负荷，仅在需要时才会将车辆安全扩展信息包含在 BSM 信息中。一般地，车辆周期性地广播 BSM 的第一部分，第二部分只在需要时才会使用。例如，紧急制动与控制失效等特殊事件可以写在 BSM 的第二部分信息中。

由于需要使 BSM 中的安全信息为接收者可读，这些信息需要以纯文本的形式传播。

11.3.2 对最低性能的要求

SAE J2735 标准规定了 BSM 数据的格式类型，却没有指出数据的精度。当 V2V 安全应用使用到设计的功能时，只能默许 BSM 中存在有一个特定等级的数据误差。例如，基于最初的评估，当车速超过 11.5 m/s 时，车辆的速度数据精度需高于 0.35 m/s，并且航向数据的精度需大于 3°。然而，这些都依赖相对位置数据精度和具体算法的实现。接下来的研究工作要在数据精度需求领域展开。

为了解决数据精度标准中未定义的问题，SAE 最近研究了 SAE J2945 对最低性能的要求，力求使 BSM 的数据精度、广播频率和传播功率具体化。最新的 SAE J2945 标准制定工作正在进行中，该标准依据模拟分析和实际结果决定需求。从 2012 年美国运输部 V2V 安全实验项目（V2V Safety Pilot）中得到的经验可以带来更多结论性评价。

在 BSM 使用的其他参数中，SAE J2945 规定了 BSM 广播的频率，这是在权衡 V2V 安全应用使用中的网间包延时与无线通道的利用率后做出的选择。根据大部分 V2V 安全应用的需求，专家们一致决定采用 10 Hz 来广播

BSM。由此，也确定了 BSM 传输频率的最大极限。然而，实际的频率及其随机变化需求是由当时的车辆参数和采用频段拥挤控制算法的功能来决定的。

11.3.3 目标分类

在 V2V 安全应用中有一个基本构建块，即关于对可能产生碰撞风险的周围车辆进行定位、分类和监测的算法。

在 VSC－A 项目中，该算法被命名为目标分类。我们定义运行目标分类算法的车辆为主车（Host Vehicle，HV），定义 HV 周围的车辆为目标车（Remote Vehicle，RV）。每一辆车都可以是 HV 或 RV，或者既是 HV 也是 RV。

目标分类器用接收到的 BSM 信息中的位置信息，将 RV 分类到安全应用的分类范围内。当检测到有 RV 时，分类器会依据其与 HV 位置的相关性将其分到具体的类中去（图 11－1）。通常，应用仅对那些被选定到特定范围内的 RV 感兴趣。例如，盲区预警功能仅考虑左后方或右后方区域内的目标。该方案的一个优势是特定应用不需要占用系统资源，除非其在感兴趣的范围内有任务。

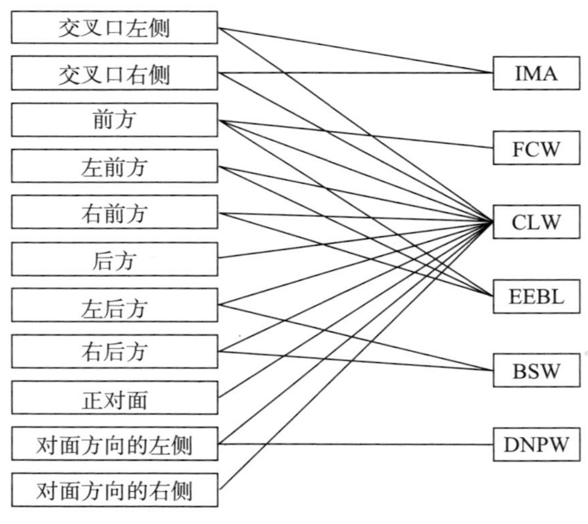

图 11－1　目标分类区域

包含在 BSM 内的基本车辆状态信息（Part1）描述了车辆的即时位置

信息，其中包括经度、纬度与高程信息。这些信息可以让周围车辆了解该车的位置，但是无法提供该车之前的位置和即将到达的位置。作为 BSM 车辆安全应用扩展的一部分（Part2），该部分提供车辆的历史轨迹信息和路径预测信息，让周围车辆可以分析该车之前的路径和即将发生的路径特征。

历史轨迹信息由一系列类似于“面包屑”的数据元素组成，这些元素记录了车辆先前的位置信息和记录时刻。对于直线路径来讲，使用较少数据就可以进行精确表述；但对于曲线路径而言，则需要相当多数量的数据，其历史轨迹信息数据元素可能要占用到 100 字节。路径预测数据格式为固定的 3 字节，用于描述车辆即将行驶的轨迹。车辆历史轨迹信息和路径预测信息为提高目标分类算法的精度提供了必要的数据（图 11－2）。

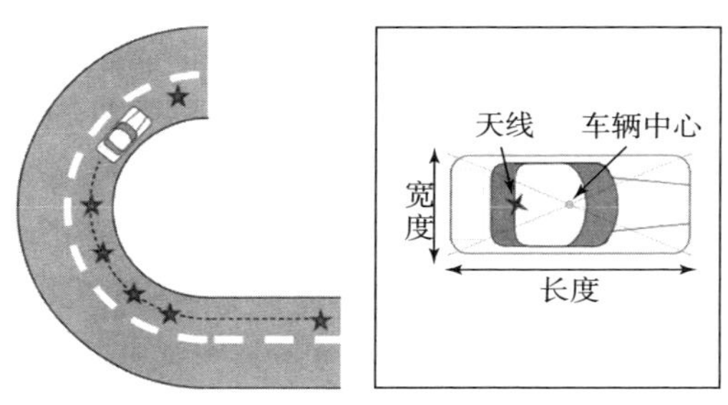

图 11－2　“面包屑”历史轨迹（左）和车辆表示（右）

11.3.4　车辆表示

冲突检测算法中需要用到车辆精确的即时信息。当车辆在道路上行驶和执行各种操作时，需要一个能够描述车辆位置及其占用空间的模型。在 VSC－A 中，车辆用一个以车长和车宽作为长和宽的矩形来描述，以使用无线方式传输的 BSM 位置信息作为车辆的中心，同时，每辆车还要计算其车辆中心到 DSRC 天线物理位置（通常安装在车辆的顶部）之间的偏移量。

进一步的研究则需要考虑使用更加复杂的车辆表示方法，特别是如何描述铰接式车辆（比如拖拉机和拖车）占用的空间。当前可以考虑用于确定拖挂车位置和航向的两种方法是数学函数方法和分离的 BSM 方法。对于商用车辆、运输车辆、载客车辆，其车辆的表示方法也需要认真考虑。

11.3.5 应用案例

福特、通用、现代－起亚、本田、梅赛德斯－奔驰、日产、丰田和大众－奥迪等汽车厂商已经开发了一些 VSC－A V2V 安全应用。以 V2V－I（V2V Interoperability）项目研发成果为基础，这些应用还在不断地改进。2011 年，原有的图形用户界面（Graphical User Interface，GUI）很快被更适合驾驶员的人车交互界面（DVI）替代，并且在美国运输部的驾驶员接受性测试项目（Driver Acceptance Clinics）中，后者被安装使用在了 24 辆乘用车上。为了支持 2012—2013 年进行的美国运输部 V2V 模型推广项目（V2V Model Deployment），还需要做进一步的改进与优化工作。

接下来，将简略描绘 V2V 安全应用的具体实现措施，包括紧急电子制动灯（Emergency Electronic Brake Light，EEBL）和交叉口运动辅助预警（Intersection Movement Assist，IMA）。这些应用都可以用来说明仅仅依靠 DSRC 就能实现一些高级的应用。有关 VSC－A V2V 安全应用的全面报告参见文献［4］。

1. 紧急电子制动灯（EEBL）

当车辆紧急制动时，EEBL 系统会广播带有 Part2 事件数据单元中有关紧急制动信号的 BSM。在 VSC－A 中，减速度大于等于 0.4 g 的制动被称为紧急制动。接收到紧急制动信息的 HV 通过目标分类完成对信息相关性和严重程度的判断。如果 HV 前方有 RV，并且两车处于同一车道内，那么 EEBL 就会判断并向驾驶员发送前方出现紧急制动的预警信息。如果 HV 前方有 RV，但两车处于相邻车道，那么 EEBL 就会向驾驶员发送相对轻缓的预警提示。

在典型的 EEBL 应用场景中，HV 和紧急制动的 RV 之间可能会存在第三辆车，这时，第三辆车会挡住驾驶员的视线，从而阻碍其察觉到 RV 的制动（图 11－3）。这种场景下，即使第三辆车没有与其他车进行车车交互，甚至没有装备 DSRC 设备，HV 也能完成 EEBL 功能。

VSC－A 项目已经成功验证了 EEBL 在不同场景下的功能，不管直线路段还是曲线路段，以匀速（50 mph）行驶的 HV 都可以实现对 RV 的紧急电子制动预警。

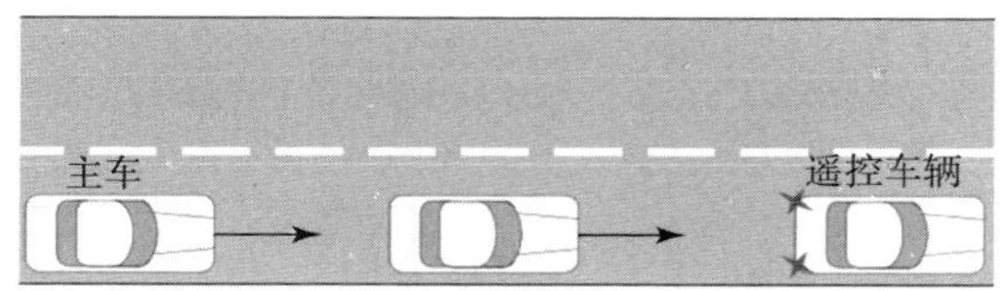

图11-3 典型EEBL场景

2. 交叉口运动辅助预警（IMA）

当由于车辆在交叉口与其他车辆有潜在的碰撞风险造成车辆不能进入交叉口时，IMA会向驾驶员发出危险预警。

VSC-A IMA在左交叉口区域和右交叉口区域对目标进行检查。要实施IMA算法需要采集速度信息、制动信息和接收到的BSM信息。

图11-4为IMA应用的一个实例场景。一辆HV与一辆RV进入交叉口区域，二者行驶轨迹近似垂直。类似的场景也可能发生在有两个停止标志的道路交叉口、停车场出口和有横向道路的公路交叉口。IMA通过分析HV与RV行驶到交叉口冲突点的时间和距离来判断HV与RV是否有发生碰撞的危险。

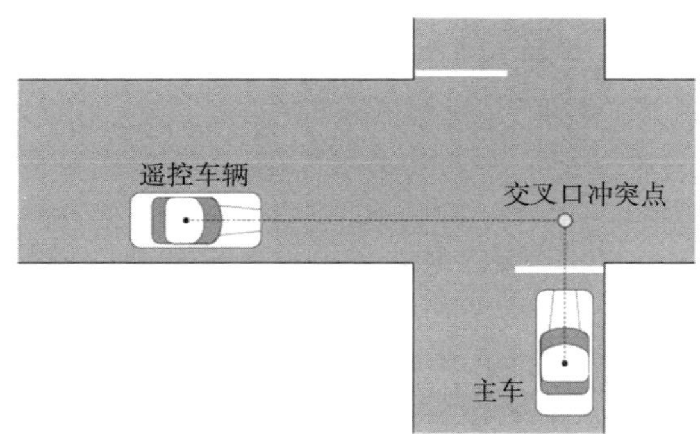

图11-4 典型IMA场景

IMA应用向驾驶员发出两个等级的提醒：一种为冲突轻微时，发出驾驶员提示（Inform）；另一种为当需要驾驶员做出反应时，发出驾驶员紧急预警（Warning）。举例详见图11-4，IMA会依据不同场景向驾驶员发出提醒或者警告：

（1）如果HV与RV的车速都高于一个固定阈值，且没有采取制动措施，HV（RV）会在其标准停车距离内收到预警信息（Warning）。

（2）如果 HV 停车，RV 在垂直道路方向行驶，存在碰撞危险且 HV 采取了制动措施，那么当 RV 在其标准停车距离内时，HV 会收到提示信息，而 RV 既不会收到提示信息（Inform），也不会收到预警信息（Warning）。

（3）如果 HV 停车，RV 在垂直道路方向行驶，存在碰撞危险。当 HV 缓慢前行时，如果 RV 在其标准停车距离内时，HV 会收到预警信息（Warning），RV 会在其在标准停车距离两倍的范围内收到提示信息（Inform）。

IMA 的标准停车距离范围是依据系统参数计算得出的，这个参数能够反映不同车辆的特征。

VSC－A 项目已经成功验证了多种 IMA 应用场景，其中包括 HV 停止在交叉口区域内（转向或者缓慢向前行驶）的类型和 HV 垂直进入交叉口的类型。

11.4 系统实现

11.4.1 车载硬件单元组件

VSC－A 项目中的车载设备主要为一个计算机平台，该套车载设备采用了与应用于交通违法的“交叉口协同避撞系统”（CICAS－V）相同的平台。VSC－A 的车载单元（OBU）包括车辆 CAN、DSRC 通信装置、全球定位系统（GPS）接收器和人车交互界面（DVI）（图 11－5）。为了适应与不同 CAN 总线系统的连接，CAN 网关提供了一个通用的用于连接 OBU 与 CAN 的接口。

图 11－5 VSC－A 硬件组成

VSC－A 项目中采用了 DENSO 无线安全通信单元

（WSU）作为 OBU 的计算机平台。该 WSU 配备有 Freescale 400 MHz MPC5200B PowerPC，128MB DDR SDRAM，使用 Linux 操作系统。OBU 采用一个外部的 NovAtel OEMV GPS 接收器来接收 GPS 信息。这个 GPS 接收器还提供协调世界时（Coordinated Universal Time，CUT）信息，以保证与其他 OBU 的同步性。

11.4.2　OBU 软件结构

如图 11－6 所示的是一个简化版的 VSC－A 软件结构。该软件仅仅提供主要组件和交互接口。对 VSC－A 软件结构的完整描述详见文献[4]。

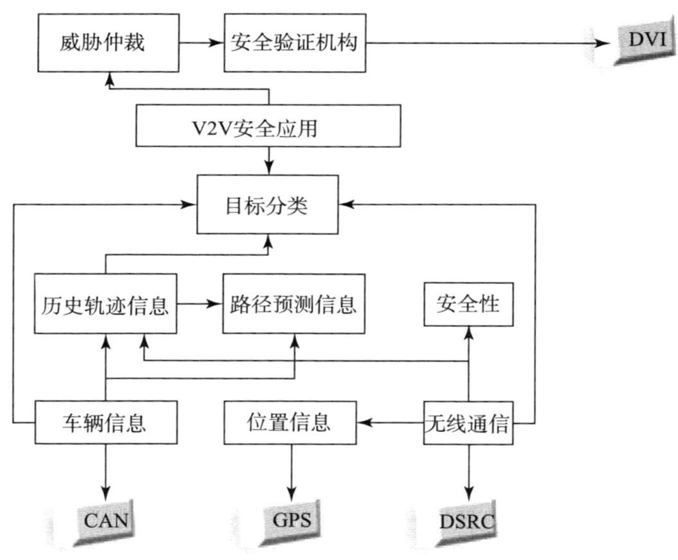

图 11－6　简化 VSC－A 软件结构

该构架的最底层由从扩展源获取数据的模块组成。车辆信息和位置信息分别从 CAN 总线和 GPS 接收器中获取，无线通信模块通过 DSRC 获取周围车辆的相关数据。

该构架的中间层是用于支持所有应用的通用模块。这些模块主要用来实现最核心的功能，例如历史轨迹信息、路径预测信息和目标分类。目标分类功能每 100 ms 执行一次，使用周围车辆发送来的历史轨迹信息和路径预测信息来提高其精度。

构架的上层主要包括独立的 V2V 安全应用模块和人车交互界面。各项应用均在其敏感范围内周期性地判断潜在的危险。

当发生冲突时，多个应用同时向驾驶员发出预警。当同时有多个预警出现时，危险判断模块便依据预设的规则来判断这些预警信息与驾驶员的相关程度，进而决定向驾驶员提供的预警内容。安全验证器用于对那些引起预警的 DRSC 信息进行身份验证。

11.4.3 人车交互界面

2010 年，美国运输部（USDOT）对多个 VSC – A 安全应用进行了评价，这些评价是驾驶员接受性（Driver Acceptance Clinics）项目的一部分，该项目主要采集了美国 6 个不同地点共 650 位当地驾驶员对控制环境下 V2V 安全场景体验的反馈信息。为了完成这个目标，汽车安全通信合作厂家（VSC3 Consortium OEMs）为美国运输部提供了 24 辆装备了 DVI 的车辆，每个 DVI 处理器都由汽车制造商依据特定的汽车型号量身打造并改进。接下来，我们简单介绍梅赛德斯 – 奔驰 C – 300 上的 DVI。

对于该样机系统，北美梅赛德斯 – 奔驰科研所的科研人员着力关注驾驶员在极度危险冲突情况下的注意力问题。这种 DVI 应当力求简单直观，比如，不应该包含奇怪的图形和较多的文字，也不应当包含会造成驾驶员注意力分散的潜在因素。

如图 11 – 7 所示为一个 DVI，其由 5 行 LED 灯构成，安装在车辆的仪表板和左右 A 立柱上。LED 灯在向驾驶员提供提示信息时发出黄光，在向驾驶员提供危险预警信息时发出红光。除了使用这些 LED 进行预警外，DVI 还会以传统的声音信号来引起驾驶员的注意，同时，红色 LED 灯与黄色 LED 灯对应不同的声音信号。

设计 DVI 时还考虑了多个方向上的危险情况。图 11 – 7 中，FCW 作用时，提示对应为图 11 – 7（a），预警对应为图 11 – 7（b）；IMA 作用时，提示对应为图 11 – 7（c），预警对应为图 11 – 7（d）。

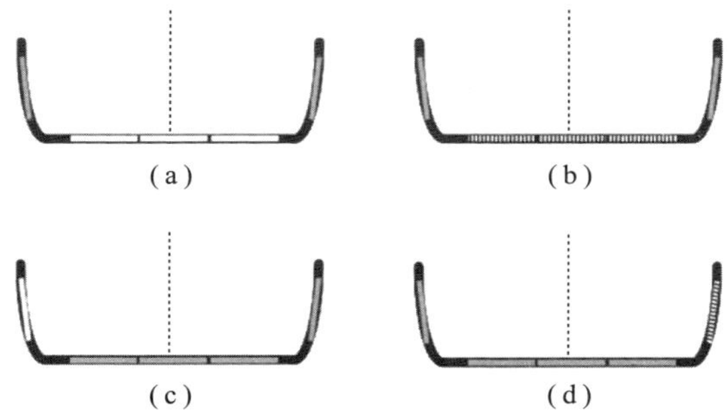

图 11－7　梅赛德斯－奔驰 C－300 的 DVI 原型样机
(a) FCW 信息；(b) FCW 预警；
(c) IMA 信息；(d) IMA 预警

11.5　系统测试

11.5.1　通信范围和天线选择

与移动电话和 GPS 通信方式不同，DSRC 通信的范围很大程度上依赖其发射频率。在 5.9 GHz 下，高频段的通信会被很多致密或金属的材料完全隔绝。因此，传统的 V2V 通信可能会因天线周围的环境而受到干扰，例如大车、建筑物、金属物品、潮湿的植被等都能影响 DSRC 的通信。如果把天线置于车辆顶部，信息交互过程还会受到车顶行车架、行李、滑雪板、自行车或者其他金属或者致密材料的干扰，影响天线探测周围的车辆或设施。

由于有地面反射相移现象的存在，天线的设计与安装位置的选择还要考虑在天线下方或者附近的车辆结构。天线可以设计为有底平面（例如金属顶）或者没有底平面的情况，同时，天窗或车顶边缘也是天线设计中需要考虑的一个因素，特别是倾斜天窗在升起来时会高于车顶部，妨碍在车顶安装天线。如果天线放置在靠近车侧面后视镜位置或者车顶外的其他位置，天线的通信范围还会受到后视镜中的金属玻璃、车门、发动机罩、汽车行李箱、车顶支柱等的影响。DSRC 信号波的地面反射也会产生相位的改变，这与天线安装的高度和道路表面的成分有关。在特定的距离和道路环境下，这种相位的改变可能会影响到信息的交互（当两个信号异相为180°时），从而导致丢包。这种极端的现象与车辆的运动状态有关，这些方面都需要在进行天线设计与安装时予以考虑。

除了解决以上问题，天线还应能检测到360°范围内的车辆，因为任何一个方向上都存在潜在的碰撞风险。由于车辆和路侧设备高低不一，并且道路可能为弯路、倾斜弯曲、高低起伏或者水平，因此天线需要能覆盖不同的高度与方向。基于以上内容，环绕车辆的最有效天线模式应为环形。

由于一般车辆都是向前运动的，并且在周围车辆中与之速度差最大的车辆在它的前方，因此应当优化天线的覆盖范围，使前方的覆盖范围最大。

11.5.2 定位

只要车辆的相对定位可以达到需求的精度，车辆避撞系统允许存在一定范围内的绝对定位误差。VSC - A 定位系统的目标是道路级定位的误差在5m之内、车道级定位的误差在1.5m之内。系统需要从本地的GPS接收器和从周围车辆接收到的BSM信息中提取GPS数据，用以生成HV与周围RV的相对位置向量。VSC - A 提出了两种可行方法来生成这些向量：单点（Single Point，SP）方法和实时动态差分法（Real - Time Kinematic，RTK）。

其中，SP方法可以简单地估算不同车辆的定位信息，包括经度、纬度和高程。当用于区分在立交桥上行驶的车辆时，高程信息就变得非常重要。这种方法计算耗时少，对BSM有效负载的需求低。然而，实验结果发现，由于每个厂家都会有不同的误差计算算法，其最终精度水平可能会受不同生产商GPS产品的累积误差影响。换句话说，当相对定位向量是由不同的GPS接收器所获取的SP坐标计算出来之时，则由各设备产生的误差可能会叠加，从而使得计算过程中相对位置计算误差越来越大。

RTK方法考虑到了这一点，做出的改进是在BSM广播中包含GPS的原始信息而非估计的经纬度值。当接收到一条BSM后，HV通过包含GPS原始数据的BSM来推算RV的位置。在计算过程中，HV可以粗略使用自身的定位误差进行粗略的误差处理。也就是说，用一个误差去补偿另一个误差，进而减小两车相对位置的误差。相对于SP方法而言，RTK方法提高了定位精度，但同时也增加了计算成本和带宽的消耗。

参考文献

[1] J. Kenney: "Dedicated Short-Range Communications (DSRC) Standards in the United States," Proceedings of the IEEE, Vol. 99, No. 7, July 2011.

[2] W. G. Najm, J. D. Smith, and M. Yanagisawa: "Pre-Crash Scenario Typology for Crash Avoidance Research," National Highway Traffic Safety Administration, DOT HS 810 767, 2007.

[3] W. G. Najm, J. Koopmann, J. D. Smith, and J. Brewer: "Frequency of Target Crashes for Intelli Drive Safety Systems," National Highway Traffic Safety Administration, DOT HS 811 381, 2010.

[4] F. Ahmed-Zaid, F. Bai, S. Bai, C. Basnayake, B. Bellur, S. Brovold, G. Brown, L. Caminiti, D. Cunningham, H. Elzein, K. Hong, J. Ivan, D. Jiang, J. Kenney, H. Krishnan, J. Lovell, M. Maile, D. Masselink, E. McGlohon, P. Mudalige, Z. Popovic, V. Rai, J. Stinnett, L. Tellis, K. Tirey, and S. Van Sickle: "Vehicle Safety Communications – Applications (VSC-A) Final Report," National Highway Traffic Safety Administration, DOT HS 811 492A, 2011.

[5] Society of Automotive Engineers: "SAE J2735 Dedicated Short-Range Communications (DSRC) Message Set Dictionary," 2009.

[6] Society of Automotive Engineers: "SAE J2945 Dedicated Short Range Communication (DSRC) Minimum Performance Requirements," Work in Progress, 2010.

第 12 章 DSRC 扩展（DSRC 可扩展性）

12.1 引　言

车辆安全通信主要是指车辆通过广泛的安全信息广播在车与车之间传输即时状态。这些信息应当以能够满足应用需求的最小频率来进行接收。

通过 DSRC 传输的数据随着接入通信网络的车辆数量增加而增加。当车辆的数目增加后，无线通信系统会变得非常拥挤，网络性能明显下降，进而影响到车辆安全应用。实验和仿真分析都表明，DSRC 信道的拥挤现象在相对简单的交通场景下也会发生。

对于移动自组织网络（Mobile Ad - Hoc Networks，MANET）而言，已经开发有很多针对拥挤控制的解决方案。然而，对于不断变化的网络拓扑结构和车辆密度不断增长的车车通信网络，这些解决方案都没有取得很好的效果。车辆必须能够快速评估信道负载并对通信做出相应的调整，以迅速适应环境的变化。MANET 的传统解决方案致力于研究点对点的多跳传输和组播通信，中间节点用于检测和报告信道载荷状况。所需资源来自目的地和中间节点的反馈，用以决定路径和信息传播。这些解决方案不适用于车车通信网络中的安全应用，这些应用中的主导通信方式是单跳广播。

传统 MANET 的拥挤控制解决方案旨在扩大数据的吞吐量。然而，对于车辆安全通信来说，其主要的目标是保持信道使用率低于固定阈值，以便为紧急驾驶安全信息留下部分带宽。

在过去的几年里，研究人员又提出了很多针对车辆安全通信的拥挤控制途径。本章主要综述当前的 DSRC 研究进展，阐释 DSRC 的扩展性问题以及对公平有效的解决方案的需求，讨论 DSRC 拥挤控制解决方案的期望特性，并且介绍几种有价值的高水平方法。本章仅对上述内容做一些简单介绍，以便让大家认识到本领域内有价值的研究工作尚在进行中。

12.2 DSRC 数据流量

拥挤控制算法的设计通常以信道上数据流量的期望量为基础。接下来，本节将介绍依靠 DSRC 信道进行广播的安全信息，以及车辆个体应当如何判断当前信道上的负载状况。

12.2.1 DSRC 安全信息

安全信息的广播是车辆安全通信中重要的一部分。美国汽车工程师协会（Society of Automotive Engineers，SAE）J2735 标准中详细规定了基本的安全信息（BSM）。车辆周期性地广播包含 39 字节的基本车辆状态的 BSM，同时，这些 BSM 包含大约 400 字节的安全管理信息。

车辆偶尔会广播包含譬如驾驶员采取紧急减速或者出现控制失效情况等的车辆驾驶安全方面的信息。SAE J2735 标准制定了 BSM 车辆安全信息扩展的形式，以便反映安全紧急事件，这些通过 DSRC 进行广播的车辆行驶信息一般只会产生很小的信道流量。但是，在需要向驾驶员发出紧急警示的危险场景中，这些信息却非常重要。因此，DSRC 拥挤控制的关键目标之一就是控制好频段负载分配，以便这些紧急信息可以有效地广播出去。

通过 DSRC 连接的路侧单元（RSU）也会产生数据流量。SAE J2735 标准规定了一些有关 RSU 发送给车辆信息的内容，例如单相和正时（Single Phase and Timing，SPAT）信息、国际海运事业无线电技术委员会（Radio Technical Commission for Maritime Services，RTCMS）的修正参数、交通信息和路侧预警信息。RSU 还通过 DSRC 服务信道周期性地广播 WAVE 服务通告（WAVE Service Advertisement，WSA）用以告知车辆当前可用的服务。一般情况下，路侧设备发出的信息只会占用 DSRC 频段负载中的很小一部分。

本节的其余部分，我们将会讨论车车（V2V）通信。

12.2.2 交互参数

很多交互参数都会影响到 DSRC 频段上的数据流量载荷，包括信息频率、数据大小、传播功率、传输距离和数据速率等。关于如何选取最优的 DSRC 数据速率已经在前面章节进行过分析，此处不再详述。我们假设所有 DSRC 安全交互均采用四相相移键控（Quadrature Phase-Shift Keying，QPSK）信号调整与 1/2 编码速率，进而形成 6 Mbps 数据速率。

V2V 安全应用对信息频率、数据大小和传播功率的参数做出了规定。因此，可以在车间无线通信（Wireless Access in Vehicular Environment，WAVE）上层协议中引入拥挤控制功能，进而可以避免出现对下层通信协议或者应用的调整。

数据频率和数据速率是关键的参数。对于 V2V 安全应用而言，使用较小的数据频率可能会延长 BSM 数据交互的时间间隔，增加系统响应的时间。较高的数据频率需要较大的带宽，并且有可能增加产生频段拥堵的风险。合适的数据速率与车速有关。比如，在 80 mph 下，车辆的速度为 36 m/s，如果数据更新速率超过每 2 ~ 3 m，则可能不会携带重要的新信息。一般情况下，规定信息速率在 2 ~ 10 Hz，其中，以 10 Hz 广播的 BSM 可以有效支持 V2V 安全应用的大部分功能。

传输功率与距离有直接的关系，即可以使用足够的接收信号强度（Received Signal Strength，RSS）接收到 BSM 信息的距离。因此，传输功率常使用以米为单位表示的一个范围值来描述。大功率通信可以覆盖远处的节点，但也会增加信道间的干扰和帧间的冲突。WAVE 协议栈允许应用为每一个单独的 BSM 信息选择特定的传输功率。一般情况下，WAVE 无线通信可以提供最大 20 dBm、误差为 1 dBm 的传播功率。

由于较长的数据信息需要的传输时间较长，且容易出现较长的信道繁忙时间间隔，因此数据的大小直接影响着数据网络的性能。通过对真实无线通信的仿真和实验得出的结论表明，使用小数据进行传输可以提高系统的整体性能。

然而，想要调整 V2V 安全应用的数据大小是不可能实现的。因此，拥挤控制算法一般需要考虑对数据速率和传播功率进行单个或者兼顾的动态调整。

12.2.3 信道负载评估

根据 IEEE 802.11 的媒体接入控制（Media Access Control，MAC）层协议，WAVE 可以通过空闲信道评估（Clear Channel Assessment，CCA）功能测量当前的频段负载。所有 IEEE 802.11 设备上都有的 CCA 功能可以判断当前的无线通信信道是否拥挤。当物理层（Physical Layer，PHY）发现信道繁忙或已经完全崩溃时，IEEE 802.11MAC 协议会认为无线通信处于繁忙状态。这种情况一般与关于预订“请求发送/清除发送（Request to Send/Clear to Send，RTS/CTS）”的信息和关于定向传输状态的确认信息有关。不过，由于车辆安全通信以广播过程为主，因此我们并不需对信道的拥堵问题多加考虑。

IEEE 802.11PHY 协议规定，当在一定周期内接收到的信息累计量超过载波监听阈值（Carrier Sensing Threshold，CST）时，就将此时的通信状态定义为频段繁忙。根据网络领域的一致性规定，所有无线通信方式具有相同的 CST。因此，装备有不同灵敏度射频（Radio Frequency，RF）芯片的 WAVE 无线电设备都必须与其天线和电缆进行校准，使其在报告信道是否繁忙时所用的方式一致。

当无线信道繁忙时，WAVE 周期性地调用 CCA 来计算时间比例，称为信道忙碌率（Channel Busy Ratio，CBR）。在实际的通信场景中，CBR 可以作为一种便捷的评估信道拥挤状况的指标。经过对数十个 WAVE 无线通信设备的实验发现，随着 CBR 的增加，网络中无线接收装置的广播接收率明显降低。比如，当 180 辆车同时以 10 Hz 的频率、20 dBm 的传输功率广播 378 字节的数据时，平均 CBR 大约为 73%，接收率下降至 45%。如此低的广播接收率使得很多车辆安全应用都无法正常使用。

如图 12-1 所示为拥挤控制研究的一个典型场景。每辆车都有一个车载传感范围 R_{CS}（能够接收到信号的距离）和一个广播范围 R_{TX}（能够传输数据帧的距离）。广播范围一般小于车载传感范围，最理想情况下的 R_{CS} 应当是 R_{TX} 的 2~3 倍。例如，在 NS-2 中，车载传感范围与广播范围的关系为：$R_{CS}=2.2R_{TX}$。在图 12-1 中，V2 车辆在 V1 车辆的广播范围内，而 V3 车辆不在范围内，但是 V1 可以接收到 V3 的信号，同时，来自 V2 车辆的干扰会明显比 V3 强。

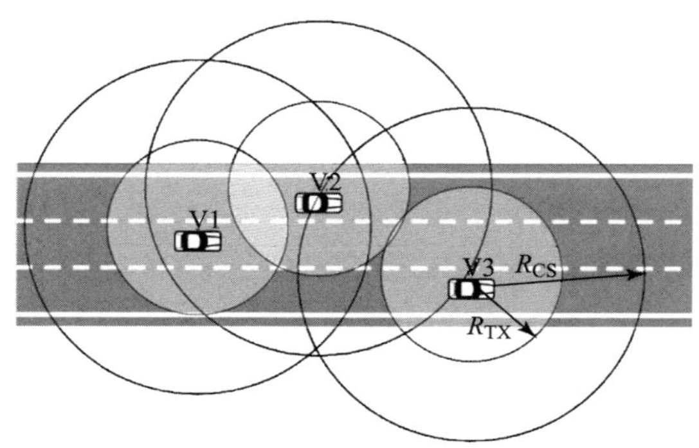

图 12－1　车载传感范围和传播范围

在设计 DSRC 的拥挤控制算法时，还需要考虑空间尺寸。例如，处于拥堵边缘的车辆可能不会出现明显的功能降低，因此它们对整个信道载荷的贡献率也不会减少。而对于一些处于其他车群组中的车来说，它们有时可能会没有可用的信道。

12.3　拥挤控制算法

文献［20］中有关于拥挤控制解决方案的一般框架介绍。近年来，在文献［3－5，12－14，16－17，19，21－24］中也陆续提出了多种策略与算法。

对于面向车辆安全应用的通信，拥挤控制的主要目标是使得整个频段的负载保持在特定的阈值下。当这个目标实现后，信道拥堵现象就不会发生，也就会有足够的带宽来实现紧急驾驶安全信息的周期性广播。

最有前瞻性的算法一般尝试在第一时间阻止信道拥堵，这些算法主要依靠能够预测接下来时刻整个信道负载的函数。反应性算法一般假设车辆能够估算当前的信道载荷。当检测到出现信道拥挤状况时，这些算法一般要让车辆减少对整个信道的载荷。本节我们讨论拥挤控制策略的属性，并高屋建瓴地简单介绍一些最新算法。

12.3.1　所需属性

鉴于点对点（Ad-Hoc）车辆网络模式的特点，拥挤控制算法应该是分布式的。算法的核心需求是公平，具体可以描述为：

（1）参与：对于所有可能导致信道拥挤的车辆都要进行拥挤控制。

（2）微观公平：相邻车辆对拥挤控制的贡献应该相当。

（3）宏观公平：系统不应该出现车辆信息丢失（无法进行无线通信）的情况，并且需要尽量扩大每辆车能够访问无线电的频段带宽最小值。

（4）安全应用：进行 BSM 传输的目标是在车辆间建立起相互发送警示信息的体系。

拥挤控制策略的设计需要满足特定安全应用的需求。在广播功率和数据速率方面，不同的安全应用有不同的需求。但公平并不意味着所有车传输功率与传播速率的最小值与最大值都要相同。

12.3.2 传输功率调节

文献［24］中提出了一个典型的传输功率控制算法——车载自组网合理传输功率调节分配（Distribution Fair Transmission Power Adjustment for Vehicular Ad-Hoc Networks，D－FPAV）算法。D－FPAV 依靠动态调整信号的发射功率控制 DSRC 信道的拥挤，主要用于把传输功率的最大信标负载（Maximum Beaconing Load，MBL）控制在某一阈值内。D－FPAV 策略积极地预防信道拥挤，而不是仅对信道的拥挤进行反应。因此，该算法的有效性依赖准确的信道载荷预测信息和合适的预测模型。

D－FPAV 算法的原理为：每辆车以最大的传输功率来搜集车载端车载传感范围内车辆的广播信息，然后在确保公平的情况下，计算每辆车不超过 MBL 阈值的最大共同传输功率。车辆持续记录由周围车辆预测的传输功率值，并且调整与接收到的最小值相适应的传输功率。

为了保证所有车都在车载传感范围内，处于中间位置的车辆必须相互配合以转发相邻车辆的状态信息。协议给切断在通信链路上的附加负载与满足网络拓扑结构变化数据更新的需求之间联系的方式。仿真结果表明，每次用 10 个信标捎带传输功率信息，并使用最小传输功率值发送扩展信标，能够获得最佳的系统性能。当车载传感范围内的所有车辆都分配到传输功率信息时，可以证明 D－FPAV 算法在所有车辆中实现了公平。

12.3.3　数据速率调整

D－FPAV 算法首先设定了一个固定的数据速率，并且根据车载传感范围内车辆的反馈信息来调整传输功率。该算法以调整数据速率为基础，数据速率是动态调整的，但传输功率需事先固定。

最近有一项研究主要关注了一系列相同 0.6CBR 等级的通信场景，而其用到的传输功率与数据速率组合是不同的。有趣的是，研究发现最优的传输功率（预先通过速率控制机制确定评价标准）与车流密度和车辆分布情况无关，但对于最优数据速率（预先通过功率控制机制确定评价标准）不是这样。这种情况说明，用于设计 DSRC 拥挤控制算法最本质的策略是先确定传输功率，再依据信道载荷调整数据速率。

上述策略采用定期负载更新敏感自适应速率控制（Periodically Updat Load Sensitive Adaptive Rate Control，PULSAR）算法。

对于 PULSAR 算法，数据速率在由 V2V 安全应用定义的最大值与最小值之间取值，通过调整数据速率，PULSAR 在目标范围内获取不同的网间反应时间。其目标是在不违背整体网络载荷承受极限和公平约束的情况下，获得尽可能高的数据速率。安全应用能够根据当前的驾驶环境对传输功率进行动态调整。然而，还希望传输功率改变的速度尽量低于数据速率调整的速度。

PULSAR 使用 CBR 作为信道载荷的度量标准。为了让接收到的数据包数量最大化，CBR 是最合适的度量标准。介于 0.6～0.7 的 CBR 值为最优值，而且是诸如 PULSAR 等算法的推荐目标值。

PULSAR 采用固定的信道监测与决策间隔（Channel Monitoring and Decision Interval，CMDI）。这个协议的具体实施过程如下：在各 CMDI 结尾，CBR 值提供当前信道载荷的估计值。若当前信道载荷超过目标阈值，则传输速率会降低；若当前信道载荷低于目标阈值，传输速率会增加。当应用于有线网络和车辆网络时，速率的调整一般依据和式增加/积式减少（Additive Increase/Multiplicative Decrease，AIMD）方案，因为其可以在保证公平的同时保持收敛。其他的几种方式，如“和式增加/和式减少”（Additive Increase/Additive Decrease，AIAD），“积式增加/和式减少”（Multiplicative Icrease/Additive Decrease，MIAD），“积式增加/积式减少”（Multiplicative Increase/Multiplicative Decrease，MIMD），都不能实现既公平又收敛。

大小固定的 CMDI 增加了对算法收敛速度的限制。为了能够更快收敛，PULSAR 利用车辆的目标速率，该目标速率由周围车辆的平均数据速率计算得出。当节点在目标速率值之上或之下时，增量会对应地翻倍或者减半，这个过程需要 BSM 附带的数据速率信息。就像对于 D－FPAV 来说，必须进行多跳消息传播，以确保信息能够到达车载传感范围之内的所有车辆。PULSAR 算法提出了一种双跳传播策略，包括可以减少由信息传播延迟造成的影响的机制。这样能够确保所有车辆对给定的信道载荷条件同时反应，以保障对所有节点的公平性。

当前又提出了一种新算法，该算法基于 AIMD，可以提高系统效率。即线性数据速率控制（Linear Message Rate Control，LIMERIC）算法。使用 PULSAR 算法，在车辆间进行交互的是实际信道负载信息，LIMERIC 算法正是利用这一点。与以二进制方式（拥挤或者顺畅）进行信道交互不同，LIMERIC 算法会分析实际的信道拥挤等级，并采取相应的调整速率措施，这样便可以更加迅速地对拥挤状况做出反应。

12.3.4 仿真研究

就 DSRC 拥挤控制算法研究的难点而言，进行大规模实地实验所需的花费及其复杂性都是主要部分。因此，从初步的分析评价方面考虑，最好先进行仿真实验。近期，通过对数十台 DSRC 无线电通信设备进行的标定和验证实验，NS－2 仿真装置可以精确地模拟 IEEE 802.11 硬件设备的 MAC 层和 PHY 行为。

正如文献［2］中所述，真实的无线电设备的实验可以用简化的使用少量无线电设备仿真大量车辆的模拟实验来代替。

12.4 总　结

解决车辆网络拥挤的是下一步研究工作的重点。例如，防碰撞联盟（Crash Avoidance Metrics Partnership，CAMP）的汽车制造商进行了 200 辆汽车的实验，用以在现实环境中评估拥挤控制算法。调整过的拥挤控制算法应用在了由美国运输部（USDOT）赞助的 2500 辆车的规模实验中。实验用车将安装完整集成的、改造的或者后装的 DSRC 设备。模型开发中采集的数据会为建立大规模 DSRC 系统奠定基础，其中包括扩展性更强的拥挤控制解决方案。

参考文献

[1] A. M. Abbas andØ. Kure: "Quality of Service in Mobile Ad Hoc Networks: A Survey," International Journal of Ad Hoc and Ubiquitous Computing, vol. 6, no. 2/2010, pp. 75 – 98, 2010. DOI: 10. 1504/IJAHUC. 2010. 034322.

[2] G. Bansal, J. Kenney, A. Weinfield: "Cross-Validation of DSRC Radio Testbed and NS – 2 Simulation Platform for Vehicular Safety Communications," Vehicular Technology Conference (VTC Fall), 2011 IEEE, San Francisco, CA, 2011.

[3] M. Bouassida and M. Shawky: "A Cooperative Congestion Control Approachwithin VANETs: Formal Verification and Performance Evaluation," EURASIP Journal on Wireless Communications and Networking, vol. 2010, pp. 11: 1 – 11: 12, Apr. 2010.

[4] R. Baldessari, D. Scanferla, L. Le, W. Zhang, and A. Festag: "Joining Forces for VANETs: A Combined Transmission Power and Rate Control Algorithm," in Proc. of the 7th International Workshop on Intelligent Transportation (WIT), 2010.

[5] H. Busche, C. Khorakhun, and H. Rohling: "Self-Organized Update Rate Control for Inter-Vehicle Networks," in Proc. of the 10th International Workshopon Intelligent Transportation (WIT), 2010.

[6] D. M. Chiu and R. Jain: "Analysis of the Increase and Decrease Algorithms for Congestion Avoidance in Computer Networks," Journal of Computer Networksand ISDN Systems, vol. 17, pp. 1 – 14, June 1989.

[7] Q. Chen, D. Jiang, T. Tielert, L. Delgrossi: "Mathematical Modeling of Channel Load in Vehicle Safety Communications," IEEE International Symposiumon Wireless Vehicular Communications

(WIVEC) 2011, San Francisco, 2011.

[8] J. Deng, B. Liang, P. K. Varshney: "Tuning the carrier sensing range of IEEE802. 11 MAC," IEEE Global Telecommunications Conference (GLOBECOM), Dallas, TX, 2004.

[9] V. T. M. Do, L. Landmark, and Ø. Kure: "A Survey of QoS Multicast in Ad-Hoc Networks," Future Internet, vol. 2, pp. 388 – 416, 2010. DOI: 10. 3390/fi 2030388.

[10] Y. P. Fallah, C. Huang, R. Sengupta, and H. Krishnan: "Analysis of Information Dissemination in Vehicular Ad-Hoc Networks With Application to Cooperative Vehicle Safety Systems," IEEE Transactions on Vehicular Technology, vol. 60, no. 1, pp. 233 – 247, Jan. 2011.

[11] A. M. Grundy: "Congestion Control Framework for Delay-Tolerant Communications," Ph. D. thesis submitted to the University of Nottingham, 2012.

[12] X. Guan, R. Sengupta, H. Krishnan, and F. Bai: "A Feedback-Based Power Control Algorithm Design for VANET," in Mobile Networking for Vehicular Environments, 2007.

[13] J. He, H. Chen, T. Chen, and W. Cheng: "Adaptive Congestion Control for DSRC Vehicle Networks," IEEE Communications Letters, vol. 14, no. 2, pp. 127 – 129, 2010.

[14] C. Huang, Y. Fallah, R. Sengupta, and H. Krishnan: "Adaptive Inter-vehicle Communication Control for Cooperative Safety Systems," IEEE Network, vol. 24, no. 1, pp. 6 – 13, 2010.

[15] Institute of Electrical and Electronics Engineers: "IEEE Standard 802. 11 – 2007, Wireless LAN MAC and PHY Specifications," Section 7. 3. 2. 22. 2, 2007.

[16] J. Kenney, G. Bansal, C. E. Rohrs: "LIMERIC-A Linear Message Rate Control Algorithm for Vehicular DSRC Systems," 8th ACM International Workshopon Vehicular Ad Hoc Networks (VANET), Las Vegas, NV, 2011.

[17] C. Khorakhun, H. Busche, and H. Rohling: "Congestion Control for VANETs based on Power or Rate Adaptation," in Proc. of the 5th

International Workshop on Intelligent Transportation (WIT), 2008.

[18] C. Lochert, B. Scheuermann, and M. Mauve: "A Survey on Congestion Control for Mobile Ad Hoc Networks," Wireless Communications and Mobile Computing, vol. 7, no. 5, pp. 655 – 676, 2007.

[19] J. Mittag, F. Schmidt-Eisenlohr, M. Killat, J. Aerri, and H. Hartenstein: "Analysis and Design of Effective and Low-Overhead Transmission Power Control for VANETs," in Proc. of the 5th ACM international workshop on Vehicul Ar Inter-NET working (VANET), 2008.

[20] R. R. Schmidt, A. Brakemeier, T. Leinmueller, B. Boeddeker, and G. Schaefer: "Architecture for Decentralized Mitigation of Local Congestion in VANETs," 10th International Conference on ITS Telecommunications (ITST), 2010.

[21] M. Sepulcre, J. Gozalvez, J. Haerri, and H. Hartenstein: "Contextual Communications Congestion Control for Cooperative Vehicular Networks," IEEE Transactions on Wireless Communications, vol. 10, no. 2, pp. 385 – 389, 2011.

[22] M. Sepulcre, J. Mittag, P. Santi, H. Hartenstein, and J. Gozalvez: "Congestionand awareness control in cooperative vehicular systems," Proceedings of the IEEE, vol. 99, no. 7, pp. 1260 – 1279, Jul. 2011.

[23] T. Tielert, D. Jiang, Q. Chen. L. Delgrossi, H. Hartenstein: "Design Methodology and Evaluation of Rate Adaptation Based Congestion Control for Vehicle Safety Communications," IEEE Vehicular Networking Conference (VNC), Amsterdam, The Netherlands, 2011.

[24] M. Torrent-Moreno, J. Mittag, P. Santi, and H. Hartenstein: "Vehicle-to-Vehicle Communication: Fair Transmission power Control for Safety-Critical Information," IEEE Transactions on Vehicular Technology, vol. 58, no. 7, pp. 3684 – 3703, 2009.

[25] A. Weinfield: "Methods to reduce DSRC Channel Congestion and Improve V2V Communications Reliability," Proceedings of the 2010

ITS World Congress, Busan, South Korea, 2010.

[26] A. Weinfield, J. Kenney, G. Bansal: "An Adaptive DSRC Message Transmission Interval Control Algorithm," 18th ITS World Congress 2011, Orlando, FL, 2011.

[27] L. Wischhof, H. Rohling: "Congestion Control in Vehicular Ad Hoc Networks," IEEE International Conference on Vehicular Electronics and Safety 2005 (ICVES 2005), pp. 58 - 63, Xi'an, Shanxi, China, Oct. 2005.

[28] X. Yang and N. H. Vaidya: "On the Physical Carrier Sensing in Wireless Ad-Hoc Networks," IEEE INFOCOM, Miami, FL, 2005.

[29] Y. Zang, L. Stibor, X. Cheng, H. Reumerman, A. Paruzel, and A. Barroso: "Congestion Control in Wireless Networks for Vehicular Safety Applications," in Proc. of the 8th European Wireless Conference, 2007.

第13章 安全与隐私威胁及需求

13.1 引　言

本章探讨车辆网络领域内的安全与隐私威胁概念，重点关注由利用通信手段攻击车辆网络或侵犯驾驶员隐私所造成的威胁。本章确定车车网络中通信威胁的特性，并讨论车辆网络中通信威胁区别于其他网络（如企业网或互联网）中通信威胁的原因。本章目标不在于提供一份安全与隐私威胁及其需求的详尽目录，而是为下文讨论隐私保护安全性与证书管理问题的解决方案提供依据。

本章进一步讨论车车网络所必需的安全与隐私保护功能，概述车车网络所独有的安全与隐私设计方式及性能需求。

13.2 对手（攻击者）

对手是指利用通信功能对网络的安全与隐私实施攻击的个人或组织，依据拥有资源的不同将其大致分为以下几类：

（1）主要靠个人有限的资本进行攻击的个体对手。车车网络中的个体对手包括电脑黑客、汽车爱好者、电子爱好者以及研究人员等。

（2）比个体对手拥有更多资源的松散协作团体。例如，在这种团体中，每个独立的个体都可以将从车辆获取的密钥与他的合作者共享，由此制造出更多的破坏。

（3）拥有车车网络安全与隐私保护系统敏感信息的内部人员。

（4）拥有充足资源及先进技术的对手组织。例如有组织的犯罪。

（5）外国政府可能会有兴趣对某一个国家的车车网络进行安全与隐私攻击。他们有高度的组织性，拥有充足的资源及先进技术。

（6）政府机关侵犯驾驶员的隐私。这是公共驾驶领域中最严重的问题之一。

13.3 安全威胁

车车网络中潜在的安全威胁可以按照以下示例类别进行说明：

（1）使用有效的安全凭证发送虚假的安全信息。

（2）诬告无辜车辆。

（3）冒充车辆或其他网络实体。

（4）车车网络中独有的拒绝服务攻击。

对于其他相关安全威胁的讨论详见文献［8］。

滥用通信功能实施上述或其他有关安全与隐私攻击的车辆，将被视为行为不当车辆。

13.3.1 使用有效的安全凭证发送虚假安全信息

车车网络的一个独有特性是可以使用有效的安全凭证来发送虚假的安全信息。例如，可以通过篡改车载单元（OBU）的输入数据，在车载单元上安装恶意软件、在 CAN 总线上安装设备或破坏现有的 OBU 软、硬件来达到上述目的。

对手可以控制车辆向其他车辆或路侧通信设备发送虚假安全信息。这些虚假的安全信息可以是携带了虚假信息的车辆位置、速度信息，虚假的电子制动灯信息或者是虚假的交通消息等。对于旨在提高驾驶员注意力的车辆安全通信系统，这些虚假安全信息的存在可能会使得车辆向驾驶员发布不必要的警示信息。

对手有多种能够改变 OBU 输入数据的方法。OBU 的输入数据通常来自车辆上的其他组件和传感器，这些输入数据元素包括车辆的位置、速度、制动状态、电子稳定控制系统的激活状态、胎压以及安全气囊的状态等。与 CAN 总线相连的恶意设备不仅可以监听车辆总线发送的数据包，还可以修改数据包的内容，并将修改后的数据包发送给 OBU，也可以单独向 CAN 总线嵌入额外的数据包，将其作为输入数据输入发送给 OBU。

对手也可以干预车载传感器，使它们产生虚假的 OBU 输入数据。

当对手向 OBU 中嵌入恶意软件之后，这些恶意软件可以发送由对手设定好的任何虚假信息。

OBU 硬件或软件失灵也会造成 OBU 发送虚假或错误信息。

13.3.2　诬告无辜车辆

为了检测行为不当车辆，车辆需要向全球行为不当检测系统汇报它们检测到的不当行为，然后，全球行为不当检测系统利用收集到的多个而非单个可能是行为不当车辆的信息做出更好的判断。然而行为不当车辆也可能会滥用这一报告过程，例如，它们也可能把无辜车辆视为行为不当车辆发送报告，这会给行为不当检测系统检测行为不当车辆造成消极影响。

13.3.3　冒充车辆或其他网络实体

通过利用其他车辆的证书，恶意车辆可以冒充一个与之不同的车辆。

女巫攻击是车车网络中一种具有很高危险性的冒充攻击形式。在实施女巫攻击过程中，恶意车辆发送各种安全信息试图让其他车辆以为当前周围有比实际情况下更多的车辆。

如图 13－1 所示，恶意车辆 A 发布两条含有虚假安全信息的信息流给周围车辆。每条信息流使用不同的证书且包含不同的位置速度信息，这使得它们看起来像是来自两辆不同的虚假车辆：一辆在 B 的前方，另一辆在 B 的侧面。我们可以看到，女巫攻击产生的虚构车辆会使得系统向驾驶员提供不必要的警示信息。

车辆需要有多个有效的身份证书来实施女巫攻击行为。当数字签名和数字证书用于支持消息认证时，车辆需要为每个应用分配不同的证书，因此车辆会同时拥有多个有效的身份证书。车辆也可能会同时拥有多个有效

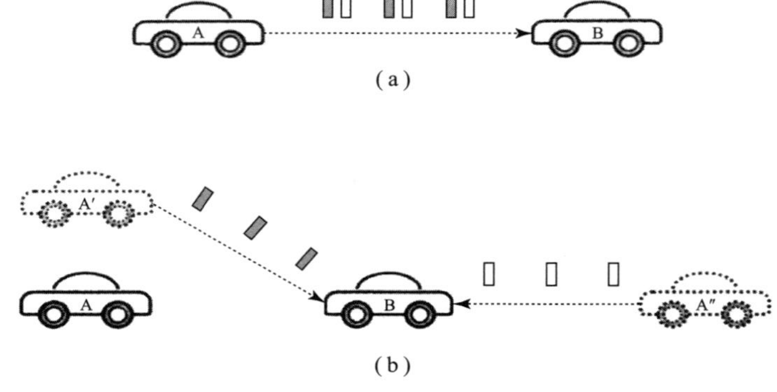

图 13 – 1　车辆网络的女巫攻击
（a）恶意车辆 A 发送两个携带了虚假位置、速度信息的信息流；
（b）无辜车辆 B 认为有两辆不同的实际不存在的车辆 A′和 A″

的身份证书用于隐私保护。以上这些都为女巫攻击行为提供了机会。

13.3.4　车车网络中的拒绝服务攻击

拒绝服务（DoS）攻击目的在于禁用、降低或破坏车辆的通信功能以及车辆协同安全应用的功能、容量和性能。如下几种 DoS 攻击方式比较著名：干扰用于车辆通信的无线电波，利用无效信息使无线通信或无辜车辆的 OBU 过载，危害路侧单元并禁用其服务。这些 DoS 攻击方式不止对车辆网络有效，对其他网络也同样有效。

近来出现了一些专门针对大型车辆网络的尚无法处理的新型 DoS 攻击方式。攻击者可以利用车辆的通信功能导致其他车辆或关键任务网络服务器产生严重的过度反应，这会过度浪费系统资源或引起关键任务功能失效。这类 DoS 攻击的主要形式是利用攻击者车辆引发安全证书管理系统（例如证书管理系统）对证书管理信息过度反应造成网络超载或造成过多的车辆失去安全证书。

13.3.5　破坏 OBU 软件或固件

近来有研究表明，不难实现对车辆上用于控制多项功能的电子控制单元（ECU）的软件或固件进行破坏。使用 OBU 来进行车辆安全通信会存在类似风险。

对手可以轻易地利用 ECU 软件或固件的升级过程来向 ECU 嵌入恶意代码。现在所采用的用于保护 ECU 软件和固件的更改挑战应答机制，不能为抵抗恶意固件更新提供有效的保护。在实车上向 ECU 嵌入恶意代码的实例见文献［6］。一旦恶意代码被嵌入到 OBU 上，对手就可以利用它实现之前描述过的各种形式攻击。

13.4　隐私威胁

国家级规模范围的车车网络可以为个人、组织和政府机构提供获取驾驶员私人信息、确定正在路上行驶的车辆、跟踪运动轨迹的机会。当政府要求所有车辆必须具有通信功能并要求每个驾驶员将所驾驶的车辆连接到国家范围的车车网络上时，可能被用来侵犯隐私的各种行为便成为焦点问题。

保证足够的驾驶员隐私保护是广大用户接受车辆安全通信系统及其进行实际部署的先决条件。

13.4.1　车车网络的隐私权

车车网络的隐私权可以用“车辆匿名”和“消息不关联”这两个特性来表征。

广义上的“匿名”是指车辆所处的状态无法被辨识出来，该种状态属于“匿名集”中所列的一种。换句话说，匿名意味着在一组匿名序列中，对手不能唯一地确定某一特定对象。匿名集内最小元素数量为二，因为如果在匿名集中只有一个元素，就会无法保护该对象的身份。总之，匿名集越大，匿名的等级就越高。

本书主要关注车辆的发送匿名性，这种特性使得对手无法确定车辆序列中的哪辆车是信息的原始发出者。简而言之，将车辆的发送匿名性简称为车辆匿名或匿名。

消息不关联性是指无法将多个信息关联到同一信息发起者。如果能将不同信息关联到同一车辆，对手就能够跟踪车辆的运动。

车辆匿名与消息不关联性是隐私的不同组成要素。车辆匿名侧重于将个体信息连接到他的原始发出者的难度，消息不关联性侧重于将多条消息连接到同一车辆但无法获知车辆身份的难度。即使车辆是匿名的且对手不知道车辆的身份，车辆发送的信息仍然可以用于高度精确地区分车辆，使其容易被跟踪。也就是说，即使对手可能不知道车辆的身份，但是仍然能够确定哪些信息是来源于同一辆车的，并实现跟踪该车辆。

车辆匿名与消息不关联性又是相互联系的。如果对手能够重复地在不同的位置破坏同一车辆的匿名性且能够在不同的位置识别同一车辆，那么对手就可以跟踪该车辆并破坏消息不可关联性。同样的，跟踪车辆的能力可以帮助对手唯一地识别一辆车，因为每辆车都有其独特的行驶轨迹和模式。

13.4.2 车辆网络的隐私威胁

这一部分讨论破坏车辆网络中车辆匿名性和消息不关联性的三类主要机制：

（1）通信流量分析。

（2）间谍软件。

（3）网络或安全系统运营商滥用私人信息。

1. 利用通信流量分析侵犯隐私

通信流量分析是对来往车辆的信息进行捕获和分析，提取的信息可用于车辆的识别或跟踪。

利用现有的通信协议，信息头包含的许多信息单元都可用于识别或跟踪车辆。这些信息单元包括媒体接入控制（Media Access Control，MAC）层地址和车辆的数字证书。

车车（Vehicle to Vehicle，V2V）安全广播消息通常包含各种明文信息，如车辆的位置和速度等，对手可以利用这些信息确定哪些信息来自同一辆车，并跟踪该车。

对手也可以进行流量分析来识别车辆特有的通信模式并利用这些模式特点来识别或跟踪车辆。例如，当车辆周期性地广播安全信息时，两个信息之间的间隔时间可以用来把不同信息对应到同一辆车上。下面用一个简化的例子进行说明，首先假设对手获取了两个消息序列：其中一个消息序列的获取时间为 t_1，$t_1+\Delta$，$t_1+2\Delta$，…，$t_1+n\Delta$，另一个消息序列的获取

时间为 t_2，$t_2+\Delta$，$t_2+2\Delta$，…，$t_2+n\Delta$。那么，这两个序列极有可能来自不同的车辆（除非这些时刻是来自正在实施女巫攻击行为的车辆）。

车辆信息有可能在车车网络或个人、组织、政府机构等不同的地方被获取。例如，V2V 消息可以被对手控制的车辆、路侧单元、其他任何人在路边部署的无线电接收器获取。V2I 信息可以被基础设施网络运营商或车车通信应用程序提供者获取。

总之，获取的信息越多，所能用于推断出的有关车辆和驾驶员的信息越多。

2. 利用间谍软件侵犯隐私

互联网上流传的间谍软件是一种追踪网络用户访问网址的软件。对手可以利用多种方式向 OBU 嵌入间谍软件或其他相似的恶意代码，实现记录车辆位置、速度、运动轨迹以及将这些信息发送给对手。例如，趁 OBU 软件更新时，间谍软件可以侵入到 OBU 上。当车辆利用互联网协议（Internet Protocol，IP）进行基于协议与应用程序服务器的通信时，对手可以利用这些通信渠道向 OBU 中嵌入间谍软件。

3. 网络或安全系统运营商滥用私人信息

车辆安全证书管理系统持有驾驶员及其车辆的私人信息，可以对车辆进行身份验证、授权服务、向车辆提供安全证书等。上述私人信息可能包含驾驶员的身份和地址、车辆的身份、车辆的品牌和型号、车载应用、分配给车辆的数字密钥和证书等。

安全证书管理系统运营商可能会滥用他们掌握的驾驶员及车辆的私人信息来侵犯驾驶员的隐私。他们也可能会向第三方提供这些私人信息，从而使得第三方可以利用这些信息识别并跟踪车辆。

13.4.3 当前驾驶员的隐私都如何受到侵犯

当前，即使没有车车网络的帮助，人们也已经有了识别和跟踪车辆的方法。除了物理方式，还有以下几类方法：

（1）利用驾驶员和乘员选择使用的移动设备。

（2）利用与车辆融为一体的无线设备与网络。

（3）利用交通监测系统。

1. 移动设备

现行主要的车辆跟踪方法是利用移动设备的跟踪功能以及用户选取使用的应用程序进行跟踪。现在的手机通常都有 GPS 定位功能，手机上的应用可以记录手机的位置并把该信息发送给手机应用程序提供商、手机供应商或无线网络运营商。现在越来越多的车辆配备了远程信息处理服务用来为车辆提供交通信息、路线导航及辅助驾驶等功能，即使驾驶员终止订阅服务，这些远程信息处理系统仍然可以跟踪车辆的运动情况。电子不停车收费系统（Electronic Toll Collection，ETC）可以在两个收费点之间跟踪车辆。

移动设备所带来的隐私侵犯隐患有时会被给用户带来的便利所掩盖，人们可以自由选择停止使用这些侵犯他们隐私的设备或者应用程序。人们也可以暂时关掉手机上有定位跟踪功能的应用程序、GPS 接收功能或直接关掉手机。如果不想被 ETC 跟踪，驾驶员也可以选择不使用它。

射频（Radio Frequency，RF）指纹识别设备也可以跟踪车上的手机和其他具有无线通信接口的设备。然而，在公路上大范围部署射频指纹识别设备的成本会非常高。

2. 车载无线设备与网络

现代车辆使用嵌入式无线设备与网络来支持越来越多的功能。例如，广泛应用在现代车辆上的轮胎压力监测系统（Tire Pressure Monitoring System，TPMS），利用放置在轮胎内的传感器监测胎压，利用射频发射器把测量数据发送给车上的胎压控制单元。近来有研究表明，TPMS 发送的无线信号大约可以被 40 m 内的过路车辆窃听到。由于用于传输胎压测量数据的协议没有使用加密机制来对数据的完整性进行保护，因而数据可以被附近的车辆或路侧部署的无线设备篡改。

3. 交通监测系统

现在，政府机构通常会在交叉口和路侧部署交通监测系统（如摄像机）来监测交通流量和路况。利用在不同位置获取的监测数据可以在一个较大的区域范围内跟踪车辆的运动。

虽然摄像机是一种有效的车辆追踪工具，但是如果想要使用摄像机连续地跟踪车辆，则需要在很多地方部署和操作大量的摄像机，同时还需要使用图像处理和分析软件来关联不同位置的摄像机所收集到的图像，这样才能在一个比较大的范围内连续地跟踪车辆的运动。这一系统结构复杂且成本很高。

13.5　基本安全功能

本节介绍车车网络所需要具备的安全功能，包括身份认证、不当行为检测及撤销、数据完整性和数据保密性。

13.5.1　身份认证

车辆（及其通信部分）必须能够高度信任它们在进行关于安全的决策时所使用的信息。因此，协同安全通信首要且最基本的安全功能是广播身份认证信息：车辆用来辨别其收到的某条广播安全信息是否来自于获得发送消息授权的另一辆车或者路侧设备。

验证某条广播信息并不必要识别发出该信息的车辆，只需确定该消息的发出者是具有发送给定类型信息权利的一组实体（包括车辆或路侧设备）即可。

使用具有数字证书的数字签名和公钥基础设施（Public Key Infrastructure，PKI）也可以进行广播信息的身份验证。数字签名的存在使得车辆可以决定让一个消息发起者获知一条密文。证书用来证明该条密文只能被一辆获得发送车辆安全信息授权的车辆拥有。证书只能由受信于所有车辆的实体颁发，这些实体同时还应当有能力确保所颁发证书中信息的正确性。PKI 是用于颁发和管理证书的框架。

13.5.2　不当行为检测及撤销

大型车辆网络的第二个基本安全功能是对行为不当车辆的检测与撤销，即检测出被滥用的证书和有不当行为的车辆，以及撤销行为不当车辆发送消息的权限。这是为了防止行为不当车辆继续不断地对交通系统造成损害，如果没有这一功能，行为不当车辆的势力就会在车车网络中不断积累，最终对无辜车辆造成大规模的伤害并对交通系统造成严重破坏。检测并剔除行为不当车辆是车辆网络投入实际应用的先决条件。

13.5.3 数据完整性

大型网络的第三个主要安全功能是数据完整性。数据完整性是指从数据创建时开始一直到最后，不会被未经授权的方式修改。数据在网络传输和存储在数据库中时会被无意地（由传输噪声或硬件故障引起）或有意地（由对手造成）修改。在大型的车车网络中，确定下列问题对车辆十分重要：

（1）收到的数据是否被修改过。

（2）车辆上存储的与安全相关的数据是否被以未经授权的方式修改过。

13.5.4 数据保密性

大型网络的第四个主要安全功能是数据保密性。数据保密性是指阻止未授权的组织知道信息内容。在大型车辆网络中，关于数据保密性有以下几个方面的重要描述：

（1）车辆必须保护存储在自车上与安全相关数据的保密性，主要包括加密密钥和证书。

（2）车辆必须能够保护与安全服务器进行交互的数据的保密性，这包括与安全服务器交换数据、获取加密密钥和证书。

（3）由于信息内容可以被广播范围内的所有车辆查看，广播式安全信息对数据保密性不做要求。

13.6 隐私保护功能

国家级规模车车网络的安全功能旨在不为对手提供侵犯驾驶员隐私便利。为了建立这样的隐私保护安全系统，需要安全认证过程和安全操作过程能够保证车辆的匿名性和信息的长期不可关联性要求。

如果获取信息的时间间隔较近，对手可以根据 V2V 车辆安全广播信息中的明文内容确定哪些信息来自相同的车辆。也就是说，从车辆获取连续信息会使得信息变得可连接。

短时间内将多条信息关联到同一车辆或进行短期关联通常不会受到特别关注，因为这是支持车辆协同安全应用程序的必要条件。车辆需要确定周围车辆的实时运动轨迹以便评估冲突风险，这就需要知道在某一时间段内哪些信息是来自周围的同一辆车。

另一方面，信息的长期不可关联性是一项重要的隐私要求。对手可以通过获取连续的 V2V 广播消息来破解信息的长期不可关联性。然而，通常来说，通过上述方式来跟踪车辆的成本非常高，需要对手安排专门人力来追踪目标车辆或者安装监视功能系统来覆盖车辆可能经过的整个区域。

因此，存在于保护信息的长期不可关联性方面的主要问题是：如果对手获得的信息的时间间隔或空间间隔很大（时间间隔临界值设为 δ，或空间间隔设为 τ），那么他们是否还可以很轻易地实现把同一辆车上获得的信息联系起来?

事实上在这种情况下，对手无法轻易地依据明文信息（如车辆的位置以及速度）将不同的信息与同一车辆联系起来。但是，对手依然可以根据与信息关联的安全证书来确定车辆的身份或是把同一辆车的不同信息联系起来。

因此，当对手获取到的安全信息的时间间隔或空间间隔分别为给定间隔 δ 或 τ 时，隐私保护安全系统可以使得对手在确定任意两条信息是否来自同一车辆方面的难度加大。

13.7　设计与性能要素

一个高度动态的车车网络隐私保护安全系统设计面临的挑战很特殊。接下来我们将讨论总体系统和特定通信模型（主要包括 V2V 局部广播通信及 V2I 双向通信）的设计要素。

13.7.1　可扩展性

整个美国的车车网络隐私保护安全系统必须能够容纳 2.5 亿辆车，这就意味着该系统必须能够动态地为几亿车辆发布、撤销以及替换密钥和证书。为了保护隐私，每辆车都会有多个公私密钥对和证书来支持不同应用。

例如，如果用短期证书来保护隐私，那么每辆车每隔几分钟就要更换安全证书。这意味着如果每辆车每次加载的证书有效期是5 min，每次要加载足够用一个月的证书，那么该系统需要支持供2万亿张证书的操作。车辆把有效的证书用完以后，就需要获取新的证书，因此，该系统平均每个月都要把2万亿张新的证书分配给所有车辆。如果每个州都设立独立的证书管理系统为车辆提供上述服务，那么平均每个州立证书管理系统仍然需要提供超过430亿张证书操作，而且这些证书每个月都要替换一次。我们换一个角度看待可扩展性的这种需求，现在，美国最大的互联网数字证书服务提供商（威瑞信公司）也只能提供千万级数量的数字证书，这些证书多用于网络服务器和浏览器，并且不需要进行频繁的更换。

13.7.2 平衡竞争要求

提供安全、保护隐私、车辆协同安全应用的运行这三个需求之间存在竞争关系。在大型车车网络的隐私保护安全系统中，如何使上述存在竞争关系的需求形成适当的平衡关系是系统设计时存在的关键挑战。例如，下列具有竞争关系的要求需要平衡：

（1）安全与隐私保护不能危害到安全应用的有效性。虽然信息的长期不可关联性是十分重要的，但是许多应用程序需要信息的短期可关联性。

（2）隐私保护不能危害重要安全功能的运行（如检测行为不当车辆）。当进行匿名与信息不可关联通信来保护驾驶员隐私时，检测行为不当车辆就会变得困难。

（3）安全保护不应该危害驾驶员隐私。如果行为不当车辆检测系统能够识别车辆的身份或是将多个信息与同一辆车对应联系起来，行为不当车辆的检测就会简单得多。然而，这些车辆的身份证明和跟踪机制也可以用来侵犯无辜车辆的隐私权。

13.7.3 最小副作用

安全与隐私保护功能不应当产生过多的副作用。需要特别指出的是，安全与隐私保护不能引发下列情况：

（1）对大众驾驶员造成过多耽误负担。例如，强迫无辜驾驶员频繁驱车前往服务中心重新配置车辆安全参数、更换安全证书或帮助检测滥用证书和行为不当车辆；

（2）造成过多的计算和通信负担；

（3）带来因对手滥用隐私保护系统而产生的新风险。

13.7.4 安全与隐私等级量化

驾驶员感受到的安全与隐私保护等级随着时间的推移应当变得可量化和可测量。人们希望了解安全与隐私的品质状况。安全（或隐私）品质是指车车网络能够在各种条件下（如不同的车辆密度、网络中的对手数量不同）所提供安全（或隐私）水平的目标等级。

13.7.5 可变性

隐私保护机制应当能够适应驾驶员不断变化的隐私需求和不同环境中对应的隐私要求。具体到每个人可接受的隐私等级通常因人而异，即使是对于同一个人而言，在不同环境下可接受的隐私等级也可能完全不同。比如，有些人会降低对隐私保护的要求等级来选择更有实际意义或者更价廉的车辆安全应用，而有些人会把隐私保护功能看得极为重要。当考虑到紧急冲突风险，相比于隐私保护功能而言，人们通常会倾向于着力选择更好的安全应用。当发生事故时，许多人会牺牲隐私来换取更加迅速的救援行动。

13.7.6 V2V 广播信息模式下的安全与隐私保护

V2V 局部广播信息的最重要安全需求是消息验证功能，消息验证能够保证车辆的匿名性及信息的长期不可关联性。数字签名、隐私保护证书以及 PKI 用于进行隐私保护广播信息的验证。这要求车辆对其发出的信息进行签名并及时验证所有或部分接收到的消息签名。

近来有研究表明，车辆每秒都需要从周围车辆接收多达 10 条的安全广播信息来支持冲突避免应用程序。专用短程通信（Dedicated Short Range Communication，DSRC）的无线电传输范围为 300 m，在拥挤的城市交叉路口或是高速公路上，车辆可以从成百上千的车辆上收集安全广播信息。因此，车辆每秒钟需要处理所收集的成千上万条消息。这就意味着，每辆车每秒需要验证成千上万个签名，从另一方面来讲，即需要验证的签名数量是所发出签名数量的几百倍。因此，对于电子签名算法而言，具有较快的签名验证性能十分重要。此外，车辆收集到的大部分 V2V 广播安全信息并不用于表征危险情况。为了减少需要验证的信息数量，节约验证信息所需要的时间，开发一种实现只验证检测到的信息的方法十分必要。

13.7.7 安全服务器通信的安全与隐私保护

车辆需要与安全服务器，比如证书管理服务器，进行通信以获取新的证书、密钥以及关于证书撤销的相关信息。这类通信过程需要严格保密，以保证对手无法获知分配给车辆的密钥及证书。车辆与安全服务器也需要知道它们各自收到的信息之前是否被某种未授权的方式修改过。

车辆需要频繁地访问安全服务器以确保安全和隐私保护系统的正常操作。例如，在车辆的所有证书到期之前，车辆应该能够访问安全服务器以获取新的证书。同时，车辆还需要及时地获取最新的证书撤销信息。车辆对安全服务器访问的频率是至关重要的设计因素。

若要选用 DSRC 的 RSU 来支持车辆与安全服务器的通信，需要解决以下几个问题：

（1）车辆在每个 DSRC RSU 通信范围内逗留的时间可能只有几秒，因此，车辆通过 RSU 与安全服务器建立安全连接的时间必须是车辆处于 RSU 通信覆盖范围内的时间。建立安全连接的时间需要保持最小以便有足够的时间来进行车辆与安全服务器之间的数据交换（如证书请求消息、证书响应消息、CRL 等）。

（2）在 RSU 的通信覆盖范围内可能会有很多车辆，在交通繁忙的交叉口更是经常如此，因此，保证信息的最小化是建立安全连接的重要保证。

当选用远程无线电系统实现车辆与安全服务器之间的通信时，需要解决两个问题，即确定传输频率和减少传输数据量。远程无线电系统受到带宽的限制，同时，对于驾驶员来说其成本也较高。

参考文献

[1] A. Bellissimo, J. Burgess, and K. Fu: "Secure Software Updates:

Disappointments and New Challenges," 1st USENIX Workshop on Hot Topics in Security (HotSec 2006), USENIX, 2006.

[2] J. R. Douceur: "The Sybil Attack," 1st International Workshop on Peer-to-Peer Systems, 2002.

[3] C. Diaz, S. Seys, J. Claessens, and B. Preneel: "Towards Measuring Anonymity," 2nd International Conference on Privacy Enhancing Technologies (PET' 02), 2002.

[4] J. Franklin, D. McCoy, P. Tabriz, V. Neagoe, J. V. Randwyk, D. Sicker: "Passive Data Link Layer 802. 11 Wireless Device Driver Fingerprinting," 15th conferenceon USENIX Security Symposium, Vancouver, B. C., Canada, 2006.

[5] R. Gerdes, T. Daniels, M. Mina, and S. Russell: "Device Identificationvia Analog Signal Fingerprinting: A Matched Filter Approach," Network and Distributed System Security Symposium (NDSS), 2006.

[6] K. Koscher, A. Czeskis, F. Roesner, S. Patel, T. Kohno, S. Checkoway, D. McCoy, B. Kantor, D. Anderson, H. Shacham, and S. Savage: "Experimental Security Analysis of Modern Automobile," 2010 IEEE Symposium on Security and Privacy, California, 2010.

[7] National Highway Traffic Safety Administration: "Vehicle Safety Communications Project – Task 3 Final Report – Identify Intelligent Vehicle Safety Applications Enabled by DSRC," DOT HS 809 859, 2005.

[8] S. Pietrowicz, G. D. Crescenzo, T. Zhang, E. Vandenberg, K. Kavaliauskas: "VII Vehicle Segment Threat and Risk Analysis," VII Consortium Security Work Order Deliverable 1. 3, 2007.

[9] A. Pfitzmann and M. Hansen: "Anonymity, Unobservability and Pseudonymity – A Proposal for Terminology," Designing Privacy Enhancing Technologies, Springer-Verlag Lecture Notes in Computer Science, 2001.

[10] S. Pietrowicz, H. Shim, G. Di Crescenzo, and T. Zhang: "VDTLS – ProvidingSecure Communications in Vehicle Networks," Infocom MOVE (Mobile Networking for Vehicular Environments) Workshop, 2008.

[11] S. G. Renfro: "VeriSign CZAG: Privacy Leak in X. 509 Certificates," 11th USENIX Security Symposium, California USA, 2002.

[12] I. Roufa, R. Millerb, H. Mustafaa, T. Taylora, S. Ohb, W. Xua, M. Gruteserb, W. Trappeb, I. Seskarb: "Security and Privacy Vulnerabilities of In-Car Wireless Networks: A Tire Pressure Monitoring System CAe Study," 19th USENIX SecuritySymposium, 2010.

[13] F. Rosch, A. Chatterjee:"VeriSign Business and User Authentication Overview," 2010.

[14] O. Ureten and N. Serinken:"Bayesian Detection of Wifi Transmitter RF Fingerprints," Electronic Letters, vol. 41, no. 6, pp. 373 – 374, 2006.

第14章 加密机制

14.1 概　述

本章主要讲述基本的加密机制，以提供一种用于评价车辆通信加密机制的标准。在概述加密机制的主要类别后，讲述数字签名算法，这种算法是形成大多数其他安全功能的基础。我们重点关注其主要原则、方法和特性，这些都是评价其对所服务车辆网络适宜性的必要指标。之后讨论用于信息证实码和完整性确认的技术。接着进一步讲述通信双方通过公开、非保护网络交换明文信息建立共享密钥的方法。本章最后，描述 IEEE 1609.2 标准中使用的公共密钥加密算法。

14.2 加密机制的类别

加密机制及算法主要应用于生成密钥、生成并校验数字签名、建立通信双方的密钥或者加密和解密。目前的加密算法按照其应用的密钥数量来分类，主要能够归类为三种基本类别：加密哈希函数算法、对称密钥算法和公共密钥（非对称密钥）算法。

14.2.1 加密哈希函数算法

哈希函数不需要密钥。一个加密的安全哈希函数，通常指的是类似加密哈希函数（简称哈希函数），通过一种符合单向性要求和抗碰撞要求的方法，将一个任意长度的位字符串转换为一个固定长度的位字符串，这个位字符串称为哈希值或信息摘要。

单向性要求的含义是由一个给定的哈希值找到任何对应的输入值都是计算不可行的。满足这种单向性要求的函数称为单向函数。抗碰撞要求的含义是找到两个不相同的，可是同时对应于相同哈希值的哈希函数的输入值是计算不可行的。

哈希函数的计算效率一般来说是比较高的，因为它们运用简单的位逻辑运算符，例如 AND、OR 和专用 OR（XOR）。而且，一条信息的哈希值大小通常会远远小于信息本身。因此，哈希函数已经作为现代加密算法的一个重要的组成部分被广泛应用，比如数字签名算法、密钥分配算法、加密解密算法和随机数发生器。例如，哈希函数常用于将大容量的信息压缩为小容量的哈希值，然后作为输入值来生成信息的数字签名。

加密哈希函数的安全散列算法（哈希算法）（SHA）族是哈希函数中应用最为广泛的族之一。SHA 是美国国家标准及技术研究所根据联邦信息处理标准发布的。NIST 指定了四种 SHA 哈希函数专供美国联邦政府使用，分别是SHA－1、SHA－256、SHA－384 和 SHA－512。这四种函数分别生成 160、256、384 和 512 位长度的哈希值。

这些哈希函数的主要区别在于其所能提供的安全强度。一类加密算法的安全强度或安全等级通常以破坏加密算法的安全性所需要的工作量来衡量。安全强度通常表示为字节数。k bit 安全强度的含义是需要 2^k 次类似于加法和减法的基本运算，来破坏一种加密算法的安全性。

一类哈希函数的安全强度就是至少破坏哈希函数两种基本性质中的一种所需要的工作量，这两种性质是：单向性要求和抗碰撞要求。

单向性要求的强度取决于寻找一个可以生成给定哈希值的哈希函数的输入值所需要的工作量。一个哈希函数的单向性的估计强度指的是由哈希函数产生的哈希值的长度。抗碰撞要求的强度取决于寻找一个高概率哈希函数的碰撞所需要的工作量。一个哈希函数的抗碰撞的估计强度指的是由哈希函数产生的哈希值长度的一半。如果一个应用需要的加密哈希函数的性质不只一种，则最脆弱的性质的安全强度就是这个应用的加密哈希函数的安全强度。例如，应用于数字签名的加密哈希函数的安全强度定义为其抗碰撞强度，因为数字签名同时需要加密哈希函数的抗碰撞和单向性。

可见，一个哈希函数的安全强度是其产生的哈希值长度的一半。表 14－1 总结了四种 SHA 哈希函数的安全强度和哈希值长度。NIST 推荐，2010—2030 年加密算法的最低安全强度应该为 112 位长度，而在 2030 年以后应该为 128 位长度。由此可见，目前 SHA－1 已经被认为不安全了。

表 14－1　哈希值的大小和哈希函数的安全强度　　bit

SHA 哈希函数	哈希值的大小	安全强度
SHA－1	160	80
SHA－256	256	120
SHA－384	384	192
SHA－512	512	256

14.2.2　对称密钥算法

利用对称密钥算法，通信双方运用同一种识别密钥来加密和解密。这个对称密钥必须保密而且只能对有权限访问受保护数据的人员公开。因此对称密钥算法有一个基本限制：对于通信双方而言，想要通过存在安全问题的公共网络互相交换并统一密钥而且不泄露给他人是非常困难的，因为此时双方还没有办法保护之间的通信。

对称密钥算法的主要优点在于其通常建立在简单逻辑运算的基础上，例如 AND、OR 和 XOR，因此相对于非对称密钥算法具有更高的运算效率，接下来我们将会讨论。因此对称密钥算法已经广泛应用于加密和解密，尤其是对于长信息流。NIST 已经将两族对称密钥算法提供给美国联邦政府，分别是高级加密标准（AES）和三重数据加密算法（TDEA）。这两种算法将数据块作为加密和解密的输入值，因此通常被称为分组密码。AES 标准包括三个分组密码：AES－128、AES－192 和 AES－256。每个 AES 分组密码都使用相同的 128 位长度的字区作为输入值，而分别使用 128、192 和 256 位长度的密钥。TDEA 使用 64 位长度的字区加密和解密数据，而使用 3 个 56 位长度的密钥。

分组密码有一些已知的缺陷。无论何时，只要使用相同的密钥，相同的明文块总是加密为相同的密文块。明文中的数据模式，例如重复的块，在密文中将会很明显。此外，如果一条信息中不同的块是分别加密的，则对手可以替换单个的块而这种替换是难以察觉的。一个对称密钥算法的安全强度取决于判定其密钥所需要的工作量。当对称密钥是 k 位长度的整数时，任意长度为 k 的正整数都可以在对称密钥算法中作为密钥使用。暴力破解攻击需要 2^k 个步骤来确定加密密钥。除此之外，没有更快速的算法能够在仅仅已知其密钥长度的情况下判定一个对称密钥。因此，到目前为止，一个具有 k 位长度密钥的对称密钥算法一般被认为具有 k 位长度的安全强度。表 14－2 展示了符合 2011 年以后 NIST 推荐安全强度的对称密钥算法。

表 14－2　安全强度和对称密钥算法的密钥长度

安全强度/bit	对称密钥算法
112	Three－key TDEA
128	AES－128
192	AES－192
256	AES－256

14.2.3　公共密钥（非对称密钥）算法

公共密钥算法，或称非对称密钥算法，代表了密码学的一个基本的进步。利用公共密钥算法，每个个体都有一对不同的密钥：一个私人密钥和一个公共密钥。每个个体都对其私人密钥保密并利用其来生成数字签名，而公布其公共密钥，以此来校验签名。每一对私人密钥和公共密钥都具有某种程度的数学上的联系，这种联系确保了可以由公共密钥校验私人密钥产生的签名，同时无法在已知公共密钥的情况下导出私人密钥。这样通信双方就能够通过存在安全问题的公共网络互相交换公共密钥了。

任意个体均可以向其他人发送数字签名的邮件而无须事先交换安全密钥。这对于支持高时效性的车辆与车辆之间的广播是至关重要的，这种重要的性能是许多车辆协同安全应用所需要的。任意车辆均可以利用其私人密钥来为向周围车辆广播的信息签名，而无须事先交换信息。周围车辆可以利用该车辆广播的公共密钥来校验所接收信息的数字签名，以此来验证信息的真实性和完整性。

目前的公共密钥算法主要依靠门函数的可用性。从一个方向计算门函数是容易的，但是从相反方向计算以找到其逆是不可行的，除非具有被称为门信息的特殊信息（相当于一个私人密钥）。为了说明门函数的概念，可以考虑一个整数且属于很大的空间 S。我们定义$\oplus$为一种运算，在属于空间 S 的两个数 P 和 Q 之间进行这种运算，得到的结果为 M，M 仍然属于空间 S。那么，函数 $P+Q=M$ 就是一个门函数，且满足：①已知 P 和 Q，容易算得 $P+Q=M$；②已知 M 和 Q，则从空间 S 中众多可能的整数中找到一个特殊的可以作为 P 的整数是计算不可行的。在这个例子中，公共密钥可由 Q 产生，私人密钥可由 P 产生。

公共密钥签名算法应用于生成并校验数字签名。一些公共密钥签名算法也可以用于信息的加密和解密。在这一章中，我们将描述三种主要的公共密钥算法并分析每一种是否能够被用于加密或解密的原因。一般来说对于相同的安全等级，公共密钥加密比对称密钥算法的计算更加密集。因此，开发出了利用门函数的密钥建立协议，从而通信双方能够通过存在安全问题的公共网络交换明文信息从而建立对称密钥。第一个也是目前仍然被广泛使用的密钥建立协议是 Diffie-Hellman 密钥交换协议，是以 Whitfield Diffie 和 Martin Hellman 的名字命名的，他们于 1976 年发布了此项协议。Diffie-Hellman 密钥交换协议将在后面进行讨论。一旦密钥已经在通信双方之间建立起来，对称密钥算法就能够用于加密交换的数据。

对于数字签名或者是数据加密来说，公共密钥算法的安全强度取决于判定与公共密钥相联系的私人密钥所需要的工作量。由于私人密钥与相应的公共密钥有数学上的联系，公共密钥算法的安全强度通常与私人密钥和公共密钥的长度都有关系。一般来说，为了达到 k 位长度的安全等级，私人密钥和公共密钥的长度必须至少是 k 位长度。

14.3　数字签名算法

数字签名算法描述了生成私人密钥和公共密钥以及生成签名和校验签名的方法。NIST 将几个数字签名算法提供给美国联邦政府。这些算法包括 Rivest－Shamir－Adleman（RSA）算法、数字签名算法（DSA）、Elliptic Curve 数字签名算法（ECDSA）。

14.3.1 RSA 算法

RSA 算法是以首次公开描述算法的三个人的名字命名的：Ronald Linn Rivest、Adi Shamir 和 Leonard Max Adleman。RSA 算法是由美国国家标准 X9.31 和公共密钥加密标准（PKCS)#1 规定的。

1. 基本概念

门函数应用于 RSA 算法主要是因为 RSA 问题的求解比较困难。RSA 问题可以做如下说明：容易得两个很大的质数 p 和 q，并且计算它们的乘积 $n=p\cdot q$。RSA 问题是：给出一个足够大的整数 C，找出 C 的模的 e 次方根。也就是说，找出 u 并使其满足 $u^e=C(\bmod n)$。

已知 u 和 e，很容易计算出 C。但是，已知 C 和 e 计算出 u，从而解决 RSA 问题则十分困难。目前为止还没有找到解决此问题的多项式时间算法，尽管还没有证据表明 RSA 问题的困难程度，还是称其为 RSA 假定。因此，n 和 e 能够被作为公共密钥。私人密钥可以从 e 以及 n 的秘密质因子 p 和 q 得到。

目前为止，解决 RSA 问题的最有效率的方法是利用首个因素的整数模数 n。然而整数分解问题是公认的计算密集型问题。目前为止还没有找到解决此问题的多项式时间算法，尽管还没有证据表明整数分解问题的困难程度。但是，如果能够找出 n 的全部素数因数，就可以找出特殊的可以计算出 n 的素数因数 p 和 q，从而就能找出私人密钥。因此，RSA 数字算法的难度也经常被认为是基于整数分解的难度。

2. 生成私人密钥和公共密钥

如果要生成一个私人－公开的密钥对，RSA 算法首先需要设置公共密钥的长度。一般来说，公共密钥越长，私人－公共密钥对的安全强度就越强。

公共密钥是一对整数 n 和 e，n 作为公共模数而 e 作为校验指数。

私人密钥是一对整数 n 和 d，d 作为私人签名指数。

RSA 密钥生成算法的原理如下：

第一步：选择两个素数 p 和 q 并计算公共模数 n。随机选择较大的素数。公共模数 n 是 p 和 q 的乘积。也就是说，$n=1$。p 和 q 的值应该指定，

这样 n 就可以符合公共密钥要求的长度。例如，如果要求的公共密钥长度是 1 024 位长度，则 n 应该是一个 1 024 位长度的整数。

第二步：计算校验指数 e。首先，计算 n 的欧拉 φ 函数。一个整数 k 的欧拉 φ 函数，记为 $\varphi(k)$，是小于 k 且与 k 互质的整数的个数。当 k 是素数，它的欧拉 φ 函数是 $k-1$。由于 $n=p\cdot q$，p 和 q 都是素数，我们有 $\varphi(n)=(p-1)(q-1)$。校验指数 e 应该是一个正整数，诸如 $1<e<\varphi(n)$ 并且 $\gcd(e,\varphi(n))=1$，$\gcd(x,y)$ 是 x 和 y 的最大公约数。也就是说，e 和 $\varphi(n)$ 是互质的。校验指数可以选为一个固定的或者是随机的值。如果 e 是随机产生的，它应该是一个奇数。通常赋给 e 固定的值，如 2、3、17，且 $2^{16}+1=65\ 537$。

第三步：计算私人签名指数 d。找出满足 $d\cdot e=1(\bmod\ \varphi(n))$ 的整数 d。也就是说，d 是 e 的倒数。

结论：公共密钥是整数对 (n, e)，私人密钥是整数对 (n, d)。

RSA 密钥对的长度通常被认为是模数 n 的位长度。

3. 生成数字签名

图 14－1 说明了生成数字签名的步骤。签名生成算法将需要签名的信息和为信息签名的私人密钥作为输入值。算法由三个步骤组成：信息摘要生成（信息散列）、哈希封装和签名生成。

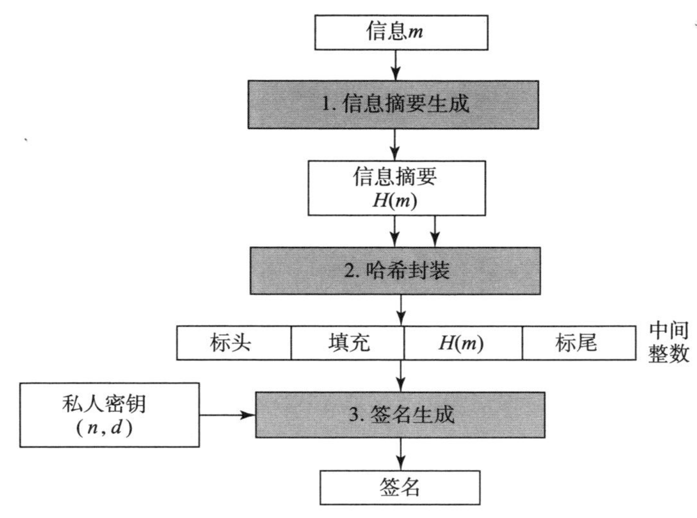

图 14－1 RSA 签名生成

生成信息 m 的签名，首先要生成一个信息摘要 $H(m)$，$H()$ 是一个加密哈希函数。信息摘要通常要比原始信息简短，并作为生成签名的一个输入值。信息签名将信息摘要 $H(m)$ 转换为一个正整数 h，h 与 n 具有相同的长度且满足 $0<h<n$。这个整数 h 被看作中间的整数。这种转换是利用填充算法，为信息 m 附加一个设计好的位模式。

填充算法需要由签名生成者（信息发送源）和签名校验者（信息接收源）商定。填充算法必须是可逆的，这样信息接收源就可以恢复信息摘要 $H(m)$。文献［2］中定义的 RSA 签名生成算法中，包括开头和结尾在内的中间的整数包含有提供给信息校验者的密码信息，这些信息用于确定是利用什么哈希函数生成信息摘要。

信息签名利用中间整数 h 和它的私人密钥（n，d）来生成签名 s，如下：

$$s = h^d (\bmod n) \tag{14-1}$$

RSA 签名的大小取决于模量 n 的大小，同时也是前述的 RSA 密钥的大小。

4. 校验签名

RSA 签名校验需要将接收到的信息、信息的签名和信息发送者的公共密钥三者作为输入量。签名校验按照以下步骤执行：签名开放、封装哈希验证、哈希恢复和信息散列，并对照文献［2］。这个过程见图 14－2。

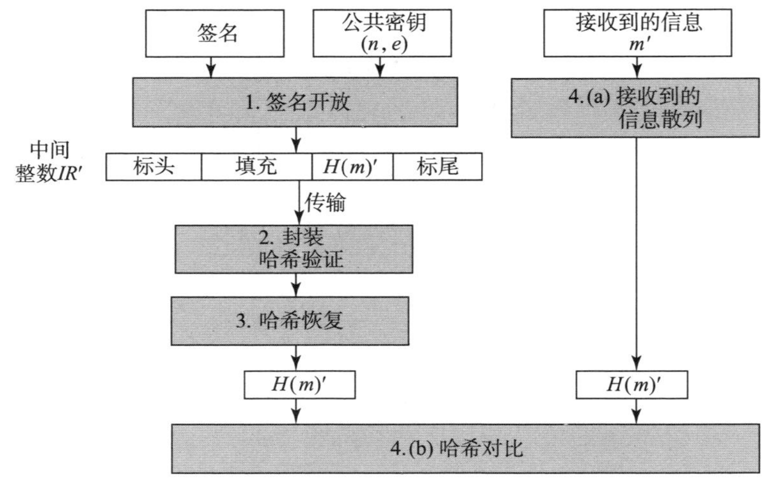

图 14－2　RSA 签名核实

为了校验接收信息 m' 中的签名 s'，签名校验者将签名发送者的公共密钥（n，e）和签名 s' 作为输入量，通过计算以下整数 v 来打开接收到的签名：

$$v = (s')^{e}(\bmod n) \tag{14-2}$$

这就对中间整数进行了恢复。也就是说，对加密过的中间整数进行了解密。关于公式（14－2）可以恢复利用公式（14－1）生成的中间整数 h 的证明方法见文献［12］。

如果签名是有效的，v 应该正好是 n 位长度。因此，如果 v 不是 n 位长度，签名就不是有效的，从而算法终止。进一步来说，如果签名是有效的且没有被更改过，v 应该和信息签名者用来生成签名的中间整数 h 是一致的。

校验过中间整数 v 的长度、开头和结尾后，签名校验者通过剥离冗余信息、开头和结尾来提取 v 的信息摘要 $H(m)'$，这一步骤叫作哈希恢复。

在最后的步骤中，签名校验者直接使用接收到的信息 m' 计算信息摘要 $H(m')$。利用恢复的中间函数的结尾所包含的信息来判定信息发送者生成信息摘要时所使用的哈希函数。如果两个信息摘要 $H(m)'$ 和 $H(m')$ 是相同的，签名校验算法就判定签名是有效的而且接收到的信息 m' 是由信息签名者签名的原始信息。亦即，自从签名生成后信息未经过更改。

5. 加密信息

RSA 签名算法通过加密信息摘要为信息签名，通过对加密过的信息摘要进行解密来校验签名，以恢复原始的信息摘要。因此，相同的 RSA 签名算法可以同时用于信息加密和解密。为了利用接收者的公共密钥（n，e）来加密信息 m，信息的发送者需要首先将信息 m 转变为一个正整数 h，使 $0 < h < n$。这可以利用填充算法，在信息的开头或结尾增加一个设计好的位模式来实现。

密码 c 的计算如下：

$$c = h^{e}(\bmod n) \tag{14-3}$$

6. 解密信息

信息的接收者可以利用私人密钥 d 来解密密码从而获得 h，如下：

$$h = c^{d}(\bmod n) \tag{14-4}$$

已知 h，信息的接收者可以通过逆转填充方案来恢复原始的明文信

息 m。

7. 安全强度、需要的密钥长度以及签名规格

表 14－3 所示为 2010 年以后 NIST 对 RSA 算法为达到各种等级的安全强度所需的密钥长度推荐值。所需的密钥规格明显大于目标安全强度，这是因为只有符合密钥规格的一小部分可能值才可以作为密钥。为进行比较，表 14－3 同时展示了达到相同安全强度的哈希函数和对称密钥算法。表 14－4 根据 2010 年以后 NIST 推荐的安全强度，按照位长度总结了 RSA 签名的规格。

表 14－3 不同安全强度所需的 RSA 密钥长度 bit

安全强度	RSA 公共密钥长度	类似的哈希函数	类似的对称密钥算法
112	2 048	SHA－224	Three－key TDEA
128	3 072	SHA－256	AES－128
192	7 680	SHA－384	AES－192
256	15 360	SHA－512	AES－256

表 14－4 不同安全强度的 RSA 签名长度 bit

安全强度	RSA 签名长度
112	2 048
128	3 072
192	7 680
256	15 260

8. 执行

RSA 算法和几乎所有其他现有的数字签名算法均依赖于模块化运算。基本模块化运算描述如下，其中 a 和 b 是正整数，n 是整数模。

因此，要想理解公共密钥算法的运算复杂性，就必须理解模块化运算的复杂性。上述模块化运算的复杂性，表现为字符串复杂性方面或逐位运算的次数方面，总结在表 14－5 中。模块化运算的复杂性取决于模数的大小。模幂的复杂性同样取决于幂的大小。在表 14－5 中所示的模幂运算的

复杂性假定指数的大小不大于模数的大小，并且模幂运算用文献［13］中的重复平方和乘法算法表示。

表 14－5　复杂的模块化运算

运算	位复杂度
模加：$(a+b)\bmod n$	$O(\log_2 n)$
模减：$(a-b)\bmod n$	$O(\log_2 n)$
模乘：$(a\cdot b)\bmod n$	$O((\log_2 n)^2)$
模逆：$a^{-1}\bmod n$	$O((\log_2 n)^2)$
模幂：$a^k\bmod n$，$k<n$	$O((\log_2 n)^3)$

在 RSA 签名的生成或校验中，两种最为费时的运算是模幂和散列。

表 14－6 总结了 RSA 签名的生成和校验的表示。信息签名时，RSA 执行一次模幂和一次哈希运算。信息校验时，RSA 执行一次模幂和一次哈希运算。所有 RSA 签名生成和校验过程中的运算都利用相同的 RSA 模。RSA 模的大小需要符合表 14－3 中给出的不同的安全强度。

表 14－6　RSA 签名生成和核实的表现

运算	签名信息	校验信息
模幂	1	1
散列运算	1	1

14.3.2　DSA

DSA 是 1991 年 8 月作为一项美国数字签名标准由 NIST 提出的。

1. 基本概念

DSA 的难度取决于通过求解离散对数问题而得出所需建立的公私密钥对的门函数的难度。其规则可以说明如下：给出两个整数 x 和 g，计算 $g^x=y$ 是一种简单的计算。给出两个整数 y 和 g，尝试找出整数 x 且满足 $g^x=y(\bmod p)$，其中 p 是一个整数模数，由于 $x=\log_g y(\bmod p)$，因此这是一个离散对数问题。虽然离散对数问题还没有被证明为 NP 完全问题，但是目前为止还没有找到解决此问题的多项式时间算法。

因此，私人密钥可能是一个随机的较大的整数 x，与其相关的密钥可能是 $y=q^x$。在离散对数问题得到解决之前，仅仅已知 y 和 q 推导出私有密钥 x 在计算上将是不可行的。

2. 参数域

DSA 算法要求的私钥—公钥对生成、签名生成和校验可相对于一组已知的两个签名发生器和校验器。这些参数域是：

p：质数模数，满足 $2L-1<p<2L$，其中 L 是 p 的字符串长度，也是公共密钥的长度。

q：$(p-1)$ 的一个素因子 $2N-1<q<2N$，其中 N 是 q 的位长度，也是私人密钥的长度。

g：一个整数的乘法阶模 p 为 q。也就是 $g\cdot q=1(\mathrm{mod}\ p)$。

信息发送者利用这些参数域来生成签名，必须提供给校验者签名才可以进行签名校验。所有通信个体可以使用一套参数域。这种情况下，该域的参数可以预先选择，并在所有的通信个体处建立。

另外，每个个体可以生成自己的域的参数值，并把它们作为签名校验者的公共密钥的一部分。这将会消除所有个体的需要配置和维护系统范围的参数。同时使每个个体通过选择域的参数值来满足其目标的安全强度，且独立调整其密钥和签名的安全强度。然而，当所需的安全强度增加，DSA 参数域的大小将大幅增加，如表 14－7。因此，重复发送域参数可能会大量占用无线网络资源。

表 14－7 不同安全强度所需的 DSA 密钥长度 bit

安全强度	DSA 密钥长度	类似的哈希函数	类似的对称密钥算法
112	$L=2\ 048$，$N=224$	SHA－224	Three－key TDEA
128	$L=3\ 072$，$N=256$	SHA－256	AES－128
192	$L=7\ 680$，$N=384$	SHA－384	AES－192
256	$L=15\ 360$，$N=512$	SHA－512	AES－256

3. 生成私人密钥和公共密钥

DSA 提供了两种基本的方式来生成私人－公共密钥对。在这里，我们描述一种叫作测试备选算法的生成密钥对的方法。

这个算法的工作步骤如下：

第一步：选择一系列符合安全强度要求的参数域作为输入值。也就是说，p 的长度应该是所需要的公共密钥的长度 L，q 的长度应该是所需要的私人密钥的长度 N。

第二步：计算私人密钥 x：x 是一个在［1，$q-1$］范围内随机选择的整数。

第三步：计算公共密钥 y：$y=g^x(\bmod p)$。

结论：私人密钥 $=x$。如果参数域是自主生成的，则公共密钥 $=(p, q, g, y)$。如果一系列参数域都由所有用户使用，公共密钥 $=y$。

DSA 公共密钥的长度 y 为 L 位长度，DSA 私人密钥的长度 x 为 N 位长度。

4. 生成数字签名

DSA 签名生成算法将 DSA 参数域、签名的信息和 DSA 私人密钥作为输入量。

DSA 签名是一对整数（r，s）。生成 DSA 签名的过程如图 14－3 所示。

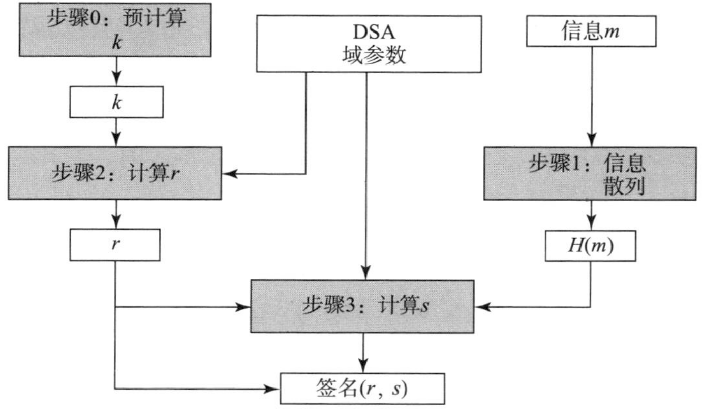

图 14－3　DSA 签名生成

在签名生成过程中，DSA 签名生成算法对于每一个生成的数字签名首先需要生成一个新的秘密的随机数字 k。k 的值必须在（l，q）的范围内。进一步地说，k 的倒数必须衍生，且与乘法模 q 相对应，其表示为 k^{-1}，这也将在签名生成中得到利用。k 的倒数，必须符合以下要求：0 <

$k^{-1} < q$ 并且 $1 = (k^{-1} \cdot k) \pmod q$，对于更加快速的过程，$k$ 可以预先计算出来。

DSA 签名生成算法表示为以下三个主要步骤：

第一步：散列信息 m 生成了一个信息摘要 $H(m)$ 并且运用填充算法在哈希值的开头或者末尾增加一个设计好的位模式从而将 $H(m)$ 转换为一个整数 z。

第二步：计算 $r = (g^k \bmod p) \pmod q$。

第三步：计算 $s = [k^{-}1(z + x \cdot r)] \pmod q$，这里 x 是私人密钥。

r 的计算不需要已知信息 m，因此，不论 k、p、q 和 g 是否已知，r 都可以计算出来。因为域的参数值 p、q 和 g 已知，而 k 也可以预先计算，从而 r 也就可以预先计算出来。

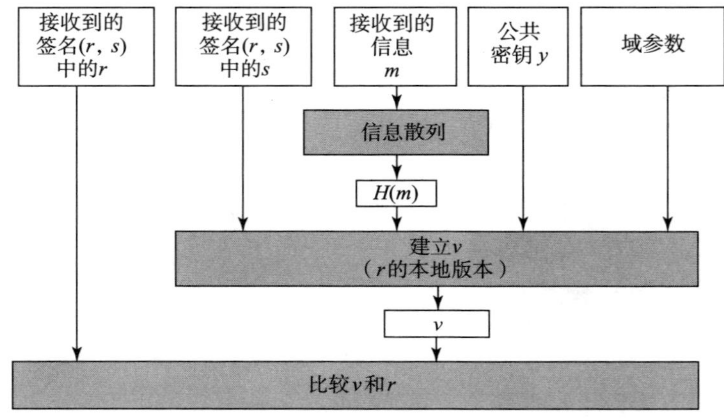

图 14－4　DSA 签名校验

从以上算法中可以清楚地看出 r 的长度和 s 的长度都与 q 的长度相等。因为位长度应该是 DSA 的目标安全强度的 2 倍，所以 q 的长度是 DSA 私人密钥的长度。因此，DSA 算法生成的数字签名的长度大概是 DSA 私人密钥的 2 倍，而按照位长度大约是 DSA 算法的安全强度的 4 倍。也就是说，对应于 112、128、192 和 256 安全强度，DSA 签名的长度为 448、512、768 和 1 024 位长度。

5. 校验签名

为校验一个接收到的信息 m 的签名（r，s），DSA 根据接收签名中的 s、接收信息 m、信息发送者的公共密钥和 DSA 的参数域建立一个本地的 r

的版本。如果本地的 r 的版本（表示为 v）与接收签名中的 r 相等，签名校验算法推断接收签名是有效的。

DSA 签名校验算法在表 14－4 中说明。

DSA 签名校验算法的主要步骤如下：

第一步：如果不满足 $0<r<q$ 或 $0<s<q$，则拒绝签名。

第二步：信息散列：

散列接收到的信息 m 来生成一个信息摘要 $H(m)$；

使用与签名生成相同的填充算法将 $H(m)$ 转换为整数 z。

第三步：推定 v：

计算 $w = s^{-1}(\bmod q)$；

计算 $u_1 = (z \cdot w)(\bmod q)$；

计算 $u_2 = (r \cdot w)(\bmod q)$；

计算 $v = ((g^{u_1} \cdot y^{u_2}) \bmod p)(\bmod q)$。

第四步：如果 $v=r$ 则签名是有效的。

DSA 校验算法的正确性可证明如下：

$$
\begin{aligned}
(g^{u_1} \cdot y^{u_2}) \bmod p &= (g^{u_1} \cdot (g^x)^{u_2}) \bmod p \\
&= (g^{u_1+xu_2}) \bmod p \\
&= g^{(z \cdot w+r \cdot w \cdot x) \bmod q} \bmod p \\
&= g^{w(z+r \cdot x) \bmod q} \bmod p
\end{aligned}
$$

如果接收到的信息与用于生成签名（r，s）的信息相同，则签名（r，s）未被更改，签名生成者和校验者使用相同的哈希函数来生成信息摘要，使用相同的填充算法来将哈希值转换为整数，那么下述内容一定是正确的：

$$k^{-1}(z + x \cdot r) \bmod q = s$$

也就是说，有：

$$(z + x \cdot r) \bmod q = (k \cdot s) \bmod q$$

因此，

$$g^{w(z+r \cdot x) \bmod q} \bmod p = g^{w \cdot (k \cdot s) \bmod q} \bmod p = g^{s^{-1} \cdot (k \cdot s) \bmod q} \bmod p = g^{k \bmod q} \bmod p$$

由于 k 在（1，$q-1$）的范围内，有 $k(\bmod q) = k$，因此，

$$g^{k \bmod q} \bmod p = g^k(\bmod p)$$

也就是说，下述内容一定是正确的：

$$v = (g^k \bmod p)(\bmod q) = r$$

从以上 DSA 签名校验算法可以看出，DSA 签名校验过程并不恢复用于生成签名（r，s）的原始信息。这一算法校验签名的基本方法是重新生成

对应于签名中整数 r 的版本 v，然后校验 v 是否与接收签名（r，s）中的 r 相同。因此，DSA 签名算法不能用于加密解密信息。

6. 安全强度、需求密钥长度以及签名规格

目前为止，研究已经表明，整数因子分解问题和离散对数问题具有相近的困难程度。因此，如果要达到同样的安全强度，DSA 需要和 RSA 算法具有相同的密钥长度。

表 14－7 展示了 DSA 为符合 2010 年以后 NIST 推荐安全强度所需要的密钥长度。为了进行比较，表中同时展示了达到相同安全强度的哈希函数和对称密钥算法。表 14－8 根据 2010 年以后 NIST 推荐的安全强度总结了按照位长度规定的 DSA 签名大小。

表 14－8　不同安全强度的 DSA 签名长度　bit

安全强度	DSA 签名长度
112	448
128	512
192	768
256	1024

7. 执行

DSA 中最为费时的运算是：模幂、模逆、模乘。模幂是 DSA 签名生成和校验中最为费时的运算。表 14－9 总结了 DSA 签名生成和校验的表示。为了签名信息，DSA 执行一次模幂运算、一次模逆运算、两次模乘运算和一次散列运算。模幂的指数和私人密钥具有相同的大小。幂的模数和公共密钥具有相同的大小。签名生成的所有模块化运算的模数和私人密钥具有相同的大小。为了校验信息，DSA 执行两个模幂、一个模逆、两个模加和一个散列操作。模幂的指数和私人密钥具有相同的大小。幂的模数和公共密钥具有相同的大小。签名生成的所有模块化运算的模数和私人密钥具有相同的大小。

表 14－9 DSA 签名生成和核实的表现

运算	签名信息	校验信息
模幂	1	2
模逆	1	1
模乘	2	2
散列运算	1	1

14.3.3 ECDSA

在 RSA 和 DSA 之后发展起来的椭圆曲线密码学（ECC），是加密领域的一个重大的成就。它首先由 Victor Miller 和 Neal Koblitz 独立提出。与 RSA 和 DSA 相比，椭圆曲线算法达到相同的安全强度所需要的公共密钥明显缩短。这可以看作是降低公共密钥在网络中输送的信息运输消耗并且降低在移动设备上实现相同的安全强度的计算复杂性（处理负担）。ECC 是 IEEE 1069.2 中选择的数字签名算法，IEEE 1609.2 规定了专为车载通信设计的安全服务和程序。

美国国家标准（ANS）X9.62 对 ECDSA 进行了规定。NIST 准许 ECDSA 的应用并在 FIPS Publication 186－3 中进行了额外需求的规定。

1. 基本概念

ECDSA 的困难主要在于利用椭圆曲线上的点来求解离散对数问题从而得出生成私人密钥和公共密钥所需要的门函数。ECDSA 和 DSA 是类似的，因为它们的困难都体现在求解离散对数问题。不同点在于，按照 ECDSA，离散对数问题是由椭圆曲线上的点定义的。

椭圆曲线是二维平面中的三次曲线。方程（14－5）定义的三次曲线是一个著名的椭圆曲线，参数 a 和 b 不变：

$$y^2 = x^3 + ax + b \qquad (14-5)$$

ECDSA 定义了一个点的加法运算来累加椭圆曲线上的点，用“+”表示。如果 P 和 Q 是一条椭圆曲线上的两点，那么 $M = P + Q$ 定义为曲线上的另一点 M 或无穷大。我们利用图 14－5 所示的椭圆曲线 $y^2 = x^3 - x + 1$ 来说明一条椭圆曲线上的两点的加法是如何计算的。

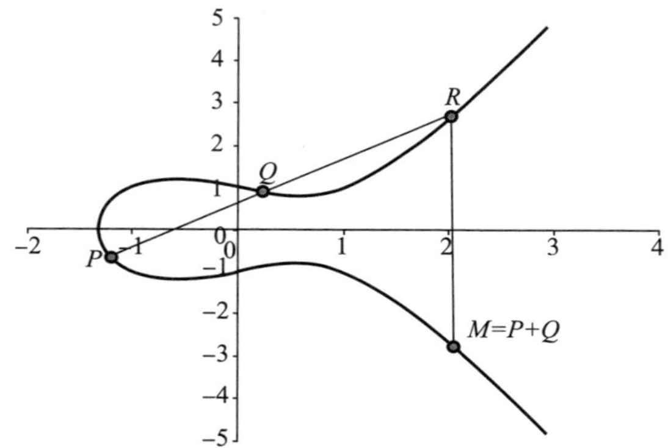

图 14－5 椭圆曲线示例及曲线上的点

要找到一条椭圆曲线上表示 $P+Q$ 的点。首先画一条连接 P 和 Q 两点的直线，R 为直线与椭圆曲线的交点。$P+Q$ 是 R 在椭圆曲线上具有相同横坐标的镜像。由于椭圆曲线总是关于 x 轴对称的，曲线上的任一点总有具有相同横坐标的镜像。

点 P 加上其自身的情况在图 14－6 中进行说明。首先，作椭圆曲线在点 P 的一条切线，切线与椭圆曲线的交点为 R。那么，$P+P$ 是 R 关于 x 轴的镜像。两种点加运算的特例在图 14－7 中进行说明。第一种特例是点 L 加上与其相反的点。与其相反的点表示为 $-L$，是 L 关于 x 轴的镜像。连接 L 与 $-L$ 的直线与椭圆曲线没有交点。因此，无限远点被定义为不包括椭圆曲线上任何一点的额外点，定义为 O。无限远点 O 是椭圆曲线上的一组点的加法单位元。也就是说，我们有 $L+(-L)=O$。

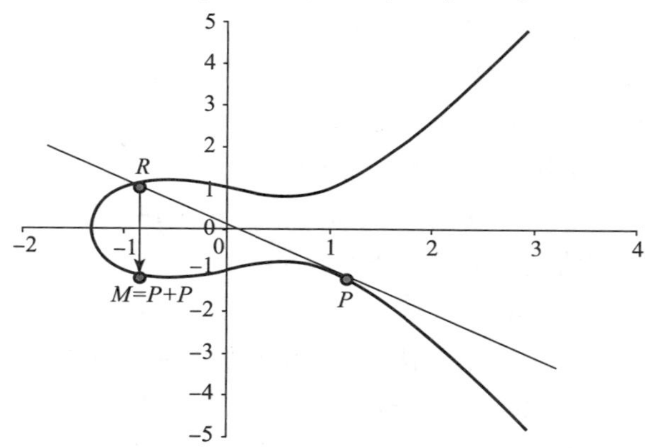

图 14－6 在椭圆曲线上增加一个对称点

第二种特例是当椭圆曲线在点 P 的切线与椭圆曲线没有任何交点时，点 P 加它自身。这种特例只有点 P 的纵坐标为 O 时才会出现。只要点 P 的纵坐标不为 0，经过点 P 的切线与椭圆曲线总存在交点。当经过点 P 的切线与椭圆曲线除点 P 外没有其他任何交点时，那么 $P+P$ 被认为是无穷远点 O，这里我们有 $P+P=2P=O$。

现在我们考虑椭圆曲线上的点的离散对数问题。假设 G 是椭圆曲线上的一个基本点，k 是一个随机整数。我们将点 G 加上它自身的 k 倍来生成椭圆曲线上的一个新的点 C。C 被表示为 $C=k \cdot G$，也就相当于 $G+G+G+\cdots+G$，G 出现 k 次。假设有这样一个对手，他知道定义椭圆曲线的所有参数，C 的值，甚至基本点 G，然后他想要确定 k。如果用于计算的椭圆曲线上的点的坐标都是整数，则这是一个离散对数问题。他可以尝试计算 $2 \cdot G$、$3 \cdot G$、$4 \cdot G$、…、$x \cdot G$，直到他找到一个符合 C 的结果。然而，如果 k 的可能取值的范围非常大或者如果曲线上的基本点 G 是选择好的，确定 k 将是计算不可行的。

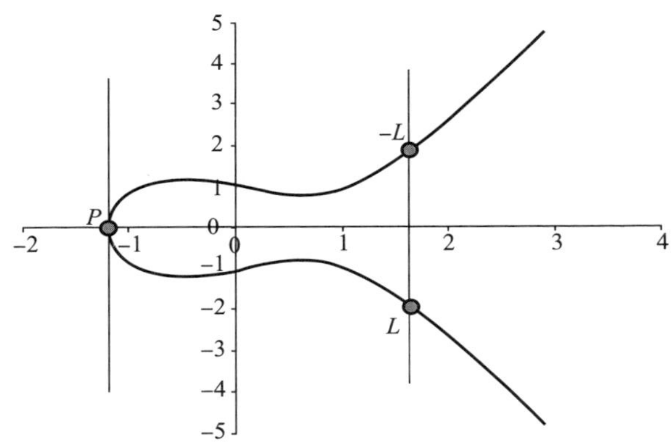

图 14－7　在椭圆曲线上增加点的两种特殊情况

因此，公共密钥可以是椭圆曲线上的一点，与其相关的私人密钥可以是一个随机的整数，这个整数可以用来乘椭圆曲线上的一个基本点来生成公共密钥。

椭圆曲线算法，诸如 ECDSA，仅在椭圆曲线上坐标为整数的点上执行运算。这是因为实数上的运算是缓慢的并且由于舍入误差会导致不精确，而加密运算需要的是快速和精确。特别的，整数坐标需要形成一种叫作域的数学结构。一个域由一系列的整数组成，这些整数能够通过对域中的两个元素进行加或乘的运算得到第三个数并且第三个数也是域中的元素。加和乘的运算通常分别表示为“+”和“·”。运算必须满足以下条件：

（1）结束：如果 a 和 b 在域中，那么 $a+b$ 和 $a \cdot b$ 也在域中。

（2）可换性：改变运算数的顺序将不会改变加或乘的运算结果。

（3）结合性：对于域中的全部 a、b 和 c，以下必须成立：$a+(b+c)=(a+b)+c$、$a \cdot (b \cdot c)=(a \cdot b) \cdot c$。

（4）分配性：对于域中的全部 a、b 和 c，以下必须成立：$a \cdot (b+c)=(a \cdot b)+(a \cdot c)$。

（5）同一性：域中必须有一个加法单位元 0，对于域中的每个元素 a 都有 $a+0=a$。域中还必须有一个乘法单位元 1，对于域中的每个元素 a 都有 $a \cdot 1=a$。

（6）可逆性：对于域中的每一个元素 a，存在域中的一个元素 $-a$，使 $a+(-a)=0$。类似地，存在域中的一个元素 $a-1$，使 $a \cdot (a-1)=1$。也就是说，减法和除法运算适用于域中的元素。

椭圆曲线算法在一个有限的域中运算，这个有限的域包含的能作为椭圆曲线上点的坐标的整数很多但有限。

两个系列的有限域被用于椭圆曲线算法：素域表示为 F_p，二进制字段表示为 F_2^m。

一个素域 F_p 包含整数 $\{0, 1, 2, 3, \cdots, p-1\}$，$p$ 是一个素数。素域 F_p 上的一个椭圆曲线，表示为 $E(F_p)$，包含所有的满足椭圆曲线的整数对（x，y），计算执行模数 p，如式（14-6）所示：

$$y^2(\mathrm{mod}\ p)=x^3+ax^2+b(\mathrm{mod}\ p) \tag{14-6}$$

椭圆曲线 $E(F_p)$ 上的点的个数加上无穷大点的个数称为椭圆曲线的序，表示为 $\#E(F_p)$。

二进制字段 F_2^m 包含 m 字符串长度的整数。如式（14-7）所示，F_2^m 中的每个整数通常被表示为二进制多项式，a_i 是 0 或 1。加法和乘法运算完成模数的不可约多项式：

$$a_{m-1}x^{m-1}+a_{m-2}x^{m-2}+\cdots+a_2x^2+a_1x^1+a_0 \tag{14-7}$$

一个有限域中的元素数目称为域序。素域 F_p 的序为 p。二进制字段 F_2^m 的序为 $2m$。椭圆曲线算法的安全强度，也就是在已知公共密钥的情况下得出私人密钥的难度，在很大程度上取决于在椭圆曲线上构造的有限域的序。文献［15，20］中规定了 NIST 推荐的椭圆曲线和域。

2. 参数域

与 DSA 类似，ECDSA 需要签名生成者和签名校验者通过一系列称为域参数的参数进行运算。这里我们描述素域 F_p 上椭圆曲线的 ECDSA 域参数。这些域参数是：

p 是一个奇素数，定义了素域 F_p。

a 和 b 是常量，定义了椭圆曲线 $y^2 = x^3 + ax + b$。

G 是椭圆曲线上的基本点，用于计算曲线上的其他点。

n 是基本点 G 的素序。椭圆曲线上点 G 的序是最小的正整数 n 诸如 $n \cdot p = O$，这里 O 是无穷远点。

h 是一个和 $\#E(F_p)/n$ 相等的余因子，$\#E(F_p)$ 是有限素域 F_p 上椭圆曲线 $E(F_p)$ 的点的数目。

为了选择一个素域 F_p 上的椭圆曲线以达到给定的安全强度，素域是经过筛选的，这样一来椭圆曲线的序的长度是可以达到相同安全强度的对称密钥块密码长度的两倍。这是因为暴力攻击搜索整个 k 位块密码的密钥空间所需的时间与使用 POLLAR 的 RHO 算法解决在有限域上的离散对数问题大致相同，其序的长度为 $2k$。Pollard 的 RHO 算法被认为是针对椭圆曲线算法的最有效的攻击。

表 14 – 10 总结了素域 F_p 中 p 的长度，这里 p 的长度是 ECDSA 为符合 2010 年以后 NIST 的推荐安全强度所需要的。为了进行比较，表中也列出了达到相同的安全强度时对称密钥算法所需的密钥长度。

表 14 – 10　NIST 为 ECDSA 推荐的素域　bit

安全强度	类似的对称密钥长度	素域 F_p 中 p 的长度
112	112	224
128	128	256
192	192	384
256	256	512

3. 生成私人密钥和公共密钥

我们用有限素域 F_p 上的椭圆曲线作为一个例子来说明中定义的 ECDSA 密钥生成算法。这一算法将域参数（q，a，b，G，n，h）作为输入量并且生成一个公开 - 私人密钥对（Q，d），Q 是公共密钥而 d 是私人密钥。公共密钥 Q 是椭圆曲线上的一点而私人密钥 d 是范围［1，$n-1$］中的一个整数。ECDSA 密钥生成算法的主要步骤如下：

第一步：N 为 n 的位长度。

第二步：生成一个统计上唯一并且不可预测的整数 d 作为私人密钥，d 的范围是［1，$n-1$］。可以由以下步骤得到：

（1）生成一串长度为 N bit 的字符串，N 随机。

（2）将步骤（1）中得到的字符串转换为一个非负整数。

（3）如果 c 溢出，也就是说，如果 $c>n-2$，则返回步骤（1）来生成一个新的 c。

（4）$d=c+1$。

第三步：计算 Q，Q 是椭圆曲线上的一点，并且 $Q=d\cdot G$，Q 将作为公共密钥。

私人密钥 d 的长度为 N，也就是 n 的长度。这同时意味着 ECDSA 的安全强度是 N bit。为满足不同的安全强度要求，一系列的 N 值已经由 NIST 在相关文献中进行规定。这些值在表 14 - 11 中列出。

表 14 - 11　NIST 推荐的 ECDSA 私人密钥的大小（n 的长度）　bit

安全强度	N（n 的长度）
112	224 ~ 255
128	256 ~ 383
192	384 ~ 511
256	≥ 512

显然，N 的值与表 14 - 10 中 p 的大小相对应。ECDSA 公共密钥大小是椭圆曲线上一点的任一坐标值大小的两倍。椭圆曲线上 x 坐标或 y 坐标的大小是椭圆曲线所定义的素域的序。

4. 生成数字签名

ECDSA 签名生成算法将以下信息作为输入：①需要签名的信息 m，它可以是任意长度的并且由字符串长度表示；②一组有效的椭圆曲线的域参数；③与椭圆曲线的域参数相关的私人密钥 d。

如同 DSA、ECDSA 签名是一对整数（r，s）。ECDSA 签名生成算法在

图 14－8 中进行说明。它由三部分组成：①信息摘要生成，生成一个用于生成签名的信息摘要；②椭圆曲线计算，生成一个临时的用于生成这一特定签名的椭圆曲线密钥对；③模数计算，生成签名。

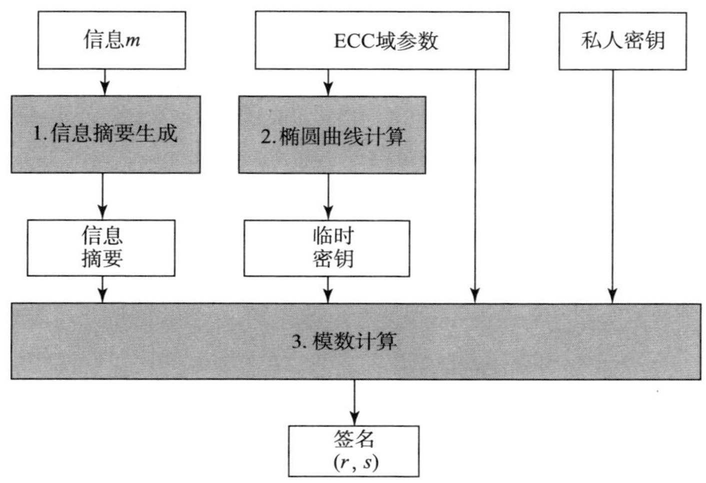

图 14－8　ECDSA 签名生成

ECDSA 签名生成算法过程如下：

第一步：信息摘要生成：

计算信息摘要 $H(m)$。

将 $H(m)$ 转换为整数 e。

第二步：椭圆曲线计算：

在 $[1, n-1]$ 范围内选择一个统计唯一且不可预测的整数 k。

计算素域 F_p 上的椭圆曲线上一点 $R=(x_R, y_R)$，$R=k \cdot G$。

第三步：模数计算：

将 x_R 转换为整数 x_R。

设定 $r=x_R \pmod n$。如果 $r=0$，返回第二步来选择另一对 k 和 R。

计算：$s=k^{-1}(e+r \cdot d)(\bmod n)$。如果 $s=0$，返回第二步。

输出签名 $S=(r, s)$。

这一算法生成的签名长度是私人密钥的 2 倍。这是因为 r 的长度和 s 的长度都是 N，N 也是私人密钥的长度。因为 ECDSA 私人密钥的长度按照字符串长度是所需安全强度的 2 倍，签名的大小是安全等级的大约 2 倍。例如，要达到 112 bit 的安全强度，签名为 448 bit。换句话说，这一算法生成的签名和 DSA 签名的大小是相同的；按照字符串长度它们都是目标安全强度的 4 倍。

5. 校验签名

为校验信息 m 的签名 $S=(r, s)$，ECDSA 签名校验算法将签名 S、信息 m、信息签名者的公共密钥以及 ECDSA 域参数作为输入值。类似 DSA，ECDSA 通过利用接收到的签名（r，s）建立一个 r 的本地版本来校验签名，这将以信息发送者的公共密钥 Q、接收到的签名（r，s）、接收到的信息 m 以及 ECDSA 域参数为基础。如果 v 与接收到的签名（r，s）中的 r 相同，则签名校验算法推断签名（r，s）是有效的。

ECDSA 校验算法由以下四个主要步骤组成：①信息摘要生成；②模数计算；③椭圆曲线计算；④签名校验。如图 14－9 所示。

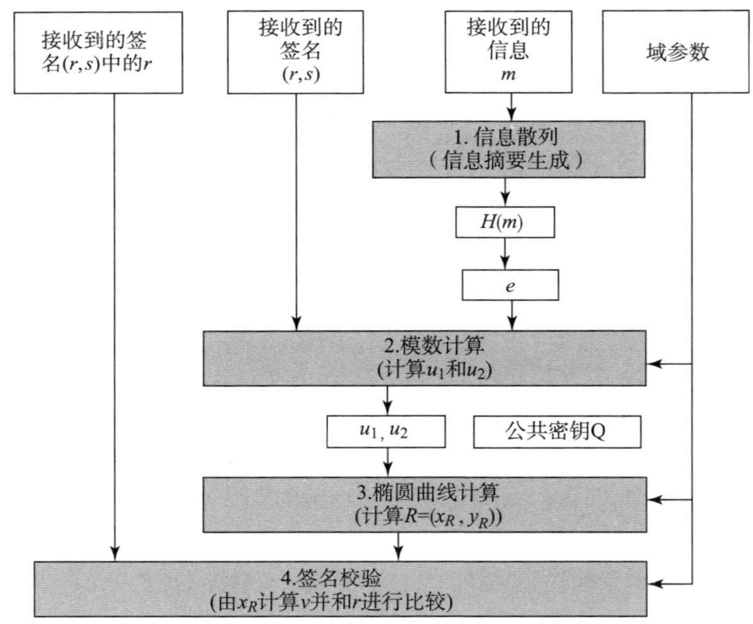

图 14－9 ECDSA 签名校验

第一步：信息摘要生成：

计算接收信息的信息摘要 $H(m)$。如果哈希函数的输出是无效的，则签名是无效的，停止。

将 $H(m)$ 转换为一个整数 e。

第二步：模数计算：

如果 r 和 s 不都是范围 $[1, n-1]$ 中的整数，则签名是无效的，停止。

计算：$u_1 = e \cdot s^{-1} (\bmod n)$，$u_2 = r \cdot s^{-1} (\bmod n)$。

第三步：椭圆曲线计算：

计算：$R = (x_R, y_R) = u_1 G + u_2 Q$。

如果 $R = O$，O 对于一个椭圆曲线的加法运算定义为无穷大，则签名无效，停止。

第四步：签名校验：

将 x_R 转换为整数$\overline{x_R}$。

设定 $v = \overline{x_R}$ (mod n)。

比较 v 和 r：如果 v 等于 r，签名有效；如果 v 不等于 r，签名无效。

类似于 DSA，ECDSA 只能够生成和校验算法，不能加密和解密信息。这是因为 ECDSA 签名校验过程不会恢复 ECDSA 签名生成算法生成签名时的输入值。

以 ECC 为基础的加密算法已经发展起来。例如，椭圆曲线综合加密方案（ECIES），我们将在后面进行描述。

6. 安全强度，需求密钥强度，以及签名规格

与 RSA 和 DSA 相比，ECDSA 要达到相同的安全强度所需密钥长度更小。表 14－12 展示了 ECDSA 要达到各种等级的安全强度所需的密钥长度。为了进行对比，表中还展示了可以达到相同安全强度的哈希函数和对称密钥算法。表 14－13 展示了 ECDSA 签名为达到不同的安全强度所需的大小。

表 14－12　不同安全强度所需的 ECDSA 密钥长度　bit

安全强度	利用素数域 F_p 的 ECDSA 密钥长度	类似的哈希函数	类似的对称密钥算法
112	224	SHA－224	Three－key TDEA
128	256	SHA－256	AES－128
192	384	SHA－384	AES－192
256	512	SHA－512	AES－256

表 14－13 不同安全强度的 ECDSA 签名长度 bit

安全强度	ECDSA 签名长度
112	448
128	512
192	768
256	1 024

7. 执行

ECDSA 中最为费时的运算是：

纯量乘法计算 $k \cdot G$，k 是一个随机整数，G 是椭圆曲线上的一点。

模乘。

模方计算一个整数自身的 n 次方。

模逆。

散列运算。

目前为止，纯量乘法是 ECDSA 中最费时的运算。定义 T_{kp} 为中央处理器计算纯量乘法 $k \cdot p$ 所需的时间（k 是一个整数，p 是椭圆曲线上的一点）。T_{MUL}是 CPU 计算模乘运算所需的时间，T_{SQR}是 CPU 计算模方运算所需的时间。文献［22］中的分析显示：

$$T_{kp} = n(5T_{SQR} + 6T_{MUL}) = 11nT_{MUL} \tag{14-8}$$

对于 112 字符串长度的安全强度，n 必须至少是 224 位长度，这意味着一次纯量乘法运算要比一次模乘运算多大约 2 464 个步骤。

表 14－14 总结了 ECDSA 签名生成和校验的执行。为签名一条信息，ECDSA 执行一次纯量乘法、一次模逆、两次模乘以及一次散列运算。为校验一条信息，ECDSA 执行两次纯量乘法、一次模逆、两次模乘以及一次散列运算。对于所有模块化运算的模数的大小都与 n 的大小相同。

表 14－14 ECDSA 签名和校验的表现

运算	签名信息	校验信息
纯量乘法	1	2
模逆	1	1
模乘	2	2
散列运算	1	1

14.3.4 车辆安全通信的 ECDSA

1. ECDSA 的优点

ECDSA 相对其他现存公共密钥算法，诸如 DSA 和 RSA，其主要优势是 ECDSA 达到相同的安全强度时使用的公共密钥长度更小。换句话说，在公共密钥的长度相同的情况下，ECDSA 能够提供更高等级的安全强度。表 14－15 展示了 NIST 推荐的对于不同公共密钥算法达到不同等级安全强度所需的最小的公共密钥长度。

表 14－15 NIST 为 DSA、RSA 和 ECDSA 推荐的密钥长度 bit

安全强度	DSA	RSA	F_p 上的 ECDSA	$F(2^m)$ 上的 ECDSA
112	2 048	2 048	224	233
128	3 072	3 072	256	283
192	7 680	7 680	384	409
256	15 360	15 360	512	571

随着计算技术的发展，加密算法的强度也必须发展以抵制对手不断进步的计算能力。2010—2030 年 NIST 推荐的最小安全强度为 112 位长度，而在 2030 年后为 128 位长度。表 14－15 展示了随着数字签名算法所需要的安全强度的发展，DSA 和 RSA 所需要的密钥长度的增长速度要比 ECDSA 快得多。这说明 ECDSA 对于未来高等级的安全强度要求更具可升级性。

ECDSA 还可以生成比 RSA 简短的签名。表 14－16 展示了由 DSA、RSA 和 ECDSA 生成的对应于不同安全强度的签名的复杂程度。

表 14－16 DSA、RSA 和 ECDSA 的签名长度 bit

安全强度	DSA	RSA	ECDSA
112	448	2 048	448
128	512	3 072	512
192	768	7 680	768
256	1 024	15 360	1 024

ECDSA 简短的密钥和签名意味着在通过无线网络传输 ECDSA 的公共密钥时产生的信息量要比传输 RSA 和 DSA 的公共密钥小。这在一个大型的车联网中是十分重要的，因为此时车辆需要通过带宽受限的无线网络频繁地交换它们的公共密钥。

在达到相同的安全强度时，简短的 ECDSA 密钥可以节约计算能力，存储空间和能源。这使得 ECDSA 对于资源受限的移动设备很有吸引力，例如车载通信单元。

研究表明，随着所需安全等级从 112 位长度提升到 256 位长度 ECDSA 的私人—公共密钥生成可以比 RSA 快 10 ~ 100 倍。随着所需安全强度的发展，利用椭圆曲线计算方法，ECDSA 的签名生成可以比 RSA 快数十倍。

2. ECDSA 的潜在限制

在车辆安全通信方面，ECDSA 的一个潜在限制是，相对其他的数字签名算法（诸如 RSA 和 DSA），ECDSA 的签名校验速度很慢。研究表明，对于相同的安全强度，依靠椭圆曲线计算方法的 ECDSA 签名校验的速度可能比 RSA 慢数倍至数十倍。

近期研究表明，对于 112 ~ 128 位长度的安全等级，一个 ECDSA 签名校验运算在个人计算机上执行可能需要数十毫秒，而在手机上执行可能需要数百甚至上千毫秒。对于超过 128 位长度的安全强度，一个 ECDSA 签名校验运算即使在个人计算机上执行也可能需要超过 1 s 的时间。

快速签名校验对于支持高度延迟敏感性的车辆安全通信是至关重要的，因为车辆安全通信依赖于车辆之间及时的互相广播安全信息。正如之前讨论的，车辆安全应用每秒需要接收并处理周围每辆车发送的 10 条安全广播信息。一辆车可能经常会同时从周围数百辆车接收到这样的广播安全信息。使用 ECDSA 来校验如此大量的接收信息，即使仅仅是一部分信息，也可能会导致 OBU 的过度延迟，因为 OBU 通常只有有限的计算能力。

另一个潜在的限制是 ECDSA 只是用于生成和校验签名，而不能用于加密和解密。需要一个独立的公共密钥加密机制，例如 ECIES，来支持公共密钥的加密和解密。车辆与安全证书管理系统建立安全通信通道需要公共密钥加密。例如，IEEE 1609.2 标准使用 ECDSA 进行签名生成和校验，同时使用 ECIES 和对称密钥算法组合进行加密和解密。

要使用一个独立的公共密钥加密算法，例如 ECIES，需要信息发送者和接收者对除了支持 ECDSA 所需的 ECC 域参数之外的额外参数进行预配置。例如，ECIES 需要信息发送者和信息接收者认同一个信息认证码（MAC）算法，一个对称密钥加密算法，以及一个公共密钥导出算法。一般来说，预定义的车辆安全参数越多，更新安全性能时将会越困难。

14.4 身份验证和完整性确认

身份验证是建立和校验一条信息的开端以判定信息是否来自于授权个体。前面所描述的加密机制能够用于实现这一任务的主要部分：校验信息是否是由发送者发送的。在这里，我们将讨论利用哈希函数或数字签名是如何实现的。然而，前面描述的加密机制并不足以判定信息是否来自于授权个体。所以，为完成信息校验任务，还需要其他的技术。这涉及下一章的内容。信息完整性确认是校验一条信息是否被更改了。前面描述的加密机制是信息完整性确认的有效工具。这里，我们讨论如何利用哈希函数或数字签名来完成信息完整性确认。

14.4.1 用哈希函数进行的验证和完整性确认

为支持信息的身份验证，哈希函数经过扩展，并包含一个可以生成 MACs 的对称密钥。如图 14－10 所示。

信息发送者将信息 m 和密钥 k 都输入到一个哈希函数 $H(m, k)$ 中来生成一个称为 MACs 的哈希值。密钥用于验证 MACs 对于信息和密钥都是特定的。也就是说只有持有相同密钥的人才能够生成这一特定的 MACs。

用于生成 MACs 的哈希函数 $H(m, k)$ 必须满足以下要求：

在已知信息和密钥的情况下，容易计算 MACs。

在已知信息和 MACs 的情况下，无法计算密钥。

一个 MACs 只对应于一条信息。

如果信息接收者也持有相同密钥 k，就能够校验 MACs 是否由持有密钥者生成。此密钥无法用于加密解密，因为其无法将哈希值恢复为原始信息。

MACs 将和信息 m 一起发送给信息接收者。为校验信息，信息接收者利用自己的密钥 k 直接由接收到的信息计算 MACs。如果计算得到的 MACs

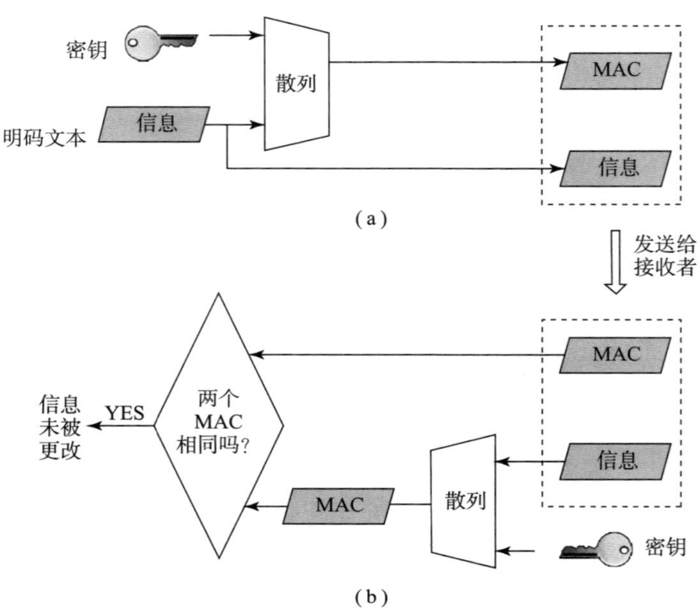

图 14-10 信息验证和完整性确认的哈希函数

(a) 信息发送者生成的 MAC；(b) 信息接收者校验的 MAC

符合信息发送者的 MACs，则信息接收者可以判定信息是由持有密钥者发送的。这是因为，只有持有密钥者才能够生成接收到的 MACs。信息接收者还可以进一步判定从生成 MACs 以后信息是否被更改。这是因为，如果接收到的信息与生成接收到的 MACs 的信息不符，则信息接收者由接收到的信息计算出来的 MACs 也将与接收到的 MACs 不符。

利用哈希函数和密钥来支持信息验证以及完整性确认与对称密钥加密具有相同的局限性，也就是通信双方必须建立并共享密钥。

14.4.2 用数字签名进行的验证和完整性确认

在车辆安全通信领域，数字签名提供了一种有效的途径来支持信息验证和完整性确认。使车辆能够直接发送签名的信息，而不必预先建立密钥或交换安全信息。

前面描述的数字签名机制允许信息接收者利用公共密钥来校验一条签名信息是否来自于持有相关私人密钥的发送者。相同的签名校验过程同样能够用于确认信息的完整性。利用公共密钥进行信息验证和信息的完整性确认避免了在大量机动车中通过存在安全问题的公共网络分配密钥。

图 14－11 说明了数字签名是如何用于支持信息验证和信息完整性确认的。信息发送者首先利用加密哈希函数来生成待签名信息的摘要。这就使得签名能够通过信息的一小段摘要来生成，这将有助于减少签名生成时间。信息签名者利用了一种数字签名算法，且信息签名者用于生成数字签名的私人密钥也将和信息一起被发送给信息接收者。信息签名者可能同时将公共密钥和信息一起发送给信息接收者，从而信息接收者就不必预配置数量众多的可能发送者的公共密钥。

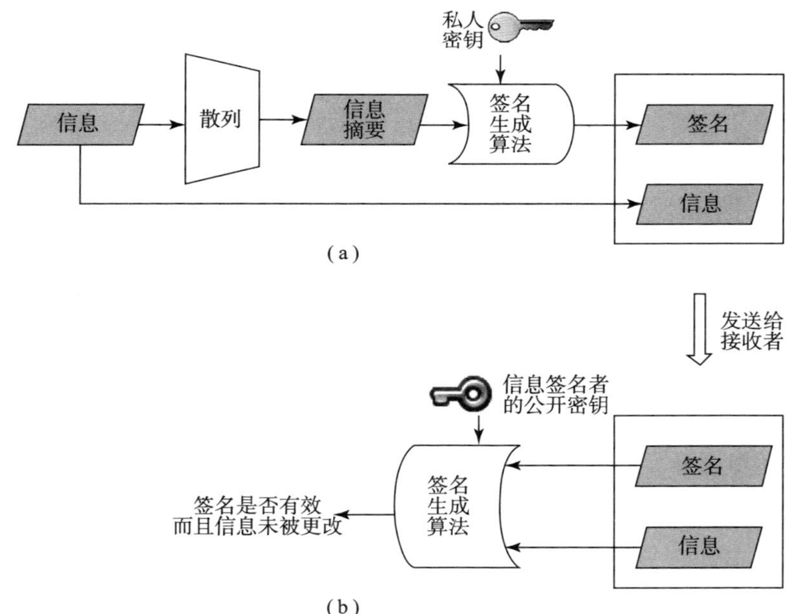

图 14－11　信息验证和完整性确认的数字签名

（a）信息发送者生成的签名；（b）信息接收者核实的签名

所有信息接收者都利用信息签名者的公共密钥和对应的数字签名算法来校验接收到的签名。签名校验成功意味着签名是由与公共密钥相关的私人密钥生成的并且信息从签名生成以后未被更改过。这就达到了信息验证和信息完整性确认的双重目的。

14.5 Diffie – Hellman 密钥建立协议

Diffie – Hellman 密钥建立协议是由 Whitfield Diffie 和 Martin Hellman 在 1976 年首次提出的，是一种应用于互不了解的通信双方，而使双方能够通过存在安全问题的通信网络来交换信息从而建立共享密钥的方法。尽管对手知道通信双方的交换信息也无法计算出共享密钥。这一共享密钥同样可以用于加密之后的运用对称密钥算法的交换信息。

在这里，我们首先描述初始的 Diffie – Hellman 密钥建立协议，然后描述椭圆曲线 Diffie – Hellman 密钥建立协议。

14.5.1 初始的 Diffie – Hellman 密钥建立协议

Diffie – Hellman 密钥交换协议在一个称为循环乘法群的数学结构中执行。乘法群是这样的一个群体，群体中任意两个元素的乘积仍然是群体中的元素。如果存在群体中的一个元素 g，使得对于给定范围内的任意整数 n，g 的 n 次方也是群体中的一个元素，则此群体是一个循环群。元素 g 可以称为组群的生成者，因为组群中的所有其他元素都可以通过 g 的整数次方来生成。Diffie – Hellman 密钥交换协议的最简单的实现是在以 p 为模数的循环乘法群中执行的，其中 q 是素数。也就是说，组群中元素的所有运算都执行模数 p。

运用 Diffie – Hellman 密钥交换协议来建立一个共享密钥的过程是这样的，通信双方 Alice 和 Bob 首先商定了一个以 g 为生成者、p 为模数的循环组群 G，然后执行以下步骤：

第一步：Alice 选择一个随机整数 α，计算 $g^{\alpha}(\bmod p)$，并将结果发送给 Bob。

第二步：Bob 选择一个随机整数 β，计算 $g^{\beta}(\bmod p)$，并将结果发送给 Alice。

第三步：Alice 从 Bob 处接收 g 的 β 次方并计算 $(g^{\beta})^{\alpha}=g^{\alpha\beta}(\bmod p)$。

第四步：Bob 从 Alice 处接收 g 的 α 次方并计算 $(g^{\alpha})^{\beta}=g^{\alpha\beta}(\bmod p)$。

第五步：这样 Alice 和 Bob 都知道相同的值 $g^{\alpha\beta}(\bmod p)$ 并将其作为他们的共享密钥。

任何旁观者都可以知道 g、g^{α}、g^{β}。Alice 持有 α，Bob 持有 β。已知 g、g^{α}、g^{β} 而计算出 $g^{\alpha\beta}$ 被称为 Diffie – Hellman 问题。Diffle – Hellman 问题的解决是十分困难的。目前已知的最快的算法是解决离散对数问题，即已知 g 和 g^{α} 确定 α。或者，解决一个类似的离散对数问题来确定 β。

虽然 Diffie – Hellman 问题已经被证明是 NP 完全问题，目前为止还没有找到解决此问题的多项式时间算法。由此可见，这是一个困难的问题。这一假设已经被用作许多现代数字签名方案的依据，例如目前最先进的几个签名方案，我们将在后面的章节进行讨论。

14.5.2　椭圆曲线 Diffie – Hellman 密钥建立协议

Diffie – Hellman 密钥交换协议可以在椭圆曲线上实现。椭圆曲线 Diffie – Hellman 密钥交换协议曾经被用于实现椭圆曲线加密算法，例如 IEEE 1609.2 标准中的 ECIES。文献［5］定义了一个椭圆曲线 Diffie – Hellman 密钥交换协议。在这里我们运用素域 F_p 上的椭圆曲线来说明这一协议。

与 ECDSA 算法相同，通信双方必须首先建立一系列椭圆曲线域参数 $T=\{p, a, b, G, n, H\}$。通信双方（Alice 和 Bob）之间的椭圆曲线 Diffie – Hellman 密钥交换协议，按照以下的步骤生成：

第一步：Alice 选择一个私人密钥 d_A，生成一个公共密钥 Q_A，计算 $q_A=d_A \cdot G$，其中 G 是域参数中的基本点，然后将她的公共密钥 Q_A 发送给 Bob。

第二步：Bob 选择一个私人密钥 d_B，生成一个公共密钥，计算 $Q_B = d_B \cdot G$，其中 G 是域参数中的基本点，然后将他的公共密钥 Q_B 发送给 Alice。

第三步：Alice 从 Bob 处接收到 Q_B 并且计算椭圆曲线的点 $P=(x_P, y_P)=d_A \cdot Q_B=d_A \cdot (d_B \cdot G)=(d_A \cdot d_B) \cdot G$。

第四步：Bob 从 Alice 处接收到 Q_A 并且计算椭圆曲线的点 $P=(x_P, y_P)\ d_B \cdot Q_A=d_B \cdot (d_A \cdot G)=(d_A \cdot d_B) \cdot G$。

第五步：Alice 和 Bob 现在都知道相同的椭圆曲线的点 $P=(x_P, y_P)$ 的值并且将椭圆曲线的点的 x 坐标 x_P 作为他们的共享密钥。

如果 Alice 已经知道 Bob 的公共密钥，她就不需要等待 Bob 发送给她其他的公共密钥，可以跳过第二步，直接来到第三步。

14.6 椭圆曲线加密集成方案（ECIES）

ECIES 是 Certicom 开发的公共密钥加密算法。它在 IEEE 1609.2 中用于公共密钥加密和解密。在这里，我们使用定义在素域 F_p 上的椭圆曲线来说明 ECIES。

14.6.1 基本概念

ECIES 的基本概念可以总结如下：首先，信息发送者和信息接收者运用椭圆曲线运算和椭圆曲线 Diffie - Hellman 密钥建立协议来建立一个共享密钥。其次，信息发送者利用这个共享密钥来计算出对称密钥加密的对称密钥并生成 MACs。最后，信息发送者利用对称密钥算法来加密信息并利用 MACs 算法来生成 MACs 以支持验证和完整性确认。信息接收者利用椭圆曲线 Diffie - Hellman 密钥建立协议来计算相同的共享密钥并利用共享密钥来生成用于解密信息以及校验 MACs 的对称密钥。

14.6.2 方案设置

ECIES 和 ECDSA 利用同一系列的椭圆曲线域参数。另外，信息发送者和信息接收者必须商定以下额外域参数：

（1）一个 MACs 算法；

（2）一个对称密钥加密算法；

（3）一个椭圆曲线 Diffie - Hellman 密钥建立协议用于建立通信双方的共享密钥；

（4）一个密钥计算函数用于计算对称密钥。

14.6.3 加密信息

要利用接收者的公共加密密钥 Q 来加密信息 M，ECIES 加密过程采取如图 14 - 12 所示的步骤：

第一步：生成临时椭圆曲线密钥对（k，R），$\overline{R}=(x_B, y_B)$。可以将 R

转变为八位字符串$\overline{R}$。

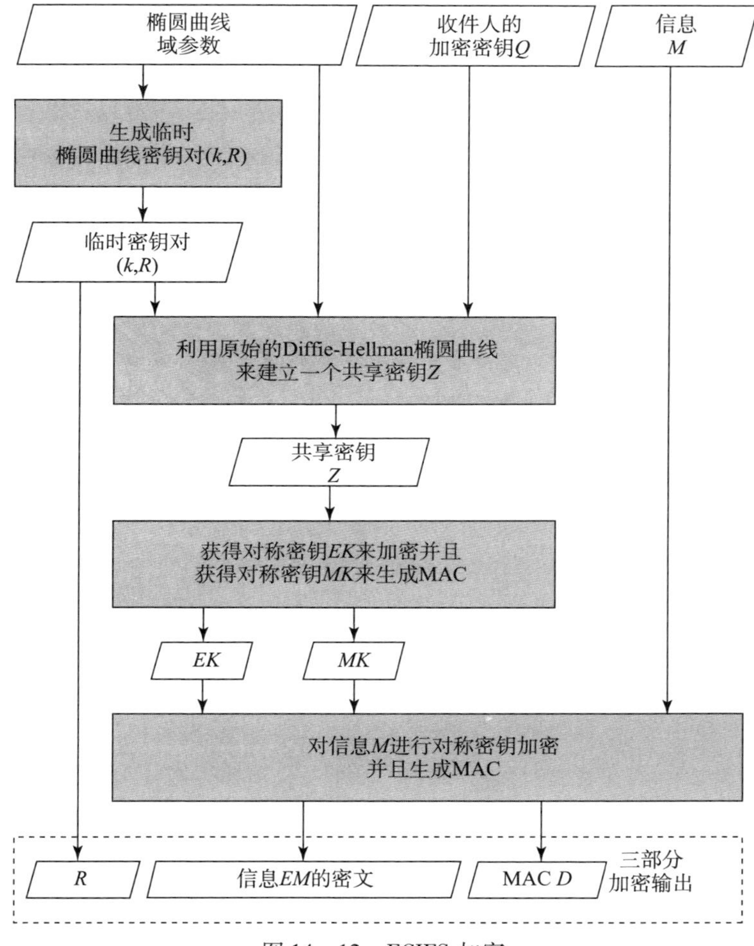

图 14－12　ECIES 加密

第二步：利用椭圆曲线 Diffie－Hellman 密钥交换安装计划过程中建立的协议，由临时密钥 k 和接收者的公开加密密钥 q 获得一个共享密钥 $F_p \ni z$。这可以通过计算 $P = (x_P,\ y_P) = k \cdot Q$，然后规定 $z = x_P$ 来实现。将 z 转变为八位字符串 Z。

第三步：利用方案设置过程中建立的密钥计算函数来生成密钥数据 K。K 的长度应该是加密密钥长度加上 MACs 密钥长度，加密密钥长度是对称加密密钥的长度而 MACs 密钥长度是 MACs 密钥的长度，都是八位的。

第四步：解析 K 最左边的加密密钥长度八位组作为对称加密密钥 EK，

K 最右边的 MAC 密钥长度八位组作为 MACs 密钥 *MK*。

第五步：利用方案设置过程中建立的对称密钥加密算法和对称密钥 *EK* 来将 *M* 加密为密码 *EM*。

第六步：利用反感设置过程中建立的 MACs 算法和密钥 *EK* 来计算 *EM* 的标签 *D*（即 MACs 地址）。

第七步：密码 $C=(R, EM, D)$。

14.6.4 解密信息

为解密接收到的信息 $C=(R, EM, D)$，ECIES 解密过程如图 14－13 所示。它采取以下步骤：

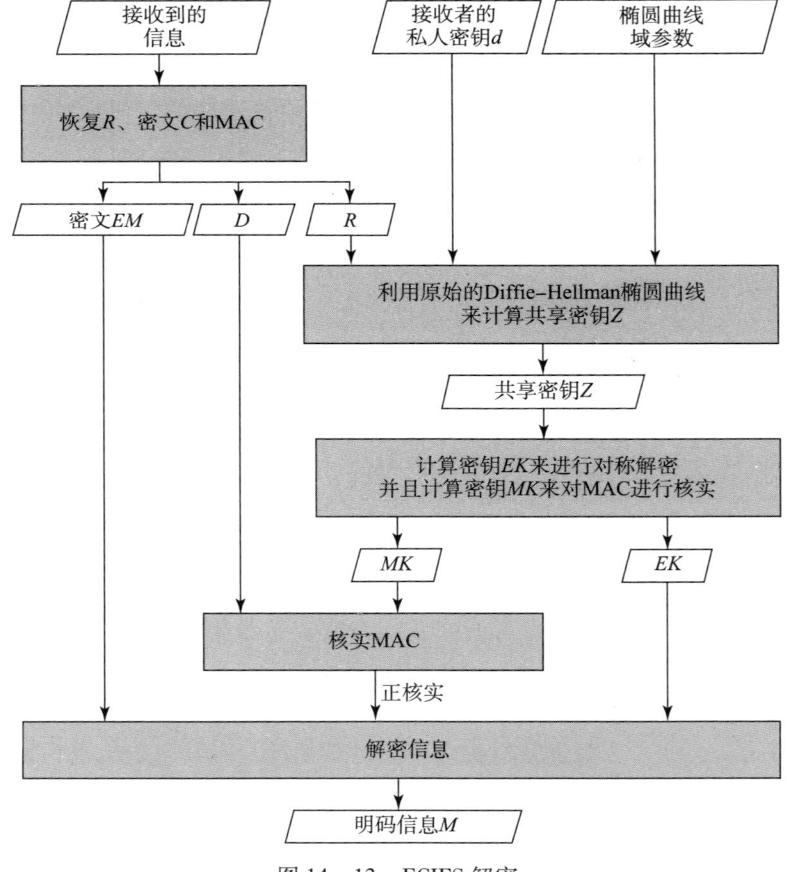

图 14－13 ECIES 解密

第一步：解析 C，以恢复 $\overline{R}$、EM 和 D。

第二步：将八位字符串 $\overline{R}$ 转换为一个椭圆曲线的点 $R=(x_B, y_B)$。

第三步：利用在方案设置过程中建立的椭圆曲线 Diffie – Hellman 密钥建立协议来计算共享密钥 z。这可以通过计算 $d \cdot R$ 来完成，和 $d \cdot k \cdot G = k \cdot Q = P = (x_P \cdot y_P)$ 是相等的，其中 Q 是信息接收者的公共密钥。定义 $z = x_P$，应该与信息发送者计算出的密钥 z 一致。将 z 转换为一个八位字符串 Z。

第四步：利用在方案设置过程中建立的密钥计算函数来由 Z 生成密钥长度 K，K 为加密密钥长度加上 MACs 密钥长度。

第五步：分析 K 最左边的加密密钥长度八位组作为对称加密密钥 EK，K 最右边的 MACs 密钥长度八位组作为 MACs 密钥 MK。

第六步：利用在方案设置过程中建立的 MACs 机制和密钥 MK 来检验接收到的信息 EM 的标签 D 以确认信息的完整性以及信息是来自于相同共享密钥 MK 的发送者。

第七步：利用方案设置过程中建立的对称密钥解密算法和对称密钥 EK 来将 EM 解密为 M。

第八步：输出 M。

14.6.5　执行

通过 ECIES，通信双方利用椭圆曲线 Diffie – Hellman 密钥建立协议来建立共享对称密钥，然后利用对称密钥算法来加密和解密。ECIES 加密和解密的计算复杂性取决于由椭圆曲线 Diffie – Hellman 密钥建立协议执行的椭圆曲线运算。最为费时的运算是椭圆曲线纯量乘法运算。

ECIES 加密采用两次椭圆曲线纯量乘法运算：一个是用来生成一个临时椭圆曲线私人—公共密钥对，另一个是用来生成用于获得共享对称密钥的密钥。

ECIES 解密只采用一次椭圆曲线纯量乘法运算来计算用于获得对称密钥的共享密钥。

ECIES 加密中另一个费时的运算是对称密钥加密运算和哈希运算。ECIES 加密执行一次对称密钥加密运算来加密信息，执行一次哈希运算来生成一个信息标签。ECIES 解密执行一次哈希运算来再生成用于确认接收到的信息完整性的信息标签。ECIES 执行一次对称密钥解密运算来解密接收到的信息。

表 14 - 17 总结了 ECIES 的加密和解密执行过程。

表 14 - 17 ECIES 加密和解密的形式

执行过程	ECIES 加密	ECIES 解密
纯量乘法	2	1
对称密钥加密	1	0
对称密钥解密	0	1
哈希运算	1	1

参考文献

[1] R. Allenby: Rings, Fields and Groups, 2nd edition, Butterworth-Heinemann, 1991.

[2] American National Standards Institute:"American National Standard for Financial Services X9.31 - 1998: Digital Signatures Using Reversible Algorithms for the Financial Services Industry (rDSA)," 1998.

[3] American National Standards Institute (ANSI):"American National Standard X9.62 - 2005 Public Key Cryptography for the Financial Services Industry, the Elliptic Curve Digital Signature Algorithm (ECDSA)," 2005.

[4] I. Blake, G. Seroussi, and N. Smart: "Elliptic Curves in Cryptography," London Mathematical Society Lecture Note Series 265, Cambridge University Press, 1999.

[5] Certicom Research: "Standards for Efficient Cryptography, SEC 1: Elliptic Curve Cryptography," Version 2.0, 2009.

[6] W. Diffie and M. E. Hellman: "New Directions in Cryptography," IEEE Transactions on Information Theory, vol. IT - 22, pp. 644 - 654, 1976.

[7] T. E. Guneysu, C. Paar, and J. Pelzl: "On the Security of Elliptic Curve Cryptosystems Against Attacks with Special-Purpose

Hardware," The International Workshop on Special-Purpose Hardware for Attacking Cryptographic Systems (SHARCS' 06), Cologne, Germany, 2006.

[8] IEEE 1609. 2/D8: "Draft Standard for Wireless Access in Vehicular Environments—Security Services for Applications and Management Messages," 2011.

[9] N. Jansma and B. Arredondo: "Performance Comparison of Elliptic Curveand RSA Digital Signatures," Technical Report, University of Michigan College of Engineering, 2004.

[10] N. Koblitz: "Elliptic Curve Cryptosystems," Mathematics of Computation, vol. 48, pp. 203 - 209, 1987.

[11] N. Koblitz, A. Menezes, and S. Vanstone: "The State of Elliptic Curve Cryptography," Designs, Codes and Cryptography, vol. 19, no. 2 - 3, pp. 173 - 193, 2000.

[12] C. Lindenberg, K. Wirt, and J. Buchmann: "Formal Proof for the Correctnessof RSA-PSS," Cryptology ePrint Archive, Report 2006/011, 2006.

[13] A. J. Menezes, P. C. Van Oorchot, and S. A. Vanstone: Handbook of Applied Cryptography, CRC Press, 1997.

[14] V. Miller: "Uses of Elliptic Curves in Cryptography," Lecture Notes in Computer Science 218: Advances in Cryptology - CRYPTO' 85, Springer-Verlag, Berlin, 1985, pp. 417 - 426.

[15] United States Department of Commerce, National Institute of Standardsand Technology (NIST): "Recommended Elliptic Curves for Federal Government Use," 1999.

[16] United States Department of Commerce, National Institute of Standardsand Technology (NIST): "Federal Information Processing Standards (FIPS) Publication PUB 197, Advanced Encryption Standard (AES)," 2001.

[17] United States Department of Commerce, National Institute of Standardsand Technology (NIST): "Federal Information Processing Standards (FIPS) Publication PUB 180 - 2," 2002.

[18] United States Department of Commerce, National Institute of

Standardsand Technology (NIST): "Special Publication 800 - 67 Recommendation for TripleData Encryption Algorithm Block Cipher," 2004.

[19] United States Department of Commerce, National Institute of Standardsand Technology (NIST): "Special Publication 800 - 57 Recommendation for Key Management - Part 1: General (Revised)," 2007.

[20] United States Department of Commerce, National Institute of Standardsand Technology (NIST): "Federal Information Processing Standards (FIPS) Publication PUB 186 - 3 Digital Signature Standard," 2009.

[21] United States Department of Commerce, National Institute of Standardsand Technology (NIST): "Special Publication 800 - 107 Recommendation for Applications Using Approved Hash Algorithms," 2009.

[22] J. Petit: "Analysis of ECDSA Authentication Processing in VANETs," 3rd International Conference on New Technologies, Mobility and Security (NTMS), 2009.

[23] RSA Laboratories: "PKCS#1 v2. 1: RSA Cryptography Standard," June 14, 2002.

[24] W. Rao and Q. Gan: "The Performance Analysis of Two Digital Signature Schemes Based on Secure Charging Protocol," the 2005 International Conferenceon Wireless Communications, Networking and Mobile Computing, 2005.

[25] S. Tillich and J. Groszschaedl: "A Survey of Public-Key Cryptography on J2ME-Enabled Mobile Devices," Computer and Information Sciences — ISCIS 2004, Lecture Notes in Computer Science, Volume 3280/2004, 935 - 944, DOI: 10. 1007/978 - 3 - 540 - 30182 - 0_ 94, 2004.

[26] A. S. Wander, N. Gura, H. Eberle, V. Gupta, and S. C. Shantz: "EnergyAnalysis of Public-Key Cryptography for Wireless Sensor Networks," Third IEEE International Conference on Pervasive Computing and Communications, 2005.

[27] E. D. Win, S. Mister, B. Preneel, and M. Wiener: "On the Performance of Signature Schemes based on Elliptic Curves," Third International Symposium on Algorithmic Number Theory, Springer-Verlag London, UK, 1998.

[28] Z. Xuan, Z. Du, and R. Chen: "Comparison Research on Digital Signature Algorithms in Mobile Web Services," International Conference on Management and Service Science (MASS' 09), 2009.

第15章 车辆网络公钥基础设施

15.1 概　述

使用数字签名可以解决信息身份验证的一部分问题，即通过读取数字签名可以使得车辆使用公共密钥来验证该签名的创建者是否具有对应的私人密钥。然而，任何人都可以创建公共密钥和私人密钥并用它们来对消息进行签名。因此，仅靠签名本身不足以确认公私密钥对拥有者的身份或类型。更进一步来讲，仅靠签名本身并不足以表现出公私密钥有使用何物的权利。为了建立一个有关谁能够拥有公共密钥的信任水平，开发了公钥证书和公钥基础设施（Public Key Infrastructure，PKI）。当前，公钥基础设施已经被广泛应用于支持客户和服务器通过互联网进行身份验证方面，其还被用来为电子护照、身份证以及支持电子消费的智能卡提供证书。

本章主要讨论用以支持车辆网络的 PKI，包括其功能、体系结构、协议和技术方面存在的挑战。概述在设计这些汽车 PKI 时面临的技术挑战，包括如何保证驾驶员的隐私以及如何量化隐私程度。

15.2 公钥证书

一份公共密钥证书（一份数字证书或者简称证书）是绑定公共密钥和私人密钥所有者的身份或者类型的电子物品，经由所有者鉴定也可以适用。证书也可以确定一个公共密钥及其关联的私人密钥的应用权限。

一份传统的证书包含以下主要信息：一个公共密钥、公共密钥所有者的身份、识别证书发行者所需要的信息以及可以证明信息正确性的证书发行者的签名。一份传统的证书中的信息元素还包括：证书格式的版本号、一个用以识别每份证书的序列号、证书的有效期时间以及其他针对特定证书的特定数据。例如此密钥可以实现的功能。

图 15－1 所示为传统的公共密钥证书里面通常包含的基本信息元素。

图 15－1 常规的公共密钥证书中的基本信息元素

证书必须由持有者认可的且可以确保其中信息正确性的机构来颁发。PKI 的设计目的就是满足这些需求。一个 PKI 就是计算机系统、政策、程序以及那些创建、管理、发布、维护和撤销证书的相关人员的集合。一个能够执行这些功能的机构就被称为证书授权机构（Certificate Authority，CA）。

为了让每个个体都可以验证一份证书是否是由一个可信的 CA 授权并验证了信息正确性，这些机构为每一份签发的证书都标示了一个私人密钥并且发布自己的公共密钥让任何人都可以验证自己的签名。证书通常拥有有限的生命周期。这确保了报废或过时设备的证书将不会无休止地有效。证书所有者需要定期为他们的证书更新信息。有限的证书生命周期也有助于限制证书撤销列表（Certificate Revocation List，CRL）的大小，该 CRL 上所列证书即为 PKI 系统要向用户告知的已撤销证书。

国际电信联盟远程通信标准化组织（ITU－T）X. 509 标准和互联网工程任务组（IETF）请求评论（RFC）5280 目前在互联网上定义了一些证书。这些证书一般被称为 X. 509 证书。电气和电子工程师协会 IEEE 1609. 2 标准基于对车辆通信环境椭圆曲线加密机制定义证书。

15. 3　信息身份验证与证书

图 15－2 所示为信息接收者用证书来验证数字签名信息的过程。在这个例子里面，如图 15－2（a）所示，信息发送者将具备签署信息的证书发送给到信息接收者。

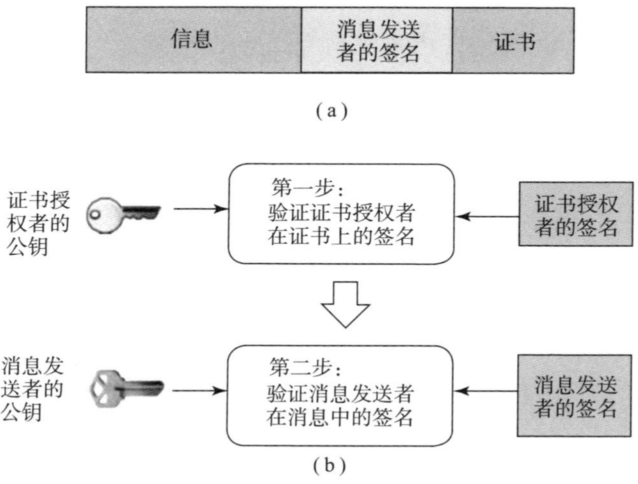

图 15－2　包含有数字签名和证书的信息验证

（a）信息生成器发送一个包含它证书的信息；（b）信息接收方使用证书来验证信息

信息接收者首先利用授权这份证书的 CA 的公共密钥验证证书中发行者的签名。如果验证成功则表明证书上的公共密钥对应于此证书。信息接收者继续利用这个公共密钥来验证信息上的签名。如果验证成功则表明信息是由证书的所有者签名的且自签名以后信息的内容就没有被更改过。

信息发送者必须保证信息接收者验证其签名之前拥有其证书。在一个特大的汽车网络中，要求任一车辆在任一时刻都存储其他任一车辆的证书是不切实际的。因此，一辆汽车可以在发送的每一条信息里面都包含自身的证书。然而，这将导致庞大的信息管理消耗。因此，在一个大型汽车网络中，利用证书进行信息验证时如何设法减少信息管理消耗是极为重要的。

15.4 证书撤销列表（CRL）

一些滥用的证书在很长时间内都不会到期，所以这些证书应该被撤销。所有具有异常行为的汽车所使用的证书以及这些汽车获得新的证书的权利都应该被撤销。一个证书由于其他一些原因也应该被撤销，例如，私人密钥的安全性受到质疑，证书的信息发生了变化，或者 CA 及证书拥有者出于某种原因决定在现有证书过期之前就用新的证书替代。

车辆或者其他的证书使用者应该知道哪些证书已经被撤销了。PKI 使用 CRL 来实现。一份 CRL 是一个能够识别被撤销证书信息的数字列表。

CRL 由一个权威机构发行，例如 CA。我们将该创建并发行 CRL 的机构称为 CRL 的发行方。每一份 CRL 都应该具备发行方的标记，这样每个个体都可以核实此 CRL 是否是由一个可信的发行方发行，而且还可以核实 CRL 内容的完整性。

ITU－T X.509 标准和 IETF RFC 5280 定义了在互联网上使用的 CRL。IEEE 1609.2 标准定义了基于椭圆曲线加密的 CRL。

随着更多的证书被撤销，CRL 必须更新以便囊括最新的被撤销证书。应该为车辆提供最新的 CRL 以便于车辆能够识别不可信的证书。

大型网络的 CRL 的规模可能会很大。为了降低网络上传输 CRL 的成本，我们可以应用德尔塔 CRL。一个德尔塔 CRL 包含最新发行的 CRL 中的被撤销的证书。IETF RFC 5280 将德尔塔 CRL 定义为 X.509 CRL。IEEE 1609.2 标准允许用户指定时间间隔来接收新的 CRL。

一旦某个被撤销的证书到期，就会被从 CRL 里面清除。

15.5　基准参考车辆 PKI 模型

图 15－3 所示为基准参考车辆的 PKI 模型，它包括下面这些主要的功能组件：

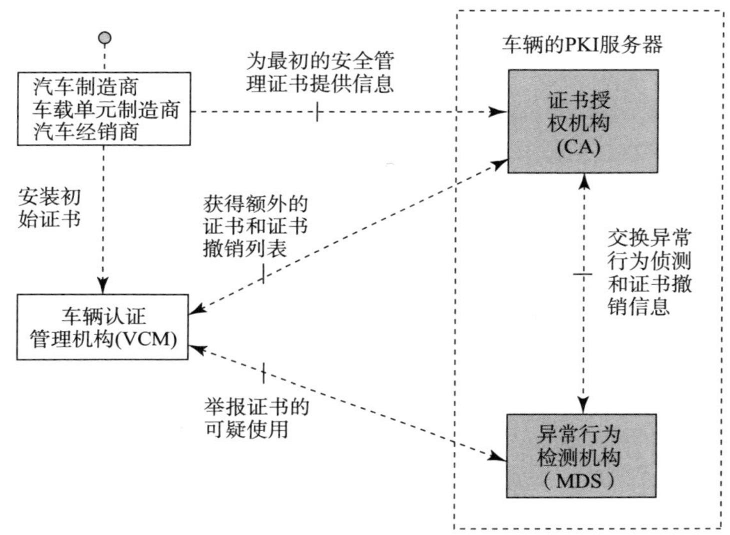

图 15－3　一个基准参考车辆的 PKI 模型

（1）证书授权机构（CA）。

（2）异常行为检测系统（MDS）。

（3）车辆认证管理机构（VCM）。

CA 是一个对创建、发布、维护和撤销证书负责的功能机构。CA 应该验证证书申请者所提供的信息来保证证书内信息的精度。例如，若证书申请者将其验证信息包含在证书中，CA 必须验证证书申请者所提供的信息来核实证书申请者的身份。例如，证书申请者可能会创建一个公私密钥对，并且向 CA 申请公共密钥的证书。此时，证书申请者出示证明以显示其拥有相应于公共密钥的私人密钥；而 CA 必须验证这些证明以核实。

CA 有不同的种类，分别对应证书管理所需要的不同功能。我们将会在本章和接下来的几章讨论几种不同类型的 CA，不同类型的 CA 通常会通过特殊的命名来反映其特定的证书管理功能系列。在不需要区分不同类型的 CA 时，我们将会简单地将所有类型的 CA 统称为 CA。

MDS 是一个功能机构，MDS 收集并分析车辆或者其他来源所提供的信息以检测误用检测证书的行为以及具有异常行为的车辆。

VCM 是一个车辆上的功能机构，VCM 对管理密钥、证书以及车辆上其他与证书相关的信息负责。这些功能包括从 CA 获得初始证书，获得新证书以取代过期的或者被撤销的证书，在车辆上存储证书，决定签署一个信息需要用到哪个证书，从 CA 获得最新的 CRL，在汽车上存储 CRL，处理 CRL 以确定证书是否已经被撤销，执行本地的对于证书滥用的检测并且给 MDS 发送具备异常行为者的报告。

CA、MDS、VCM 以及那些和其他任一方进行沟通的协议共同形成了一个端到端车辆 PKI 系统。这些功能机构被称为 PKI 服务器。在这个参考模型中，主要的 PKI 服务器是 CA 和 MDS。一个车辆的 PKI 系统需要支持下列功能或操作：

（1）配置初始整体系统的安全参数。

（2）为汽车和他们的沟通方分配初始证书。

（3）获得新的证书。

（4）将一辆车的证书散发给其他车辆使其可以验证签名的信息。

（5）撤销被滥用的证书并且将 CRL 分发给车辆和他们的沟通方。

（6）检测证书被滥用的行为和具备异常行为的车辆。

为了支持上述车辆 PKI 的功能，下列协议将是必需的：

（1）一个使车辆可以从 CA 获得证书和 CRL 的车辆 - CA（V2CA）之间的协议。

（2）一个使车辆向 MDS 报告行为不端者的车辆 - MDS（V2MDS）之间的协议。

（3）一个支持车辆 PKI 服务器之间沟通的协议。

15.6 配置初始安全参数和初始分配证书

在车辆参与安全通信之前，一系列的整体系统的安全参数应该被配置在所有车辆以及其他所有相关的实体上。这些统筹公共密钥签名机制的整体系统的安全参数（例如 RSA 加密演算法、数字签名算法和椭圆曲线数字签名算法）和公共密钥加密机制（例如椭圆曲线加密方案集成）在前一章已经有所介绍。例如，当 ECDSA 用来建立和验证签名时，一组用来定义椭圆曲线并被用于建立和验证签名的 ECDSA 域参数，必须在安全操作开始之前提供给所有车辆及其通信方。

每一辆汽车都需要安装一组初始的安全证书和相应的私人密钥。车辆利用这些安全管理证书向 CA 申请认证以获得额外的密钥及证书。车辆在拥有其自身的初始安全管理证书之前，将难以向 CA 证明其可信性。因此，车辆自身通常无法从 CA 处获得其初始安全管理证书。因此，需要一个能够证明车辆和对应公共密钥之间联系的机构从 CA 获取初始安全管理证书并安装到车辆上。可以由以下这些机构来完成，例如：汽车生产厂家，车载单元（OBU）生产厂家，或者可以用信誉提供担保的汽车经销商。

每一辆汽车都安装有一组可能会用来标记车辆安全信息的初始证书。我们将这些证书称为安全应用证书。车辆获得初始安全管理证书后，就可以直接从 CA 获得初始应用证书。或者，从汽车生产厂家，车载单元生产厂家或者汽车经销商处获得初始安全应用证书，而后在车辆出售前，将其安装在车辆上。公私密钥对也可以利用数字签名算法（例如 ECDSA）创建出来。车辆和 CA 都可以为车辆创建密钥对。

15.6.1 车辆创建自己的私人密钥和公共密钥

车辆可以创建自身的公私密钥对并在之后请求 CA 为它的公钥发布证书。在这种情况下，车辆需要向 CA 提交公共密钥进行认证，并提交证明显示有权获取相应的证书。车辆可以通过向 CA 发送加密的私人密钥的方式以证明确实拥有私人密钥。可以通过安全管理证书向 CA 证明有权获取新的证书。还可以通过安全应用证书向 CA 证明可以获得额外的安全应用证书。CA 将会验证和授权请求，生成证书申请，并把证书发送给汽车。车辆生成它们自己的公私密钥对的主要益处是没有任何其他方，包括 CA，拥有车辆的私人密钥，另一个益处是再也不需要通过网络来传送密钥，这使得密钥的保密变得更加容易。

如果所有车辆都用大量的短时的证书来保护隐私，则通过无线网络向 CA 发送大量的公共密钥将会成为一个挑战。考虑这样一种情况：每一个短时的证书在 5 分钟内是有效的并且车辆希望可以获得在接下来的 30 天里使用的足够多的证书。这意味着车辆需要每次接受 8 640 个证书。对于 112 位的安全强度使用 ECDSA 签名算法，每一个公共密钥会达到 224 位或 28

个字节。如果车辆在一个独立的证书申请里将这些公共密钥发送给 CA，除了协议头、加密开销、车辆的数字签名及不可或缺的汽车公共密钥证书外，申请信息的有效载荷大概为 242 KB。当大量的汽车通过无线网络向 CA 发送如此大的信息时，将会造成极度的资源低效。较大的信息也更容易出现传输错误。更多的传输错误将会导致信息包的重新发送，这又将浪费无线网络资源并导致更漫长的延迟。独立的申请或者小批量的申请将需要车辆和 CA 之间进行大量的信息交互，无论对于车辆还是 CA 来说，这都将导致长时间的延迟和大量的信息处理负担。

15.6.2 证书授权机构为车辆创建私钥和公钥

CA 可以为车辆创建公私密钥对及其相应的证书。在这种情况下，当车辆向 CA 申请密钥对和证书时，它只需要提供足够的信息来显示它有权获得所申请类型的证书。车辆可以通过安全管理证书向 CA 证明有权获得新的证书。也可以通过安全应用证书向 CA 证明可以获得额外的安全应用证书。由于公共密钥和私人密钥相关联，CA 需要将私人密钥和证书发送给汽车。与所有车辆创建自己的私人密钥来向其他车辆发送同样数量的证书的情况相比，车辆只需要向 CA 发送很小量的数据。然而，CA 则需要发送更多的数据给车辆。

15.7 接收新的密钥和证书

当车辆的证书将要到期或者已经被撤销了，这辆汽车应该从 CA 获得新的证书来代替过期或者被撤销的证书，这样才可以继续发送其他车辆可以信任的数据。车辆申请一个新的证书来代替过期证书时，CA 需要对申请进行确认以确定申请来自于拥有过期证书的车辆。

当车辆申请一个新的证书来代替被撤销的证书时，CA 同样需要确认是否向车辆发放新的证书。这是因为 CA 需要确认申请的车辆是否具备异常行为。车辆的旧证书被撤销表明车辆曾经滥用证书。这些曾经滥用证书的申请者不应该被允许无休止地获得新的证书。

支持车辆 PKI 操作的一个主要的协议就是车辆从 CA 获得证书和 CRL 的协议。我们将 V2CA 协议拿来做相应参考。V2CA 协议应该支持下面一种或全部向车辆发放证书的方法：

（1）一辆车生成自身的公私密钥对并申请 CA 为它的公共密钥发布证书。

（2）CA 直接为车辆生成公私密钥对和证书。

图 15－4 展示了 V2CA 协议的一个通用模型。申请信息以一个类型字段来表明它是否是一个证书或 CRL 的请求。当申请证书时，申请信息的内容就取决于车辆和 CA 是否生成公私密钥对：

（1）如果车辆生成自身的公私密钥对，证书申请就应该包括需要被 CA 认证的公共密钥，以及车辆已经将私人密钥和公共密钥进行配对的证据。证书申请也要指定证书的类型和申请的寿命。

（2）如果 CA 生成公私密钥对，证书申请将不包括公共密钥，但是会指定申请证书的类型、数量、寿命。

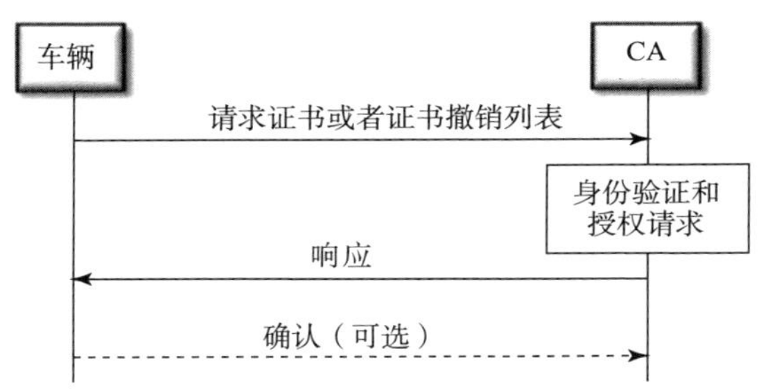

图 15－4　车辆和 CA 之间的协议

证书申请者需要在申请信息上标示自身的私人密钥以便于 CA 可以确认申请是否是来自于车辆。需要证书申请者有一个有效的证书，凭借此证书可以获得新的证书。

如果要申请含有需要证明的公共密钥，申请信息应该加密并发送到 CA 以保护车辆隐私。隐私保护证书可以在不暴露车辆身份的情况下来鉴定公共密钥的拥有者是否为车辆。然而，如果一个对手通过分析申请信息的内容，知道了某一个特定的公共密钥属于某一辆特定的汽车的话，那这个公共密钥及其证书将不再处于安全保护下。一个加密的证书申请信息也可以携带其对称密钥对以便于 CA 可以用来为证书申请者加密其后续信息。

CA 会对每一条申请信息进行确认，并决定何时为申请者提供新的证书。如果 CA 决定向申请者提供所申请的证书，就会在给车辆的回复信息中附加所申请的证书。如果 CA 负责生成密钥对，则回复信息中将包含密钥对。如果 CA 拒绝证书申请却并不认为申请者是具备异常行为的车辆，回复的信息将会包含一个说明拒绝原因的错误代码。如果 CA 认为申请者是具备异常行为的车辆，就会对证书申请弃之不顾，也不会回复。

CA 应该对每一封回复信息进行标识，以表示其包含新的证书或者相应的错误代码。这样就可以确保对手不知道哪些证书被分配到申请者。这些加密信息也可以包含发送给请求者的对称密钥对并为它随后发送给 CA 的信息加密。

当申请 CRL 时，申请信息包含申请者上一个 CRL 所包含的信息。一个 CRL 的申请信息不需要加密，因为里面不包含可以用来识别或者跟踪车辆的信息。CRL 申请信息不应该被申请者标记。这样 CA 就可以对 CRL 的申请者进行确认，并且仅仅向通过确认的申请者发送 CRL。这可以降低对手申请成功的概率以避免 CA 通过网络发送数量过多的 CRL。

如果 CRL 的请求者没有最新的 CRL，CA 会在回复信息中附有最新的 CRL。这封回复信息不需要加密，因为 CRL 是公开的。回复信息甚至不用被 CA 标识因为 CRL 本身是被 CA 标识的。如果 CA 拒绝了一个 CRL 申请，它会发送一个表示拒绝的错误代码的回复信息。如果 CA 认为申请车辆是一个具备异常行为的车辆，就会对 CRL 申请弃之不顾，也不会回复。车辆可以发送应答消息来选择性地回应从 CA 收到的相应信息。然而，这些应答通常是不必要的，特别是对于 CRL 申请来说。如果一个申请或者回复信息丢失了，申请者会重新发送申请。

IEEE 1609.2 标准基于椭圆曲线密码体制定义了用来申请证书和 CRL 的信息。一个通过互联网申请 X.509 证书的协议被 RSA 安全定义在它的公共密钥密码标准（PKCS）#10 中并且被 IETF 作为指导性的 RFC。

15.8 将证书分发到车辆以核实签名

为了验证签名信息，车辆必须拥有与用来生成签名的私人密钥配对的公共密钥以及公共密钥的证书。在一个大的汽车网络中，要求每一辆车预装其他所有车辆的证书是不切实际的。如果其他所有车辆都用大量的短时效证书来保护自己的隐私，那么要为所有其他的车辆存储和处理证书将变得更加富有挑战性。这就产生了一个重要问题：车辆之间应该怎样相互分发证书？

车辆可以在发送的每一条信息里面都包含有自己的证书。但是这将导致无线带宽的极大浪费，有一类创新方法规定了所有车辆可以将证书包含在信息的一个小子集中，这类方法是可以继续发展的。这里，我们用一个例子来说明一种方法。假定一组车辆定期相互广播信息。车辆可以通过在发送信息中设置证书申请标识的方法告诉其他车辆自己是否拥有用以确认所有接收签名的证书。车辆通过判断其他车辆是否拥有自己的证书来决定是否将自己的证书包含在发送信息中。对于从其他汽车接收的证书，车辆将缓存有限的一段时间。图 15－5 表示了一个简化的范例程序。

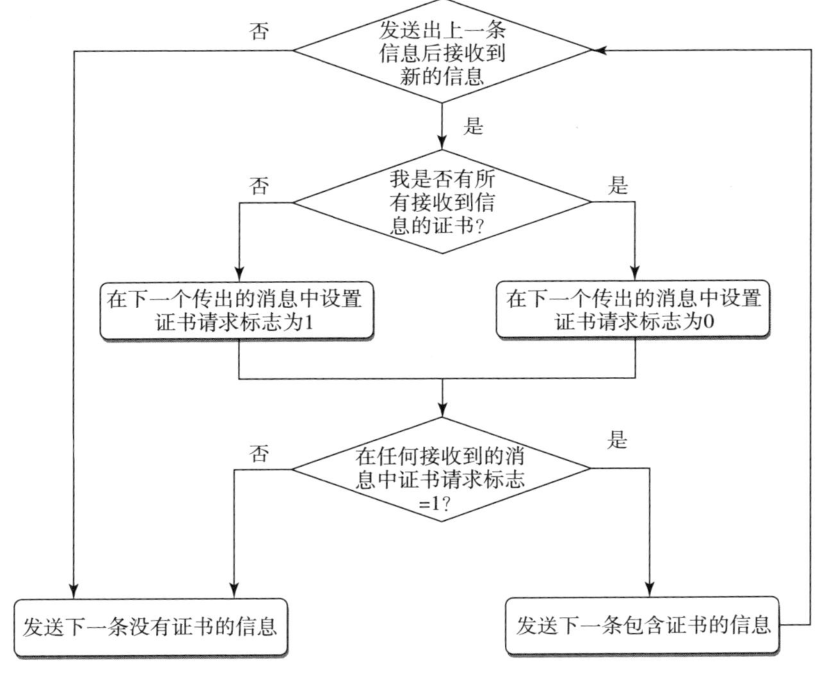

图 15－5　车辆给对方分发证书的程序

车辆收到信息之后，会确认信息中是否包含用以确认此信息的证书。如果证书缺失，车辆将会在下一条信息里设置证书申请标识来申请其他车辆在下一条信息中附加完整的证书。如果车辆收到一个包含证书申请标识的信息，就会在发出的下一条信息中附上自己的证书。如果接收的所有信息中的信息申请标识值均为零，车辆就会停止在随后发送的信息中附上自己的证书。当另一辆车加入这个通信组时，它可以从自己收到的信息中发现自己是否拥有临近车辆的证书。如果没有，它会在自己接下来发出的信息中设置证书申请标识来申请其他汽车在下一次发送的信息中附上自己的证书。

以上这些途径允许车辆快速地将自己的证书分发给其他车辆并且维持一个稳定的状态，也就是不再需要在发送的信息中包含证书。在达到稳定状态之前，车辆可能会收到无法校验的信息。然而，如图 15－6 所示，所有车辆都应该能够在 4 个信息广播时间间隔内获得所有需要的证书。假设 A 和 B 两辆汽车定期相互广播信息。当 A 从 B 接收到一个信息并且没有用以验证其签名的信息时，A 在下一个发送出去的信息中设置一个证书申请标识。收到这个信息后，B 会在接下来发送的信息中附上自己的证书。因此，A 需要在第三次收到 B 的信息时才能收到 B 的证书。

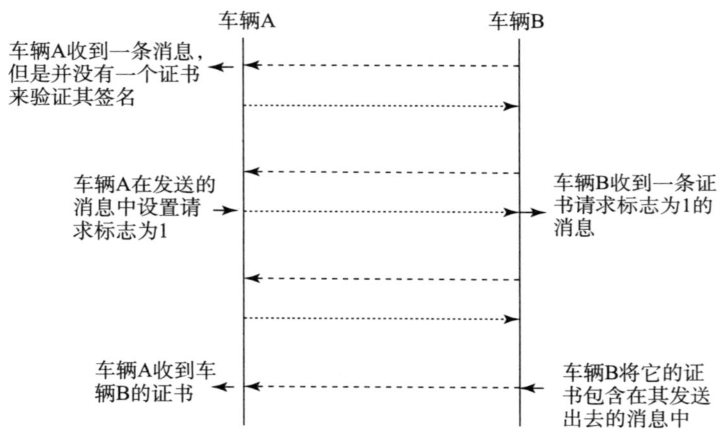

图 15－6 车辆在每四个信息广播间隔内收到的彼此的证书

15.9 误用检测证书和具备异常行为的车辆

如今 PKI 广泛应用于互联网应用，证书拥有者通常要负责检测被滥用的证书。例如，当网络服务器证书被分配给一个互联网服务供应商（ISP）时，那么 ISP 就要负责检测所有证书滥用行为。当终端用户启用签发证书的智能卡时，终端用户就要负责检测智能卡的滥用行为。终端用户不需要了解证书是什么，他们只需要报告智能卡的滥用行为即可。

然而在一个大型的汽车网络中，驾驶员作为终端用户却不能承担检测车辆证书滥用行为的责任。因此，一个不端行为检测系统是必要的。检测证书滥用和车辆不端行为的方法取决于具体的隐私保护认证计划以及全球不端行为检测系统是否能够识别和跟踪车辆。这表明汽车网络的不端行为检测应该与车辆的 PKI 系统的设计紧密协调。汽车网络中的不端行为检测提出了一些独特的挑战，要求以及需要注意的设计考虑。

第一，CA 必须以较小的误差来判定车辆是否行为不端。因为一旦失去获得新的证书的权利会导致车辆在现有证书过期后丧失保护自己隐私的能力以及发送可信任信息的能力，这将会降低车辆及其周边车辆的安全水平。在一个拥有超过 2.5 亿辆汽车的国家里，在不端行为检测中的一个极小的错误率将会导致大量无辜的汽车被判定为行为不端。当大量的汽车失去发送可信任信息的能力时，车辆安全应用的有效性将受到影响。

第二，不端行为检测对驾驶员产生的干扰应该可以忽略不计。例如，无辜的汽车不应该被强制进行检查以获得新的安全密钥和证书。

第三，根本问题在于不端行为检测系统是否应该获准拥有可以得到车辆隐私的私密信息。具有认定或者定位车辆的权限可以便于对行为不端车辆进行检测。然而，这些权限可能会被不端行为检测系统的控制者滥用或者被对手利用。

图 15－7 说明了不端行为检测的功能体系结构。它包括两个主要的部分：

（1）本地不端行为检测。

（2）全球不端行为检测。

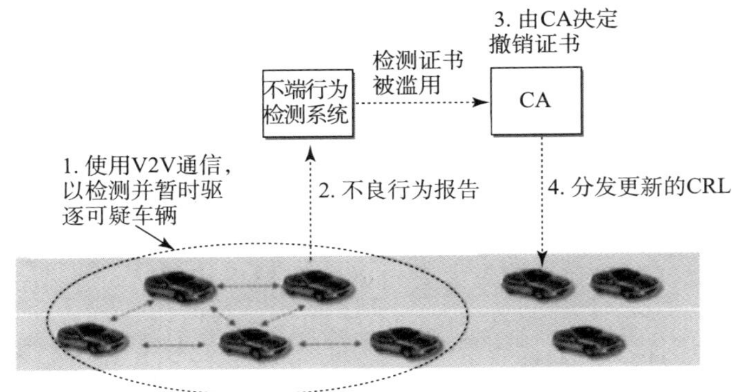

图 15－7　车辆与车辆间的不端行为检测功能架构

15.9.1 本地不端行为检测

车辆应该拥有本地不端行为检测的能力以确定从其他车辆上收到的信息是否可信。车辆可以拒绝不可信的信息以降低恶意或者错误信息的消极影响。尽管一些信息具有有效的签名和证书，可是车辆还是有可能将其视为不可信的。例如，可能这些信息所包含的内容与其他多数的信息相矛盾或者与可靠的车载传感器上收集的信息相矛盾。有效的车辆本地不端行为检测应该允许车辆在不端行为车辆存在的时候仍能继续安全操作。只要车辆的本地不端行为检测系统还可以通过检测不可信的信息来保持车辆安全应用的效力，此车辆就不必从 CA 接收最新的 CRL。

由于车辆可以在更长的时间内利用本地的不端行为检测机制来有效地检测不可信的信息而不必重装最新的 CRL，针对 CRL 如何分发到车辆这个问题，将会出现更多的选择。车辆不应该具有撤销其他车辆证书的权利。证书撤销应该由 CA 负责。本地的不端行为检测算法仍处于起步阶段。开发专用短程无线通信（DSRC）电来进行高可信度和低错误率的检测还需要进一步的努力。主要包括检测故意和无意的不端行为。有效的本地不端行为检测解决方案对于汽车网络在现实世界的部署十分关键。

15.9.2 全球不端行为检测

由于车辆所掌握的本地信息有限，车辆的本地不端行为检测能力是很有限的。随着不端行为汽车的数量、严重程度和不端行为的范围的扩大，车辆的本地检测系统的有效性会降低。全球不端行为检测系统可以从大量车辆收集并分析信息，从而对某一辆汽车是否行为不端做出更可靠的判断。不端行为检测结果会被提供给 CA，不端行为车辆的所有证书或者获得新的证书的权利将会被撤销。一旦车辆获得新的证书的权利被撤销，想要重新获得该权利就必须接受审查。

15.9.3 不端行为报告

为了启用全球不端行为检测，车辆需要提供 MDS 以用于检测被滥用的证书和不端行为车辆的信息。一个根本问题在于：汽车应该将什么信息报告给 MDS？这个问题的答案直接对 MDS 检测不端行为的能力以及由于不端行为报告产生的网络通信量产生影响。

一般来说，要求车辆通过无线网络用一种资源节约型的方式提供可信的和可验证的关于所谓的不端行为的证据是很困难的。首先，报告车辆可能是发送错误报告的不端行为车辆。其次，有足够多的证据显示证书是否被滥用或者车辆是否行为不端一般需要大量的数据来说明。最直接的证据显示车辆的行为不端可能是由于从所谓的不端行为车辆那里收到的消息。可是少量的接收信息对 MDS 的价值一般是有限的。而发送大量的从所谓的不端行为汽车收到的信息会给 MDS 造成过分庞大的网络流量。

不端行为报告的一个途径是报告包含报告车辆对于证书被滥用或者汽车行为不端的建议。这些信息会包括额外的内容，例如所谓的不端行为的类型。然而，一个不端行为报告不需要包含建议所需要的证据。MDS 收集并分析从众多车辆发送的建议以确定一个证书是否被滥用以及某一辆车是否有不端行为。这样车辆就不需要向 MDS 发送大量的数据。

崭新的低错率的以建议为基础的不端行为检测机制仍有待开发，从而能够支撑一个庞大的汽车网络。我们将 V2MDS 协议视为车辆向 MDS 发送不端行为报告的参考协议。如图 15－8 所示为一个简单的 V2MDS 协议。

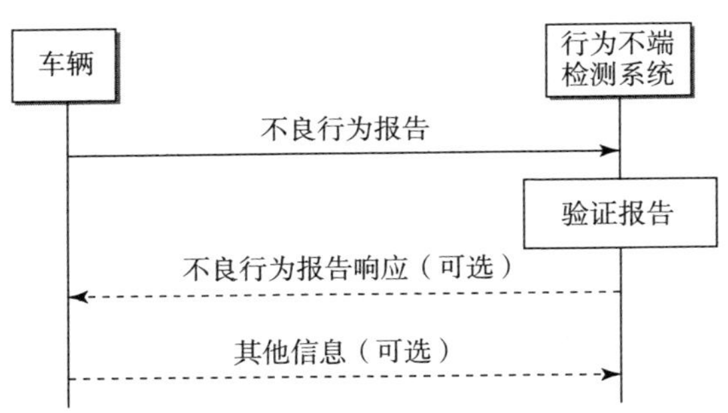

图 15－8　车辆与行为不端检测系统之间的协议

既然同一不端行为车辆或者被滥用的证明可能被众多车辆检测和报告，不端行为报告从车辆到 MDS 的传输就不需要 100% 可靠。此外，MDS 的回复通常是没有必要的。MDS 或许会选择发送一个不端行为报告回复给车辆来要求车辆发送关于其自身或者不端行为车辆的更多数据。一旦收到一封要求发送更多数据的回复，车辆应该将所需要的额外数据回复给 MDS。

最初，车辆可以匿名报告不端行为。然而，车辆执行的报告越多，它就越需要向 MDS 证明自己的可信度。否则，行为不端的车辆会发送一个任意大数量的错误报告来错误地指责无辜车辆。因此，当 MDS 从同一辆汽车那里收到过高数量的不端行为报告，就会要求该车辆更多地说明自身从而让 MDS 掌握更多有关报告者的信息来判断报告的可信度。如果一辆车没有能够回复 MDS 关于更深入信息的询问，MDS 也许会弃置这辆车此前发出的不端行为报告。

如果不端行为报告回复并没有要求车辆对于一个已经报告的不端行为发送进一步的数据，那这辆车就不必从 MDS 那里得到这个不端行为报告回复。不端行为报告应该由报告车辆做好标志并且加密后发给 MDS。这辆车的签名允许 MDS 确认此报告是来自一个有权利发送这类报告的个体的。为了保护车辆隐私，车辆或许会用隐私保护证书标记在它的不端行为报告里。这可以使 MDS 确认这些报告来自一辆汽车而不能确切知道是哪一辆汽车。

并不是所有检测到同一事件的车辆都需要发送不良行为报告给 MDS。为了平衡报告的准确性和不端行为报告所产生的网络流量，算法应该发展成可以允许每一辆车自主决定每次检测到可疑的行为不端的车辆或者被滥用的证书时，是否需要发送不端行为报告。不端行为报告也许会被对手利用来攻击安全系统和汽车网络。例如，众多行为异常的汽车会集体声称一辆无辜的汽车是行为不端的。当对手形成局部多数，它们的报告也许会说服 MDS 一个无辜的车辆是行为不端的。因此，全球行为不端检测系统必须能够使这种影响最小化。

15.10 车辆获取 CRL 的方式

车辆可以定期或者在特定的情况发生时从 CA 那里主动检索最新的 CRL。CRL 发行方可以在每一份 CRL 里设置一个估计时间来建议何时进行下一次更新比较适宜。车辆可以在估计时间与 CA 进行沟通来获取下一份 CRL。

可能促使车辆申请最新的 CRL 的示例事件包括：

（1）车辆曾经长时间失去与 CRL 发行方的联系导致其现在的 CRL 已

经过时。

（2）车辆检测到较大数量的不在其 CRL 上的被滥用的证书。

（3）车辆进入一个不同的 CRL 发行方负责的区域。

一个从属于 CRL 发行方的机构也可以存储和分发 CRL。例如从地域上与 CRL 发行方分离的 CRL 分发点（CDP），目前可以存储 CRL 并且提供能够通过网络的应用程序下载 CRL 的接口。

CRL 发行方或者 CDP 也可以向车辆主动分发 CRL。例如，可以将最新的 CRL 提供给路侧单元（RSU），通过无线电覆盖区广播给车辆。

图 15－9 说明了汽车可以用不同类型的网络来获得 CRL。例如，汽车可以通过沿路部署的、在汽车服务中心的、在车库的 DSRC 或者汽车厂的 Wi－Fi RSU 来与 CRL 发行方或者 CDP 建立联系来获得 CRL。

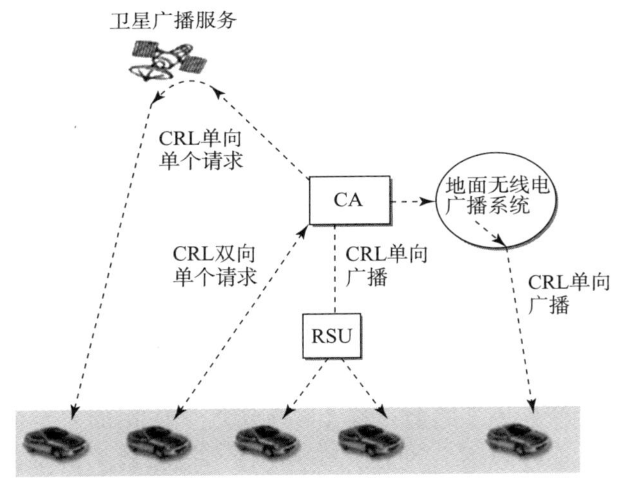

图 15－9　车辆获得 CRL 的通信选择

车辆也可以使用蜂窝网络来获取 CRL。无论车辆自身还是驾驶员或者乘员带入车辆的蜂窝设备都可以实现这一点。如今，配有蜂窝通信能力且可以支持远程信息处理的汽车应用数量与日俱增，例如路线指引、紧急援助。这些蜂窝通信能力也可以被用于获取 CRL。卫星和地面无线电以及车辆上越来越多可以用来或者已经用来向车辆发送交通信息的电视广播服务也可以用于向汽车发送 CRL。

15.11 CRL 分发到车辆的时间间隔

设计车辆 PKI 时有一个非常重要的问题：如何确定最新的 CRL 或者增量 CRL 发送给车辆的时间间隔。这个问题的答案对车辆 PKI 设计的几个重要步骤有着直接影响。如果 PKI 的设计需要每一个最新的 CRL 一旦建立就要紧急分发下去，那所有车辆都必须和 CRL 的发行方有频繁的网络联系。CRL 被频繁的分配给数量庞大的车辆会消耗庞大的无线带宽。相反，如果 PKI 的设计使得汽车可以在相当长一段时期内依靠其本地的不端行为检测能力，则最新的 CRL 的分配将不会如此频繁。

车辆最多多长时间更新一次 CRL 取决于其本地的不端行为检测功能的效用以及汽车网络安全的目标水平。为了建立一个分析 CRL 分发时间间隔的基本架构以及理解 CRL 分布于不端行为检测的相关性，我们介绍可持续间隔 T_s。车辆的可持续间隔是车辆可以安全地与其他车辆进行沟通而不需要更新 CRL 的时间间隔。可持续时间间隔概念可以用于将重要的因素联系到一起，例如 CRL 分发时间间隔、本地的行为不端检测能力，全球行为不端检测能力以及车辆连接 PKI 服务器的时间间隔等。

在获取新的 CRL 之前，车辆必须利用接收到的最新的 CRL 以及其本地的行为不端检测系统来确定收到的信息是否值得信任。随着社会的发展，行为不端车辆的数量会增加而且可能受害的汽车会越来越多。更多的行为不端车辆会产生更多的会影响无辜车辆安全应用的恶意信息。更多的行为不端车辆也会导致更多的无辜车辆的证书被撤销。当受害车辆的数量超过一定的阈值，合作安全应用的效用会降低。例如，如果行为不端车辆导致了过多的无辜车辆的证书被撤销，依靠周边车辆信息的车辆安全应用的效果会变差。更进一步，当行为不端车辆的数量超过一定的阈值，由于出现了过多的错误的行为不端报告，会导致 MDS 确认行为不端车辆的能力降低。

图 15-10 说明了持续区间的概念。首先，每一辆车必须能够依靠其本地的行为不端检测能力来确定从其他车辆上发送的信息至少在 $T_s \geq T_{update} + T_{delivery}$ 的时间单元内是否可信。T_{update}（$T_{更新}$）是指一辆车收到上一个 CRL 到 CA 创建出一个新的 CRL 的时间间隔；而 $T_{delivery}$（$T_{传递}$）是指一辆车从 CRL 被创建出来到获得这个 CRL 所需的时间。T_{update} 取决于

MDS 检测不端行为的效用，而这又反过来取决于车辆能够提供给 MDS 的行为不端报告。

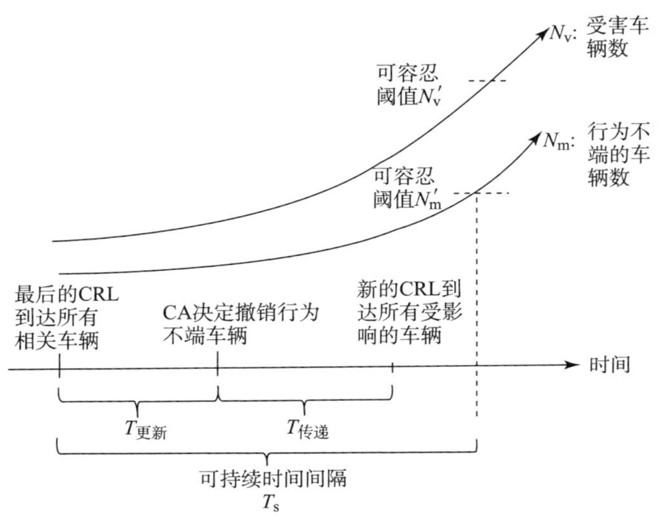

图 15－10　可持续时间间隔

如果一辆车与 CRL 的发行方有一个恒定的网络连接，$T_{delivery}$会以终端到终端的信息传输时延为主。对于一辆没有恒定网络连接功能的汽车而言，$T_{delivery}$主要以车辆与 CRL 建立网络连接的时间为主。假设 N_m'是活跃的不端行为车辆的最大数量，而 N_v'是汽车网络可以容许的受害车辆的最大值。在一个持续的时间间隔 T_s 内，需要满足下列条件：

$$N_m \leqslant N_m' \quad 且 \quad N_v \leqslant N_v' \tag{15－1}$$

只要本地和全球的不端行为检测机制能够保持 $N_m \leqslant N_m'$且 $N_v \geqslant N_v'$，那么持续时间间隔 T_s 会一直持续下去。就是说，持续时间间隔的长度取决于下列主要因素：

（1）不端行为车辆数的增长速度。

（2）车辆如何有效地利用其本地的不良行为检测能力来检测不可信的信息从而保证 N_v 的值处于较低水平。

（3）MDS 如何有效地检测行为不端车辆，并由 CA 撤销。

假设 r 是新的行为不端车辆每个时间段（比如一天或一个月）进入汽车网络的速率。假设 q 是车辆无辜受害的速率。那么持续时间间隔 T_s 应该满足：

$$T_s \leqslant \min\left\{\frac{N'_m}{r},\ \frac{N'_v}{q}\right\} \tag{15-2}$$

在一定的持续时间间隔 T_s 下，可以估计车辆更新 CRL 的频率。特别地，一辆车应该在一个 T_s 时间单元内与 CRL 的发行方进行至少一次的联系。有几种估计持续间隔和设计可以实现目标持续间隔的路旁网络的方法已经日趋成熟。

15.12 公钥基础设施（PKI）的层次结构

为了支撑一个大型的汽车网络，我们需要一个分布式的甚至可能分层的 PKI 体系。为了防止个别 CA 获得足够的信息来非法获取车辆的隐私，CA 的功能应该被区分开，并在独立机构管理的相互独立的 CA 处理器上实现。在这里，我们讨论一些可以满足 CA 的分布式和分层系统的基本机制。

15.12.1 依靠证书链实现分层 CA 结构

可以使用证书链的方式来实现分层和分布式的 CA 体系结构。根 CA 是一个被所有用户所认可的不需要第三方去证明它的公钥的 CA，它可以授权它的一个从属 CA 去发行证书。即根 CA 用它的信誉担保从属 CA 发行证书的权威和能力。一个从属 CA 也可以被根 CA 授权去授权其他从属 CA 发行证书。

上述证书链使得众多 CA 可以被组合进一个层次结构而用户只需要预配置信任少量的根 CA。不同的 CA 可以被用来发行不同类型的证书。例如，IEEE 1609.2 标准将 CA 区分为发行车辆用于发送安全信息的证书的 CA 以及发行车辆用于与 CA 进行沟通的证书的 CA。IEEE 1609.2 标准也将发行 CRL 的 CA 和发行证书的 CA 区分开来。不同的 CA 也可能被用于服务不同地理区域或者不同的汽车制造商生产出来的汽车。

图 15-11 表示一个证书链的示例。一个根 CA 向从属 CA_1（由汽车制造商经营）发行了一个证书来授权 CA_1 向汽车制造商的汽车发行安全应用证书。CA_1 用其自身的私人密钥来标识其发行给汽车的证书“车辆证书”。为了确认由 CA_1 发行的证书，车辆首先通过确认证书上根 CA 的签名来确认根 CA 给 CA_1 的证书。如果验证成功，则表明 CA 拥有制定根

CA 证书的公钥。汽车进一步用根 CA 证书上的公共密钥来确认车辆证书上 CA_1 的签名。如果此验证依然成功，这辆汽车就可以确认此证书是由 CA_1 颁布的。

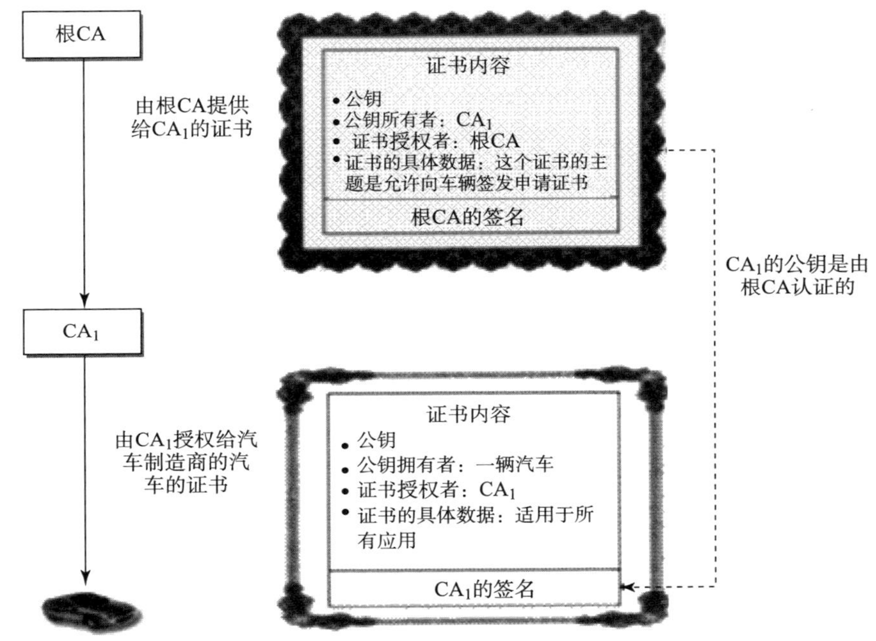

图 15－11　分层分布式 CA 架构的证书链

15.12.2　分层的 CA 体系结构示例

图 15－12 显示出一个分布的 CA 层次结构样本。全国被分成几个区域，每一个区域都通过一系列的区域性 CA 进行服务。对于每一个区域，不同的 CA 可以被用于发行不同类型的证书或者服务不同群体的车辆。这些 CA 会由不同的组织来经营。例如，一个汽车生产厂家可以经营 CA 来为自己的汽车发布证书。

一个单一的逻辑根 CA 使得每一辆车都可以仅由一个单一的根 CA 预配置公共密钥，且无论这辆车是在何时出售以及之后在何处驾驶。或者，各个地区都有各自的根 CA。需要每一辆车具备所有根 CA 的公共密钥来确认不同地区的 CA 所颁发的证书。

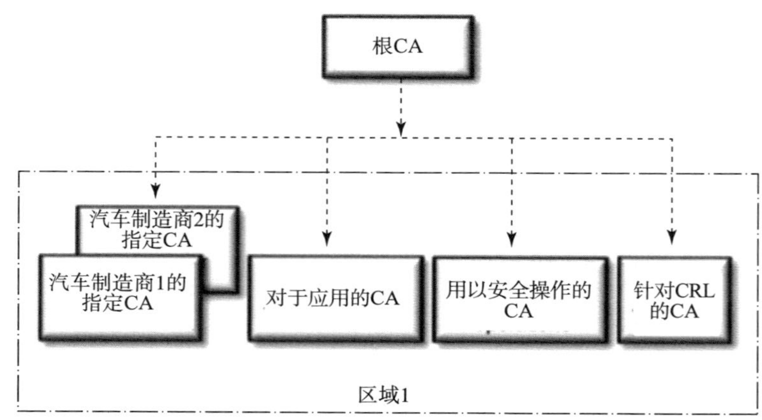

图 15－12　用于车辆安全通信的样品分布的 CA 体系结构

15.13　车辆 PKI 的隐私保护

一个常规的证书包括对手可以用以识别证书主题的文本信息。这会影响车辆隐私方面的需求。一个常规的证书还包含众多有特定值的数据成分，例如证书编号、公共密钥以及可以用来确定哪些数据发自同一辆车的具体数据。这破坏了长时间的信息不可链接需求并使得对手能够跟踪车辆。因此，在设计一个隐私保护 PKI 时，首先就要使证书的隐私得到保护。也就是说，使证书匿名和不可链接。一个匿名的证书不会向对手提供可以确定证书主题的信息。当对手无法仅仅用证书来确定哪些证书是发自同一辆汽车时，证书是不可链接的。

为一个大型汽车网络设计一个隐私保护 PKI 仍然是一个巨大的挑战。证书的匿名和不可链接相对而言是容易的。主要的挑战在于在满足其他重要的设计目标，例如：实现高可扩展性和鲁棒性的同时保证证书匿名和不可链接。例如，当所有的车辆用同一个相同的证书时最高程度的匿名可以很容易实现。然而，撤销一个证书需要在每一辆汽车上都进行修改，这将使系统变得不可扩展。更进一步，检测行为不端车辆也会变得极为困难，这也意味着系统不健全。在后面章节，我们会讨论可以使证书的隐私得到保护的几类方法，统计学上共享的证书，短期证书以及群签名，并讨论它们的可扩展性和鲁棒性。

在一个常规的 PKI 中，CA 拥有关于哪个证书被颁发给哪辆汽车的详细信息。CA 的控制者也许会滥用这些信息来识别和跟踪车辆。因此，保护 PKI 的隐私要解决的第二个问题是如何防止 CA 有足够的信息来识别和跟踪车辆。我们在后面章节会描述一个可能的解决方案。在对隐私保护 PKI 进行详细的探讨之前，首先讨论怎样定量测量隐私是极为重要的。定量的测量可以在接下来用来评估不同的隐私保护 PKI 解决方案。

15.13.1　车辆的定量测量

在设计隐私保护 PKI 的解决方案时，我们将车辆隐私看作对手在所有车辆中确定哪辆车是证书拥有者的困难程度。在一个有 V 辆车的系统里，可以实现的最大程度的匿名就是对手认为所有车辆作为证书拥有者的可能性都是相同的。这就是说，当对手完全不能确定哪辆车是证书拥有者时，我们就实现了最大程度的匿名。因此，匿名集的规模决定了隐私保护 PKI 解决方案可以实现的匿名最大程度。

隐私保护解决方案会泄露不同程度的隐私信息，这些信息可以对对手起到帮助。考虑到隐私泄漏的具体隐私保护解决方案后，使用熵是一个衡量匿名的方法。熵用一个随机变量度量了不确定性和不可预测性的水平。

假设一个隐私保护策略建立了一个大小为 V 的匿名集。一个对手想要从这个匿名集里确定哪辆车是证书拥有者。设离散型随机变量 X 来表示证书的主题。对手想要确定 X 的值，X 取值可以从 1 到 V。对手用从汽车上捕获的证书来确定有 p_i 的概率授予匿名集里面的第 i 辆车。即 $p_i = P_r(X=i)$，式中的每个 i 都对应于匿名集里面的第 i 辆车。设 $H(X)$ 是对手分析了来自车辆的一系列信息后变量 X 的熵。$H(X)$ 衡量了对手决定的不确定性。一个更大的 $H(X)$ 的值意味着更高的不确定性和更高水平的隐私。

$H(X)$ 可以计算为：

$$H(\mathrm{X}) = -\sum_{i=1}^{V} p_i \log_2 p_i \tag{15-3}$$

当对于每一个 i 都有 $p_i = 1/V$ 时，取得最大匿名值 $H_{\max}$。$H_{\max}$ 由下列公式给出：

$$H_{\max} = \log_2 V \tag{15-4}$$

15.13.2 信息不可链接性的定量测量

信息不可链接性是指没有能力向同一辆汽车链接多种信息。信息不可链接性可以被描述为一个对手仅仅用信息来成功确定在时间 t_1 捕获的信息 $M(t_1)$ 和在时间 t_2 捕获的信息 $M(t_2)$ 是否来自同一辆汽车的可能性。

在设计隐私保护 PKI 解决方案时，我们将信息不可链接性看作一个对手可以仅仅通过证书上的信息来成功确定 $M(t_1)$ 和 $M(t_2)$ 两条信息是否来自同一辆车的能力。我们用 $M(t_1) \longleftrightarrow M(t_2)$ 来表示这两条信息源自同一辆车的事实。信息不可链接性 U 可以被表示为：

$$U = 1 - P_r(M(t_1) \longleftrightarrow M(t_2)) \tag{15-5}$$

对于时间阈 τ，长期的信息不可链接性可表示为：

$$U(\tau) = 1 - P_r(M(t_1) \longleftrightarrow M(t_2) \mid t_2 - t_1 \geqslant \tau) \tag{15-6}$$

参考文献

[1] I. Blake, G. Seroussi, and N. Smart: "Elliptic Curves in Cryptography," London Mathematical Society Lecture Note Series 265, Cambridge University Press, 1999.

[2] M. Braverman, O. Etesami, E. Mossel: "Mafia: A Theoretical Study of Players and Coalitions in a Partial Information Environment," Annals of Applied Probability, vol. 18, no. 3, pp. 825 - 846, 2008.

[3] J. Clulow and T. Moore: "Suicide for the Common Good: A New Strategy for Credential Revocation in Self-Organizing Systems," ACM Special Interest Group on Operating Systems (SIGOPS) Operating Systems Review, Volume 40, Issue 3, 2006.

[4] G. D. Crescenzo, E. Vendanberg, and T. Zhang: "Analysis of Infrastructureand Communications Requirements for V2V PKI Security Management," Deliverableto the Vehicle Safety Communications - Applications (VSC - A) Program, 2009.

[5] G. D. Crescenzo, and T. Zhang: "Privacy-Preserving PKI with Reduced Server Trust," G. D. Crescenzo, T. Zhang, IEEE ICC 2012, Communication and Information Systems Security Symposium, Ottawa, Canada, 2012.

[6] D. Cooper, S. Santesson, S. Farrell, S. Boeyen, R. Housley, and W. Polk: "Internet X. 509 Public Key Infrastructure Certifi cate and Certificate RevocationList (CRL) Profile," Internet Engineering Task Force (IETF) Request for Comments (RFC) 5280, 2008.

[7] C. Diaz, S. Seys, J. Claessens, and B. Preneel: "Towards Measuring Anonymity," 2nd International Conference on Privacy Enhancing Technologies (PET), 2002.

[8] J. P. Hubaux, S. Capkun, and J. Luo: "The Security and Privacy of Smart Vehicles," IEEE SECURITY & PRIVACY, 2004.

[9] IEEE P1609. 2: "Trial-Use Standard for Wireless Access in Vehicular Environments - Security Services for Applications and Management Messages," 2006.

[10] T. Moore, M. Rayay, J. Clulow, P. Papadimitratosy, R. Anderson, and J. -P. Hubaux: "Fast Exclusion of Errant Devices From Vehicular Networks," 5th Annual IEEE Communications Society Conference on Sensor, Mesh and Ad Hoc Communicationsand Networks (IEEE SECON), San Francisco, CA, 2008.

[11] M. Nystrom and B. Kaliski: "PKCS #10: Certification Request Syntax Specification Version 1. 7," Internet Engineering Task Force (IETF) Request for Comments (RFC) 2986, 2000.

[12] M. Raya, P. Papadimitratos, I. Aad, D. Jungels, and J. P. Hubaux: "Evictionof Misbehaving and Faulty Nodes in Vehicular Networks," IEEE Journal on Selected Areas in Communication (JSAC), vol. 25, no. 8, 2007.

[13] R. Rivest, A. Shamir, and L. Adleman: "A Method for Obtaining Digital Signatures and Public-Key Cryptosystems," Communications of the ACM, vol. 21, no. 2, pp. 120 - 126, 1978.

[14] V. Sood, T. Antal, and S. Redner: "Voter Models on Heterogeneous Networks," Physics Review, 77, ID 041121, 2008.

[15] R. White,S. Pietrowicz, E. Vandenberg, G. Di Crescenzo, D. Mok, R. FerrerT. Zhang, and H. Shim:"Privacy and Scalability Analysis of Vehicular Combinatorial Certificate Schemes," IEEE Consumer Communications and Networking Conference (CCNC), Las Vegas, Nevada, USA, 2009.

第16章 隐私保护与共享证书

16.1 共享证书

共享证书是将每个证书分配给一个数目足够大的车辆群体，这样一来恶意攻击者便很难将某个证书链接到某个特定车辆。本章重点关注统计共享证书。根据概率分布，随机给每个车辆分配证书，这样一来，同时获取某些证书的车辆群体亦为随机的。首次提出统计共享认证的概念是在2006年前后，最初被称为组合认证机制。自那以后，统计共享认证方案得到了进一步分析和增强。我们将首先讨论原证书组合方案的属性和局限性，之后讨论改善统计证书共享过程的可伸缩性和鲁棒性的可能性。

16.2 组合认证方案

原组合证书计划工作如下：

证书产生：一个CA创建一个共享证书池，其中包含 N 对私人和公共密钥以及证书应用的所有车辆。这些密钥和证书的有效期可以很长，可以是几个月，甚至几年。

证书分配：每辆车给出从共享池随机选择的统一的 $n \leqslant N$ 的证书，以及与它们相关的公私密钥对。

证书撤销和替换：CA 通过将签名标记到 CRL 上来撤销发布的证书，使 CRL 对所有车辆都有效。CA 从共享池删除每个撤销证书，及其相关的私人和公共密钥对，并用一个新的证书来替换。CA 分配这一新的证书，每辆车共享撤销证书。这可以确保在所有的车辆中每个证书的概率在证书被撤销、更换后还能保持不变。

车辆 CRL 的处理：每辆车被撤销的证书是否通过检查，证书的签名是否在 CRL 等都会进行验证。

任何共享提供的隐私级别证书计划取决于每个证书共享汽车的数量。当车辆 V 使用组合证书计划，一个任意的概率 ρ 分配车辆任何特定的证书由方程（16－1）给出，其中

$$\binom{x}{y}$$

是从 x 中的不同的数字中选出 y 中不同的数字的方法数目：

$$\rho=\frac{\binom{N-1}{n-1}}{\binom{N}{n}}=\frac{\dfrac{(N-1)!}{(n-1)!\ (N-n)!}}{\dfrac{N!}{n\ (N-n)!}}=\frac{n}{N} \tag{16-1}$$

共享每个证书的车辆的预期数量 N_s，这个数量是预期的匿名集的大小，由方程（16－2）给出：

$$N_s=\frac{n}{N}V=\rho V \tag{16-2}$$

组合证书计划的一个重要属性是，每个证书分配给任何车辆的概率 ρ 都是独立于时间的。也就是说，概率是平稳的。这种平稳分布甚至随着时间的推移在证书被撤销并被新的证书取代后还可以保持，使得隐私维护始终达标。

此外，概率 ρ 也独立于车辆的数量规模。这使得在动态变化的车辆数量中很容易设置 ρ 的值。接下来，我们使用匿名的预期大小 N_s 来估计匿名性和长期证书的不可链接性。在前面的章节中基于匿名定义，基本统计共享认证方案匿名实现的最大预期水平可以由方程（16－3）估计：

$$H_{\max}=\log_2(\rho V)=\log_2\left(\frac{nV}{N}\right) \tag{16-3}$$

现在，让我们考虑一下长期证书时间阈值 τ 的不可链接性 $U(\tau)$。对手试图确定 τ 时间单位以前信文 M_2 证书 C_2 是否和发送证书 C_1 的信文 M_1 的是同一车辆。如果这两个证书是相同的，即 $C_1 = C_2 = C$，则对手知道证书 C_1 和 C_2 的所有者可能在共享证书 C 的 ρV 车辆中。证书的所有者 C_2 是任何一个 ρV 车辆的概率是相同的。因此，证书 C_2 的所有者和证书 C_1 的所有者相同的概率都是 $1/\rho V$。

如果 C_1 和 C_2 是不同的，那么对手就会知道 C_1 的所有者是 ρV 车辆中预计会共享 C_1 的一个，C_2 的所有者是 ρV 汽车中预计会共享 C_2 的一个。拥有证书 C_1 或证书 C_2 的车辆集的预期大小是 $(2\rho - \rho^2)V$。因此，$U(\tau)$ 可以估计为：

$$U(\tau) = \begin{cases} 1 - \dfrac{1}{\rho V}, & C_2 = C_1 \\ 1 - \dfrac{1}{(2\rho - \rho^2)v}, & C_2 \neq C_1 \end{cases} \tag{16-4}$$

可以看到由原组合证书方案实现长期证书不可链接性是独立于时间的。即原始组合证书计划可能长久保持证书的不可链接性。

16.3　证书撤销附带损害

当一个被分配给一个行为不端的汽车的证书被撤销时，所有其他共享这个证书的车辆也将无法使用它。我们将这种效应称为证书撤销附带损害。附带损害是与所有的共享认证方案有关的一个基本的问题，并对隐私的等级系统的可伸缩性，行为不端检测产生深远的影响。

一个证书被汽车共享得越多，此证书被撤销时就会出现越多的间接损害。因为隐私是通过在多个车辆间共享一个证书才会泄露的，减少共享每个证书的车辆数量来减少间接损害也会减少隐私泄露的可能。

当一个正常的车辆与行为不端的车辆共享证书而证书被撤销了，我们就说这个证书在正常的车辆上“被覆盖”。一群行为不端的车辆可能会集体共享分配给一个正常车辆的所有证书。当这些证书被撤销时，所有分配给正常车辆的证书也将撤销，并且我们说此正常的车辆被覆盖。当所有分配给一个行为不端的汽车的证书都已经被撤销，我们就说此车辆已被撤销。

首先，让我们考虑一个行为不端的汽车可以通过反复滥用，引起证书撤销然后接着更换证书来造成间接损害。考虑车辆群 $G(C)$ 共享证书 C。假设方程（16－2）中 $n=5$，$N=10\ 000$，美国有超过 2.5 亿辆汽车在路上，而 $G(C)$ 将包含超过 125 000 辆车。假设一个行为不端的车辆滥用证书 C 并导致它被撤销。所有在 $G(C)$ 群中的车辆将需要一个新的证书替换证书 C，并且它们都将通过 CA 使用原来的组合证书计划来获得相同的替换证书 C_1。也就是相同的 $G(C)$ 群的车辆将共享证书 C_1。如果行为不端的汽车随后滥用证书 C_1 并导致它被撤销，行为不端的车辆和 $G(C)$ 中的所有其他车辆将需要一个新的证书代替 C_1 并且他们都将从 CA 得到相同的替代证书 C_2。如果行为不端的汽车继续这种行为模式，每次行为不端的车辆需要替换一个证书，所有在 $G(C)$ 群其他车辆也需要更换同样的证书。这将导致两个主要后果：

（1）一个行为不端的汽车会对大量正常的车辆造成间接损失。

（2）很难检测哪辆车行为不端，因为所有在 $G(C)$ 群的车辆都将会出现和行为不端的汽车一样的滥用相同序列的证书。

现在让我们考虑由多个行为不端车辆引起的附带损害。如果 m 辆行为不端的车辆已经被撤销，一个正常的车辆上任何给定的证书都不被覆盖的概率为：

$$\left(1-\frac{n}{N}\right)^m=(1-\rho)^m \tag{16-5}$$

因此，一个正常的汽车被覆盖的概率，称为汽车覆盖概率，可以估计为：

$$P_{\text{cover}}(N,\ n,\ m)=\left[1-\left(1-\frac{n}{N}\right)^m\right]^n=[1-(1-\rho)^m]^n \tag{16-6}$$

基于方程（16－6）可以得出几个重要的结论。首先，车辆覆盖概率是独立于汽车规模大小 V 的。只取决于共享证书池的大小 N，分配给每辆车的证书的数量 n，和行为不端的车辆数量 m。其次，车辆覆盖概率随着行为不端车辆的数量的增加而迅速增加。这种快速增加如图 16－1 所示。

这个结论表明，相对少数的行为不端的汽车可能导致过度大量正常的车辆被覆盖。例如，当 $N=10\ 000$ 和 $n=5$，只有 4 250 辆行为不端时，整个车辆规模的 50% 多将被覆盖。这意味着在美国逾 1.25 亿辆车将被覆盖，而美国有超过 2.5 亿辆汽车在路上。通过可信实体来实际检查，以此重新分配这些车辆特权来获得新的证书，这会导致不必要的成本和公众驾驶的

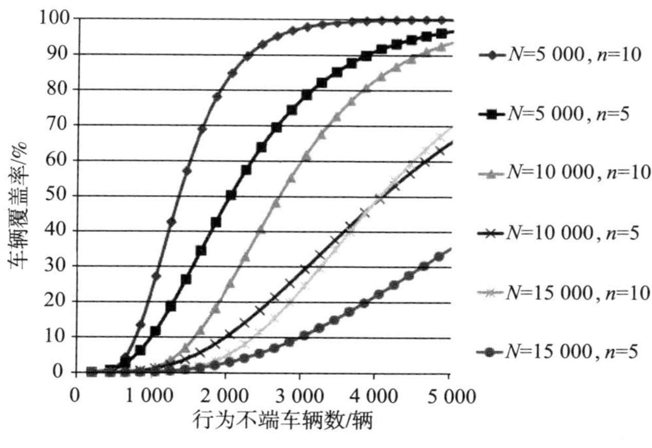

图 16－1　车辆覆盖率

重大不便。这使得原来的组合证书计划部署起来不切实际。附带损害可以通过减少 n 或增加 N 来减少。不幸的是，这将同时减少隐私级别。

16.4　认证间隔

16.4.1　认证间隔的概念

我们将 CA 认为汽车是正常的，并将提供新的证书的这段时间定义为车辆的注册间隔。认证证书间隔是证书计划鲁棒性的一个关键指标。理想情况下，每一个正常的车辆应该有无限间隔，因此总能从 CA 获得新的认证证书。另一方面，行为不端的汽车，应该只有较短的认证间隔。这意味着行为不端车辆将被检测到，并且其获得的新的证书将很快被撤销。

一个正常的车辆的认证间隔在 CA 认为车辆行为不端，决定撤销其获得新证书的权利时才会结束。换句话说，CA 和行为不端检测系统再不能决定车辆的正常与否。实际保存隐私证书计划将为正常的车辆提供很长的间隔来把接受实际检查恢复其接收新证书的权利的可能性降到最低。例如，如果一个车辆的注册间隔明显超过车辆的日常维护和维修周期，那么它只能在常规维护或维修后进行实际检查。

16.4.2 由原始组合方案提出证书认证间隔

我们为了原始组合方案而计算一个清白车辆认证间隔并且分析认证间隔是如何被活跃的行为不端车辆的数量所影响的。结果描述原始组合方案的鲁棒性并将作为与增强统计共享认证方案比较的一个基准。为了达到分析的目的，我们假设 CA 在每辆车的证书数量上设置一个上限或证书配额，这样就可以防止行为不端的汽车无休止地获得新证书。证书颁发机构拒绝任何已达到证书配额的车辆的证书申请。我们假设相同的证书配额 q 适用于 $q \geqslant n$ 的每辆车。每辆车在首次进入车载通信系统时都可以有 n 个初始证书并且以后将获得 $q-n$ 个证书。我们假设在每个时间单位平均检测到 m 个行为不端车辆。我们称 m 为行为不端车辆率。行为不端车辆是指当检测到车辆行为不端时，n 个证书中的一个被撤销。如果一个行为不端的汽车有 $y>n$ 个证书，当它检测到行为不端时只有 $x<n$ 个被撤销，一旦检测到车辆行为不端时，车辆剩余的证书将立即被撤销，此车辆将算作 y/n 行为不端车辆。

考虑一个拥有 n 个初始证书的正常的车辆，在 t_0 时间被引入消费者车辆网络。车辆的认证间隔跨度为从时间 t_0 到它获得 $q-n$ 个新证书的时间。车辆所有的 q 个证书在最初的时间单位 t 内被撤销的可能性由下式给出：

$$F(t,\ N,\ n,\ m,\ q)=\left[1-\left(1-\frac{n}{N}\right)^{m\cdot t}\right]^{q}=\left[1-(1-\rho)^{m\cdot t}\right]^{q} \tag{16-7}$$

当 ρ 很小时，使用二项分布的泊松近似，有：

$$\left(1-\frac{n}{N}\right)^{m\cdot t}\approx \mathrm{e}^{-\frac{n\cdot m}{N}t} \tag{16-8}$$

设 $\lambda=nm/N=m\rho$，有：

$$F(t,\ N,\ n,\ m,\ q)=(1-\mathrm{e}^{-\lambda t})^{q} \tag{16-9}$$

在最初的时间单位 t 中，新车被撤销的概率密度函数可以估计为：

$$f(t,\ \lambda,\ q)=q\lambda \mathrm{e}^{-\lambda t}(1-\mathrm{e}^{-\lambda t})^{q-1} \tag{16-10}$$

图 16-2 显示了概率密度函数 $f(t,\ \lambda,\ q)$，其中 $N=10\ 000$，$n=5$，$b=15$，$m=300$。

这意味着认证间隔 $E(T)$ 可以由此估计：

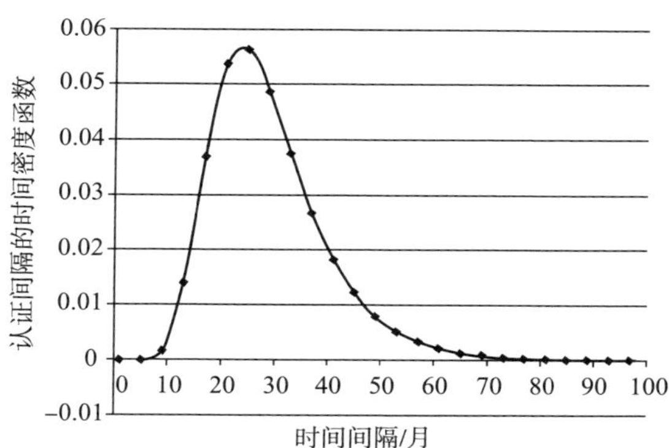

图 16－2　车辆认证间隔的概率密度函数

$$E(T_{\text{certified}}) = \int_0^\infty q\lambda e^{-\lambda t}(1 - e^{-\lambda t})^{q-1}dt \tag{16-11}$$

图 16－3 显示数值例子，一个正常车辆的预期认证间隔（以月为时间单位）为 m 的函数，其中 $N=10\ 000$，$n=5$。我们观察到当活跃的行为不端车辆率增加时，预期的认证间隔迅速降低。例如，当 $q=20$，每月行为不端车辆率 m 必须低于 300 来保证正常车辆平均 20 个月的认证间隔。当月平均行为不端率增加到 600 时，平均认证间隔低于 12 个月。

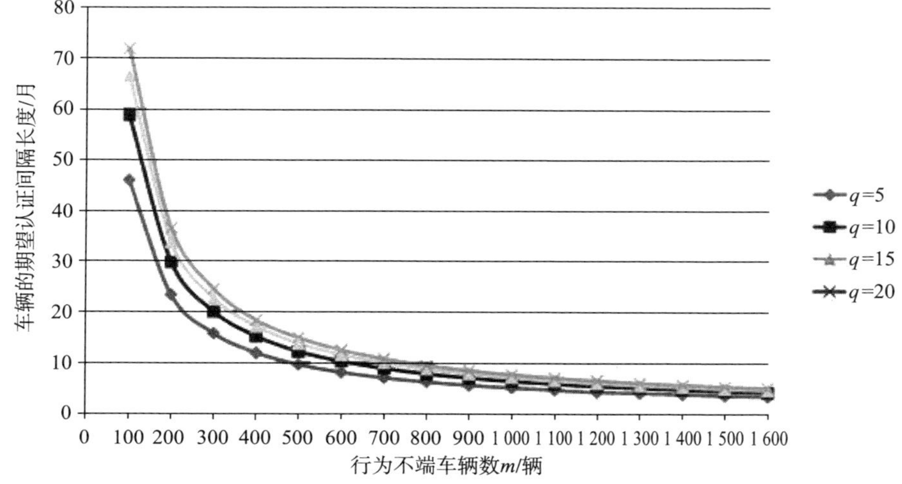

图 16－3　正常车辆的期望认证间隔

16.5 减少间接损害，提高认证间隔

统计共享认证方案有一些有趣的特性，可以用来降低担保赔偿、检测误用证书和撤销匿名的行为不端车辆。本节描述几个这样的特性和方法，利用它们来减少间接损失并提高正常车辆的认证间隔。

16.5.1 减少单个滥用证书造成的间接损害

有几个策略可以降低由一再滥用单个证书及其替换证书造成的间接损害。

第一种策略是为每个撤销的证书随机替换证书，这样每次证书被撤销时，其间接损害将分布在不同群的车辆中。这使得一个行为不端的车辆在申请一个新的证书时越来越可辨识。

第二种策略是应用一个随机替换证书申请流程来约束行为不端车辆滥用证书的情况并使得行为不端的车辆有别于正常的车辆。

1. 随机替换证书

让我们用一个例子来说明当一个行为不端的车辆想要申请更多的证书时，如何进行随机替换证书可以使其更加容易被区分开来。我们考虑一个行为不端的车辆滥用证书 C_1，导致它被撤销。我们假定，此行为不端的车辆收到一个新的证书 C_2 来取代证书 C_1。假设 $G(C_1)$ 是一组共享证书 C_1 的车辆。随机替换证书时，$G(C_1)$ 的其他车辆将收到随机选择的新的证书来替代证书 C_1。因此，车辆群 $G(C_2)$ 将共享证书 C_2 而有别于车辆群 $G(C_1)$ 共享证书 C_1。如果行为不端的车辆随后导致证书 C_2 被撤销，此行为不端的车辆与在 $G(C_2)$ 群中的其他车辆将收到随机选择的证书来代替证书 C_2。我们假定，行为不端的车辆收到证书 C_3 来取代证书 C_2。随着这种模式的继续以及行为不端的车辆申请替换被撤销的序列 C_1，C_2，C_3 等的证书，越来越少的其他车辆将申请替换证书。具体来说，只有 $G(C_1)$，$G(C_2)$，…，$G(C_k)$ 群交集的车辆因为撤销证书 C_1，C_2，…，C_k 的确切序列而将申请更换证书。随着 k 值的增加，这个交集将会迅速缩小。这种效应可以用来检测行为不端的车辆。

不同的方法可以用来随机替换证书。例子包括：

（1）分别随机替换：每次车辆申请一个证书来替换证书 C 时，CA 都会随机从共享证书池中选择一个证书来作为替换证书。

（2）群与群撤销替换：CA 一次撤销 $g>1$ 个证书并用 g 个新证书替换它们。一个共享 g 个撤销证书中的 x 个的车辆将被授予从 g 个新证书中随机均匀选出的 x 个新证书。

（3）全套替换：CA 持续跟踪它生成的新证书来取代撤销的证书。当在共享证书池有 $g\geqslant 1$ 个新证书时，每个车辆的替换证书将以 p 的概率从 g 个新证书中，以 $1-p$ 的概率从共享证书池的旧证书中选中。

（4）这些随机证书替换策略都有一个主要的局限：其提出车辆证书的分布不均匀，而这随着证书撤销和替换的发生而改变。这使得我们很难知道长久进行下去系统将提供什么等级的隐私。

2. 随机缓和证书申请

当一个证书被撤销时，不是立即要求替换证书，而是在申请替换证书前等待一个随机的时间。这种随机等待时间，我们称之为随机缓和，可以增加车辆要求替换证书的时间次数。这里，我们展示了一个随机缓和过程如何可以减少行为不端车辆的滥用证书的情况并且有助于区分行为不端的车辆。

随机缓和策略工作的基本形式如下：

共享同一个撤销证书的所有车辆将得到相同的新证书来替换它，这将确保在证书撤销和替换后所有车辆的每个证书的概率分布保持不变。

每一个正常的车辆可以持续跟踪其证书撤销历史。如果证书 C 被撤销，在申请替换证书之前车辆等待一个 d 时间单位的平均随机时间。在这里，d 称为缓和的阶段。如果第一个替换证书 C_1 被撤销，在申请替换证书之前车辆要等待一个 $2d$ 时间单位的平均随机时间。如果第二个替换证书 C_2 被撤销，在申请新的替换证书之前车辆将等待 2^2d 时间单位，这个过程仍将继续下去。

如果一个行为不端车辆和正常车辆一样遵循相同的缓和策略，则由于滥用证书和替换证书将迫使车辆等待很长时间才能获得新的证书。

如果行为不端车辆选择申请替换证书时没有遵循缓和程序，由于要比正常车辆的申请更为频繁，因此在申请过程中将更易于被区分。这有助于行为不端检测系统检测行为不端的车辆。

随机缓和策略的缺点是，正常的车辆可能也需要等待很长时间才能得到用来替换撤销证书的新证书。因此，我们的目标是在正常车辆需要大规模的替换证书之前区分出行为不端车辆。这样，行为不端车辆就会在正常车辆需要大规模的替换证书之前被区分出来并被撤销证书。正常车辆将能够在行为不端的车辆被区分出来并被撤销证书后获得新的证书来替换它们撤销的证书。

接下来，我们用一个简化的例子来说明如何选择缓和度 d 的值并且如何确定一个证书可以被正常车辆所接受的替换次数。

如果一个行为不端的车辆导致证书 C 被撤销，用 C_1 来替换，然后 C_1 被撤销，用 C_2 来替换……然后 C_{r-1} 被撤销，用 C_r 来替换，我们就说证书 C 被替换了 r 次。

假设行为不端车辆造成证书 C 从时间 t_0 起 r 次被替换，那么每个正常车辆将不得不在首次替换证书 C 时等待平均 d 时间单位，在第二次替换证书时等待平均 $2d$ 时间单位，在第 r 次替换证书时等待平均 $2^r d$ 时间单位。

让我们假设一个正常的车辆在任何一次替换证书时都不能容忍等待超过平均 $2^r d$ 时间单位。假设在每个 E 时间单位里一个正常车辆可以由一个可信任的实体（如服务中心）验证它的可信性，这样它就不用等待一个缓和时间而是可以立即收到下个替换证书。这意味着一个正常的车辆在 E 单位时间内只能接收到（$r-1$）个替换证书。让车辆必须花费 D_{r-1} 时间来接收首次 r 替换证书。D_{r-1} 可以由下式计算得出：

$$D_{r-1} = d + 2d + 2^2 d + \cdots + 2^{r-1} d = (2^r - 1) d \leqslant E \qquad (16-12)$$

因此，容许证书替代的次数为：

$$r \leqslant \log_2\left(\frac{E}{d} + 1\right) \qquad (16-13)$$

如果 $E = 180$ 天，我们设置 $d = 1$ 天，然后平均而言在每 180 天周期中一个正常车辆能够容忍一个证书被替换 8 次。

对于给定的 E 和 r、d 的值可以设定为：

$$d \leqslant \frac{E}{(2^r - 1)} \qquad (16-14)$$

16.5.2 当滥用多个证书时车辆具有统计性差别

当车辆滥用多个证书并且被撤销，与这些撤销证书相关的间接损害将传播到不同的车辆群中。这将使 CA 在证书替换过程中更加易于区分行为不端车辆，因为他们往往会比正常的车辆更频繁地申请新证书。

考虑到一辆行为不端的车辆有两个不同的证书 C_1 和 C_2。共享证书 C_1 和 C_2 的两组车辆分别为 S_1 和 S_2。使用基本统计共享认证方案，S_1 和 S_2 两组将在很大程度上不同。因此，当此行为不端的车辆造成 C_1 和 C_2 两个证书都被撤销时，结果很可能是在每个无辜车辆上撤销少于两个证书。

接下来，将展示基于数学的更深层的分析。具体来说，在 m 个行为不端车辆被撤销证书后，一个正常的车辆和一个行为不端的车辆将具有相同的 α 数量的撤销证书，比较两者概率。假设每个撤销的行为不端车辆有 n 个证书。

对于每一个正常的车辆：在 m 个行为不端车辆已经被撤销后，其中的 x 个证书也将被撤销的概率 $P_I(x)$ 由方程（16－15）给出，其中 $\lambda = nm/N = m\rho$：

$$P_I(x) = \left[1 - \left(1 - \frac{n}{N}\right)^m\right]^x \approx (1 - e^{-\lambda})^x \tag{16-15}$$

对于每一个有 k 个证书已经完全被撤销的行为不端的车辆，由于假设这 k 个证书已经被撤销，在 m 个行为不端车辆已被完全撤销后，车辆证书中的 x 个将被撤销的概率 $P_M(x)$ 相当于 $x-k$ 个额外的车辆的证书将由于间接损害而被撤销的概率，由下式给出：

$$P_M(x) = \left[1 - \left(1 - \frac{n}{N}\right)^m\right]^{x-k} \approx (1 - e^{-\lambda})^{x-k} \tag{16-16}$$

将以 $P_M(x)/P_I(x)$ 的比作为区分率并用 δ 来表示它。区分率表明相比一个正常的车辆，一个行为不端车辆有多大的可能具有相同数量的撤销证书。换句话说，它表示在证书撤销和替换的过程中将行为不端车辆和正常的车辆区别开来的可能性有多大。当 $\delta = 1$ 时，行为不端车辆与正常车辆是易于区分的。δ 的值越是大于 1，行为不端的车辆就越是容易区分开来。区分率由下式给出：

$$\delta = (1 - e^{-\lambda})^{-k} \tag{16-17}$$

图 16－4 显示了 $n=5$，$N=10\ 000$，$k=1$ 时，δ 和 m 的函数。这表明行为不端的车辆与正常的车辆可以很好地区分开来。随着恶意车辆数量的增加，行为不端的车辆将变得难以区分。然而，即使有数百个行为不端的车辆，而只有一个正常的车辆，每个行为不端的汽车仍将有几倍的概率更容易被撤销相同数量的证书。

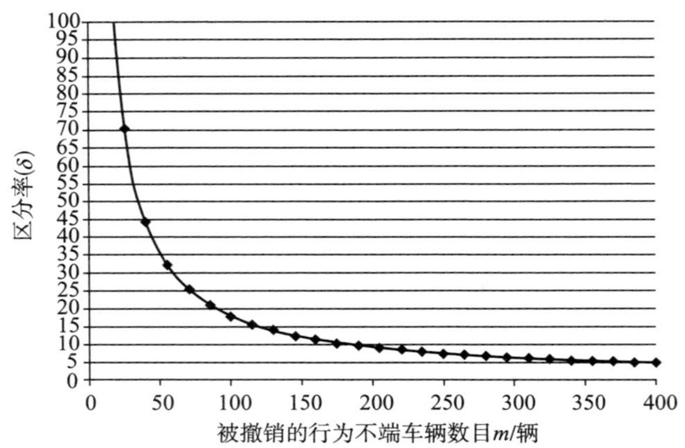

图 16-4 $N=10\ 000$，$n=5$，$k=1$ 时的区分率

每次行为不端车辆申请了一个新的证书，其区分率将会显著增加。图 16-5 显示了这种效应：一个行为不端的车辆导致 $k=2$、3 个证书被撤销后申请其替换证书。

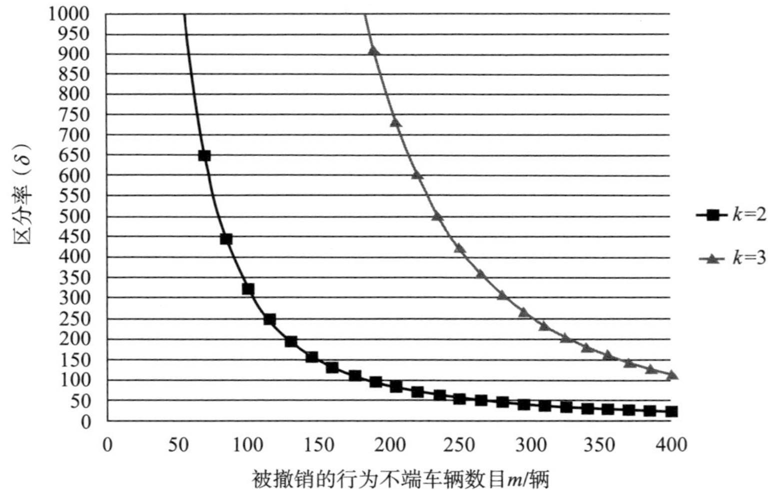

图 16-5 $N=10\ 000$，$n=5$ 时的区分率

当分配给每辆车的证书 n 数量增加时，每个撤销证书给 CA 提供的用以区分行为不端的车辆的信息将会更少，因为每个证书将被更多的车辆共享。然而，即使 n 增加了好几倍，例如从 5 到 50，δ 的值也可以保持足够大，从而能够更加容易区分行为不端的车辆。如图 16-6 所示，当 $k=1$ 时

区分率高于 1.2，有 100 个行为不端的车辆。当每个行为不端车辆导致 $k=3$ 个证书被撤销，而行为不端的车辆的数量保持不变时，区分率会变得高于 10。

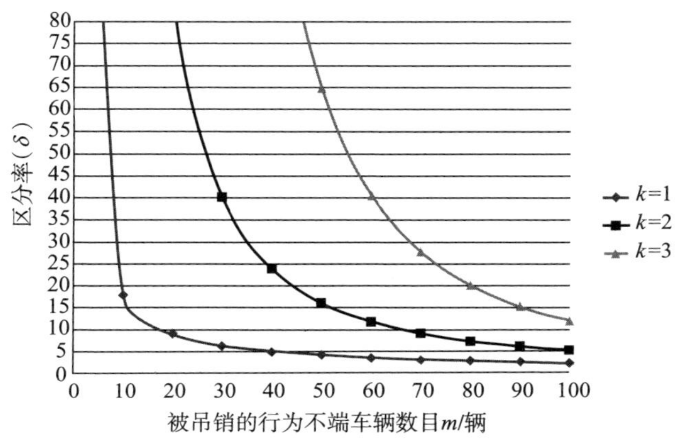

图 16-6 $N=10\,000$，$n=50$ 时的区分率

16.5.3 动态奖励算法

我们描述这样一个算法：CA 通过撤销滥用的证书来撤销行为不端的车辆，从而减少间接损害，并提高正常车辆的认证间隔。我们称这种算法为动态奖励算法。这个算法是为了相对于行为不端车辆的认证间隔，增加正常车辆的认证间隔，从而在正常车辆被覆盖前就可以撤销行为不端车辆。额外增强统计共享认证方案也可以在文献［4］中找到。

动态奖励算法的工作方法如下所述：

t_1、t_2、t_3、…是连续时间间隔，例如日历月。

CA 为每个车辆保留一个异常行为 $B(t)$。这意味着时间 t 之后，车辆可以获得 $q-B(t)$ 个新证书，其中 q 是车辆的证书配额。每个新车辆的 $B(t)$的值设置为 0：$B(0)=0$。无论何时车辆申请一个新的证书，CA 均会以整数值 δ_1 增加车辆的异常行为。当车辆的异常行为达到配额 q 时，车辆的证书申请将不会被批准。如果在一段时间内车辆没有申请任何新的证书，CA 将以整数值 δ_2 减少车辆的异常行为。一旦达到证书配额，则异常行为不会立即被减少。

动态奖励算法使正常车辆的异常行为比行为不端车辆的异常行为增长的缓慢。这意味着一个行为不端的车辆相比于正常车辆将更早的达到证书配额。当车辆达到其证书配额并被撤销后，一旦没有行为不端车辆，则正常车辆的异常行为将会减少，最终可以减少到零。

接下来，当使用动态奖励算法时，基于相关数学模型我们可以计算出车辆的认证间隔。为了方便分析，我们假定：

$$\delta_1 = \delta_2 = 1,\ B(t) > 0$$

也就是说，异常行为不会减少到低于0。

行为不端车辆率是每月 m。也就是说，m 个新增行为不端车辆将被检测到并且每个月每一辆行为不端车辆都将会有 n 个证书被撤销。

$S(k,\ t)$ 表示在时间 t 中车辆 V 的异常行为等于 k 的概率。因此有：

$$S(k,\ 0) = \begin{cases} 1, & k = 0 \\ 0, & k > 0 \end{cases} \tag{16-17}$$

对于任何后继时间间隔 $t \geqslant 1$，当且仅当在前一（$t-1$）时间其异常行为是0或1，同时在当前时间 t 没有申请任何新的证书时，车辆 V 的异常行为才会是0。因此，我们可以从公式（16－18）中得到 $S(0,\ t)$，其中 $P(k)$ 是在一个时间段内车辆 V 的证书已经被撤销 k 个的概率：

$$S(0,\ t) = S(1,\ t-1)P(0) + S(0,\ t-1)P(0),\ t \geqslant 1 \tag{16-18}$$

概率 $P(k)$ 由在 m 个试验中成功 k 次且每次试验成功的概率为 n/N 的二项式概率给出。这里，实验是用来检测在一个时间间隔内，车辆 A 的一个给定证书是否被 m 个行为不端车辆中的任何一个共享。因此，我们有：

$$P(k) = \binom{m}{k}\left(\frac{n}{N}\right)^k \left(1 - \frac{n}{N}\right)^{m-k} \tag{16-19}$$

其中

$$\binom{m}{k} = \frac{m!}{k!\ (m-k)!}$$

当 $t \geqslant 1$，$1 \leqslant k \leqslant b-2$ 时，我们有：

$$S(k,\ t) = S(k+1,\ t-1)P(0) + \sum_{i=0}^{k-1} S(i,\ t-1)P(k-i) \tag{16-20}$$

方程（16－20）的右边的第一项代表了在前一时期车辆的异常行为是（$k+1$），而在当前时期车辆没有证书申请，由此在当前时期车辆的异常行为减少到 k 的情况。方程（16－20）的右边的第二项代表了当在前一时期异常行为值是 0 和 $k-1$ 之间的任意整数 i，并且在当前时期车辆有 $(k-i)$ 个再续申请，导致在当前时期车辆的异常行为增加 $(k-i)$ 的情况。

如果在前一时期一辆车的异常行为是 k，在当前时期它就不会变为 k。在这种情况下，如果在当前时期车辆有一个或多个再续申请，异常行为会高于 k，如果在当前时期车辆没有再续申请，异常行为会低于 k。

一旦达到证书配额 q，车辆的异常行为将不会减少，我们有：

$$S(q-1,t)=\sum_{i=0}^{q-2}S(i,t-1)P(q-1-i) \tag{16-21}$$

和

$$S(q,t)=1-\sum_{i=0}^{q-1}S(i,t) \tag{16-22}$$

车辆的认证间隔的平均值由下式给出：

$$\sum_{i=1}^{\infty}t(S(q,t)-S(q,t-1))^{t}$$

假设时间是按月来计算的，图 16－7 显示了车辆认证间隔样本数值结果关于每月行为不端车辆率的函数。在本图中结果假定为 $b=10$ 和 $n=5$。比较图 16－7 和图 16－3，我们观察到动态奖励算法可以显著地改善一个正常车辆的认证间隔。例如，当 $N=10\ 000$，$q=10$，$m=1\ 000$ 时，一个正常车辆的认证间隔从 6 个月扩展至大约 151 个月。

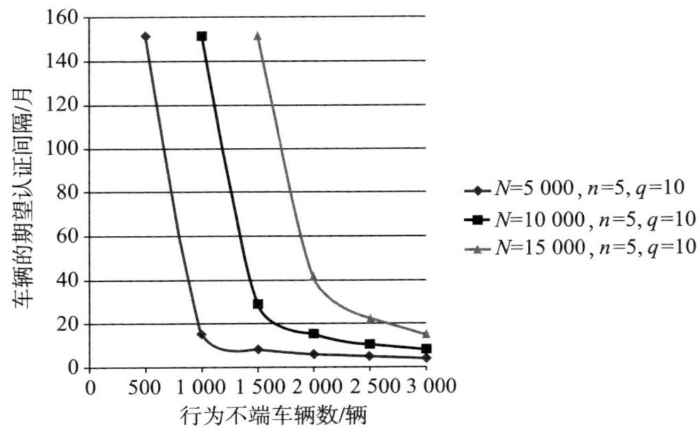

图 16－7　动态奖励算法得出的正常车辆的认证间隔

16.6 低密度区域车辆的隐私

16.6.1 问题

考虑一个共享证书池包含了供 V 个车辆使用的 N 个证书。现在考虑一个特定的地理区域，如停车场、道路交叉口，存在任意的车辆 A 和其他车辆 v，其中 $v<V$。车辆 A 在这一地理区域里所处的隐私等级取决于目前在这一区域内有多少其他车辆 v 共享了分配给车辆 A 的证书。

如果车辆 A 有一个没有共享给其他任何车辆 v 的证书，那么在这一地理区域内，这个特定的证书就可以用来追踪车辆 A。车辆 A 拥有至少一个没有共享给任何其他车辆 v 的特定证书的概率，用 $P_{1-\text{unique}}(N, n, v)$ 表示，可以如下估计：

$$P_{1-\text{unique}}(N, n, v) = 1 - \left[1 - \left(1 - \frac{n}{N}\right)\right]^{n} = 1 - [1 - (1-\rho)^{v}]^{n} \tag{16-23}$$

图 16-8 显示了概率 $P_{1-\text{unique}}(N, n, v)$ 数值样本。

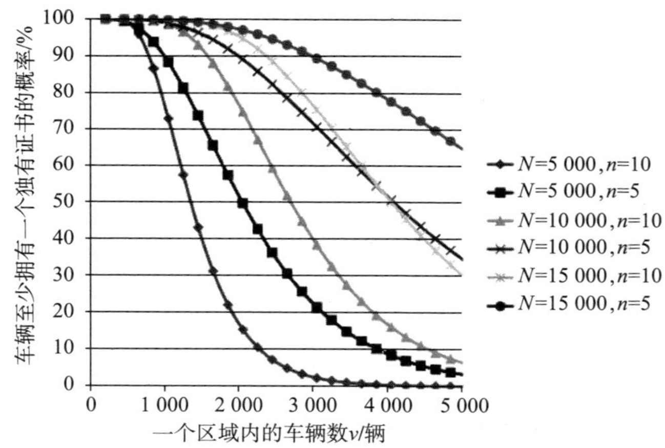

图 16-8 在 $v+1$ 个车辆中一个车辆至少拥有一个特定证书的概率

出现如下情况时，概率 $P_{1-\text{unique}}(N, n, v)$ 将降低（同时因此隐私等级将提高）：

（1）v 增加，也就是说，区域内有更多的车辆。

（2）N 减少，也就是说，共享证书池的规模减小。

（3）n 增加，也就是说，更多的证书被分配给每个车辆。

但是，当一个证书被撤销时，减少 N 或是增加 n 也将会增加间接损害，因为每个证书将被更多的车辆共享。

接下来，我们考虑车辆 A 的所有 n 个证书相对于其他车辆 v 是唯一的概率 $P_{n-\text{unique}}(N, n, v)$。车辆 A 给定的证书没有共享给其他任何车辆 v 的概率为：

$$\left(1-\frac{n}{N}\right)^{v}$$

因此，我们有：

$$P_{n-\text{unique}}(N, n, v)=\left(1-\frac{n}{N}\right)^{v\cdot n}=(1-\rho)^{v\cdot n} \tag{16-24}$$

事实上，$P_{n-\text{unique}}(N, n, v)$ 是在 $v\cdot n$ 次试验中成功 0 次且每次试验成功的概率为 ρ 的二项式概率。这里，每次试验是用来检测分配给其他车辆 v 的任意 $v\cdot n$ 证书是否也被车辆 A 共享。

图 16－9 展示了概率 $P_{1-\text{unique}}(N, n, v)$ 数值样本关于 v 的函数。结果如下：

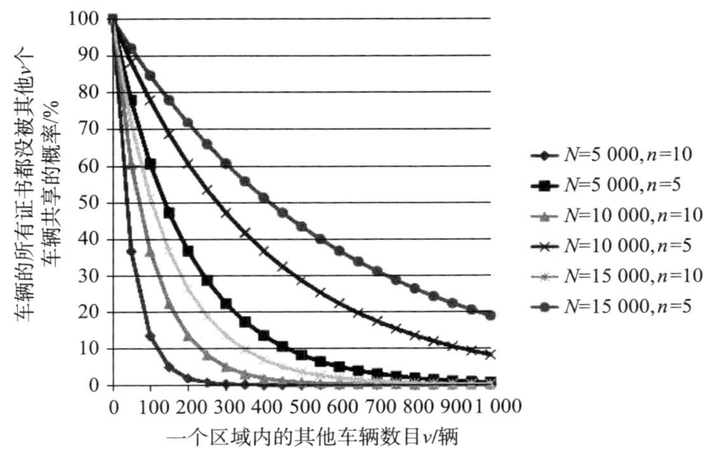

图 16－9 在 $v+1$ 个车辆中一个车辆的所有证书都是特定的概率

在一个较偏僻的地区（比如只有几十辆车），更有可能的情况是，所有车辆的所有证书在这一地区都是独一无二的。例如，当 $N=10\ 000$，$n=5$ 时，一个地区有 $v=50$ 个其他车辆，而一个车辆的所有证书都是独一无二的概率是 0.88。当一个地区有 $v=25$ 个其他车辆时，这个概率超过 0.90。这意味着对手在这样的地区想要追踪一个车辆将更加容易。当 ρ 增加时，也就是说，或者是分配给每个车辆的证书数目 n 增加了，或者是共享证书池的规模 N 减小了，概率 $P_{1-\text{unique}}(N,\ n,\ v)$ 会迅速减小。但是，正如之前讨论的，当证书被撤销时，增加 ρ 也将增加间接损害。

16.6.2 通过融合算法来提高隐私等级

如果车辆运用智能算法来确定使用应用哪一个证书，那么就可以显著提高在低密度区域的车辆隐私等级。文献［1］中提到了一个融合算法。它基于如下分析来提高低密度区域的车辆隐私等级：尽管在一个较偏僻的地区，车辆获得特定证书的可能性更高，可是尽管密度较低，车辆也有可能至少有一个证书被其他车辆共享。

车辆至少有一个证书被其他车辆 v 中的至少一个共享的精确概率 p_1 由下式给出：

$$p_1 = 1 - \left(1 - \frac{n}{N}\right)^{nv} \tag{16-25}$$

其中，p_1 的数值样本由图 16－10 显示。

因此，提高较偏僻地区的隐私等级的思想如下所述。车辆监视周边车辆所使用的证书。如果车辆发现某一个证书也被其他的车辆使用了，此车辆会将这个证书筛选出来并标记上其自身的信文。这使得此车辆能够融合到环境中去。

车辆自主运行融合算法。融合算法工作的基本形式如下：

车辆 A 监视最近从其他车辆那里收到的信文中使用过的证书。如果车辆 A 找到一个在收到信文中使用过的证书，我们就说它允准了这个证书。

当车辆 A 有一个信文要发送，而它的 n 个证书中没有一个从其他车辆那里获得允准，它将统一随机挑选它 n 个证书中的一个来标记上它的信文。

假设现在车辆 A 已经从其他车辆那里允准了它的其中一个证书，车辆 A 将给这个证书标上“共享”来表明它知道这个证书至少被一个其他车辆

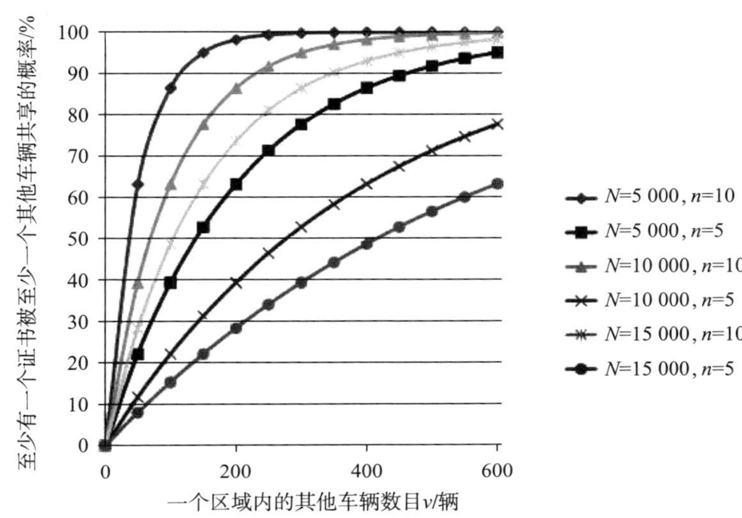

图 16－10　一个车辆与其他车辆共享至少一个证书的概率

共享。

如果车辆 A 有更多的信文要发送，它将从已经被标记上“共享”的证书群中统一随机地挑选出一个证书。

我们有一个简单的案例来说明如果车辆 A 至少有一个证书被其他的车辆共享，则车辆 A 能够快速收敛以使用一个其他的车辆也使用的证书。让我们假定车辆 A 与其他车辆一样有一个确切的证书 C。进一步假设，车辆 A 与另一个确定的车辆 B 共享这个证书 C。每个车辆有 n 个证书可以用来标记发出的信文。我们假定每次有一个车辆挑选出它的一个证书用来标记它即将发送的信文，在换成另外一个证书前，这个证书将使用 T 时间单位。接着，在每个连续的 T 时间单位中，车辆 A 将换一个新的证书，同时车辆 B 也将选一个新的证书。我们称每个连续 T 时间单位为证书挑选周期。根据融合算法，一旦车辆 A 或车辆 B 开始使用证书 C，其他车辆将允准这个证书，并且也将开始使用它。从这个角度看，这两个车辆都将使用证书 C。

设定 α 为在一个证书挑选周期中车辆 A 和车辆 B 都不选证书 C 的概率。在一个证书挑选周期中车辆不选证书 C 的概率为 $1-1/n$。因此有：

$$\alpha=\left(1-\frac{1}{n}\right)^2 \tag{16-26}$$

设定 S 为车辆 A 和车辆 B 开始使用证书 C 所经历的证书挑选周期数，那么两个车辆花费 x 个周期来收敛到使用共享证书 C 的概率（也就是，S 的概率$\geqslant x$）就是 α^x。因此，我们有：

$$P_r(S<r)=1-\alpha^x=1-\left(1-\frac{1}{n}\right)^{2x} \qquad (16-27)$$

给定车辆 A 和确定的其他车辆 v 共享了一个确定的证书 C，我们称在 x 个证书挑选周期内车辆 A 和至少一个的其他车辆开始使用这个共享证书的概率为收敛概率，并用 $P_r(S<x)$ 来表示。$P_r(S<x)$ 由下式给出：

$$P_r(S<x)=1-\alpha^x=1-\left[\left(1-\frac{1}{n}\right)^v\right]^x=1-\left(1-\frac{1}{n}\right)^{vx} \qquad (16-28)$$

图 16－11 所示了当 $v=2$、4 和 8 时，收敛概率的数值样本。我们从结果中发现：一个车辆将会快速收敛到使用一个至少被另一个其他车辆使用的证书。此外，如果一个车辆只与数目较小的其他车辆共享至少一个证书，那么这个车辆收敛到使用一个至少被另一个其他车辆使用的证书所要花费的时间将迅速减少。

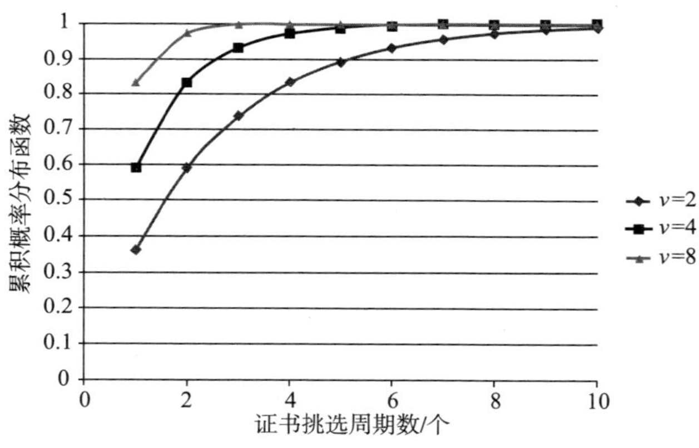

图 16－11　融合算法的收敛概率

参考文献

[1] E. Vandenberg, T. Zhang, and S. Pietrowicz: "Blend-In: A Privacy-Enhancing Certificate-Selection Method for Vehicular Communication,"

IEEE Transactions on Vehicular Technology, vol. 58, no. 9, 2009.

[2] E. Rescorla, J. Kelsey, and D. Whiting: " Vehicle Safety Communications Consortium Report to National Highway Traffic Safety Administration of the United States Department of Transportation," Appendix H: WAVE/DSRC Security, 2006.

[3] R. White, S. Pietrowicz, E. Vandenberg, G. Di Crescenzo, D. Mok, R. Ferrer, T. Zhang, and H. Shim: "Privacy and Scalability Analysis of Vehicular Combinatorial Certificate Schemes," IEEE Consumer Communications and Networking Conference 2009 (CCNC 2009), Las Vegas, Nevada, USA, 2009.

[4] R. White, E. Vandenberg, T. Zhang, D. Mok, R. Ferrer, and G. D. Crescenzo: "Vehicle Segment Certificate Management Scalability Analysis, VII Security Work Order Part I Deliverables 1.2," 2007.

[5] T. Zhang, G. D. Crescenzo, S. Pietrowicz, E. Vandenberg, and R. White: " Vehicle Segment Certificate Management, VII Security Work Order Part I Deliverables 2.1 Anonymous Key and Certificate Management Process," 2007.

第 17 章 短期独有证书的隐私保护

17.1 短期独有证书

一个车辆能够拥有多个独有的证书，并基于时间、地点或是需要发出的消息来选取对应的不同证书。当恶意攻击者无法将不同证书连接到同一个证书拥有者，并且无法从各证书中得到可以用来对应上证书拥有者的信息时，证书拥有者的隐私就获得了保护。与共享证书相比，短期独有证书的一大主要优势在于当撤销某一个车辆的证书时不会影响到将证书分配给其他车辆。但是，使用短期证书会导致车辆同时拥有大量证书，这将直接影响到公钥基础设施（PKI）系统的设计、操作，包括证书如何被分配和撤销，证书撤销列表（CRL）的规模及处理时间，检测行为不端车辆的能力，防范证书授权机构（CA）对隐私进行侵犯的能力，以及系统的可扩展性等。

本章描述短期独有证书机制及其主要特点，以及如何提高可扩展性和性能。

17.2 基本短期独有证书计划

一个短期独有证书计划的基本形式如下：

（1）证书产生：每个车辆生成其私人和公共密钥并且申请 CA 发布公共密钥的证书。

（2）证书分配：每个车辆被分配到大量的独有证书，每个证书都只有短暂的期限。

（3）证书的撤销与替换：当 CA 认为车辆行为不端时，CA 将撤销所有分配到这个车辆的证书，把撤销证书的标识符放到 CRL 上去，并让所有的车辆都能看到更新的 CRL。当车辆即将用完所有有效的证书时，可以从 CA 那里申请一批新的证书。

（4）CRL 对车辆的处理：每个车辆都可以通过查看证书的标识符是否在 CRL 上来查证一个证书是否已经被撤销。

短期独有证书的隐私保护等级取决于几个因素。第一个因素是对手要将各个个人证书对应到特定车辆的困难程度。第二个因素是证书的期限。对手只有在证书在被使用的情况下才能利用证书来追踪车辆。对手追踪车辆的时间越长，则越容易识别车辆。第三个因素是对手将多个证书对应到同一个证书拥有者的困难程度。

考虑到车辆的规模 V。车辆 V 的每个证书之间都是相互独立的。如果证书不包含明文车辆识别信息，那么即使知道证书只属于一个车辆，对手也无法确定证书所对应的车辆。基于这些假设，所有车辆 V 都将会是匿名的。也就是，匿名的最大等级将会是：

$$H_{\max} = \log_2 V \tag{17-1}$$

当车辆使用同一个证书，此车辆将会明显地与其他车辆区分开来，并且可以基于证书来进行追踪。证书期限的设计需要满足两大主要需求：

如果允许短期信文的可连接性直到 τ 时间单位，证书的期限不应该超过 τ，除了证书有效时间段开始和结束时间的不规则分布。

不应该为对手追踪特定车辆提供依据。

现在我们考虑在时间临界值 τ 的长期证书的不可连接性。考虑在至少相距 τ 时间单位的情况下，对手获得了分别携带证书 C_1 和 C_2 的两个信文。证书 C_2 属于同时拥有证书 C_1 的车辆的概率是 $1/V$。我们假设证书 C_1 和 C_2 属于同一个车辆。如果对手发现携带证书 C_1 的信文流后面紧接着携带证书 C_2 的信文流，那么对手就可以确定同一个车辆刚刚从证书 C_1 切换到证书 C_2。如果对手能够捕获这样连续的证书切换，就有机会把多个证书对应到同一个车辆上。例如，对手可能沿路部署观察点来捕获车辆发出的连续的证书切换。

接下来，我们通过 g 个观察点来估计捕获 g 个连续的证书切换的概率。设定 r 为每个观察点的无线电半径的覆盖面积。假设每个证书的期限为 t_L，而分配给每个车辆的证书分散在期限之内。那么，一个观察点能捕获一个证书切换的概率 p_1，也就是一个车辆在一个观察点的无线电覆盖面积内切换证书的概率，可以用下式来估计：

$$p_1 = \frac{2r}{s \cdot t_L} \tag{17-2}$$

因此，每一个 g 观察点捕获一个证书切换的概率 p_g 为：

$$p_g = \left(\frac{2r}{s \cdot t_L}\right)g \tag{17-3}$$

图 17－1 显示了证书可链接性概率的数值样本。结果说明了对手利用多个观察点来捕获车辆产生的一长串证书切换的可能性大大减小。基于在前一章中对长期不可链接性的定义，如果每个车辆每 t_L 时间单位切换其证书，时间临界 τ 的长期信文的不可链接性等级可以如下表示：

$$U(t) = \begin{cases} 0, & \tau < T \\ \max\left\{\frac{1}{v},\ 1 - \left(\frac{2r}{s \cdot t_L}\right)^{\frac{\tau}{t_L}}\right\}, & \tau \geqslant T \end{cases} \tag{17-4}$$

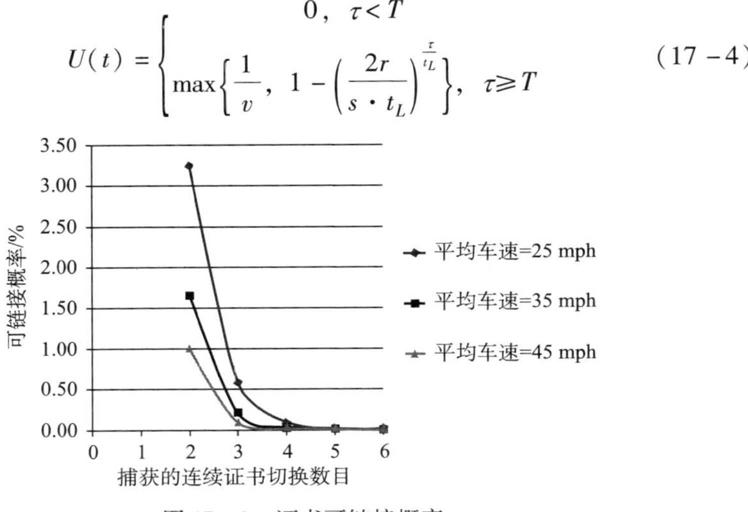

图 17－1　证书可链接概率

17.3　CRL 过于庞大的问题

当每个车辆被分配到了大量的短期证书，撤销一个车辆意味着 CRL 需要包含关于分配给车辆的所有未过期证书的信息。这将使庞大的车辆 CRL 的无线网络的分配过于庞大。一个庞大的 CRL 也意味着一个车辆不得不消耗大量的计算资源用于 CRL 搜索，以核实一个证书是否在 CRL 上。这会导致签名核实的过度延误。

一个 CRL 由一组固定大小的数据元和被撤销证书的标识符组成。每个证书的标识符都是电气和电子工程师协会 IEEE 1609.2 标准定义证书所需的 10 字节大小。因此，一个 CRL 的大小可以是 $L_{\text{fixed}} + 10\sum_{i=1}^{m} n_i$ 字节大小，其中 L_{fixed} 是 CRL 中固定长度的字段的总大小，m 是被撤销车辆的数目，n_i 是分配给第 i 个被撤销车辆的未过期证书的数目。若被撤销车辆的数目增加了，CRL 的大小将由 $10\sum_{i=1}^{m} n_i$ 所确定。如果 Φ 是每个被撤销车辆上未过期证书的平均数目，那么 CRL 的预计大小为 $10m \cdot \Phi$。

我们利用以下场景来说明 CRL 潜在的庞大规模：证书的期限是 5 min，每个车辆都分配到了足够一年的证书，每次证书都被下载到车辆上，500 个车辆已经被撤销了，当这些车辆被撤销时，大约有一半分配到每个被撤销车辆上的证书还没有过期。CRL 的大小为 $10m \cdot \Phi = 260\ 280\ 000$ 字节，也就是大约 263 MB。

17.4 通过匿名链接的证书来减小 CRL 的大小

一种减少短期独有证书的 CRL 大小的方法是匿名链接的证书或是简化链接的证书。这个想法是在证书上标示特别设计的标签来匿名将所有分配到的证书链接到同一车辆上。证书的标签对于任何旁观者来说都是一个随机值，除非旁观者知道了生成标签的规律，也就是标签不应该帮助对手将多个证书对应到同一车辆上。每个车辆的证书标签都是通过利用少量的有关证书标签或是简化标签的加密信息来创建的。任何人只要知道一个车辆证书标签初始值的就可以应用模型再次生成分配到车辆上的证书标签，并且由此可以区分哪个证书已经被分配给了车辆。对于还未被撤销的车辆来说，其标签初始值将会被 CA 或是其他可信任的第三方保密。如果撤销分配给一个车辆的证书，CRL 只需要保留车辆的证书标签初始值，而不是所有分配给车辆的证书。

17.4.1　证书标签

这里，我们描述一个生成证书标签的方法。首先，生成一个随机数值 s_v，并将其作为车辆 v 证书标签初始值。其次，分配给车辆 v 的证书 i 的标签 $Tag(v,\ i)$ 由式（17-5）计算得出，其中 $H(\ )$ 是加密哈希函数，i 可以是证书 C_i 的一个标识符的任何形式，例如，证书连续数或是没有证书标签的证书内容的哈希值：

$$Tag(v,\ i) = H(s_v,\ i) \tag{17-5}$$

给定标签初始值 s_v 和证书 C_i 的标识符 i，就能轻易地计算出证书上的标签。但是，只知道标签值无法获得标签初始值，因为加密哈希函数是单向函数。证书标签理论上必须是安全的。这意味着证书标签不应该帮助对手来识别证书的对象或是将证书对应到同一车辆上。

为使证书标签不可链接，所以无法形成完全有序集的标签初始值或证书。当 $Tag(s_1,\ i) \leqslant Tag(s_2,\ i)$ 对于每对满足 $s_1 < s_2$ 的标签初始值 s_1 和 s_2 都成立时，所有车辆的证书标签形成完全有序集的标签初始值。当 $Tag(s_k,\ i) \leqslant Tag(s_k,\ j)$ 对于每对满足 $i<j$ 的证书 C_i 和 C_j 都成立时，所有车辆的证书标签形成完全有序集的证书。如文献［2］所示，如果证书标签形成一个完全有序集，对手就可以使用多项式时间算法来快速地找出每个车辆的标签初始值或是将多个证书对应到同一车辆上。因此，只有不产生标签完全有序集的标签初始值或证书的函数才可以被用来生成匿名证书标签。

17.4.2　车辆的 CRL 处理

每个车辆都用 CRL 来核实一个证书是否被撤销了。假设证书吊销列表包含了 m 个被吊销车辆的标签初始值。为了核实一个证书 C 是否在 CRL 上，车辆必须执行下列步骤：

对于在 CRL 上的 m 个被撤销车辆，为分配给每个车辆的所有未过期的证书生成标签。这些标签被称为撤销标签。

通过搜索撤销标签来检测证书 C 的标签是否在其中。

如前面所讨论的，标签无法形成完全有序集的标签初始值，在其能够核实一个特定的证书标签是否在 CRL 上之前，每个车辆将不得不检测所有的撤销标签。这意味着当车辆被撤销时，如果每个被撤销的车辆平均有 Φ 个未过期的证书，每个车辆将不得不执行平均 $m \cdot \Phi$ 次哈希运算来计算撤销标签。

在车辆检测了所有的撤销标签后，可能会要求标签增加或者减少标签值。这将会用到 $O(m \cdot \Phi \cdot \log_2(m \cdot \Phi))$ 比较运算。接着车辆就能通过这个撤销标签的有序列表来执行二进位检索以此来核实一个给定的标签是否在列表上。这个二进位检索平均将进行 $O(\log_2(m \cdot \Phi))$ 次比较。

正如前面讨论的，$m \cdot \Phi$ 将会是一个很大的数目，在一个庞大的消费者的车辆网络中，这个数目将会很轻易地达到1000万。执行如此大量的哈希和比较运算将会消耗车辆上大量的计算资源并且会导致过度延误。

一个链接证书计划以增加车辆处理每个 CRL 所需的处理时间为代价来减少 CRL 的规模。在链接证书和共享证书计划之间的 CRL 处理的比较如表 17－1 所示。

表 17－1　CRL 通过不同的隐私保护证书计划来处理车辆

项目	共享证书	匿名链接的短期证书	未链接的短期证书
每次一个新的 CRL 收到产生的证书标签	0	$O(m \cdot \Phi)$ 哈希运算	0
每收到一个新的 CRL 便建立一个用于使用二进制查找 CRL 成员信息的顺序清单	0	$O(m \cdot \Phi \cdot \log_2(m \cdot \Phi))$ 比较运算	0
查找每一个被核实过的签名来核实一个证书是否在 CRL 上	$O(\log_2(\min\{m \cdot n, N\}))$ 比较运算	$O(\log_2(m \cdot \Phi))$ 比较运算	$O(m \cdot \Phi)$ 比较运算

对于共享证书和未链接的短期证书而言，CRL 上被撤销证书的标识符在被放到 CRL 上之前会经过 CA 的整理。因此，车辆需要整理被撤销的证书列表。

对于共享证书而言，当 m 个车辆被撤销时，不会有比（m，n）中的较小者或是 CRL 上 N 个撤销证书更大的了，其中 N 是共享证书池的规模，n 是分配给每个车辆的证书数目。

与共享证书计划相比，一个链接证书计划在 CRL 上记录的有序列表中进行搜索，将会执行的比较运算的最佳数目可以估算如下：

$$\begin{cases} O(\log_2(m \cdot \Phi)) - O(\log_2(m \cdot n)) = O\left(\log_2\left(\dfrac{\Phi}{n}\right)\right); \ m \cdot n \ll N \\ O(\log_2(m \cdot \Phi)) - O(\log_2(N)) = O\left(\log_2\left(\dfrac{m\Phi}{N}\right)\right); \ m \cdot n > N \end{cases} \tag{17-6}$$

将来会有更多精确的估算。但是，上述估算显然不会过时，同时，下述讨论也不会有太大的变化。

现在，我们考虑一个数值样本：

对于链接证书计划来说，假设每个撤销的车辆仍有平均 60 天时间的足量的未过期证书，并且每个证书的有效期是 5 min。

对于共享证书计划来说，假设共享证书池的规模是 $N = 10\ 000$，并且每个车辆被分配到 $n = 5$ 个证书。

假设 $m = 500$ 个行为不端车辆出现在目前的 CRL 上。

表 17-2 总结了上述例子中的共享证书、链接短期证书、未链接短期证书计划的计算复杂性。在表 17-2 中，$O(x)$ 表明了运算的数目是时间 x 的一个不变因素。

表 17-2　CRL 处理复杂问题的例子

项目	共享的证书计划数	匿名链接的短期证书数	未链接的短期证书数
每次一个新的 CRL 收到产生的证书标签	0	$O(2^{23})$ 哈希运算	0
每收到一个新的 CRL 便建立一个用于使用二进制查找 CRL 成员信息的顺序清单	0	$O(2^{28})$ 比较运算	0
查找每一个被核实过的签名来核实一个证书是否在 CRL 上	$O(11)$ 比较操作	$O(23)$ 比较运算	$O(2^{23})$ 比较运算

17.4.3 反向的不可链接性

利用基本的链接证书方法，任何人只要知道撤销车辆的标签初始值，就能计算出所有分配给车辆的证书标签，包括那些在车辆撤销前使用过的。这使得一些被错误撤销的车辆出现了隐私风险。当车辆被错误撤销之后，对手就能识别所有的车辆使用过的证书，并且可以利用这些信息组成车辆的历史移动模型。

因此，车辆被撤销后，CA 可以保证放出的信息只能用来识别仍然有效的撤销证书，这种做法是可取的。这被称为反向的不可链接性。通过匿名链接的证书，反向的不可链接性可以通过利用一个标签初始值 $s_{v,i}$ 来生成分配给车辆 v 的证书 C_i 的标签 $Tag(v, i)$ 的这样的一种方法获得，其中，$s_{v,i}$ 用来生成 $s_{v,i+1}$，可是 $s_{v,i}$ 不能从 $s_{v,i+1}$ 直接获得。一个构建这样的一系列标签初始值的例子如公式（17－7）所示，其中 $s_{v,1}$ 是随机选择的初始值。

分配给车辆 v 的每个证书 C_i 的证书标签可以如下计算：

$$s_{v,i} = \begin{cases} s_{v,1}, & i=1 \\ H(s_{v,i-1}), & i\geqslant 2 \end{cases} \tag{17-7}$$

$$Tag\ (v,\ i) = H(s_{v,i},\ i) \tag{17-8}$$

如果 CA 撤销了一个车辆 v，并且只希望其 i 个或是更多的标识符的证书能够被识别，就能够把标签初始值 $s_{v,i}$ 放到 CRL 上。这使得任何人只要拥有 CRL 就能够复制证书 C_{i+y} 的标签，其中 $y\geqslant 0$；当不包含证书 C_1，C_2，…，C_{i-1} 时。如果 CA 希望每个人能够复制所有分配到这个车辆上的标签，就会把 $s_{v,1}$ 放到 CRL 上。

17.5 减少 CRL 的搜索时间

在文献［2］中有一个关于提高 CRL 上链接证书搜索时间的建议方法。采用这种方法，CA 可以按照以下方式将证书分配到车辆。CA 对所有车辆都采用一个普通的证书有效期计划。特别地，CA 把时间分成由开始和结束时间定义的区间间隔：$(t_0,\ t_1)$，$(t_1,\ t_2)$，$(t_2,\ t_3)$，…，$(t_k,\ t_{k+1})$。在每一个时间间隔，CA 会为每一个车辆分配一个只在这个时间间隔内有效的证书。在连续的有效时间间隔之间的小的随机重叠可以使对手利用车辆的证书切换以提高长期不可链接性的做法变得困难。有效时间的长度是可配置的，以此来平衡短期可链接性和长期不可链接性。

在时间间隔 i 中，车辆 v 的证书标签是 $Tag(v, i)=H(s_v, i)$，其中 s_v 是车辆 v 的标签初始值。当车辆 v 被撤销时，CA 就会把车辆 v 的证书标签初始值 s_v 放到 CRL 上。为了核实在时间间隔 i 中证书 C 是否在 CRL 上，车辆可以采取以下步骤：

第一步：对于所有的证书标签初始值 s_v 在 CRL 上都被识别过的撤销车辆 v 而言，计算车辆 v 在 i 时间间隔里的证书标签 $Tag(v, i)=H(s_v, i)$。这一步会生成所有在时间间隔 i 中撤销的证书标签。我们称这些证书标签为时间间隔 i 中的撤销证书标签。

第二步：将时间间隔 i 中的撤销证书标签按升序或者降序来排列。

第三步：在时间间隔 i 中撤销的证书标签里执行二分查找，检测证书 C 的标签是否在其中。如果答案是肯定的，则证书确定是被撤销了。

在下一个时间间隔 $i+1$ 开始之前，所有车辆都计算下个时间间隔的撤销证书标签。这样就可以检测 $i+1$ 时间间隔的证书是否在 CRL 上。

时间间隔中的 m 个撤销标签可以是有序的。这个可以在 $O(m \cdot \log_2 m)$ 比较中执行获得，其中 m 是 CRL 上撤销车辆的数目。接着车辆就能在这个撤销标签的有序列表中执行一个二分查找来检测证书是否在 CRL 上。这个查找会用到 $O(\log_2 m)$ 比较。

理想情况下，在时间间隔 i 中，车辆应该只能收到分配给这个时间间隔的证书签署的信文。而事实上，车辆的时刻不可能是完全同步的。一个车辆的时刻可能仍然在时间间隔 i 中，而另一个车辆的时刻可能已经在时间间隔 $i+1$ 中。因此，在时间间隔 i 中，一些车辆可能使用的是分配给时间间隔 i 前后时间间隔的证书。因此，为了检查在时间间隔 i 中收到的证书是否被撤销了，车辆可能不仅需要计算当前时间间隔 i，还有几个前后的时间间隔，比如时间间隔（$i-1$）和（$i+1$）的撤销证书标签。在这些情况下，车辆所消耗的用来搜索撤销证书的有序列表的时间还是$O(\log_2 m)$。

17.6　不可链接的短期证书

一个不可链接的短期证书计划被提出以处理与分配和处理 CRL 相关的问题。

不可链接的短期证书的基本原理如下：

每个车辆分配到大量的在任何形式下都相互之间不链接的独有证书。

每个证书都只有较短的期限，并且在过期之后就不能继续使用了。

相反，行为不端车辆的接收新证书的权利将会被撤销。因此，将不会有分配、处理和保存 CRL 的需要。

这个方法的优势在于避免了分配 CRL 的麻烦和节约了车辆用来处理 CRL 的时间。可是，弊端在于行为不端车辆可以通过增加安全投入直到其所有的分配证书过期。这个风险可以通过给每个车辆分配较少的证书来降低。但是，这样做将会使得车辆更加频繁地去联系 CA 以获得新的证书。

17.7 减少证书申请量和信文回复

给每个车辆分配大量的短期证书可能会消耗过量的无线资源，并且使得车辆通信系统严重依赖于道路网络的可用性和容量。另外，当车辆产生其自身的公私密钥对，并且将其公共密钥发送给 CA 来获得证书时，如果车辆需要大量的短期证书，那么一个证书申请信文可能必须包含大量的公共密钥。

减少证书申请量和信文回复的一个方法就是以加密的形式将较大数目的证书及其相关的公私密钥对下载到每个车辆上。这些证书可以保证车辆使用较长的时间，直到驾驶员需要更新驾照或者接受强制性车辆安全检查，此时车辆才需要下载更多的加密证书。

车辆可以从 CA 处获得一个解密密钥来一次性解锁一批这样的加密证书。每个解密密钥解锁的证书数目应该可以保证车辆使用到下次联系 CA 时。一个用于解锁一批加密证书的解密密钥在大小上将明显小于大量数目的证书。

17.8 决定每个车辆的证书数目

分配给每个车辆的证书数目直接影响到车辆在多久的时间内可以拥有有效的证书来签署安全申请信文，以及为此车辆必须联系 CA 从而获得新的证书的频繁程度。

例如，在这样一个场景中，车辆通过移动网络来与 CA 联系，这将会涉及车辆需要利用移动服务来获得新证书的频繁程度，以及产生了多少额外的流量。在另外一个场景中，车辆通过专用短程通信（DSRC）与 CA 联系，这将会涉及需要多少专用短程通信路侧单元（RSU），以及这些路侧单元应该被安置的距离。

我们假设车辆每次分配到 n 个证书，每个证书有一个 t 时间单位的期限，并且不同证书的期限是不相干涉的。那么，每 $n \cdot t$ 个时间单位，车辆需要联系 CA 至少一次来获得一批新的证书。

为了设计一个框架来评估每次被下载到车辆上的证书的数目，我们引进了访问时间的概念（TTA）。访问时间的定义是车辆访问 CA 至少一次的时间间隔。图 17－2 说明了访问时间、每次被分配给每个车辆的证书数目 n、每个证书的期限 t，以及满足访问时间要求所需要的路侧单元的数量（假设车辆通过专用短程通信与 CA 交互）之间的关系。

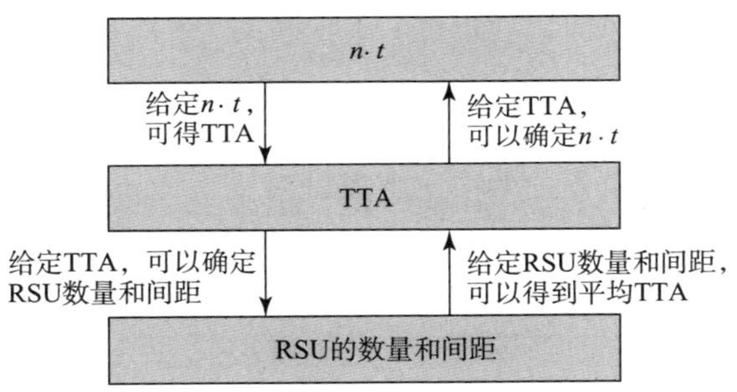

图 17－2　TTA、车辆的证书数目、RSU 的数目

给定 n 和 t，就能够得到需要的访问时间的值。给定这个访问时间的目标值，就能得到需要的路侧单元的数目和这些路侧单元应该被安置的距离，因此每个访问时间间隔每个车辆都有较高的概率不止一次的遇到一个路侧单元。

另一方面，如果我们知道所能够提供的路侧单元的数量以及部署的位置，就能通过估算每个车辆从离开当前路侧单元到遇到另一个路侧单元所需的时间，从而估算最小、最大和平均的访问时间值。进一步，就能确定每次应该分配给车辆的证书数目，这样车辆就可以在至少一个访问时间目标时间间隔中拥有足够的证书，直到再次联系 CA。

接下来，我们展示一个基于结果的简化访问时间估算方法。为了便于说明，我们考虑车辆利用专用短程通信来与 CA 交互的情况。假设路侧单

元的位置服从一个泊松过程，约为每英里 λ 个路侧单元（文献［2］中可以找到更多的复杂模型）。基于这个假设，车辆在时间间隔（0，t）中经历的任何路段的路侧单元的数目，用 $N(t)$ 表示，服从泊松分布。设 X_1，X_2，…，X_n 为路侧单元的位置。两个路侧单元的距离 $|X_2-X_1|$ 的概率大于 x，给出：

$$p(|x_2-x_1|>x)=e^{-\lambda x} \tag{17-9}$$

任意两个路侧单元的距离平均为：

$$E(|X_2-X_1|)=1/\lambda \tag{17-10}$$

如果假设车辆以恒定速度 v 行驶，距离 $|X_2-X_1|$ 直接转变为路侧单元之间的访问时间：

$$P(\mathrm{TTA}>t)=P\left(\frac{|X_2-X_1|}{v}>t\right)=P(|X_2-X_1|>vt)=e^{-\lambda vt} \tag{17-11}$$

车辆在两个路侧单元之间行驶的平均时间为：

$$E(\mathrm{TTA})=\frac{1}{\lambda v} \tag{17-12}$$

图 17-3 说明了以各种平均速度前进时，平均访问时间关于路侧单元密度 λ 的函数。

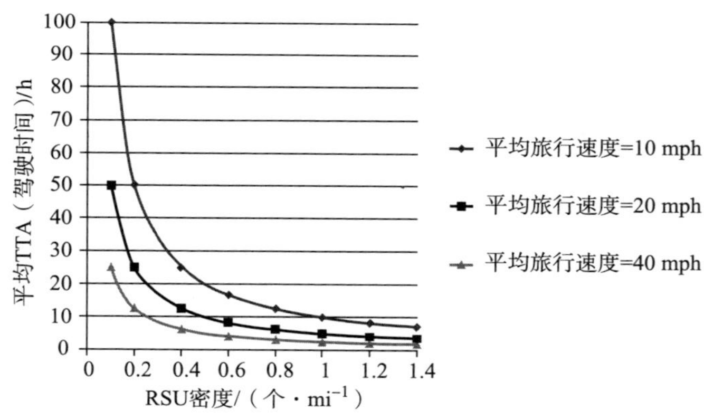

图 17-3 对比 RSU 密度要达到 TTA 的平均时间

在美国的新泽西州，大约有 39 000 英里的公路。这意味着根据沿路的泊松分布，平均大约部署了 312 个路侧单元，在新泽西，当平均行驶速度为 20 mph 时，每 6.25 个旅行时间就能遇到一个访问时间。这里，旅行时间是指每个车辆在路上行驶的累积时间。因此，如果每个车辆平均每天行驶 1 h、6. 25 h 的旅行时间将等效于 6. 25 天。当路侧单元数目保持不变，而平均行驶速度翻倍为 40 mph 时，访问时间降低到 3. 13 h 的旅行时间。这些结果显示，在新泽西州，数目较小的路侧单元可以确保车辆几天联系 CA 一次。

参考文献

[1] G. D. Crescenzo, E. Vandenberg, and T. Zhang: "Vehicle Safety Communications – Applications VSC-A: Analysis of Infrastructure and Communications Requirements for V2V PKI Security Management," 2009.

[2] G. D. Crescenzo and T. Zhang: "Efficient CRL Search in Vehicular Network PKI," the 6th ACM Workshop on Digital Identity Management (DIM 2010), Chicago, IL, 2010.

[3] IEEE 1609. 2/D8: "Draft Standard for Wireless Access in Vehicular Environments – Security Services for Applications and Management Messages," 2011.

[4] S. Pietrowicz, G. D. Crescenzo, T. Zhang, and R. White: "Vehicle Segment Certificate Management Using Short-Lived, Unlinked Certificate Schemes," United States Patent Application No. 20080232595, 2008.

[5] E. Rescorla, J. Kelsey, and D. Whiting: "Vehicle Safety Communications Consortium Report to the National Highway Traffic Safety Administration of the US Department of Transportation – Appendix H: WAVE/DSRC Security," 2006.

[6] T. Zhang, G. D. Crescenzo, S. Pietrowicz, E. Vandenberg, and R. White: "Vehicle Segment Certificate Management, VII Security Work Order Part I Deliverables 2. 1 Anonymous Key and Certificate Management Process," 2007.

第18章 群签名机制下的隐私保护

18.1 群签名

本章主要概述群签名方案，讨论其特性对大型动态车间通信网络适用性的影响。

群签名的概念最早由 David Chaum 和 Eugene Van Heyst 于 1991 年提出，用来允许群内成员代表该群组对消息进行签名。由群成员生成的签名叫作群签名。可以验证出每个群签名都是由群内成员生成的，但是不会显示出具体由哪个成员产生。每个群都有一个群组级的公共密钥，任何人都可以使用它来验证群签名。群管理员负责建立并维护群，创建和更新上述群组级公共密钥，并使该群组公共密钥对所有潜在验证者可用。群管理员同样能够打开由任一群内成员生成的签名，并且显示该消息签名者的身份信息。然而，任何人甚至群管理员都不能伪造群内成员的签名。

群成员形成一个匿名集合。由于所使用的群签名方案设计恰当，任意群成员产生群签名的可能性是相等的，这就保证了给定大小的群具有充分的匿名性。

群签名方案应当满足如下基本要求：

（1） 正确性：自始至终在进行对群签名的验证时，由群成员生成的有效签名应当一直是正确的，无效的签名应当永远是无效的。

（2）不可伪造性：只有该群的成员才能产生有效的群签名。

（3）匿名性：对于指定的消息及其签名，除了实际的签名者和群管理员，其他组织或个人无法通过计算识别出真实签名者。

（4）无关联性：对于指定的两个消息及其签名，其他组织或个人无法通过计算辨别这些签名是否由同一个签名者产生。

（5）可追溯性：群管理员总是可以打开一个有效的签名以辨别实际的签名者。

（6）防陷害性：无论是群成员还是群管理员，都不可以伪造任何一个群成员的签名。

早期的群签名方案大多使用字节量较大的群公共密钥，需要强大的计算能力来进行签名验证，工作量通常随着群的规模大小呈线性增长，而且不支持群成员的动态增加和退出变化。2000 年以后公布的群签名方案已经在减小密钥和签名大小、提高签名生成和验证速度以及支持群成员动态加入和退出等方面做出了卓越成效。

多数最新的群签名方案依赖于知识的零知识证明机制。因此，我们需要首先提供对“知识的零知识证明”概念的简要说明。

18.2 知识的零知识证明

知识的零知识证明机制用于不透露一个秘密具体内容的情况下证明其掌握这个秘密。进行知识的零知识证明通常需要满足以下要求：

（1）完整性：任何真实的陈述都可以被证明（比如，可以被证明者证明为真）。

（2）稳定性：任何假的陈述都不可能被证明（比如，不会被证明者证明为真）。

（3）零知识：整个证明过程中不可透露证明者掌握的秘密的相关内容。

一个常用且易于理解的“知识的零知识证明”实例是证明一个离散对数知识，即秘密内容为 $x=\log_g A \pmod n$，其中 g、A、n 是实整数。离散对数知识的证明会用在著名的 ACJT 群签名方案中，这将在本章后面的内容中进行讨论。

用于对离散对数进行零知识证明的一部著名协议是 Schnorr 协议，我们将使用这个协议来解释知识的零知识证明的概念。该协议在生成者为 g 的循环群上实施。所谓循环群是这样一个群，群内任何成员可以由通过提高生成者 g 到整数次幂的方式来产生。

比如，Alice 想要向 Bob 证明，她知道一个秘密 $x=\log_g A(\bmod n)$，其中 A、g、n 是已知的。基于 Schnorr 协议的零知识证明如图 18－1 所示，其工作流程如下：

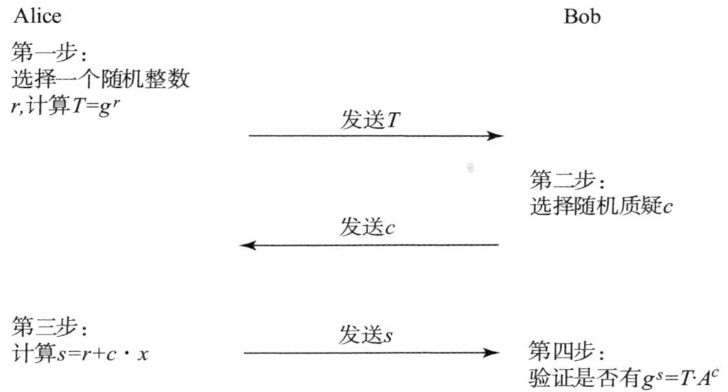

图 18－1　知识的零知识证明的例子

第一步：Alice 选择一个随机整数 r，计算 $T=g^r$ 并将 T 传送给 Bob。

第二步：Bob 将一个质疑——随机整数 c 回复给 Alice。

第三步：Alice 计算 $s=r+c\cdot x$，并将其发送给 Bob。

第四步：Bob 验证 $g^s=T\cdot A^c$ 是否为真；如果此次验证为真，那么 Bob 推断 Alice 知道 $x=\log_g A$。

如果 Alice 知道 $x=\log_g A$ 并且使用其计算 s，那么可以得到 $g^s=g^{r+c\cdot x}$。既然 $T\cdot A^c=g^r\cdot(g^x)^c=g^{r+c\cdot x}$，Bob 在第四步的验证是有效的。另一方面，如果 Alice 不知道 x，她就不可能计算出 s 的正确值来使 g^s 与 $T\cdot A^c$ 相等。由此，Bob 就可以验证 Alice 在不知道 x 的值的情况下是否知道 $x=\log_g A$ 这个秘密。

上面所说的 Schnorr 协议适用于在某些条件下针对 $x=\log_g A$ 的知识的零知识证明。

首先，该协议可以证明只有在验证者诚实的情况下，Alice 才能真正知道秘密 x。这就是说，验证者必须诚实地遵循该协议去在足够大的范围内随机选取质疑 c，以保证 Alice 在计算上不可能猜出 c 的值。可以这样认为：如果 Alice 能够猜出验证者将要使用的 c 的确切值，她便可以以此为根据在第一步就计算出 T，以确保在不知道 x 的情况下第四步也能验证成功。上述情况可以如此实现：如果 Alice 在第一步按照 $T = g^s / A^c$ 计算了 T，其中 s 是 Alice 选择的任意数值，那么在第三步，Alice 可以通过将 s 返回给 Bob 来回应 Bob 的质疑。

基于诚实验证者的知识的零知识证明协议被称作是遵循了诚实验证者模型。例如，常用的 ACJT 群签名方案就属于一种遵循了诚实验证者的模型。

其次，Alice 必须从一个足够大的范围中选择 r 和 x，这样验证者就不可能从计算过程上猜出该秘密的值。

第三，模数 n 必须谨慎选择，要满足当 $x > 2$ 时，从计算过程上不可能得到任意大的整模数 n 的 x 次根。换句话说，对于一个很大的整数 $A = g^x$，要使得任何人不可能计算得出当 $x > 2$ 时以 n 为模数的 A 的 x 次根。要满足该需求的一个方法可以是，建立一个关于强 RSA 公钥加密算法问题的离散对数问题。强 RSA 问题可以应用于 ACJT 群签名方案中，用以实施知识的零知识证明。

18.3 ACJT 群签名方案及其在 ITS 中的扩展

ACJT 群签名方案以发表该方案的四个人的名字命名：Giuseppe Antiniese、Jan Camenisch、Marc Joye 和 Gene Tsudik，是最早获得广泛接受的群签名方案之一。它是后来一些群签名方案的基础。这里，我们站在一定的高度总结 ACJT 群签名方案。

最初的 ACJT 群签名方案不支持群成员的退出，在后来的一些扩展 ACJT 方案中才加入了成员的退出功能。因此，我们也会讨论可以支持成员退出的 ACJT 扩展代表性方案。

18.3.1 ACJT 群签名方案

ACJT 方案使用统计学知识的零知识证明来克服之前群签名方案的一些局限性。首先，它克服了群公共密钥和群签名对于群规模大小的依赖。其次，它去除了每当新成员加入群时就要更换群公共密钥的必要性。

ACJT 方案中应用了基于强 RSA 假设的“知识的零知识证明”机制。

强 RSA 假设的特点是求解非常困难。强 RSA 假设问题是在第 14 章讨论的 RSA 问题的广义版本，可以按照如下方式进行解释：假设复整数模数 n（为两个秘密大素数的乘积）和任意一个大整数 C，找到 u 使得对于任意整数 $e>1$ 满足以 n 为模数的 $u^e=C$。模数 n 在 RSA 问题中与在 RSA 签名算法中按照同样的方法进行构造。符合上述条件的模数称为 RSA 模数。到目前为止，尽管没有直接说明求解强 RSA 算法到底有多难的证据，但尚未发现用于求解强 RSA 问题的多项式时间算法。

图 18－2 为 ACJT 方案中群管理员、群成员以及群签名验证者相互之间进行上层交互的示意图。首先，全系统的所有安全参数需要配置在所有基于 ACJT 群签名方案的实体上。这些全系统参数包括用于签名的哈希值大小、定义群签名计算值的参数范围等。群管理员会创建一个群公共密钥且该密钥对所有群成员和潜在的签名验证者都可用。群公共密钥可以由拥有授权公共密钥证书的证书授权机构（Certificate Authority，CA）认证，这和前面几章所述的普通公共密钥如何由 CA 认证是一样的。

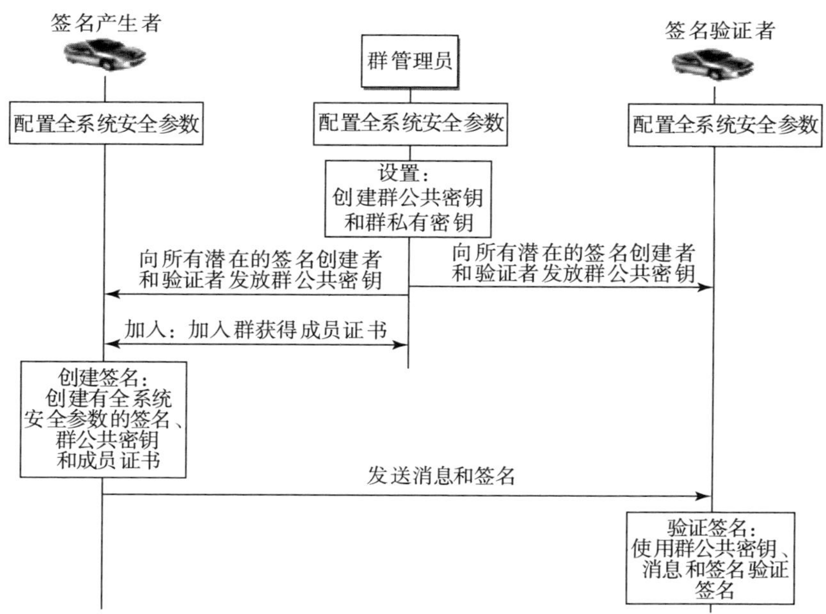

图 18－2 ACJT 数字签名框架

每个群成员都拥有一个唯一的私有密钥，该密钥由两部分组成：成员密文和成员证书。

成员密文是该成员自己选取的秘密值，不会暴露给其他任何人，甚至是群管理员。这就确保了没有包括群管理员在内的任何人能够伪造该成员的签名。

成员证书是群管理员对于成员密文的签名。因此，成员证书与其对应的成员密文是唯一绑定的，这使得群管理员能够打开任何由群成员产生的签名，以此判别是哪个特定成员产生了签名。

在加入一个群组之前，未来成员需要向群管理员提供关于其成员密文的零知识证明。简单概括，就是未来成员 U_i 选取其成员密文 x_i 并向群管理员进行零知识证明，证明其掌握离散对数模型 $C=a^{x_i}$ 或 $x_i=\log_a C$，其中 a 为群公共密钥中的一个整数。未来成员将 C 发送给群管理员。群管理员为 C 创建一个签名（A_i，e_i）并将其回发给该未来成员作为其成员证书。这里，e_i 是由群管理员选取的随机素数，A_i 满足 $A_i=(C\cdot a_0)^{1/e_i}=(a^{x_i}\cdot a_0)^{1/e_i}$，其中 a_0 是群公共密钥中的另一个整数。

素数 e_i 是该成员证书的唯一标识符。ACJT 方案的一些扩展，以及建立在 ACJT 方案之上的后来的一些群签名方案，都使用该素数以支持成员退出功能。

只有成员自己和群管理员知道该成员的成员证书。签名验证者不需要知道签名生成者的成员证书。

群成员使用其成员证书、群公共密钥以及全系统安全参数来生成群签名，以此将统计的零知识证明嵌入到每个签名中，签名生成者拥有成员证书及其关联的成员密文。

签名还包含对签名验证者的质疑值 c。该质疑值是群公共密钥中选取的元素与签名中选取的元素共同生成的哈希值。签名验证者使用群公共密钥、签名及接收到的消息，来构造一个值 c'，该 c' 值要满足当且仅当签名使用有效的成员证书及其关联的成员密文生成时，才与 c 相等。

验证群签名用来验证群签名的信息不仅不能验证签名生成者即为群成员，更不会帮助签名验证者来确定签名生成者。这一来使得群成员可以使用同样的成员证书签署多个消息，从而令对手无法将消息与发出者链接上。

现在，我们来检验用于 ACJT 的密钥大小和 ACJT 签名大小。对于基于强 RSA 假设或者普通 RSA 假设的签名方案而言，密钥和签名的大小与 RSA 模数 n 的长度紧密相关。假设 L_n 是 RSA 模数 n 的大小（位长度），可以派生出以下内容：

（1）群公共密钥大小：ACJT 群公共密钥包含 6 个元素，每个元素有

相同的位长度 L_n。因此 ACJT 群公共密钥长度为 $6L_n$ bit。

（2）群私有密钥大小：ACJT 群私有密钥包含 3 个元素，总长度为 $2L_n$ bit。

（3）成员证书大小：每个成员证书都包含两个值。第一个值长度为 L_n bit，第二个值长度为 $2L_n$ bit。因此成员证书的长度为 $3L_n$ bit。

（4）签名大小：ACJT 签名包含 8 个元素。其中 4 个元素长度分别为大约 $2L_n$ bit。其中 3 个元素长度分别为 L_n bit。剩余元素为质疑值 c，是大小相对于 L_n 小得多的哈希值。因此 ACJT 签名的长度大约为 $11L_n$ bit。

表 18－1 总结了 ACJT 密钥和签名的大小，以及 112 位安全强度的密钥和签名大小。对于 112 位安全强度，RSA 模数 n 需要有 2 048 位长。文献［13］中提出了一种新的 ACJT 方案实现方法，可以将密钥大小和签名大小减少一半。

表 18－1　ACJT 密钥和签名大小　　bit

项目	L_n 位长 RSA 模数的大小	112 位安全强度的大小
群公共密钥	$6L_n$	12 288（12 Kb）
群私有密钥	$2L_n$	4 096（4 Kb）
成员证书	$3L_n$	6 144（6 Kb）
群签名	$11L_n$	22 528（22 Kb）

其次，我们查看 ACJT 群签名产生和验证的计算复杂度（比如，处理过程所需时间）（表 18－2）。计算复杂度主要受多基模幂运算影响。k 基模幂的（或者说 k 幂）计算如下：

表 18－2　ACJT 签名创建和验证的计算复杂度

运算	签名创建	签名验证
模幂	3	0
双基模幂	3	2
三基模幂	1	1
四基模幂	0	1

$$(g_1^{e_1})(g_2^{e_2})\cdots(g_k^{e_k}) \bmod n \tag{18-1}$$

根据文献［13］，计算有 L 位幂的 k 幂的平均复杂度 $C(k,\ L)$ 可以使用式（18－2）估计，其中 S 为模平方运算的复杂度，M 为模乘法运算的复杂度，二者使用相同的模数 n。模平方运算是模乘法的特例，一般计算强度稍小于模乘法运算。

$$C(k,\ L)=(L-1)\left(S+\frac{2^k-1}{2^k}M\right) \tag{18-2}$$

式（18－2）表明，多基幂的计算复杂度随模数的长度 L 呈线性增长。

模平方和模乘法的计算复杂度随模数 n 的大小增长。

关于 ACJT 签名创建和验证的计算复杂度总结在表 18－2 中。

对于签名创建，三个模乘幂中的两个指数大小约为 L_n，第三个的指数大小约为 $2L_n$。这三个双基幂都分别有大小约为 $2L_n$ 的幂。该三基幂有大小约为 $2L_n$ 的幂。因此，基于式（18－2），ACJT 签名创建的平均复杂度可以大约转化为 $12L_nS+8.25M$，即 $12L_n$ 模平方运算加上 $8.25L_n$ 模乘法运算（模数为 n）。

对于签名验证而言，其中一个双基模幂的运算指数大小约为 $2L_n$，另一个双基模幂的运算指数大小约为 L_n，以及大小与签名中的质疑值 c 相同的指数。质疑值 c 是一个哈希值，其大小应当为所需求安全强度的两倍，但应当明显小于 L_n。例如，对于 112 位安全强度而言，c 的大小需要为 224 bit，而 L_n 长度需要为 2 048 bit。三基模幂运算有一个大小约为 $2L_n$ 的指数，一个大小约为 L_n 的指数，一个大小与签名中的质疑值 c 相同的指数。四基幂有一个大小约为 $3L_n$ 的指数，两个大小约为 $2L_n$ 的指数，及一个大小与签名中的质疑值 c 相同的指数。因此，基于式（18－2），ACJT 签名验证的复杂度可以大约转化为 $8L_nS+7.5M$，即 $8L_n$ 模平方运算加上 $7.5L_n$ 模乘法运算。

18.3.2 群成员退出功能所面临的挑战

一个可行的直接取消某群成员资格的方法是创建一个新的群，在这个群中只包含未被取消资格的群成员。新的群由新的群公共密钥作为识别标志，所有未被取消资格的成员需要重新加入到这个新群组中，且由群管理员发放给他们新的成员证书。但是，这就引发了一些新的问题。

第一，每次只要有一个成员被撤销资格，就必须将一个新的群公共密钥分配给所有未被撤销资格的群成员以及所有潜在的验证者，这就给大型车辆网络造成了极大的通信压力。既然不能期望所有车辆永远与群管理员联网，而且某些车辆可能在长时间内不进行网络连接，那么，要将新的群公共密钥分发给所有未被撤销资格车辆的过程会浪费大量时间。

第二，所有未被撤销资格的成员必须重新加入新的群。这可以通过请求每个未被撤销资格的成员重复加入新群的交互过程实现，在 ACJT 方案中有相关描述。然而，重复进行这个加入新群的交互过程会产生由未被撤销资格成员造成的大量操作，同时产生巨大的通信负荷。再或者，新群可以由群管理员向未被撤销资格成员发送新的成员证书而不借助与其他成员的交互而构建，这在 ACJT 方案中也是可能的。在 ACJT 方案的对应描述中，群管理员可以利用当群成员第一次加入群时向其收取的成员信息作为依据，在发放随后的成员证书时直接利用上述信息随后发布信息而不必再与这些成员重复交互过程。然而，如果采用当有成员撤销资格时向所有未被撤销资格的成员分发新的成员证书的方式，可能仍然面临与向大量车辆分发新的群公共密钥同样的问题，这同样会造成巨大的通信负荷并产生过多延迟。

第三，在 ACJT 方案中，新成员证书和新的群公共密钥必须以同步的方式（或以高度同等的方式）向消息签署者和验证者分发，或者更精确地讲，是委托给他们使用。这是因为在验证者收到新的群公共密钥之前，它无法成功验证由新的成员产生的证书。使用新群公共密钥进行验证的验证者也不能验证签名是由未被撤销资格但尚未收到新的成员证书的成员所创建的签名。想要实现将群公共密钥和成员证书同步分发在大型动态车辆网络中是非常困难的。

对于群签名方案而言，理想的资格撤销方法应当能够采用文献［2］中所述应用于公钥基础设施（Public Key Infrastructure，PKI）的取消范例，即验证者检查与证书撤销列表（Certificate Revocation List，CRL）不符的签名者证书。这种方式很有吸引力，原因大致有：①签名者不需要知道千变万化的 CRL；②资格撤销检查的压力在验证者一边；③未被撤销资格的成员不需要进行任何额外的工作来维持其群成员特性；④不需要同步地向给签名者和验证者分发撤销信息。

然而，在最先进的签名方案中，包括 ACJT 方案在内，撤销一个群成员资格的过程不能简单地通过把群管理员之前发送给成员的信息再发布在 CRL 上完成。例如，在 ACJT 群签名方案中，签名中包含代表了签名者组成员证书的和代表组管理员知晓该组成员证书的加密信息。然而，仅仅将成员证书发布 CRL 上还不足以达到撤销成员资格的目的。这是因为签名中成员证书的加密版本在语义上必须保证安全，这就意味着不应当使得任何签名验证者或对手可以将群签名与用于生成签名的成员证书对应起来。如果有人可以将群签名同其相应的成员签名对应起来，那么他就能够判断其他多个签名是否由同一个签名者创建，这会违反群签名对匿名性的要求，以及车辆通信中对隐私保护的要求。如果将签名与同一签名者联系起来，会使得验证者可以在成员资格取消之前链接到生成签名，这就会违反对无关连性的要求。

18.3.3 ACJT 对于支持成员资格撤销的扩展

现在已经发表了一些支持群成员资格撤销的 ACJT 群成员签名扩展方案。在本章后面的几节中，我们将描述两种典型的用于支持撤销成员资格的 ACJT 扩展方案。

1. ATS 取消扩展

文献［2］中提出了一种使用 CRL 来支持群成员资格撤销的 ACJT 扩展群签名方案，我们称之为 ATS 扩展方案，以发表该方案的三个人姓的首字母命名：Giuseppe Ateniese、Gene Tsudik 以及 Dawn Song。在 ATS 扩展方案中，签名的大小和签名产生的计算量与取消成员的数量是独立的。当有新成员加入群时，无须更新群公共密钥。

无论何时想要撤销一个或多个成员的成员资格，群管理员都会发送一个 CRL。CRL 包含之前发送给每个已经被撤销了资格成员的成员证书信息。更加特别的是，CRL 还包含着每个被取消资格成员的成员证书（A_i，e_i）中素数 e_i 的表示。CRL 同时也包含由未被撤销资格成员组成的新群组的群公共密钥。

最新的 CRL 必须分发给所有未被取消资格的群成员和潜在签名验证者。只有未取消资格的成员能够使用 CRL 中的信息来创建有效的新成员证书。签名验证者需要使用 CRL 来验证签名是否由已经撤销的成员证书创建。

使用更新了的成员证书，未撤销资格的成员能够将一种零知识证明嵌入到将来的每个签名中，该证明用以表明其拥有的成员证书并不在 CRL 上。为了实现该功能，将两个新值 T_4 和 T_5 加入到签名结构中。如果成员被撤销资格，验证者能够使用 T_4 和 CRL 中的信息来重建 T_5。对于未被撤销资格的成员，验证者不能重建 T_5。签名者需要进一步在签名中嵌入一些零知识证明，用以证明该签名使用相同的新成员密文和新成员证书来产生新值 T_5 以及签名中的其他元素。

零知识证明使用双离散对数进行实现。双离散对数问题一般尝试求解 x，使其满足式（18－3）所示的双指数方程，其中 y、g、a 和 n 是公知的整数。

$$y = g^{a^x} \bmod n \tag{18-3}$$

双离散对数的计算复杂度显然比通常使用的离散对数的计算复杂度要高。使用 ATS 扩展，创建或者验证签名需要大小为 L 的双指数和 L 的双基幂，其中 L 是签名中的质疑值 c 的位长度。质疑值 c 的大小为所需安全强度的 2 倍。因此，为了获得 112 位安全强度，创建或者验证签名需要大约 224 个双幂加上 224 个双基幂。尽管双幂中的指数以及双基幂的大小都比用于原始 ACJT 方案中的指数要小，但双幂和双基幂需要的素数仍然会使得 ATS 扩展方案的计算复杂度明显高于原始的 ACJT 方案。相对而言，RSA 算法只使用一个普通的单基幂来创建签名，并使用一个普通的单基幂来验证签名。

除了实施基于双离散对数的零知识证明以外，验证者必须对所有撤销资格的成员在 CRL 上施加一个额外的幂。因此，验证复杂度随撤销资格成员的数量线性增长。

表 18－3 归纳了 ATS 成员撤消扩展方案中的签名产生过程和验证计算过程的复杂度，其中|CRL|是 CRL 上已撤销资格成员的数量，L 是签名中质疑值 c 的位长度。

表 18－3　ATS 资格撤销扩展应用于 ACJT 群签名方案的性能

项目	签名产生	签名验证
幂		|CRL|
双基幂	L	L
双幂	L	L

基于 CRL 的 ATS 成员资格撤销方法也要求消息签署者和消息验证者使用同样的 CRL 来创建和验证签名。在所有车辆接收到相同的最新 CRL 之前，会有部分车辆仍然使用旧的 CRL，而其他部分车辆使用新的 CRL。这会造成部分由未撤销资格车辆签署的消息签名证书验证失败，因为此时消

息签署者和验证者使用的 CRL 版本不同。因此，所有消息签署者和验证者需要以同步的方式接收和使用新的 CRL。但是，想要将这种同步消息分发在大型动态车辆网络中很难实现。

2. CL 取消扩展

文献［10］中提出了另一种相对于 ACJT 方案的成员资格撤销扩展方案，我们称之为 CL 扩展，以发表该方案的两个人姓的首字母命名：Jan Camenishch 和 Anna Lysyanskaya。

CL 取消扩展方案没有任何与撤销资格成员数量呈线性关系的操作，它使用动态累加器。累加器算法可以表示为：允许将多重输入拼凑成一个称为累加器的短值，该短值有独一无二的标识来表明给定的输入已经嵌入到累加器。动态累加器允许向累加器动态添加元素和从累加器删除元素。

当新用户 U_i 加入群组时，群管理员向 U_i 发放成员证书。当前的群公共密钥会与成员证书合并。然后群管理员向累加器中添加 U_i 的成员证书中的素数 e_i。群管理员更新群公共密钥来将 U_i 的成员证书中的素数 e_i 与群公共密钥合并。

为了产生群签名，签名生成者嵌入了这样一个零知识证明：它拥有成员证书并且其成员证书存在于累加器中（即表明该成员证书没有撤销）。签名产生算法的输入参数中包含有群公共密钥。

需要撤销成员 U_i 的成员资格时，群管理员将 U_i 的成员证书从累加器中移除。群管理员也会相应地更新群公共密钥，这样，U_i 的成员证书便不再包含于群公共密钥。

每当有新成员加入群组或者有当前成员被撤销成员资格时，更新的群公共密钥需要以同步的方式让所有未被撤销资格的成员和所有潜在的签名验证者获知。在所有成员接收到相同版本的群公共密钥之前，某些消息签署者和验证者可能会使用不同的群公共密钥，这样一来，会导致由未撤销资格成员产生的签名验证失败。如先前讨论的，实现将信息同步分发给大型动态车辆网络会非常困难。

CL 资格撤销扩展方案使用公共存档来保持对成员新加入群组以及成员退出信息的更新。每个成员都需要持续观察公共档案中的变动，并且使用档案中的新信息来更新其成员证书。

从群组成员最后一次检查公共存档开始，从公共档案中读取的大量数据与本地计算随改变量的增加呈线性增长。

签名创建和验证的计算复杂度大约为原始 ACJT 方案的两倍。

18.4　包含撤销功能的 CG 群签名方案

文献［9］中提出了一种有完整成员取消机制的全新群签名方案，我们称之为 CG 方案，以两位作者姓的首字母命名：Jan Camenishch 和 Jens Groth。

CG 群签名方案建立在 ACJT 群签名方案和有支持成员动态添加和取消功能的 ACJT 扩展方案之上。

该取消方法类似于 CL 取消扩展中的方法。然而，与 CL 取消扩展方法不同，CG 群签名方案中的新成员可以动态地加入群而不需要改变群公共密钥。

与 ACJT 群签名方案相似，当加入群时，每个成员 U_i 会收到群管理员发送的签名，该签名基于由该成员选取并持有的唯一的成员密文 x_i。该群管理员的签名（称为 CL 签名），连同成员秘密，一起用作类似 ACJT 群签名方案中的成员私有密钥。

签名生成者使用其私有密钥和群公共密钥来生成签名。它在签名中嵌入成员密文 x_i 的零知识证明以及用于 x_i 的 CL 签名。这就可以确保签名者是群内成员，因为非群组成员是不可能伪造 CL 签名的。

若要撤销一个成员的资格时，群管理员会创建反映被撤销资格成员的群公共密钥。群管理员向未被撤销资格成员和潜在的签名验证者分发该新群组的公共密钥及部分被撤销资格成员的私有密钥。只有未被撤销资格的群成员能够使用这些公开信息来创建与新群公共密钥关联的新有效私有密钥。他们以后会使用新私有密钥及新的群公共密钥生成的签名。

表 18－4 总结了签名生成和验证的计算复杂度。对于签名的创建，进行 6 次幂运算指数大小要比签名中使用的哈希值大很多，哈希值的大小约为安全强度的 2 倍。剩下的一次幂运算指数大小为 $L_n/2$，其中 L_n 为 RSA 模数的位长度。三基幂有 1 个长度稍大于 $L_n/2$ 的指数和 2 个长度大约为签名使用的哈希值大小 6 倍的指数。相对而言，ACJT 群签名产生中幂和多幂的指数大小范围是 1～2 个 RSA 模数的长度。

表 18-4 CG 群签名方案的性能

项目	签名产生	签名验证
幂	7	0
双基幂	0	3
三基幂	1	1

对于签名验证，3 个双基幂中的每个都有长度大约为签名使用哈希值大小的指数。由于这个指数明显小于双基幂中的其他指数，这 3 个双基幂每个都使用与通常的幂相同的计算时间。三基幂指数的大小与用于签名生成的三基幂相同。

与 ACJT 群签名方案相比，CG 群签名方案拥有更快的签名产生和验证速度，而且还可以实现撤销群成员资格功能。

然而，与前面所述中的撤销方法一样，CG 群签名方案在当某个成员被撤销资格时，需要同步将新的群公共密钥发送给所有未被取消的群成员和所有潜在验证者。由旧的群公共密钥产生的签名无法通过使用新的群公共密钥进行的验证。如前面所述，在大型车辆网络中，完成所有车辆的信息同步分发是非常困难的。

18.5 短群签名方案

18.5.1 短群签名方案

短群签名方案也需要知识的零知识证明。它基于强 Diffe-Hellman 假设而非应用于 ACJT 方案中的强 RSA 假设。也就是说，短群签名方案使用强 Diffe-Hellman 假设来进行知识的零知识证明。强 Diffe-Hellman 假设是第 15 章中讨论过的 Diffe-Hellman 问题的广义版本。

如先前描述的群签名方案一样，群公共密钥必须分发给所有群成员，因为要用来创建群签名。但是，当有新成员加入群时，群公共密钥不需要做出改变。

群管理员同样会给每个群成员分配一个唯一的私有密钥。

群成员使用其私有密钥和群公共密钥来创建签名。它向每个签名中嵌入了一个零知识证明，即它拥有一个私有密钥（以及一些附加的密文）。群签名的大小与群的规模无关。

每个签名中都包含对于验证者的质疑值 c。为了验证签名，验证者需要使用群公共密钥、消息及其签名来构建值 c'，当且仅当签名由群管理员颁发的有效私有密钥产生时，c'才能够匹配签名中的质疑值 c。

群公共密钥和签名不显示消息签署者的私有密钥。由同一私有密钥产生的签名相互之间不具有关联性。因此，群成员可以使用同一个私有密钥签署多个消息，并且对每个签名的识别也仅能识别出其是由所有群组成员等可能地创建出这一层面。

短群签名方案使用双线性对进行知识的零知识证明过程。对函数的概念大致为可以将群 G_1 的一个元素和群 G_2 的一个元素映射为群 G_T 的一个元素。依赖特定的对进行实现时，G_1 可以与 G_2 等同。对函数 e 可以表示为 e：$G_1 \times G_2 \rightarrow G_T$。通俗来讲，当满足式（18－4）时，对是双线性的，其中 $u \in G_1$，$v \in G_2$，a 和 b 都是实整数：

$$e(u^a, v^b) = (e(u, v))^{ab} \tag{18-4}$$

密码学中使用的对，必须满足在以下条件时为非退化：如果 $u \neq 0$，那么$e(u, v) \neq 1$。这就是说，所有元素不可能都被映射到同一个。对也必须满足可以进行充分的计算。如今，两种最常用的对函数是 Weil 对和 Tate 对，它们通常通过椭圆曲线方式实现。

短群签名方案使用对来实现知识的零知识证明。这使得形成了比诸如 ACJT 方案的早期签名方案更小的密钥和签名。

密钥和签名的大小与群 G_1 和 G_2 的阶数 p 紧密相连。

短群签名方案的群公共密钥包含了 6 个独立的元素，每个元素的长度都与 p 相同。将 p 的位长度表示为 L_p，则群公共密钥的长度为 $6L_p$。群私有密钥有 2 个值，每个的长度均为 L_p。因此，群私有密钥的长度为 $2L_p$。群成员的私有密钥有 2 个值，每个长度均为 L_p。因此，成员私有密钥的长度为 $2L_p$。群签名包含了 9 个独立的元素，每个元素的长度均为 L_p。

表 18－5 所示为密钥和群签名的长度为 L_p 的函数。该表同样说明了 112 位安全强度的密钥和群签名的大小。当使用椭圆曲线方式进行双线性对运算时，要获得 L 位安全强度，则 L_p 必须为 $2L$ 或者更大。对于 112 位安全强度，L_p 应该是 224。

如表 18－5 所示，对于同样的安全强度，短群签名方案需求的密钥大小及产生的签名相比于 ACJT 方案需求的密钥和签名明显要小很多。例如，对于112位安全强度而言，群公共密钥大小仅为ACJT方案公共密钥的10%，群签名的大小比ACJT方案群签名大小的10%还小。进一步来讲，在相似的安全条件下，这些签名与标准RSA签名的大小基本相同。

表18－5 签名方案112位安全强度的密钥和签名大小 bit

项目	大小（L_p）	大小
群公共密钥	$6L_p$	1 334（168 B）
群私有密钥	$2L_p$	448（56 B）
成员私有密钥	$2L_p$	448（56 B）
群签名	$9L_p$	2 016（252 B）

基于文献［7］的签名创建和验证的计算复杂度见表18－6。短群签名方案通过椭圆曲线方式实施，可以使得幂使用的指数比ACJT方案的指数要小。特别地，所有指数的位长度约为安全强度的两倍。例如，对于112位安全强度，每个指数的大小约为224 bit。相对而言，ACJT签名产生和验证指数的大小为RSA模数大小的1～2倍。RSA模数的大小需要为2 048 bit，用以获得同样的112位安全强度。要知道，幂或多重幂的计算复杂度随指数的大小呈线性增长。

表18－6 短期群签名方案的性能

项目	签名创建	签名验证
对	0	1
双基幂	2	4
三基幂	1	1
幂	5	0

除了幂和多重幂，签名的生成和验证都需要进行对运算。签名生成需要三次对运算。但是，他们可以仅使用对于任何签名都不变的群公共密钥来进行预计算。签名验证需要与用于群签名生成的同样的三个对预运算，加上必须用于每次验证动态变化的一个对运算。

配对过程对运算的计算强度要求极大。我们使用Weil对作为例子来说明对运算的计算复杂度。在Weil对中，群G_1和G_2是椭圆曲线上的点群，

群 G_T 是一个相对有限域中乘法群的子群。如果 $E(F_q)$ 是通过有限大的域 F_q 定义的椭圆曲线，那么 G_1 是 $E(F_q)$ 的子群，G_2 是 $E(F_{q^k})$ 的子群，其中 F_{q^k} 是域 F_q 的扩展。记 L_p 为群 G_1、G_2 和 G_T 的大小。Weil 对的计算复杂度 C_{Weil} 可以由式（18－5）计算，其中 I 是模求逆的计算复杂度，M 是通过域 F_q 进行乘法计算的复杂度。Tate 对的计算复杂度约为 Weil 对的一半：

$$C_{\mathrm{weil}}(L_p)=2(4I+25M)\log_2(L_p) \tag{18-5}$$

群 G_1、G_2 和 G_T 都必须足够大，这样才能保证离散对数问题在每个群中进行计算比较易解。为获得 L 位安全强度，群 G_1、G_2 和 G_T 的大小 L_p 需要为 $2L$ bit。

模运算的计算复杂度也与模的大小紧密相关。模的大小即模运算所使用群的大小。式（18－5）中提到的模求逆和模乘法都通过域 F_q 实现。域 F_q 的大小应为 $2L$ bit 以获得 L 位安全强度。相比较而言，ACJT 方案中的模运算通过 RSA 系数实现，这明显大于短签名方案中用于通过椭圆曲线实现双线性对的域 F_q 的大小。第 15 章中讨论过，对于 112 位安全强度，RSA 模数大小为 2 048 bit，而 Weil 对的域 F_q 为 224 bit。

现在仍然在努力开发用于实现 Weil 对和 Tate 对的有效算法。现有的对运算强度仍然极高。

18.5.2　成员退出

之前描述的短群签名方案中包含成员资格撤销机制，所用的成员资格撤销方法与前面所述中相似。当有成员退出时，群管理员要发送撤回列表（Revocation List，RL），其中包含所有撤销资格成员的私有密钥。

之后，将 RL 分发给所有的签署者和验证者。二者都可以使用 RL 中的信息来创建新的群公共密钥，用以验证以后出现的群签名。未撤销资格的群成员也能够使用 RL 来产生新的私有密钥，而已撤销资格的成员则不能。

由未撤销资格成员的新私有密钥创建的签名对相应的群公共密钥可以支持验证，群公共密钥可以使用 RL 中的信息创建。然而，由已撤销的私有密钥创建的签名会在由新群的公共密钥进行验证时失败。

上述方法的实现也需要向所有消息签署者和验证者同步分发 RL，这在大型动态车辆网络中很难实现。所有用户都需要 RL 来更新群公共密钥，未撤销资格的群成员也需要 RL 来更新其私有密钥。接收 RL 之后，消息签署者未来可以使用其更新的私有密钥和更新的群公共密钥来创建签名，消息验证者使用更新的群公共密钥来验证签名。假设消息签署者已经收到了RL，而消息验证者还没有，那么，签署者会使用其新的私有密钥来产生签名，而验证者没有新的公共密钥可以验证签名。在消息签署者和验证者双方都收到 RL 之前，签名的验证会失败。消息签署者会在向消息验证者发送签署的消息之前发送 RL。但是当 RL 变得很大后，这种方式就又变得不可行了。相似地，如果验证者已经收到了 RL 而签署者没有，签署者仍会使用旧的私有密钥和旧的公共密钥来签署消息，而消息验证者会使用新的群公共密钥来验证签名。

18.6 使用本地验证撤销的群签名方案

对于群成员的退出，我们提出了本地验证撤销（Verifier Local Revocation，VLR）方案，这种方案在实施时仅需要将 RL 分发给签名验证者，而不需要全部发给签署者和验证者。

使用文献［8］中所述方法，群管理员生成群公共密钥、群成员的一系列私有密钥，以及每个成员的退出标记。当有成员退出时，群管理员将撤销资格成员的退出标记放到 RL 中，并将 RL 分发给所有潜在的签名验证者。退出标记作为撤销资格成员私有密钥的下半区。

签名算法以签署者的私有密钥、群公共密钥以及消息作为输入。签署者的退出标记会编码到签名信息中。

验证算法使用群公共密钥和最新的 RL 来进行签名验证。为了验证签署者是否已被撤销成员资格，验证者需要检测是否有 RL 的退出标记编码到了签名中。如果没有，则说明签署者的成员资格没有被撤销。

在安全强度相同的情况下，该签名的大小与标准 RSA 签名的大小相同。

表 18－7 归纳了签名创建和验证计算的复杂度。签名创建需要约 8 次幂运算（或多基幂），2 次对计算。签名验证使用了 6 次幂运算和 $3+2|RL|$ 次对计算，其中 $|RL|$ 是 RL 中退出标记的数目。这就是说，实现签名验证的对运算个数关于未退出成员的个数呈线性增长。在大型车辆网络中，RL 会包含数量巨大的未退出车辆，导致计算强度超大。

表 18-7　使用验证者本地撤销的群签名的性能

项目	签名创建	签名验证
对	2	3+2|RL|
模块化幂或者多重幂	8	6

此外，文献［8］不支持向后的相关性。文献［16］中提出了一种本地验证撤销方法，该方法支持向后的相关性，并且相比于文献［8］中的方法而言，其验证计算的复杂度更低。然而，这需要使用复杂的时间间隔，在大型的高度动态车辆网络中难以实现。

参考文献

［1］G. Ateniese, J. Camenisch, M. Joye, and G. Tsudik: "A Practical and Provably Secure Coalition-Resistant Group Signature Scheme," Advances in Cryptology CRYPTO 2000, Springer-Verlag Lecture Notes in Computer Science, Vol. 1880, 2000.

［2］G. Ateniese, G. Tsudik, and D. Song: "Quasi-Efficient Revocation of Group Signatures," Financial Cryptography, 2002.

［3］N. Baric and B. Pfitzmann: "Collision-Free Accumulators and Fail-Stop Signature Schemes Without Trees," Advances in Cryptology, EUROCRYPT' 97, Springer-Verlag Lecture Notes in Computer Science, Vol. 1233, 1997.

［4］P. S. L. M. Barreto1, H. Y. Kim, B. Lynn, and M. Scott: "Efficient Algorithmsfor Pairing-Based Cryptosystems," Advances in Cryptology, CRYPTO 2002, LectureNotes in Computer Science, Vol. 2442, 2002.

［5］M. Bellare, D. Micciancio, and B. Warinschi: "Foundations of Group Signatures: Formal Definitions, Simplified Requirements and a Construction Based on General Assumptions," EUROCRYPT' 03, Springer-Verlag Lecture Notes in Computer Science, Vol. 2656, 2003.

［6］M. Bellare, H. Shi, and C. Zhang: "Foundations of Group Signature:

The CAe of Dynamic Groups," Springer-Verlag Lecture Notes in Computer Science, Vol. 3376, 2005.

[7] D. Boneh, X. Boyen, and H. Shacham: "Short Group Signatures," Advancesin Cryptology-CRYPTO 2004, Springer- Verlag Lecture Notes in Computer Science, Vol. 3152, 2004.

[8] D. Boneh and H. Shacham: "Group Signatures with Verifier-Local Revocation," the 11th ACM Conference on Computer and Communications Security, ACM Press, 2004.

[9] J. Camenishch and J. Groth: "Group Signatures: Better Effi ciency and New Theoretical Aspects," Security in Communication Networks, Lecture Notes in Computer Science, Vol. 3352, 120 – 133, 2005.

[10] J. Camenisch and A. Lysyanskaya: "Dynamic Accumulators and Applicationto Efficient Revocation of Anonymous Credentials," CRYPTO 2002, Springer Verlag Lecture Notes in Computer Science, Vol. 2442, 2002.

[11] J. Camenisch and A. Lysyanskaya: "A Signature Scheme with Efficient Protocols," 3rd International Conference on Security in Communication Networks, SCN' 02, 2002.

[12] D. Cham and E. van Heyst: "Group Signatures," 10th Annual International Conference on Theory and Application of Cryptographic Techniques (EURO-CRYPT' 91), Springer-Verlag Lecture Notes on Computer Science, 1991

[13] M. Joye: "On Cryptographic Schemes based on Discrete Logarithms and Factoring," 8th International Conference on Cryptography and Network Security (CANS), Kanazawa, Japan, 2009.

[14] A. Kiayias and M. Yung: "Group Signatures: Provable Security, Efficient Constructions, and Anonymity from Trapdoor-Holders," Cryptology ePrint Archive, Report 2004/076, 2004.

[15] V. S. Miller: "The Weil Pairing, and Its Efficient Calculation," Journal of Cryptology, vol. 17, no. 4, pp. 235 – 261, 2004.

[16] T. Nakanishi and N. Funabiki: "Verifier-Local Revocation Group Signature Schemes with Backward Unlinkability from Bilinear Maps," Advances in Cryptology – ASIACRYPT 2005, Springer-

Verlag Lecture Notes in Computer Science, Vol. 3788, 2005.

[17] C. Schnorr: "Efficient Signature Generation by Smart Cards," Journal of Cryptology, vol. 4, no. 3, pp. 161 – 174, 1991.

[18] A. Shikfa: "Bilinear Pairing over Elliptic Curves," Master Thesis, Universitede Nice-Sophia Antipolis, 2005.

[19] M. Stogbauer: "Efficient Algorithms for Pairing-Based Cryptosystems," Diploma Thesis, Darmstadt University of Technology, 2004.

第 19 章 针对认证授权中心的隐私保护

19.1 引　言

借由传统的公钥基础设施（Public Key Infrastructure，PKI）设计，每一个证书授权中心（Certificate Authority，CA）都能够充分掌握分配给每辆车的证书。CA 运营商可以利用这些信息来识别和追踪车辆，还可以将这些信息提供给想要通过这些信息获取车辆隐私的人或组织。

本章介绍能够阻止任何 CA 运营商通过获取证书信息来实现追踪车辆的新 PKI。首先，描述基本思想和基础构架，以及相应的协议消息流和消息处理程序。之后，描述对基础构架的增强措施和用以支持共享证书、无关联的短期证书、关联的短期匿名证书的协议，以及分配无关联或关联匿名短期证书的协议。

19.2 基本思想

基本思路是把传统 PKI 的设计功能分解成授权 CA（Authorizing CA）功能和分配 CA（Assigning CA）功能，实现由独立的证书管理机构进行运营，这样就不可能会有独立的证书管理实体拥有足够能力实现基于证书进行车辆消息追踪。我们称基于这种思想的公钥基础设施（PKI）架构为分离式CA架构。

文献［2］中第一次对这种分离式CA架构进行了描述，在文献［1］中又提出了与之一种独立的、不同的方法。使用文献［2］中所述的方法，一辆车只需要与一个CA进行直接联系，而在文献［1］中则要求一辆车同时与两个独立的CA进行联系。

基于文献［2］中所述的基本思想，本章提出了增强版的分离式CA架构和能够支持共享证书、无关联的短期证书、匿名的短期证书以及证书批次分配的协议。

在这里，我们首先描述文献［2］的基本思想。授权CA用来决定是否同意各证书请求，并且保存用来批准证书请求的消息。这些消息能够识别车辆，例如车辆识别码（Vehicle Identification Numbers，VIN）、车辆品牌和型号、车辆通信软件和硬件配置，以及其他用于验证车辆证书请求的安全凭证信息。

授权CA能够发布非隐私保护密钥和证书，其中可能包含CA用来认证车辆的安全管理密钥和证书，用来获得隐私保护的证书，以及当其隐私保护证书已经过期或被撤销时用作签署车辆安全消息备份的证书。

授权CA不能创建隐私保护证书，但是负责对创建隐私保护证书的过程进行授权。

授权CA和分配CA都不会单独地获得全部的车辆与证书相关联的信息。授权CA知道已经授权给车辆的证书数目，但是不知道哪些证书对应授权给了哪辆车。分配CA知道它为每个证书请求创建的证书，但是它不知道具体哪辆车会分配到这些证书，以及它为不同证书请求创建的证书是否会分配到同样的车辆上。结果是，没有任何一个CA可以将不同证书与车辆关联。

如果授权CA和分配CA进行串通，它们将共同获取基于证书的有效消息来追踪车辆。为了防止这类串通的出现，授权CA和分配CA必须由相互独立的证书管理实体操作。这样一来，只要这些实体中的至少一方启动保护车辆隐私模式拒绝串通，就可以终止串通行为或者起码能够使实施这种行为变得很困难。

19.3 基础分离式CA架构、协议和消息处理

当车辆想要获得隐私保护证书时，需要与授权CA或者分配CA进行互

动，但是不必要与两者同时进行，如图 19－1 所示。如果车辆欲从授权 CA 处请求证书，授权 CA 会接收、验证并且授权来自车辆的证书请求，然后从分配 CA 获得证书，并回应车辆。

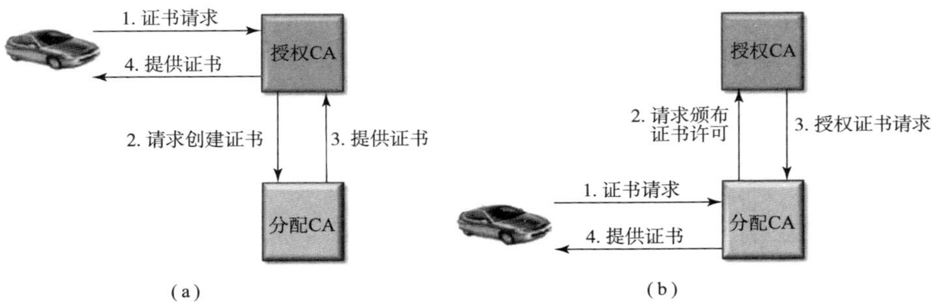

图 19－1 基础分离 CA 构架

（a）车辆与授权 CA 链接以请求隐私保护证书；（b）车辆与分配 CA 链接以请求隐私保护证书

如果车辆欲从分配 CA 处请求证书，会由分配 CA 首先收到车辆的证书请求，从授权 CA 处获取发放给车辆所请求证书的授权，然后创建并将对应的证书发放给车辆。

本章的其余部分，我们会以一个车辆与分配 CA 进行互动获得证书的过程为例来说明。这些机制也同样适用于车辆与授权 CA 互动来获取证书的过程。

图 19－2 为车辆获取隐私保护证书的基本协议流程，该流程的前提是假设车辆和授权 CA 能够进行互动。

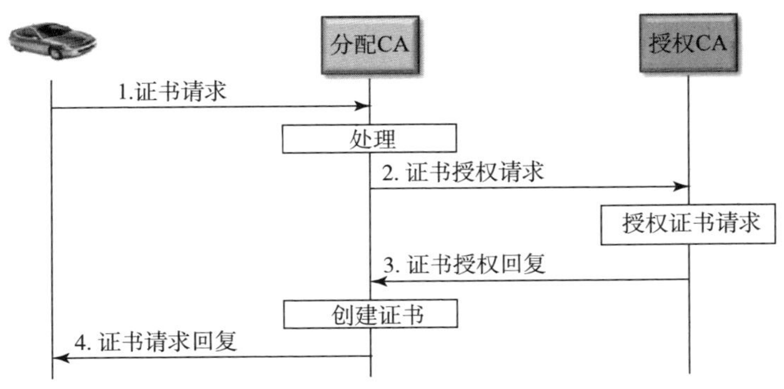

图 19－2 基础分离 CA 协议

车辆发送一个证书请求到授权 CA。这些消息不能包含任何可以允许授权 CA 能够用以获取识别车辆或者关联同一辆车不同证书请求的信息。图 19－3 是一个用来实现该目标基本证书请求消息的格式，其包含 3 个主要的部分：

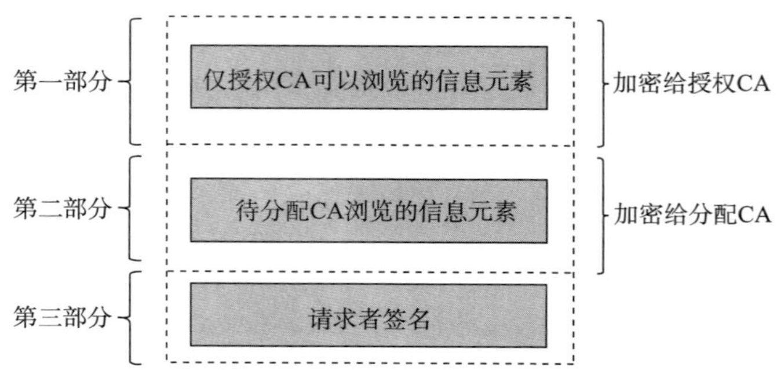

图 19－3　请求隐私保护证书的基础证书请求消息

第一部分：只能被授权 CA 看到的消息元素。

第二部分：只有授权 CA 看到的消息元素加上授权 CA 和分配 CA 都看得到的消息项目。

第三部分：证书请求者的签名。

第一部分中的数据元素包括：

（1）用于认证和授权证书请求的消息。这些当中可能包含车辆识别码，之前分配给车辆的安全认证，品牌与车型信息，以及硬件和车载单元（On-Board Unit，OBU）软件的配置参数。

（2）对称加密密钥及其加密算法。该算法可以由授权 CA 直接用来对证书请求的序列消息进行加密，并且不需要透露消息给分配 CA。

为了确保授权 CA 无法获知具体是哪辆车发起了哪个证书请求消息，车辆会将第一部分的证书请求消息经过加密之后再发送给授权 CA。欲实现这一目的，可以使用授权 CA 的公共加密密钥或者之前在车辆和授权 CA 之间已经发布过的隐私对称密钥。不同证书请求消息中第一部分的加密结果应当是随机的，这样授权 CA 就无法关联同一辆车的不同证书请求消息。加密前向第一部分内容中添加一个随机值就可以达成此效果。

证书请求消息的第二部分可以加密并发送给授权 CA，其样本数据元素包括：

（1）证书请求的类型。证书的主要类型包括典型的非隐私保护安全管理证书和隐私保护安全应用证书。

（2）证书请求编号。

（3）申请证书请求的理由。主要理由包括添加新证书、替换过期证书或者替换撤销证书。

（4）授权 CA 加密并用于向证书请求者回复的对称加密密钥及其加密算法。

授权 CA 和分配 CA 应当都知晓证书类型、证书请求编号和请求证书的理由。分配 CA 能够加密这些数据元素并将其添加到证书授权请求消息中，继而发送给授权 CA。

不可以将分配 CA 用于对给证书请求者回复信息中第二部分进行加密的对称加密密钥透露给授权 CA。授权 CA 用于处理不同证书请求的消息在加密时应当随机选择的不同加密密钥，以避免关联同一辆车的不同证书请求消息。

不同证书请求消息的第二部分中如果有相同部分，则可以包含一个重复的值，前提是需要保证当该值处于所有使用者的证书请求消息中时都能被识别，因为这样一来任何人就都无法使用该值将多个证书请求消息与同一辆车对应起来。例如，任何车辆都可以请求隐私保护证书，因此，不同的证书请求消息中可以包含用于当前请求类型证书的一个相同的值。

证书请求者会签署证书请求来保护消息的完整性，并且帮助分配 CA 判断此消息是否来自车辆。为了保护隐私，证书请求者的签名、验证密钥、验证密钥的证书都应当是不重复的。因此，车辆在签署不同的证书请求消息时应当使用不同的隐私保护证书。

在收到证书请求后，分配 CA 会在其本地数据库保留该消息内容的第二部分，之后将来自证书请求者且包含证书授权请求第一部分内容的消息发送给授权 CA 以请求发放证书。证书授权请求消息还应该包含授权 CA 需要用以进行授权证书请求的证书请求消息中第二部分的消息元素。

授权 CA 基于证书授权请求消息和从其他途径搜索来的附加消息，如行为异常检测系统（Misbehaving Detection System，MDS），共同来决定是否批准该证书请求。

授权 CA 和分配 CA 都应当能够撤销已经分配给车辆的所有证书，这就需要授权 CA 和分配 CA 对这一系列分配到同一辆车上的证书有相同的权限。为此，授权 CA 会为每个证书或者授权给每辆车的一批证书创建授权编号。每个授权编号都是随机且唯一的，由授权 CA 为每辆车储存。

授权 CA 以证书授权反馈消息的形式将其授权决定发送给分配 CA。对于每个授权请求，证书授权请求消息会携带分配 CA 创建新证书所需的新授权编号和一些其他附加消息。

得到授权 CA 的授权后，分配 CA 会创建所请求的证书并把它们以证书授权请求回复消息的形式发送给证书请求者。分配 CA 会存储从授权 CA 那里收到的新发放证书及其授权编号。

为了保证分配 CA 无法将同一辆车的不同证书请求消息关联起来，车辆需要为每个证书请求使用随机的返回地址。

接下来，我们会描述基本撤销程序。为了实现证书撤销，授权 CA 和分配 CA 会保持如图 19－4 所示的映射，这样就能够联合起来找到所有已经分配给撤销车辆的证书。分配 CA 使用对称加密密钥对证书请求者的证书请求进行加密。

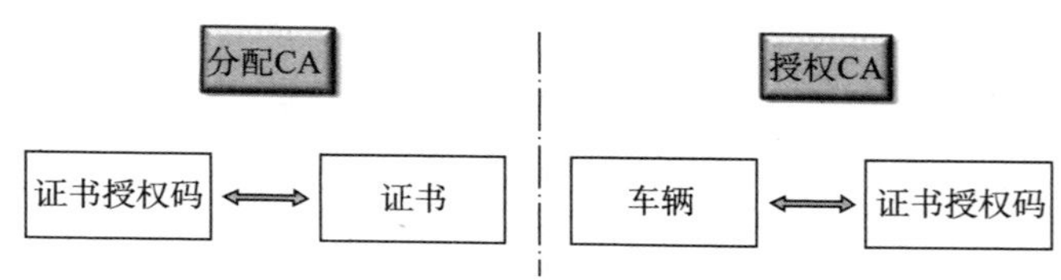

图 19－4 分离 CA 基本构架中分配和撤销证书的示意图

如果已知要撤销的车辆，授权 CA 能够在本地数据库找到所有已经授权给这辆车的证书，并且把授权编号发送给分配 CA。分配 CA 能够查找每个证书编号对应的当前证书。一旦找到，证书就能够被授权 CA 或分配 CA 加入到证书撤销列表（Certificate Revocation List，CRL）中。

当监测到某证书被滥用并且滥用证书的车辆应当被撤销时，授权 CA 和分配 CA 能够共同找出具体是哪辆车的证书被滥用以及已经分配给这辆车的其他证书。首先，分配 CA 能够使用被滥用的证书来查找其对应的授权编号并将授权编号发送到授权 CA。授权 CA 找出使用该编号证书的车辆，以及之前颁布给该车辆的所有证书编号。之后将这些授权的编码发送回分配 CA，由它来查找这些授权编号对应的证书。

分配和撤销匿名关联证书或批次证书还需要额外的程序用来阻止任一单方面 CA 获知授权给车辆的证书。

19.4　共享证书的分离式 CA 架构

基础分离式 CA 架构和基础协议流程用于支持共享证书效果很好。分配 CA 可以很好地胜任创建和管理共享证书协议，且不必要进行进一步扩展。

车辆可以按照基础协议流程获取共享证书。由于每辆车只需要少量的共享证书，因此车辆可以每次均获取一个证书直到获得所有的证书为止，这就消除了要对基础分离式 CA 架构进行扩展来分配批次证书的需要。

证书的撤销也可以按照对应的基线撤销过程实现。

19.5　无关联短期证书的分离式 CA 架构

我们首先描述应当如何扩展分离式 CA 架构，可以使得车辆每次获得一个无关联的证书。然后再讨论如何分配这些批次的无关联证书。

19.5.1　每次获得一个无关联证书

基础分离式 CA 架构和基础协议流程可以通过小幅度扩展来实现每次获得一个无关联证书。

这些扩展是用于处理当使用无关联短期证书时可能会出现的特殊需求。比如，车辆使用的无关联短期证书可以生成对应的公私密钥对并且要求 CA 为其公共密钥发布证书。又或者，密钥对和证书都是由 CA 创建的。因此，通过对消息格式和消息流程扩展可以支持上述两种情况。

如果车辆创建了公私密钥对，则第二部分中需要包含 CA 要用来证实证书请求的公共密钥。车辆的证书请求需要包含可以证明其拥有的与私有密钥对应的公共密钥已经通过验证的证据。车辆如果使用公共密钥对应的私有密钥对其进行签名，就是一种可行的实现方式。之后，CA 可以使用证书请求中的公共密钥来验证签名，以判断证书请求者是否有正确的私有密钥。

图 19－5 为用于支持无关联短期证书的一个证书请求消息范例以及它

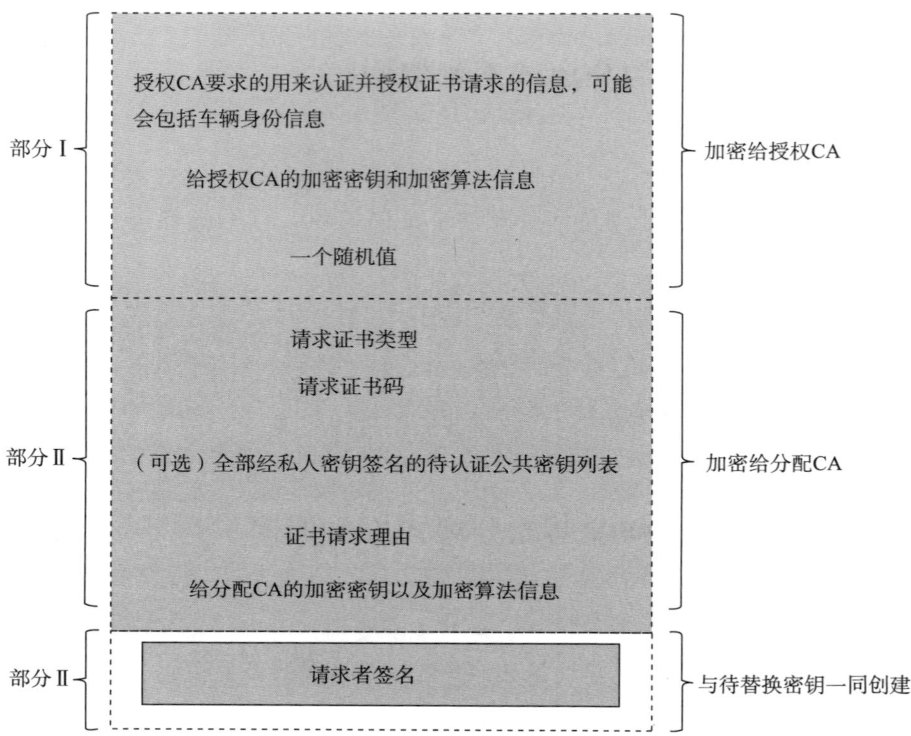

图 19－5　无关联短期证书的证书请求消息格式范例

是怎样准备数据元素的。

证书请求的第一部分与基础分离式 CA 架构中的基础证书请求消息在格式上可以是相同的。证书请求消息的剩余部分与基础消息的格式不同点如下：

（1）可以通过扩展证书的类型来预测某个请求是否是用于为车辆生成的公共密钥请求证书。

（2）消息的第二部分可以包含为车辆生成的公共密钥预留的空间。这些公共密钥不应当为授权 CA 所知，否则，授权 CA 就可以获知分配给各辆车的证书。各公共密钥可以与其相关的私有密钥一起签名以证实证书请求者拥有相关的私有密钥。

（3）证书请求者可以使用公共密钥对应的私有密钥来签署证书请求消息。这样，签名就不会泄露证书请求中已包含消息以外的私人消息。证书请求者也可以使用之前分配给它的隐私保护证书来签署证书请求。

在收到证书请求后，分配 CA 会先验证证书请求者拥有证书请求列表中公共密钥对应的私有密钥，之后，分配 CA 和授权 CA 会根据基础协议证书流程来对证书请求授权并且向车辆发放证书。

证书的撤销过程同样按照对应的基础撤销程序来实现。

19.5.2　分配一批无关联短期证书

如果使用短期证书，则每辆车需要大量的证书。例如，如果每个证书的有效期为 5 min，如果按照车辆每次要拥有足够使用 7 天的证书，则每次需要获取的证书数量为 2 016 个，如果是 30 天就是需要 60 480 个，如果是 90 天就是需要 181 440 个。

车辆可以重复每次操作都获取一个证书的形式来获得大量证书，然而这样会造成大量的延误和通信负担，并且还要求车辆与 CA 保持长时间的持续连接或进行高频率的接入操作。

为了避免仅靠使用网络将大量证书传输给车辆，可以选择把经过编码后的大量密钥对及其证书提前加载到每辆车里。这些大量的证书被分成多个小批次，每一批用一个唯一的密钥进行加密，车辆通过不断从分配 CA 获得的加密密钥来解锁每一批加密的证书。

为了不让单独的某个 CA 可以通过证书信息追踪到车辆，任何单独的 CA 都应当无法获知分配给车辆的各批次证书里都有具体哪些证书。如图 19－6 所示。

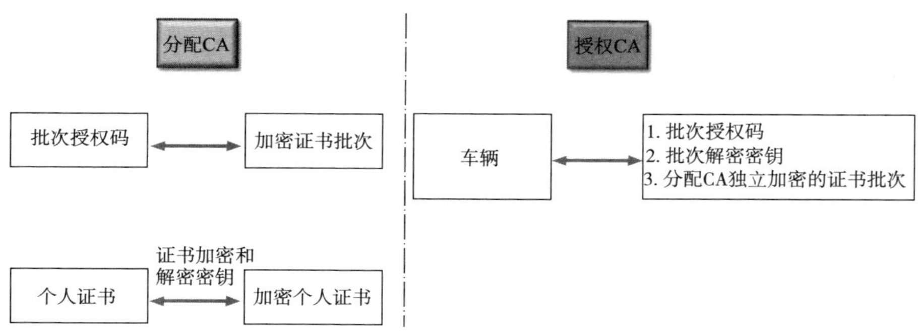

图 19－6　分配和撤销批次无关联证书示意图

在车辆持有必要的安全凭证直接从 CA 获取证书前，授权在车辆上安装证书的实体可以要求出示该批次证书初始的批次和分配信息。一旦车辆拥有了证书管理密钥和证书，就可以通过向分配 CA 发送证书请求消息来获得新的批次证书。无论是谁提出证书请求，证书请求消息按照如图 19－5 所示的消息格式进行创建。

图 19－7 为简化的车辆向分配 CA 请求批次证书协议消息流程。

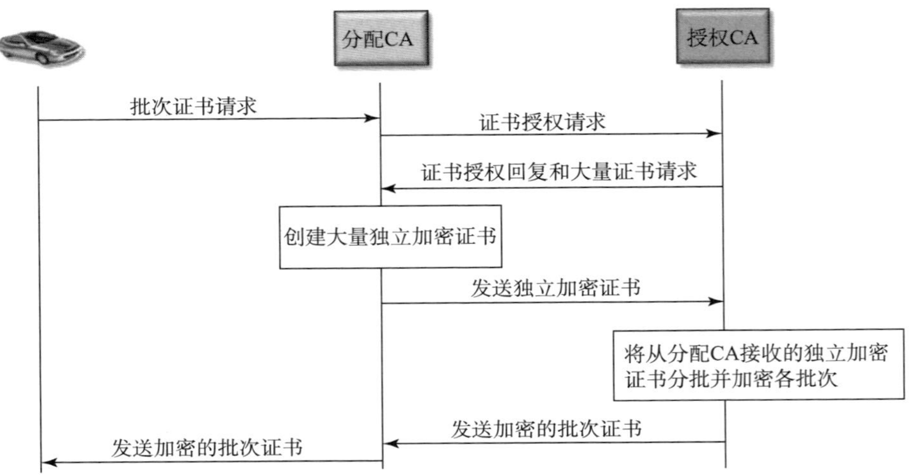

图 19－7　分配批次无关联证书的协议消息流范例

为了防止分配 CA 知道哪个公共密钥（以及证书）属于哪辆车，车辆不应当将多个由车辆生成的公共密钥置于证书请求消息中。因此，要想将批次证书分配给各辆车，可以让分配 CA 同时为车辆创建私有密钥对及其证书，这样一来会更容易实现，资源利用效率也更高。

分配 CA 在收到证书请求后会向授权 CA 发送一个证书授权请求，用于请求授权 CA 授予其向发起证书请求的车辆发布证书的权限。如果授权 CA 通过了该证书授权请求，它会向分配 CA 发送一个证书授权请求回复，以要求向证书请求者所提供其需要的大量证书。要求分配 CA 创建的证书数量可以比一个单个证书批次多很多。

分配 CA 创建授权 CA 所要求的证书，对每个证书使用相同的证书加密密钥进行单独加密，然后将其全部发送给授权 CA。

授权 CA 将这些单独加密的证书划分为多个批次，并且使用唯一的批次加密密钥对每个批次进行加密。它为每一个证书批次单独生成一个随机但唯一的批次授权编号，并且将各加密证书批次与其批次解密密钥和批次授权码一同存储。当有一批证书要被撤销时，授权 CA 使用批次授权编号来为该证书批次定位其对应的解密密钥。

授权 CA 将加密的证书批次及其批次授权编号一同回发给分配 CA，分配 CA 再按顺序将这些加密证书批次发送给申请证书的车辆。

若授权 CA 在为车辆当下的证书请求提供服务之后仍然持有未使用的证书批次，则会将这些证书用于该车辆未来的证书请求中。

19.5.3　撤销无关联批次的证书

要撤销证书批次授权编号已知的一批证书时，授权 CA 会从其本地数据库定位批次解密密钥，对批次进行解密并找出分配 CA 加密过的各独立证书，然后将这些单独加密的证书回发给分配 CA。分配 CA 对每个证书进行解密，然后将这些证书公布到 CRL 上。如果是由授权 CA 负责发布 CRL，分配 CA 就将这些解密后的证书发送给授权 CA，再由授权 CA 将其公布到 CRL 上。

要撤销之前已经分配给车辆所有批次的证书时，授权 CA 会定位已经分配给该车辆所有证书批次的批次授权编号，解密每个批次来恢复每个单独加密的证书，然后将这些证书发送给分配 CA。分配 CA 对每个证书进行解密，然后将这些证书公布到 CRL 上。如果是由授权 CA 负责发布 CRL，分配 CA 就将这些解密后的证书发送给授权 CA，再由授权 CA 将其公布到 CRL 上。

如果已经分配给车辆的所有证书批次中有一个证书因存在滥用行为需要被撤销，分配 CA 和授权 CA 能够联合使用该证书找出该车上都被分配了哪些证书批次。这一过程可以通过让分配 CA 对滥用的证书进行加密从而生成一个单独的加密证书然后将其发送给授权 CA 来实现。授权 CA 通过查找证书批次来定位包含该加密证书的证书批次。授权 CA 将该批次中的所有单个加密证书发送给分配 CA，分配 CA 解密该批次中的每个单独的证书，这样，就可以将这些证书放入 CRL 进行撤销。

授权 CA 进一步判断哪辆车分配到了该批次证书，并且定位分配给这辆车的所有证书批次。它可以打开所有的证书批次，然后把所有单个的加密证书发送给分配 CA。分配 CA 会解密所有单个的证书，然后将其公布到 CRL 上。

19.5.4　请求证书批次解密密钥

当申请用于解锁一批已经加载到车辆上的加密证书的解密密钥时，车辆按照图 19－5 所示的消息格式创建证书请求并设定该请求的类型为“解密密钥”，然后将其发送给分配 CA。

创建的证书请求消息上可以包含该车辆上某一个批次证书的批次授权编号，用于请求 CA 提供该批次对应的解密密钥。或者，车辆可以让授权 CA 来自行选择打开某一个批次的证书。

收到证书请求后，分配 CA 会发送一个证书授权请求给授权 CA 以请求批次解密密钥。在同意授权请求之后，如果车辆不主动提供证书批次授权编号，就会由授权 CA 选择一个之前已经分配给车辆的证书批次。授权 CA 会定位所选证书批次的批次加密密钥，并将其以证书授权回复的形式发送给分配 CA。该批次解密密钥不能透露给分配 CA，否则这会让分配 CA 知道都有哪些证书属于该证书批次。因此，通过使用车辆公共密钥或者来自车辆证书请求消息第一部分的隐秘对称加密密钥，授权 CA 会对批次解密密钥进行加密，并将其发送给请求证书的车辆。

分配 CA 会对来自授权 CA 的批次解密密钥及其证书解密密钥进行加密，然后发送给车辆。

车辆使用批次解密密钥来打开对应批次证书，然后使用证书解密密钥来解密该批次中的每个证书。只有车辆本身能够知道哪些证书在这个证书批次中。

19.6 匿名关联短期证书的分离式 CA 架构

匿名关联短期证书导致了独立的 CA 可能会获知哪些证书被分配给哪些车辆。例如，若按照第 17 章中介绍的证书标签生成方法，知道标签种子的 CA 就可以判断哪些标签（或证书）属于同一辆车。

为了保证单个证书管理实体无法使用证书识别或追踪车辆，我们需要确保单个的证书管理机构无法获知用以创建证书标签所有的密文资料。此处，我们首先会描述当每次分配证书时，基础分离式 CA 架构如何通过扩展来实现这一目标，然后描述实现分配匿名无关联短期证书的方法。

19.6.1 每次分配一个匿名无关联短期证书

各证书的标签均通过两个局部标签建立，这两个局部标签均由不同且相互独立的实体提供，它们之间互不知道对方所创建的局部标签内容。

授权 CA 为证书提供一个局部标签，再由分离式 CA 架构中的一个独立标签提供者为证书提供第二个局部标签。

为了防止任何局部标签提供者获知另一局部标签提供者所提供的局部标签内容，每个局部标签提供者都要对其提供给分配 CA 的局部标签进行加密。分配 CA 解密各局部标签并将其联合使用来为证书创建一个最终标签。

要撤销一辆车时，就可以通过公布授权 CA 和独立标签提供者用以创建撤销车辆局部标签的种子来实现。

图 19－8 为用于支持匿名关联短期证书的样本协议消息流程。当请求匿名关联短期证书时，车辆 v 向分配 CA 发送证书请求。分配 CA 向授权 CA 请求授权发布车辆请求的证书，同时请求授权 CA 提供该证书的局部标签。

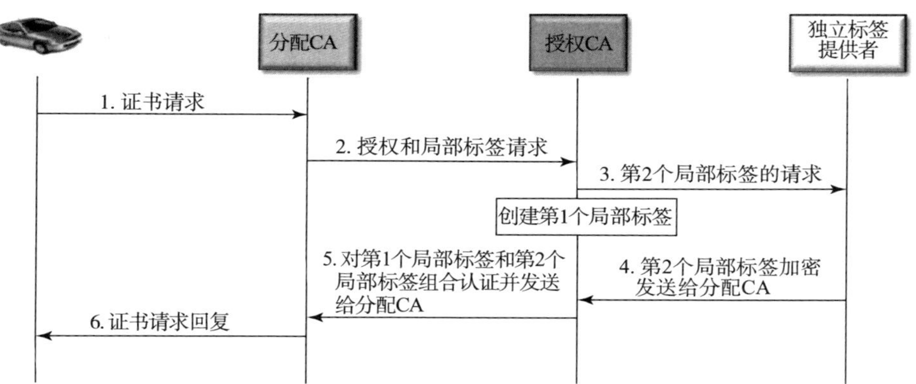

图 19－8　支持匿名关联证书的协议信息流范例

当证书请求通过后，授权 CA 会使用第 17 章中介绍的证书标签生成方法来为证书创建第一个局部标签。特别地，如果之前没有为车辆 v 创建过标签种子，则会首先为其创建一个标签种子 $s_1(v)$，然后为其第 i 个证书创建一个局部标签：$\text{Partial\_Tag}_1(v, i) = H(s_1(v), i)$。授权 CA 会对这个局部标签进行加密并发送给分配 CA。

与此同时，授权 CA 要求独立标签提供者提供第二个局部标签。为了防止独立标签提供者获知哪辆车将收到这个标签，利用独立标签提供者无法将假名与真实车辆对应的特性，授权 CA 会为车辆 v 创建一个假名 v'。

之后，授权 CA 会要求独立标签提供者为假设车辆 v' 发送一个新的局部标签。

独立标签提供者使用与授权 CA 相同的方法来创建其负责的局部标签。这就是说，如果之前没有标签种子，则独立标签提供者需要首先为假设车辆 v' 创建一个标签种子 $s_2(v')$。之后，独立标签提供者按照如下公式为假设车辆 v' 建立第 i 个证书的局部标签：$\text{Partial\_Tag}_2(v', i) = H(s_2(v'), i)$。独立标签提供者会对提供给分配 CA 的局部标签进行加密。

授权 CA 提供的局部标签可以作为授权 CA 所授权证书的证书授权编号使用。因此，授权 CA 不需要创建单独的证书授权编号。

授权 CA 发送下列内容给分配 CA：

（1）由授权 CA 创建并在经过加密后发送给分配 CA 的局部标签。

（2）由独立标签提供者提供并在经过加密后发送给分配 CA 的局部标签。

分配 CA 会对局部标签进行解密并使用它们来为证书创建最终标签。最终标签可以通过把两个局部标签合并的方式生成 $H(\text{Partial\_Tag}_1(v, i), \text{Partial\_Tag}_2(v', i))$。

授权 CA 和独立标签提供者都不知道两个局部标签被用来创建一个最终标签。因此，它们都无法获知或者产生证书的最终标签。因此，它们都无法获取足够的消息把证书关联到同一辆车上。

分配 CA 知道被用来为各个证书创建最终标签的两个局部标签的内容。但是它无法关联同一辆车上的不同局部标签和最终标签，这是因为：①分配 CA 不知道哪辆车会分配到哪个证书；②若没有局部标签的种子就无法关联同一辆车的不同局部标签。

授权 CA、分配 CA 和独立标签提供者之间关系的如图 19－9 所示。

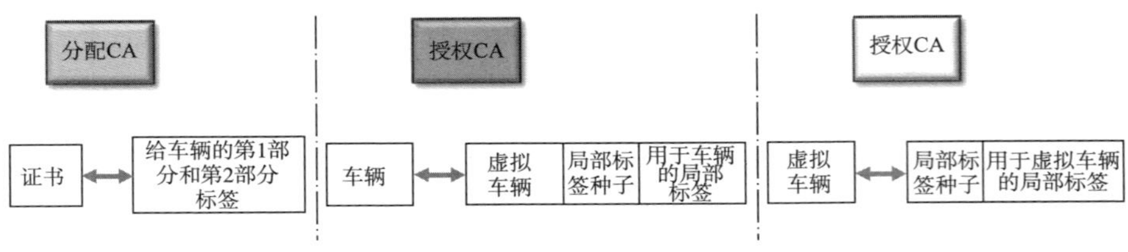

图 19－9　分配和撤销匿名关联证书示意图

当要撤销之前分配给车辆 v 的所有证书时，授权 CA 首先需要定位它自己用以生成局部标签的种子，然后向独立标签提供者发送车辆 v 的假名

v'并来要求后者提供其所使用的种子。之后将两个种子都发布到 CRL 上，就可以实现对车辆 v 的撤销。

如果之前分配给车辆的所有的证书之中有一个应当撤销的滥用证书，分配 CA 会使用这个滥用的证书来定位其两个局部标签并把它们回发给各自的提供者——授权 CA 和独立标签提供者。局部标签的提供者会定位其各自用来创建局部标签的种子，之后通过把这两个种子发布到 CRL 上来撤销车辆。

对于知道该如何使用两个局部标签来创建最终标签这一过程的车辆，其可以使用 CRL 上的每对部分种子来重新生成最终标签，并使用这些最终标签来判断所收到的证书是否在 CRL 上。

事实上，分配 CA 是可以作弊的。比如，它可以无视授权 CA 或独立标签提供者，直接按照自己的某种方式创建最终标签，这样它就可以关联同一车辆的证书。然而，这样做很容易被审计机构检测出来。审计机构会对的证书进行抽样检查，以验证这些证书上的标签是否创建正确。审计机构随机地选择之前的证书，并从授权 CA 和独立标签提供者处获取局部标签，然后重新生成选中证书的最终标签以验证在证书上实际使用的标签是否正确。

19.6.2　分配一批匿名的无关联短期证书

本节将描述该如何扩展基础分离式的 CA 架构，可以实现在分配一批匿名无关联短期证书的同时防止任何单个 CA 获得足够基于证书并可以用来追踪车辆的消息。

为防止任何单独的 CA 获得足够的消息来使用证书追踪车辆，单独 CA 不应该知道哪个证书在哪个批次中。图 19－10 给出了一个可以实现这一目标的协议消息流程样本。

车辆向分配 CA 请求一批证书，分配 CA 向授权 CA 请求发放车辆所请求证书批次的授权。当回复其证书授权决定给分配 CA 时，授权 CA 会要求分配 CA 以无关联短期证书的方式创建大量证书。授权 CA 为每辆车创建第一个局部标签的列表，同时要求独立标签提供者为该车创建第二个局部标签的列表。与之前相同，这两个局部标签会被其创造者加密然后发送给分配 CA，这样局部标签创造者就无法获知彼此创建的局部标签内容。授权 CA 以随机顺序将内容为〈$\text{Partial\_Tag}_1(v, i)$，$\text{Partial\_Tag}_2(v', i)$〉的一

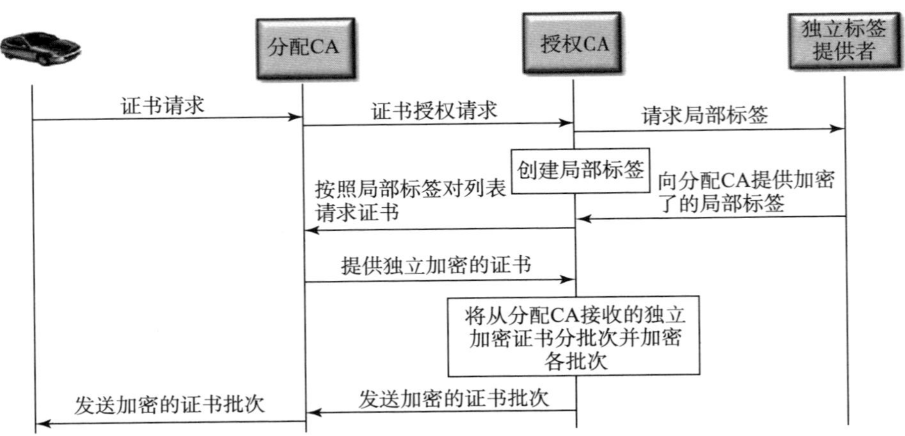

图 19－10　创建加密批次匿名关联证书

对局部标签发送给分配 CA。授权 CA 可以任意搭配不同车辆的局部标签对，这样一来分配 CA 就不会知道哪一组标签对是对应的哪一辆车。

分配 CA 使用局部标签来创建证书的最终标签，并使用同一证书加密密钥对每个证书进行加密，并自己保留证书的解密密钥。它以授权 CA 提供的局部标签为关键词制作索引，并且将加密了的证书和其索引一同回发给授权 CA。该目录使得授权 CA 可以识别哪些加密证书是给同一辆车的但不会允许授权 CA 看到这些证书。因此，授权 CA 不会知道那些证书分配给那些车。

授权 CA 将每辆车的单独加密证书划分为多个批次，并使用一个唯一的批次加密密钥对每个批次都进行加密，在将来在进行验证时都需要用到一个随机但唯一的批次授权编号。授权 CA 为每个批次的证书都保留对应的批次加密密钥。由授权 CA 加密的各证书批次可以由分配 CA 或者授权 CA 加载到车辆上，加载方式与分配到车辆的无关联短期证书使用的方式相同。

分配 CA 和授权 CA 都无法获知哪些证书属于哪一个证书批次。

图 19－11 总结了分配 CA、授权 CA 和独立标签提供者之间的映射。

19.6.3　撤销一批匿名关联短期证书

在图 19－11 所示的映射中，分配 CA、授权 CA 和独立标签提供者能够共同识别车辆撤销之前所分配的所有证书使用的局部标签种子。一旦识别成功，就能够把这些部分种子发布到 CRL 上来撤销对应的车辆。

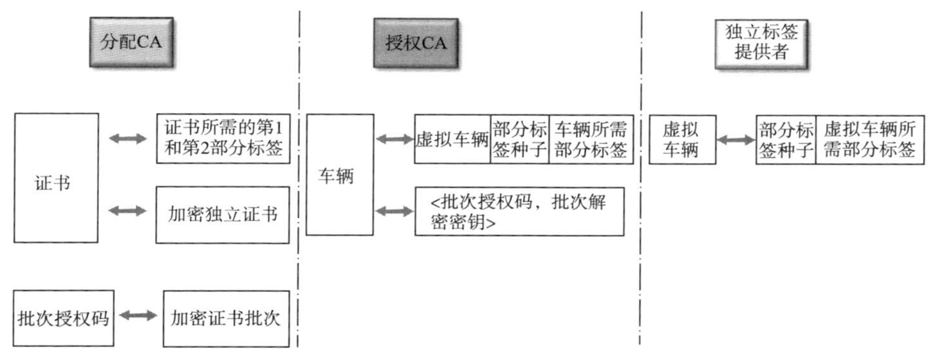

图 19－11 分配和撤销批次匿名关联证书示意图

如果已知哪辆车是要被撤销的车辆，授权 CA 就会定位该车辆的标签种子。授权 CA 会将该车辆的假名发送给独立标签提供者，使其得以定位该车辆使用的种子。之后将这两个标签种子发布到 CRL 上就可以实现撤销该车辆。

在定位持有滥用证书车辆的标签种子时，分配 CA 使用滥用证书来定位这两个用来创建滥用证书最终标签的局部标签。授权 CA 和独立标签提供者各自定位它们生成局部标签的标签种子。之后将这两个标签种子发布到 CRL 上就可以实现撤销该车辆。

分配 CA、授权 CA 和独立标签提供者还可以合作撤销某一单独批次的证书，例如包含滥用证书的批次。当初次创建证书时，分配 CA 就使用与加密证书相同的证书加密密钥对滥用证书进行加密，这样就可以解决这一问题。分配 CA 将滥用的证书发送给授权 CA，授权 CA 使用该证书来定位包含这一证书的批次。授权 CA 使用其批次解密密钥对各批次进行解密，然后将批次内的各加密证书发送到分配 CA。分配 CA 对各单独的加密证书进行解密，再将这些证书发布到 CRL 上就可以实现撤销。如果该批次中证书所使用的标签使用的是有特别标记的批次标签种子，这对标签种子就能够被授权 CA 和独立标签提供者定位，这样只要将这对标签种子发布到 CRL 上就可以实现撤销。

19.6.4 证书批次解密密钥获取请求

为了请求获取用于打开一批加密证书的解密密钥，车辆需要按照如图 19 – 5 所示的样本格式向分配 CA 发送一个证书请求，并将其中的请求类型设置为“解密密钥”。

当请求一批无关联短期证书解密密钥时，证书请求中应当包含已经在车上处于使用中状态的证书批次的批次授权编号，用来要求各 CA 提供该批次证书的解密密钥。或者，也可以是由车辆要求授权 CA 来主动选择解锁某一个证书批次。

在收到证书请求后，分配 CA 向授权 CA 发送一个证书授权请求，用于请求批次解密密钥。当授权请求通过后，如果证书请求消息中不包含批次授权编号，授权 CA 就会选择打开一个证书批次。授权 CA 向分配 CA 发送证书授权回复以及批次解密密钥，该批次的解密密钥不能泄露给分配 CA，否则会使分配 CA 知道那个证书是哪个批次的。因此，授权 CA 会对发送到车辆上的批次解密进行加密。

分配 CA 会将证书加密密钥和从授权 CA 处获取的批次解密密钥一同发送给车辆。

车辆使用批次解密密钥打开证书批次，之后使用证书解密密钥来解密批次中的各证书。只有车辆才知道各批次证书中都有哪些证书。

参考文献

[1] T. Kwon, J. H. Cheon, Y. Kim, and J. -I. Lee:“Privacy Protection in PKI: A Separation-of-Authority Approach,” Information Security Applications, Lecture Notes in Computer Science, Vol. 4298, 2007.

[2] T. Zhang, R. White, D. Mok, R. Ferrer, G. D. Crescenzo, and E. Vandenberg:“Vehicle Segment Certificate Management Scalability Analysis, VII Security Work Order Part I Deliverables 1. 2,” 2007

第20章 隐私保护证书管理方案对比

20.1 引　言

本章主要总结并比较以下三类隐私保护证书管理方案的主要特点：共享证书、短期唯一证书以及群签名。首先，总结其主要特点进行了总结，然后，从以下几个方面对各方案进行比较：异常行为检测、异常行为报告以及防止证书授权中心（Certificate Authority，CA）运营商滥用车辆隐私方面的能力。最后，总结当下亟待解决的技术挑战，以使各隐私保护证书方案在车联网领域内得以大规模实施。

主要从以下几个方面进行特点比较：

（1）隐私等级。

（2）签名验证速度。

（3）签名生成速度。

（4）证书撤销列表（Certificate Revocation List，CRL）大小。

（5）支持异常行为检测的难度。

（6）防止 CA 运营商侵犯车辆隐私的难度。

（7）对其他协议层的负面影响。

（8）使用如下标记：

对于所有证书方案：

①V 表示网络中的车辆数；

②m 表示 CRL 上的撤销车辆数；

③标准签名算法：椭圆曲线数字签名算法（Elliptic Curve Digital Signature Algorithm，ECDSA），RSA 公钥加密（Rivest-Shamir-Adleman，RSA）算法，数字签名算法（Digital Signature Algorithm，DSA）。

对于共享证书：

①N 表示共享证书库中的证书数量；

②n 表示分配给每辆车的证书数量；

③R_1 表示 CRL 上撤销证书的数量。

对于短期证书方案：R_2 表示 CRL 上标记的所有 m 辆撤销车辆上未到期证书的数量。R_2 可以用 $m \cdot \Phi$ 的值进行大致表示，Φ 是 CRL 上标记的 m 辆撤销车辆上未到期证书数量的期望值。

20.2 主要特征比较

表 20－1 总结了共享证书、短期证书和数字签名的特点。

表 20－1 隐私保护证书方案比较

项目	共享证书	短期证书	群签名
隐私等级	平均匿名大小：$(n/N)V$。 隐私等级在车辆密度低的地区减少。目前已经有合理的解决方案	匿名大小：V，前提是假设证书上的信息是完全随机的并且每个证书的有效使用期很短。 使用同一证书的车辆消息可以相互链接	匿名大小：群组大小。 车辆在组成员少的地区隐私等级降低
签名识别速度	标准签名算法。 CRL 过程中无特殊要求。 在 CRL 上一共需要对 $O(\log_2 R_1)$ 项进行比较搜索来判断证书是否要撤销。 三种类型的方案中签名识别速度最快	标准签名算法。 处理 CRL 时需要 $O(m \cdot \Phi)$ 加上 $O(m \cdot \Phi\log_2(m \cdot \Phi))$ 项。 在 CRL 中需要搜索 $O(m \cdot \Phi\log_2(m \cdot \Phi))$ 项来判断该证书是否要撤销	群签名方案。 比标准签名算法花费时间多很多。 使用典型的 $O(m)$ 指数来验证组成员是否被撤销
签名生成速度	标准签名算法	标准签名算法	群签名算法。 比标准签名生成算法总体上慢很多

续表

项目	共享证书	短期证书	群签名
CRL 大小	$O(m)$	$O(m)$：关联证书 $O(m \cdot \Phi)$：无关联证书	$O(m)$
车辆本地异常行为检测	可以使用消息内容和消息标题来检测可疑消息	可以使用消息内容和消息标题来检测可疑消息	可以使用消息内容和消息标题来检测可疑消息
异常行为报告	可以报告有可疑消息的证书	可以报告有可疑消息的证书	需要报告可疑消息及其签名。这会造成大量负担
全球异常行为检测	可以支持匿名检测：MDS 不需要识别车辆或者关联车辆证书就可以检测滥用证书或行为异常的车辆。 这有助于阻止 MDS 运营商侵犯车辆隐私	MDS 需要识别车辆并关联车辆的证书来实现异常行为检测。 MDS 运营商需要可以侵犯车辆隐私的权限	MDS 需要识别车辆并关联车辆的证书来实现异常行为检测。 MDS 运营商需要可以侵犯车辆隐私的权限
撤销	撤销证书会影响共享证书的所有无辜车辆。此负面影响随隐私等级和撤销车辆数量增长而增强	撤销车辆能显著减少所有车辆上的签名识别速度。该负面影响随着隐私等级和撤销车辆数量增长而增强	撤销车辆能显著减少所有车辆上的签名识别速度。该负面影响随着隐私等级和撤销车辆数量增长而增强
针对 CA 和 MDS 运营商的隐私保护	通过简单的分离式 CA 架构就可以实现。 可以匿名地检测并撤销行为异常车辆	相比于使用共享证书或无关联短期证书，当使用匿名关联短期证书时实现难度显著增加。 当使用匿名关联证书时，可能需要更多独立的证书管理实体，例如单独的证书标签服务器。 MDS 更需要获得侵犯车辆隐私的权限，亦即关联同一辆车的多个证书来检测行为异常车辆	使用现有的群签名方案无法实现，因为作为群签名方案的必要组件，群管理员可以判断出是谁创建了哪个签名。 MDS 需要将多个证书与同一辆车链接的权限以检测行为异常车辆。这就是说，MDS 需要能够打开签名的权限

续表

项目	共享证书	短期证书	群签名
对网络协议的影响	每次有车辆使用不同证书时介质访问层和互联网协议（IP）层地址都要改变。但是此操作并不经常使用	每次有车辆使用不同证书时介质访问层和互联网协议（IP）层地址都要改变。该操作发生频率很高	不会造成介质访问层和互联网协议（IP）层地址变化

20.3 异常行为检测

基于本书中讨论的各隐私保护证书方案，车辆可以使用其本地异常行为检测功能来检测错误或恶意的车辆安全消息，该检测的基础是明文消息的内容和标题。本地异常行为检测功能在很大程度上独立于特别隐私保护证书方案。

然而，隐私保护证书方案在以下几个方面有直接而深远的影响：

（1）车辆如何将本地检测到的异常行为报告给全球异常行为检测系统（Misbehavior Detection System，MDS）。

（2）MDS 如何检测滥用证书和行为异常的车辆。

（3）MDS 是否需要获取侵犯车辆隐私的权限才能检测异常行为。

使用共享证书方案，车辆可以将它们检测到与证书相关的恶意消息报告给 MDS。这时 MDS 就可以基于异常行为报告和车辆在请求更换证书过程中发布的统计差异来确定证书是否被滥用（第 17 章）。这样，MDS 就不需要知道是哪辆特定的车滥用了证书。CA 可在不需要明确地撤销车辆的情况下撤销滥用的证书。行为异常的车辆用完了它的证书配额后，就相当于被撤销了。这种匿名的撤销行为能够防止全球异常行为检测系统侵犯车辆隐私。

每个短期证书的有效时间非常短。因此，每个证书签署的消息可能不足以用于判断消息的发起者是否行为不端。车辆使用不同证书签署的消息会检测为恶意消息，这些证书会被发送给 MDS。MDS 需要将现已证书与其起始车辆进行链接，继而判断是否该车辆存在有不端行为。此外，使用短期证书时，单独撤销某一个独立的证书并不会造成太大影响，因为自其被检测到有滥用行为之时起就已经失效。CA 需要将之前发布给行为不端车辆的所有短期证书全部撤销，因此，MDS 和 CA 需要能够识别和跟踪车辆的能力，也就是说，需要有侵犯车辆隐私的权限。

现在的主流群签名机制都采用不对单个群成员使用公共证书，而是将群成员的证据嵌入到每个签名中，然后在签名验证过程中使用零知识证明的方式。只有群管理员才能够打开签名来确定哪个组成员签署了消息。然而，想要打开签名的前提是群管理员拥有签署消息和签名。因此，当车辆将可疑消息报告给 MDS 时，车辆也需要将签署的消息及其签名发送到 MDS。MDS 要有与组管理员相同的权限来判断是哪辆车在可疑消息上生成了签名。这意味着 MDS 需要有验证和追踪车辆的权限，即侵犯车辆隐私的权限。此外，向 MDS 发送消息和签名会占据大量的无线带宽。

20.4　阻止 CA 和 MDS 运营商滥用隐私的能力

正如第 19 章的所述，当使用共享证书时，分离式 CA 架构可以防止任何单独的 CA 获取足够侵犯车辆隐私的信息。此外，使用共享证书，可以检测并撤销滥用证书而不需要知道哪辆车滥用了这一证书。这就是说，行为异常的车辆可以被匿名地撤销。这就意味着 MDS 没必要拥有验证或追踪车辆的功能，因此，也就无需具有足够侵犯车辆隐私的信息。

当使用无关联短期证书时，车辆会每次都请求一批新的证书。分离式 CA 架构仍能够用来保证任何单独的 CA 完整地知晓哪些证书会分配给哪些车辆。然而，也就需要更加复杂的加密机制来匿名地向车辆提供批次证书，以实现不让任何单独的 CA 完整地获知证书到车辆的映射信息。

然而，当使用匿名关联短期证书来减少 CRL 的大小时，需要许多的独立机构来创建单独的标签种子或局部标签，以备下一步由 CA 用来创建证书的最终标签。由于运作这些标签生成实体会需要更多的独立运营商，因此，如果这样做的话会在很大程度上增加系统复杂程度的同时减少系统的可操作性。想要防止各单独的 CA 获取足够用于识别和追踪车辆的信息，就需要当证书与车辆之间进行连接时采取匿名化，而匿名地提供这些批次证书则又需要更为复杂的加密机制和协议来支持。然而，这样会更进一步增加 CA 系统的复杂程度。此外，MDS 还需要可以将证书关联到其主体来检测行为异常车辆的权限。

使用现有的群签名方案，群管理员在设计之初就有权限能够判断是谁创建了签名，并拥有足够的信息来检测和追踪车辆。这也使得它不能有效地阻止 CA 或者 MDS 运营商侵犯隐私。

20.5 总 结

现有隐私保护证书方案仍然存在亟待解决的重大技术问题，这些问题需要在建立全国范围内的车联网前解决。

（1）分享证书方案需要更有效的措施来减少证书撤销时的附加破坏。

（2）短期证书方案亟需用来大幅度减少使用 CRL 判断某一证书是否被撤销时所需时间的方法。当前，还需要更复杂的公钥基础设施（Public Key Infrastructure，PKI）和证书管理机制对来自于 CA 运营商的隐私威胁进行保护。当使用现行的匿名关联短期证书体系时，全球不端行为检测系统要有将消息与消息发出车辆进行关联的权限。

（3）需要对群签名方案加以改进，以大幅度降低签名创建和签名验证时的延误，尤其是当有大量车辆需要撤销的时候。此外，使用现有的群签名方案，群管理员在设计时即有识别和追踪车辆的权限。

（4）对于所有隐私保护证书方案来说，亟需大幅度提高效率来监测滥用证书和行为异常车辆，以及保证在撤销行为异常车辆的同时不对无辜驾驶员造成明显的负面影响。

第21章 IEEE 1609.2 安全服务

21.1 引　言

美国电气和电子工程师协会（Institute of Electrical and Electronics Engineers，IEEE）1609.2 标准对一系列提供车车通信的安全服务进行了分类。其中还规定了用于车间无线通信（Wireless Access in Vehicular Environment，WAVE）管理消息、车辆应用消息、用于发送给已知接收者消息的格式，及其对应的处理方式。

本章将主要概述 2011 年 4 月颁布的 IEEE 1609.2 最新版本标准，重点关注其中支持证书管理的相关消息格式和消息处理方式方面内容。

同时，也会讨论几种可以支持车联网使用但未被收录进现行 IEEE 1609.2 标准、用于支持证书管理的功能。这些功能都应当在将来 IEEE 1609.2 标准进行扩展时收录或者由 IEEE 1609.2 标准的扩展机制实现。

21.2 IEEE 1609.2 标准

在使用 IEEE 1609.2 安全服务之前，各通信实体需配备 IEEE 1609.2 安全服务子系统。图 21-1 为 WAVE 装置下的 IEEE 1609.2 安全服务子系统的功能结构。

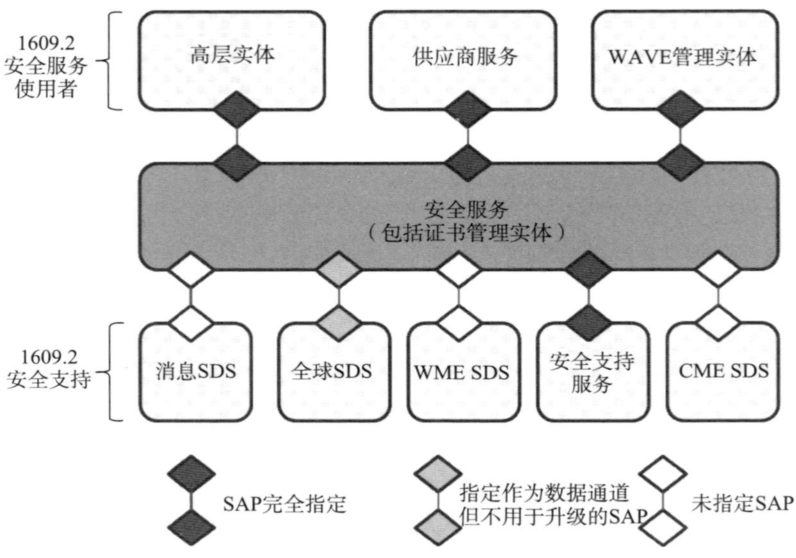

图 21 - 1　IEEE 1609. 2 安全服务子系统

IEEE 1609. 2 安全服务的使用者是安全服务用户。安全服务用户包括以下几类：①高层应用及协议；②为终端用户和应用提供服务的 WAVE 供应商服务；③管理 WAVE 设备的 WAVE 管理实体。

IEEE 1609. 2 安全服务使用安全数据存储装置（Security Data Store, SDS）储存有关安全的消息。消息 SDS 用于给本地装置上的安全服务使用者储存安全方面的数据。全球 SDS 装置用于储存整个安全服务子系统中所有的安全消息。

同时，IEEE 1609. 2 安全服务也使用安全服务运行装置上所提供的安全支持服务。这些安全支持服务包括提供即时时刻、位置，以及安全服务进行实现安全功能所需要的一系列随机数。

图 21 - 1 中所示的各功能实体通过服务访问点（Service Access Point, SAP）实现各自的服务功能。图 21 - 1 对已在现行 IEEE 1609. 2 中定义过、用于安全服务的 SAP 进行了说明。

IEEE 1609. 2 中所定义的安全服务以椭圆曲线密码（Elliptic Curve Cryptography, ECC）、公共密钥证书和公钥基础设施（Public Key Infrastructure, PKI）为基础。

车辆、证书授权机构（Certificate Authority，CA）服务器这些实体都需要有 IEEE 1609.2 证书和管理这些证书的凭证管理实体（Certificate Management Entity，CME）。CME 用于以下几个方面：①从 CA 请求证书和证书撤销列表（Certificate Revocation List，CRL）；②处理收到的证书、CRL 以及其他安全管理消息；③处理有关管理安全的信息。CME 是 IEEE 1609.2 安全服务子系统的一部分。

作为对 CME 证书管理功能的补充，IEEE 1609.2 安全服务子系统还可以提供密文方面的服务，比如创建电子签名、验证签名、加密和解密消息。

安全服务使用者，比如车辆安全应用，一定要在发送签名或者加密消息之前取得许可证书。获得许可证书后，安全服务使用者就可以通过 IEEE 1609.2 安全服务来发送签名或者加密消息。

21.3　证书和证书授权等级

IEEE 1609.2 标准将所有提供或者使用 IEEE 1609.2 安全服务的实体分为以下两类：证书授权实体（CA 实体）和终端实体。CA 实体负责颁布证书和 CRL，其他所有实体可以使用 IEEE 1609.2 证书但是不能颁布证书或 CRL。终端实体有 4 种：车辆、路侧单元（Road Side Unit，RSU）、应用服务器、应用。

IEEE 1609.2 标准定义了以下几种 CA 实体的形式：

（1）根 CA：根 CA 可以向所有 CA 实体和所有终端实体颁布证书。根 CA 的公共密钥受信于终端实体，因此不需要为这些公共密钥提供证书。根 CA 可以给其他 CA 实体颁布证书，以授权这些 CA 实体向终端实体颁布证书或 CRL。

（2）消息 CA：消息 CA 可以向发送 IEEE 1609.2 安全应用消息的终端实体颁布证书。

（3）WAVE 服务通告（WAVE Service Advertisement，WSA）CA：WAVE 服务通告 CA 用于向发送 WSA 的终端实体颁布证书。终端实体通过 WSA 通知其他终端实体其可以提供的 WAVE 服务种类。

（4）CRL 签名机构：CRL 签名机构可以颁布 CRL，但不可以颁布证书。

图 21 –2 表明了 IEEE 1609. 2 中所定义的各 CA 等级。

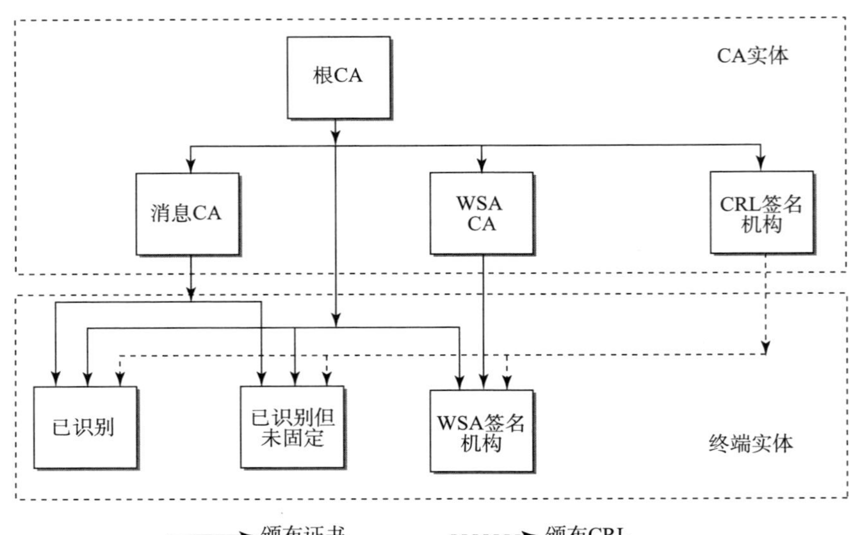

图 21 –2 IEEE 1609. 2 中定义的 CA 等级

IEEE 1609. 2 中定义了三种终端实体类型：已识别、已识别但未固定、WSA 签名机构。已识别的终端实体和已识别但未固定的终端实体会发送基于 IEEE 1609. 2 安全服务的应用消息，并从消息 CA 处获取证书。WSA 签名机构主要发送已经过签名的 WSA，从 WSA CA 处获取证书。所有终端都从 CRL 签名机构处获取 CRL。

IEEE 1609. 2 标准将消息分为以下两大基本类别：证书管理消息和应用消息。证书管理消息即为在终端实体（如车辆）与 CA 实体之间发送的消息，比如用以支持车辆从 CA 处获取证书和 CRL 证书管理等功能的消息。应用消息即由应用发出的消息，例如在车辆或其他 WAVE 装置上运行的车辆安全应用所发出的消息。

各终端实体使用各自的证书体系处理证书管理消息和应用消息。其中，用于处理证书管理消息的证书称为安全管理证书，用于处理应用消息的证书称为通信证书。

当需要进行通信时，终端实体和 CA 之间需要进行相互验证，该环节可以通过两类安全管理证书实现：①终端实体用以向 CA 验证身份的证书请求文件（Certificate Signing Request，CSR）证书；②CA 用以向终端实体进行验证身份的 CA 证书。

已识别和已识别但未固定的终端实体通过消息 CSR 证书激活消息 CA。也就是说，这两类实体使用消息 CSR 证书来对消息 CSR 进行签名，该消息 CSR 是这些终端实体发送给消息 CA 用以索取证书的。WSA 签名机构通过 WSA CSR 证书验证 WSA CA。

不论明确与否，证书中都应有至少一种用于破解密码机制的公共密钥，以及一份关于该公共密钥对应许可的表单。这些许可用来指定该证书所关联公私密钥对的适用范围。

21.4　公共密钥、签名、证书以及 CRL 的格式

本节主要阐述 IEEE 1609.2 标准中对于公共密钥、电子签名、证书以及 CRL 等在数据结构方面的要求。

21.4.1　公共密钥格式

IEEE 1609.2 标准的电子签名使用椭圆曲线数字签名算法（Elliptic Curve Digital Signature Algorithm，ECDSA），公共密钥加密方式采用椭圆曲线密码综合加密（Elliptic Curve Integrated Encryption Scheme，ECIES）。在 ECDSA 和 ECIES 中，使用椭圆曲线上的一点来表示公共密钥，用 x 和 y 来表示其位置。图 21－3 为 IEEE 1609.2 标准中定义的一种公共密钥格式，此格式可用来编码 ECDSA 或 ECIES 算法的公共密钥。

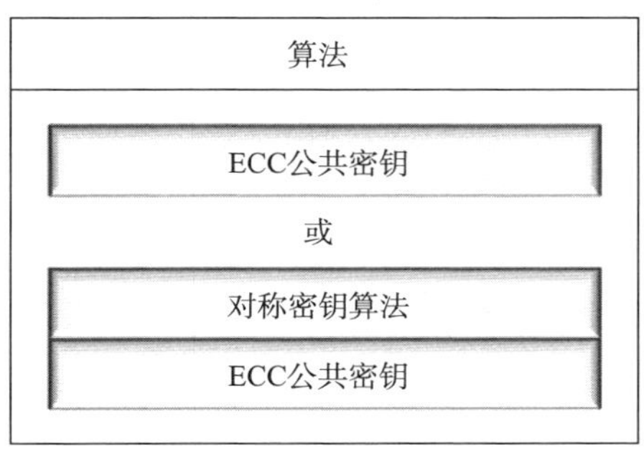

图 21－3　公共密钥格式

“算法”字段为这个公共密钥所使用的公共密钥算法。当前 IEEE

1609.2 标准支持以下几种公共密钥算法：

（1）ECDSA 使用由美国国家标准与技术研究院（National Institute of Standards and Technology，NIST）定义的两种双椭圆曲线，包括 112 位安全强度的 P244 曲线和 128 位安全强度的 P256 曲线。

（2）ECIES 使用由 NIST 定义的 P256 椭圆曲线。

在 ECDSA 中，EECDSA 公钥结构使用“算法”字段中所示的算法。在 ECIES 中，对称密钥算法标记和 ECC 公钥结构使用“算法”字段中所示的算法。“对称密钥算法”字段用来表明 ECIES 将会在随后对消息对称密钥进行加密时使用哪个对称密钥算法。当前 IEEE 1609.2 唯一支持的对称密钥加密算法是高级加密标准（Advanced Encryption Standard，AES）。

图 21－3 所示的公共密钥结构也可以用于对使用任意公共密钥算法的公共密钥进行编码。这时，“算法”字段将显示为 UNKNOWN，同时，“算法”字段之后将出现一个黑箱公共密钥。通信方必须借由其他信息来判断该密钥使用了何种公共密钥算法。

图 21－4 为 IEEE 1609.2 中定义的 ECC 公共密钥格式。“字段大小”字段中的内容代表所选中椭圆曲线上的一点的 x 和 y 坐标长度的整数。“字段大小”字段在用 NIST 的 P224 椭圆曲线表示时为 28 八位组（224 bit），用 NIST 的 P256 椭圆曲线表示时为 32 八位组（256 bit）。“类型”字段用于表示椭圆曲线点是否被压缩过。如果未被压缩，则“y 坐标”字段的内容即为椭圆曲线上点的 y 坐标。如果被压缩过，则“y 坐标”字段不显示。

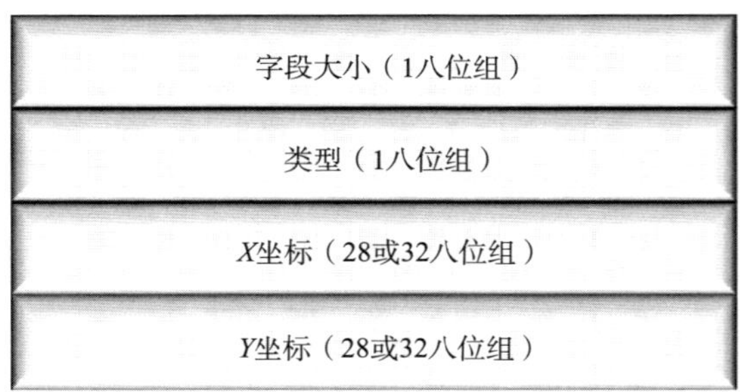

图 21－4　ECC 公钥格式

21.4.2　签名格式

图 21－5 所示为电子签名的结构。“算法”字段表示创建该签名时所

用到的公共密钥算法。若使用基于P224或P256椭圆曲线算法的ECDSA，则会在“签名”字段中显示ECDSA签名结构。若算法字段中显示为未知算法（UNKNOWN），则“签名”字段包含有长度可变的黑箱签名。

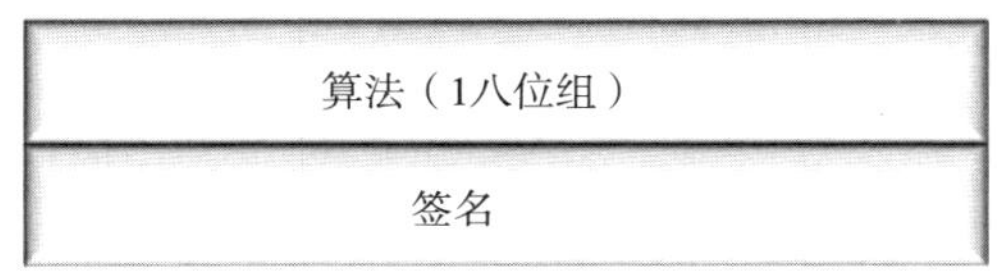

图21－5　数字签名格式

图21－6所示为IEEE 1609.2标准中定义的ECDSA签名结构。此ECDSA签名结构可以封装至如图21－5所示的签名格式中。ECDSA签名的返回值是一对整数（r，s）。ECDSA签名可以表示成（R，s），其中R是椭圆曲线上的一个临时点，用于在［AnGV05］中加速ECDSA签名以验证算法签名部分，s是一个整数。IEEE 1609.2标准同时支持这些ECDSA签名的表示形式。为了满足灵活性要求，ECDSA签名结构中包含有一个ECC公共密钥结构，用来编码r或R，如图21－6所示。ECDSA签名结构还包含有一个用于编码整数s的整数字段。“字段大小”字段中包含椭圆曲线x坐标和y坐标位长，即为r或s的位长。“字段大小”字段的值在使用P224椭圆曲线算法时应当为28八位组（224 bit），当使用P256椭圆曲线算法时应当为32八位组（256 bit）。

图21－6　ECDSA签名格式

当ECDSA签名编码为整数对（r，s）时，r按照图21－6所示的ECC公共密钥结构进行编码，并且仅有x轴的“类型”一栏的值。若ECDSA签名编码为（R，s），则椭圆曲线点R会根据发送者的选择，按照ECC公钥结构将“类型”字段设置为“compressed_ 1sb_ y_ 0”或“compressed_

1sb_ y_ 1” 或 “uncompressed”。

21.4.3 证书格式

IEEE 1609.2 标准同时支持明确和不明确的证书。明确的证书包含有已经通过证书和证书发布者电子签名验证的公共密钥。使用者通过证书发布者的签名对证书进行验证。不明确的证书即为公共密钥证书的变体，其不明确地包含证书验证过的公共密钥。任何使用者都可以从证书的消息中重建公共密钥。不明确的证书不包含证书发布者的签名。借由重建公共密钥这一过程，使用者将公共密钥作为 ECC 签名验证算法的输入。若证书无效，则签名验证不成功。不明确证书的一大优势在于，相比于明确证书而言其字段长度大大减小，这就使得其在无线网络上的传输效率更高。

图 21 – 7 所示为 IEEE 1609.2 中定义的证书格式，其包括以下三个部分：

（1）“版本及类型” 头字段；

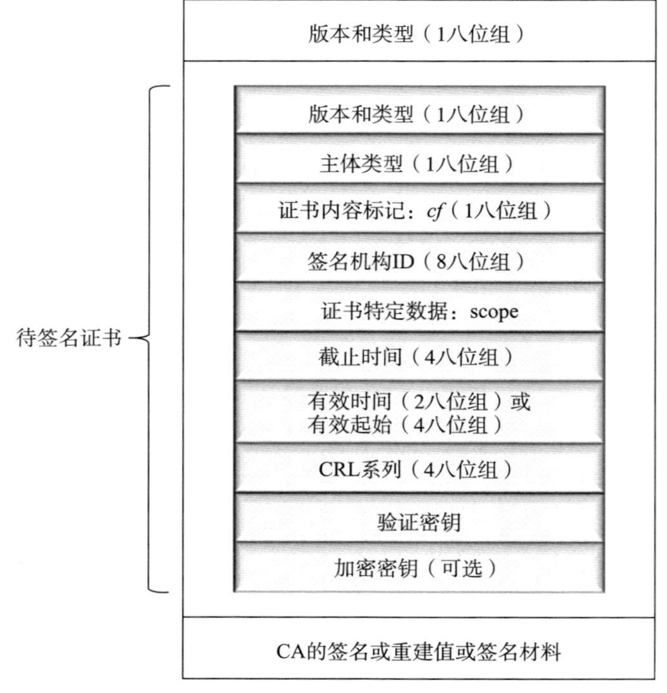

图 21 – 7　证书格式

（2）“待签名证书”格式的未签名证书；

（3）证书发布者用在明确证书上的签名，或者是用于重建不明确证书公共密钥的重建值。

“版本及类型”头字段中包含证书格式的版本以及证书是否明确的信息。明确的证书中明确地包含证书持有者的公共密钥和对应当前证书的 CA 签名。CA 签名覆盖“待签名的证书”。签署了该证书的 CA 可以根据“待签名的证书”的“签名机构 ID”字段被识别。

如果为不明确证书，则其不会明确包含证书持有者的公共密钥或者 CA 的签名，但包含 CA 提供的可以被任何验证机构用来恢复证书持有者公共密钥的重建值。

“待签名证书”中含有证书内容。此结构包括以下几部分基本字段：

（1）“主题类型”字段，用来表示证书类型。IEEE 1609.2 现行版本中定义了以下几种证书类型：

①匿名消息（预留给待开发功能的字段）；

②已验证非本地消息；

③已验证本地消息；

④消息 CSR；

⑤WSA；

⑥WSA CSR；

⑦消息 CA；

⑧WSA CA；

⑨CRL 签名机构；

⑩根 CA。

（2）“证书内容标记” *cf* 用以表示证书中是否显示添加的可选字段。

（3）“签名机构 ID”字段只有在明确证书中可以显示，并且包含有描述此证书的 CA 证书签名符。证书签名符为证书使用 SHA－256 算法得出的低阶 8 八位组信息。

（4）“证书特定数据”字段包含证书独有的消息。

（5）“截止时间”字段的内容为证书有效截止时间。

（6）“有效时间”或“有效起始”字段的内容根据“证书内容标记”的值变化。“有效时间”意为证书从“截止时间—有效时间”至“截止时间”有效。“有效起始”意为证书在“有效起始”时刻至“截止时间”之间可用。

（7）“CRL 序列”字段中的内容表示，当此证书需要被撤销时其会出现在哪个 CRL 上。

（8）“验证密钥”字段包含可用来验证证书持有者所建立签名的公共密钥。公共密钥应当使用图 21－7 所示的公共密钥结构格式。

（9）可选的“加密密钥”字段包含用以加密的公共密钥。

21.4.4 CRL 格式

CRL 格式如图 21－8 所示。包括如下三部分内容：①两个头字段；②使用“待签名 CRL”格式的 CRL 内容；③发布 CRL 的 CA 签名。

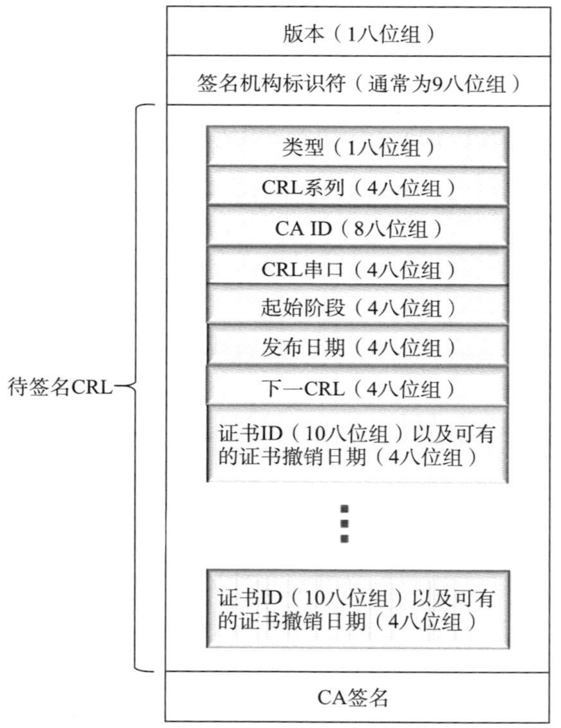

图 21－8 CRL 格式

第一个头字段“版本”中为 CRL 格式的版本号，现行的 IEEE 1609.2 版本为 1。第二个头字段“签名机构标识符”用来识别用以在“签名”字段建立签名的公共密钥的证书。此字段可以包含以下内容：

（1）证书标识符，要求为使用SHA－256算法得出的低阶8八位组信息。

（2）证书本身。

（3）证书链。

（4）证书标识符的公共密钥算法签名，以及当“签名”字段中不使用ECDSA作为公共密钥签名算法来建立签名时的公共密钥算法签名。

（5）“签名”字段中的内容为CA用以表示CRL和覆盖“待签名CRL”字段的签名。

“待签名CRL”字段中包含已终止的证书消息和以下几个主要方面的内容：

①“类型”字段表示CRL中所列项目的类型。

②“CRL系列”字段表示此CRL所属的CRL系列。

③“CA-ID”字段的内容为描述此CRL的CA签名符。CA签名符是证书使用哈希算法得出的低阶8八位组信息。“CRL系列”字段中包含该CRL的序号，每新发行一个CRL，其序号增加1。

（7）“起始期”和“发布日期”字段定义此CRL有效的时间段。也就是说，此CRL包含所有在这段时间内撤销的CRL系列的证书。

（8）“下一CRL”字段内容为下一个CRL发布的时间。

（9）“证书标识符”为已撤销证书的标识符。已撤销证书标识符为已撤销证书使用哈希算法得出的低阶10八位组信息。同时，还可以选择是否要添加每个已撤销证书的到期时间。

21.5　消息格式及建立加密消息的方式

IEEE 1609.2允许将消息加密后发送给一个或多个已知接收者。消息发送者使用新建立的对称密钥按照对称密钥算法对每个消息进行加密。然后，该对称密钥被加密，并发送给各公共密钥的接收者。现行的IEEE 1609.2仅支持使用基于NIST P256曲线的ECIES算法作为公共密钥的加密算法。

每个加密消息都按照图21－9所示的“加密消息”格式打包。“对称算法”字段包含用来加密消息的对称密钥算法的标识符。“接收者”字段中为关于各接收者加密消息的以下内容信息：

（1）包含接收者公共密钥的接收者证书标识符；

（2）用来加密对称密钥的公共密钥算法；

（3）由接收者公共密钥加密，消息发送者用于消息加密的对称密钥。

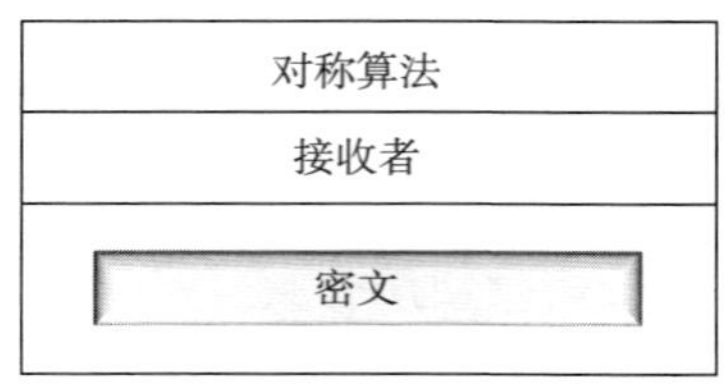

图 21－9　加密消息格式

“加密消息”格式最后一个字段的内容为密文或消息的加密结果。使用 IEEE 1609.2 可使得消息不被直接加密，而是首先以“待加密”数据结构打包，之后被用来建立“加密消息”格式中的密文。

“待加密”结构如图 21－10 所示。“类型”字段内容为消息的加密类型。现行 IEEE 1609.2 版本指定应当为以下几种类型：无密（或明文），已签名，已签名的外部载荷，签名的部分载荷，证书申请，证书响应，匿名证书响应，证书请求错误信息，CRL 请求，CRL 证书响应确认，未知。

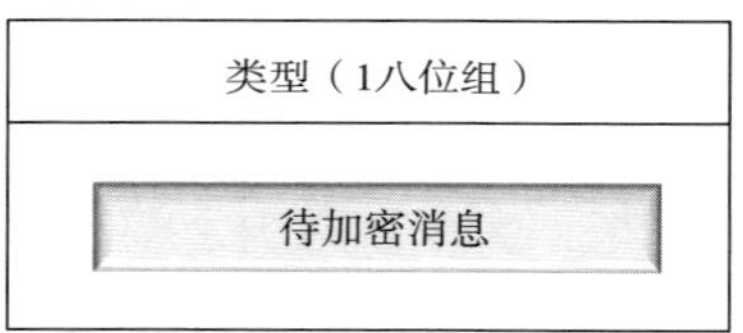

图 21－10　待加密消息格式

图 21－11 总结了建立加密消息的全过程。

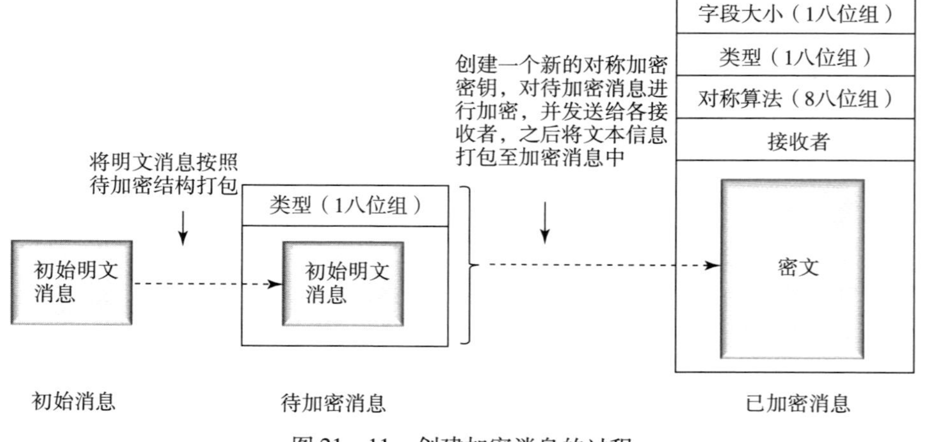

图 21－11　创建加密消息的过程

21. 6　发送消息

使用 IEEE 1609. 2 安全服务的消息和用来支持 IEEE 1609. 2 安全运行的消息都要求按照 1609Dot2 消息格式进行封装。使用 IEEE 1609. 2 安全服务的消息包含使用 IEEE 1609. 2 安全服务进行过签名或者加密的应用消息。支持 IEEE 1609. 2 安全运行的消息包括在车辆与 CA 之间进行发送、车辆用来获取证书和 CRL 的消息。

1609Dot2 消息格式如图 21 - 12 所示，由两个头字段和需要发送的消息组成。

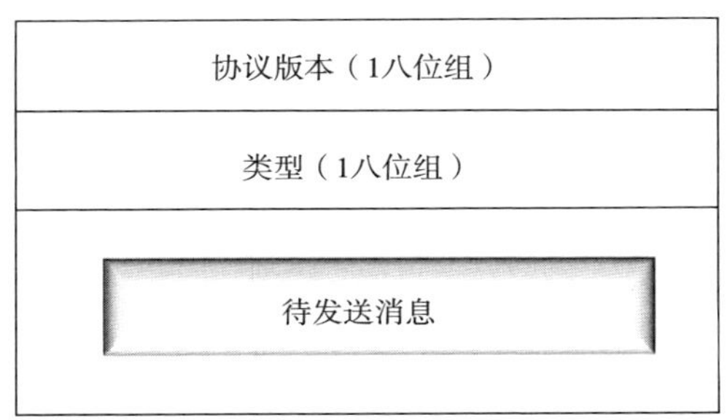

图 21 - 12　1609. 2Dot2 消息格式

第一个头字段是“协议版本”，内容为 IEEE 1609. 2 协议的版本。现行 IEEE 1609. 2 标准使用版本 2。

第二个头字段是“类型”，内容为待发送消息的类型。现行 IEEE 16093. 2 版本定义了以下几种消息类型（IEEE 11）：

（1）无密（明文）。

（2）签名。

（3）加密。

（4）证书请求。

（5）证书响应。

（6）匿名证书响应。

（7）证书请求响应。

（8）证书请求错误。

（9）CRL 请求。

（10）CRL。
（11）签名的部分载荷。
（12）签名的外部载荷。
（13）签名的 WSA。
（14）证书响应确认。
（15）未知。

21.7 从 CA 获取证书

图 21－13 表示消息流以及消息实体从 CA 获取证书的过程。消息实体为发送应用程序消息的更高层实体（Higher-Layer Entity，HLE）。

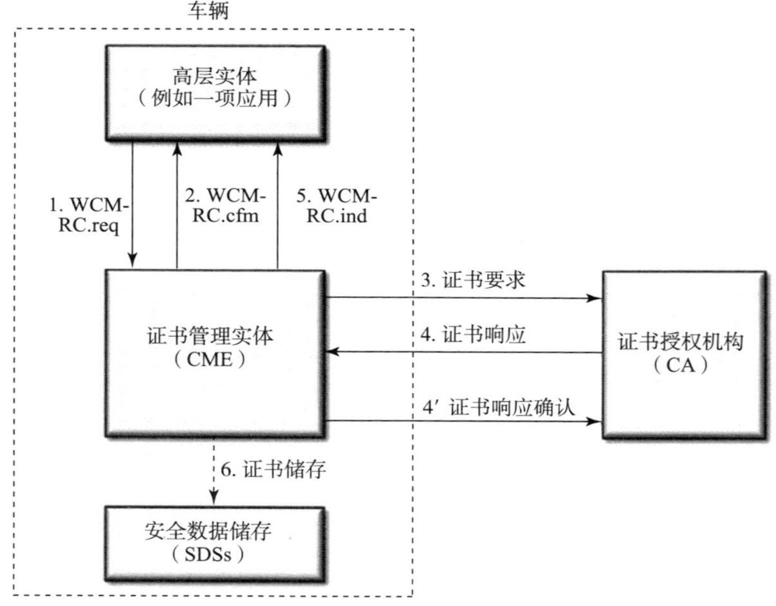

图 21－13　证书请求消息流程

HLE 创建一个证书管理请求消息（Wave Certificate Management-Request Certificate. req，WCM-RC. req），并且发送给车载 CME 以使其与 CA 之间进行沟通，以获取所请求的证书。车载 CME 在接收到该请求时会向 HLE 返回一个消息 WCM-RC. com。之后，CME 检查车载 SDS 中是否已经存有所请求的证书。如果当前车载设备中没有所请求的证书，而 CA 联网通道打开，CME 会向 CA 发送一个证书请求消息。

证书请求消息须在证书请求者签名且加密之后才能发送给 CA。

若当前连接 CA 网络通道不可用，则 CME 会将证书请求消息缓存至本地，等到网络通道可用的时候再发送。

CA 首先会验证此证书请求消息，之后再决定是否颁布所请求的证书。若证书请求通过，CA 会在之后将载有所请求证书的证书响应消息发给发送请求的 CME；若 CA 拒绝颁布证书，则会向 CME 发送一个证书请求错误消息。

证书响应消息在发送给证书请求者前也会经过加密处理。

CME 对证书响应消息进行解密并且检查其内容是否有误。若解密过程和之后的检查全部通过，CME 会将证书存储至一个本地消息 SDS。CME 将证书请求情况以发送证书管理证书响应通知消息波的方式通知 HLE，即 WCM-CRN 消息。

如果证书响应消息中要求回复，则车载 CME 会将确认消息回复给 CA。

生成证书请求消息的过程如图 21－14 所示。包括以下几个主要步骤：

步骤一：建立证书请求消息，其中包含由证书请求者签名的证书请求。

步骤二：建立一个按照“加密消息”消息格式的、包含上述消息的加密版本。

步骤三：将加密的消息按照 1609Dot2 消息格式封装并通过车联网发送给 CA。

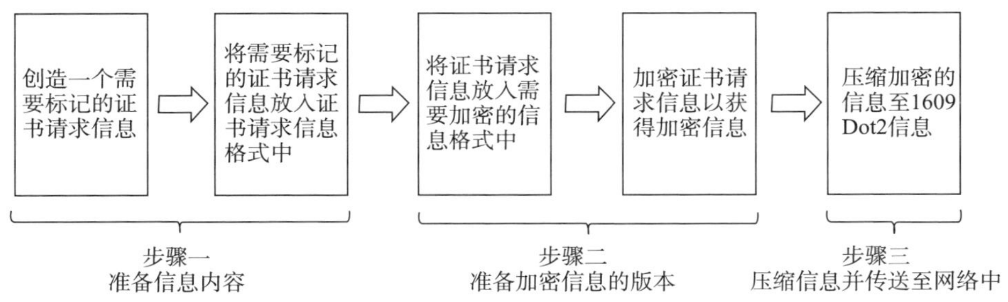

图 21－14　创造和发送证书请求信息的过程

证书请求消息的格式如图 21－15 所示。其格式包括以下三部分：①两个头字段；②“待签名证书”格式的证书请求消息主体；③证书请求者的

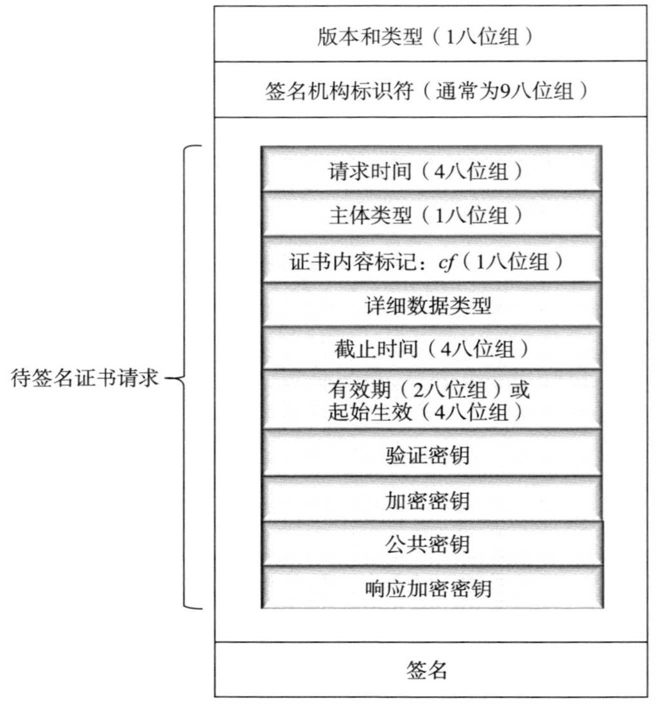

图 21－15　证书请求格式

签名。

第一个头字段“版本及类型”中的内容为请求者需要的证书版本。此字段也用来注明证书请求者需要明确的还是不明确的证书。

第二个头字段“签名机构标识符”中内容为证书请求者的公共密钥和此公共密钥的证书。

签名字段中包含有证书请求者的签名。此签名将覆盖消息中的“待签名证书请求”部分。用以验证签名的密钥依赖于“签名机构标识符”字段。若“签名机构标识符”字段与 SELF 内容相同，则签名会建立对应此证书请求消息中“公共密钥”字段的私有密钥。若“签名机构标识符”的字段设置为 CERTIFICATE，则“签名机构标识符”字段包含一个可以用来验证请求消息标识符的证书。

“待签名证书请求”中各字段解释如下：

（1）“请求时间”字段内容为请求消息成形的时刻。

（2）“主体类型”字段用于指定待发布证书中应当含有的主体类型。

（3）“证书内容标记：*cf*”字段的内容为此证书请求中包含有哪些可选字段。

（4）“截止时间”字段中包含请求证书的请求终止时间。“截止时间”字段之后为“有效期”或“起始生效”字段。“有效期”意为证书在“终止日期—有效期”到“终止日期”范围内有效。“起始生效”意为证书在“起始生效”到“终止日期”之内有效。

（5）“验证密钥”字段中包含证书请求者用以验证证书请求者签名符的公共密钥。

（6）若可选的“加密密钥”字段存在，则其中包含可以用来给证书请求者加密消息的公共密钥。

（7）“公共密钥”字段的内容为证书请求者希望 CA 派发的一个或多个公共密钥。

（8）“响应加密密钥”字段包含证书请求者用来对其发送给 CA 消息进行加密的公共密钥。

“证书响应”消息的创建方式如图 21－16 所示。IEEE 1609.2 要求的“请求回复”消息由 CA 在加密后发送给证书请求者。建立“证书响应”消息的过程大致分为以下几步：

步骤一：按照分配给证书请求者证书的“待加密证书响应”的格式建立的“证书响应”消息主体。

步骤二：准备一个“证书响应”消息的加密版本。

步骤三：将“证书消息”加密版本按照 1609Dot2 消息格式打包，并通过车联网发送给证书请求者。

“待加密证书响应”结构如图 21－17 所示。以下为结构中各字段的说明：

（1）“版本及类型”字段从“证书链”字段的最后一份证书中获得。

（2）“标志”字段用于表明 CA 是否要求证书请求者对此“证书响应”消息做出接收确认。

（3）“证书链”字段中内容为新证书的证书路径。

（4）“重建私有”字段仅当所述证书为不明确证书的情况下使用，显示内容为证书请求者用来导出公共密钥对应私有密钥的重建私有值，其可以由不明确证书恢复。

（5）“CRL 路径”字段中包含已发布且待验证证书的 CRL。“CRL 路径”中应当还有其他在此消息证书链中发布了证书的 CA 所发布的 CRL。

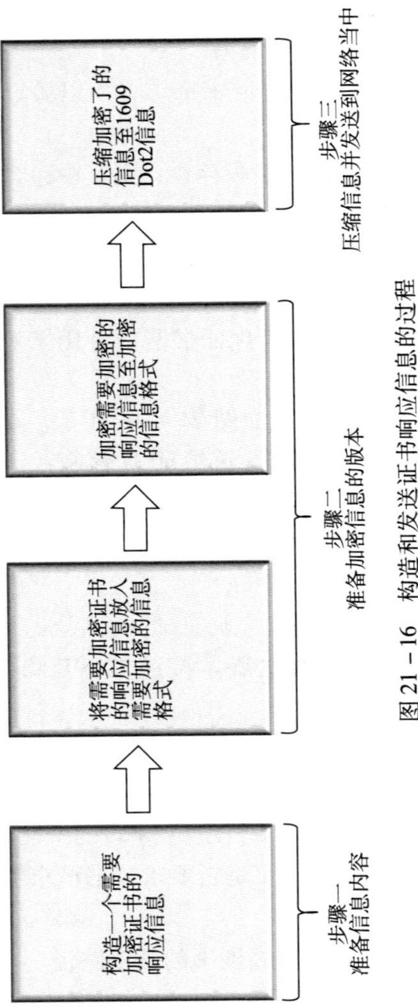

图 21－16 构造和发送证书响应信息的过程

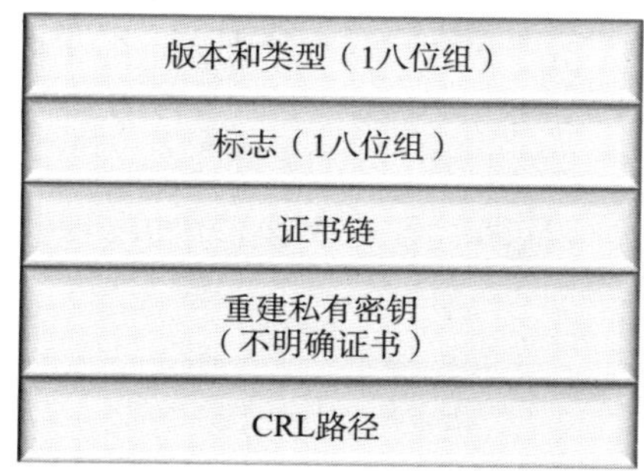

图 21－17　待加密证书响应结构

“待加密证书响应”消息建立之后，应当置入“待加密”结构。生成“待加密”消息之后按照“加密消息”格式进行加密和打包。“加密消息”按照 1609Dot2 消息格式进行封装并发送给证书请求者。

若证书请求者收到 CA 发来的要求回复“证书响应确认”的消息，则需要创建一个“待加密证书响应确认”消息。此消息中包含收到的“待加密证书响应”消息按照 SHA－256 算法得出的前 10 八位组。之后，此消息按照“加密消息”格式进行加密和打包，最终反过来按照 1609Dot2 消息格式进行封装并回发给 CA。

21.8　请求和处理 CRL

车载 CME 可以通过向 CA 发送一个使用 1609Dot2 消息格式的 CRL 请求消息来请求 CA 发送一份 CRL。现行的 IEEE 1609.2 标准中规定 CRL 请求消息不得进行签名或加密，同时回复消息也不得进行加密（图 21－18）。

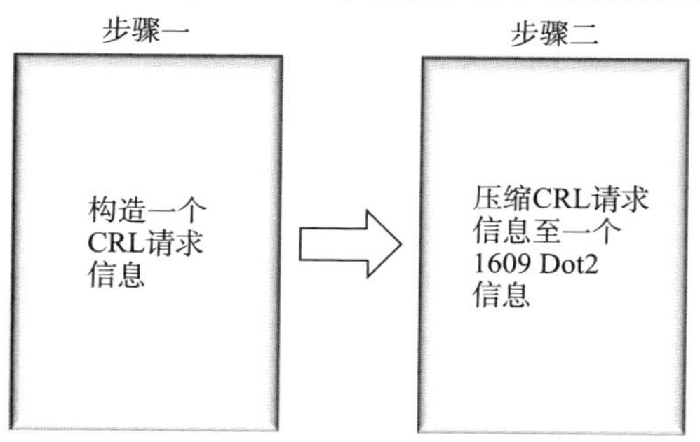

图 21－18　构造一个需要发送给 CA 的 CRL 请求信息的步骤

CRL 请求消息的格式如图 21－19 所示。“发布者”字段用以表明发布 CRL 的 CA。“CRL 系列”字段表明请求者需要哪个 CRL 系列以及撤销证书的持续时间。“发布日期”字段包含处在系列最后位置、没有遗失后续 CRL 的 CRL 发布日期。若此字段值为 0，则表明请求者需要最新的 CRL。

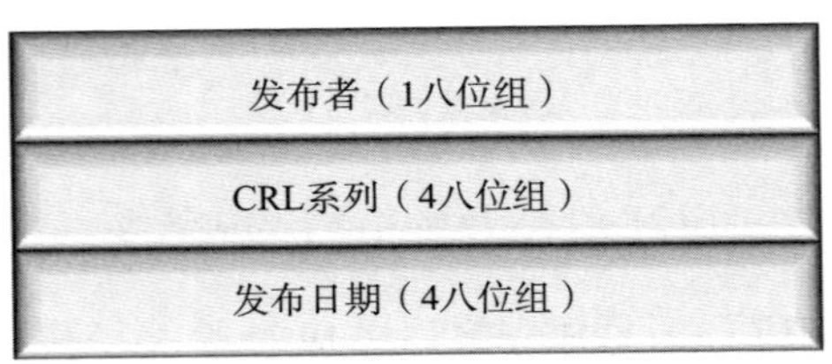

图 21－19　CRL 请求信息格式

CA 将通过将所请求 CRL 系列中所有 CRL 进行发送来实现回应，其中，要选取发布日期晚于 CRL 请求消息中“发布日期”字段所示时间的 CRL 系列。现行 IEEE 1609.2 版本并未对 CRL 回复消息进行指定。

从 CA 接收到 CRL 后，车载 CME 按照如下步骤处理 CRL。首先，激活 CRL。若 CRL 携带有发布 CA 的证书或者证书链，则 CME 会验证此证书或者证书链。之后，CME 会在发布 CA 的证书上使用公共密钥来验证 CRL 上 CA 的签名。若签名验证通过，CME 就会接收此 CRL。若 CRL 没有明确携带其发布 CA 的证书，则会携带一份可以让车载 CME 用来定位本地存储设施中已有的对应证书的摘要。

对于已经被接收的各 CRL 而言，车载 CME 存储着全球 SDS 中所有关于车辆的 CRL 撤销证书清单。如果有任何车辆已有的证书出现在了 CRL 上，则 CME 会对其进行撤销标记，使得车辆以后无法使用该证书发送消息。

21.9　现行 IEEE 1609.2 标准中未包含的内容

本节我们总结一些现行 IEEE 1609.2 规范中未包含的功能。

21.9.1　未支持匿名消息身份验证

现行 IEEE 1609.2 不支持消息的匿名身份验证，而这也是用于支持隐私的一项关键要求。尽管有的消息格式包含将来可以用来支持匿名消息验证功能的字段，但是目前定义的消息格式尚不足以支持匿名消息的身份验证。未来仍然需要开发支持匿名消息身份验证的消息处理功能。

未来，支持匿名证书和匿名消息身份验证可以被添加作为 IEEE 1609.2 规范的扩展内容。

21.9.2　需要独立的车辆 – CA 通信协议

IEEE 1609.2 中未包含车辆用来与 CA 进行交换证书管理消息的通信协议。IEEE 1609.2 中定义了车辆用来向 CA 请求证书和 CRL 的消息。然而，这些消息都是以车辆和 CA 之间独立通信协议携带的方式定义的。独立的通信协议应当具有处理以下几种情况的能力：

（1）实现通信双方交换消息过程中的命名和寻址。

（2）保持车辆到 CA 车联网通道的间歇性可用。

（3）处理车辆与 CA 之间在消息交换时可能出现的错误。

（4）对车辆无法立刻发出的证书管理消息进行缓冲。

（5）满足重新发送消息的潜在需要。

（6）实现车联网发送过程中的安全保护。

以下是几份可用来发送车辆和 CA 之间证书管理消息的协议：

（1）传输控制协议（Transport Control Protocol，TCP）：通过互联网协议（Internet Protocol，IP）网络提供可靠的打包传输。

（2）超文本传输协议（Hyper Text Transfer Protocol，HTTP）：用于支持 Web 通道。

（3）超文本传输安全协议（HTTP Secure，HTTPS）：支持在 TCP/IP 上进行加密传输。

（4）用户数据包协议（User Datagram Protocol，UDP）：提供 IP 网络上不可靠的消息传输。

（5）数据包安全传输层协议（Datagram Transport Layer Security，DTLS）：提供 UDP/IP 上加密消息的传输。

（6）车载数据包传输层安全协议（Vehicular DTLS，V-DTLS）：提供 UDP/IP 网络上的安全消息传输。V-DTLS 用来处理车辆通信环境中几种特殊需求，例如，相比于发布安全连接的 DTLS，其大大降低了消息发送的开销。

(7) 会话初始化协议（Session Initiation Protocol，SIP）：该协议是用于控制终端－终端实时会话的应用层协议，可以在 TCP/IP 或者 UDP/IP 上运行。

由于可以间接建立 TCP 会话和实现可靠数据包传输，通常来说，像 HTTP 和 HTTPS 这种 TCP 或基于 TCP 的协议更适合于对传输可靠性要求较高的长消息流，而像 DTLS 和车辆 DTLS 这种 UDP 或基于 UDP 的协议更适于在不过度损耗的网络上进行短消息流交换。

一般来说，车辆从 CA 获取一套证书需要两到三个消息（车辆发送给 CA 一个证书请求，CA 发送一个回复给车辆，再加上一个可能会出现的从车辆发送给 CA 的确认消息）。因此，基于 UDP 的传输协议更趋向于用在车辆和 CA 之间自然地传输证书管理消息中。

21.9.3 CA 实体间的交互和接口处理未实现

现行的 IEEE 1609.2 未指定不同类型 CA 实体之间的交互和接口。

现行的 IEEE 1609.2 未定义根 CA 与下级 CA 之间的接口或协议，而这种接口通常用于根 CA 自动向其他 CA 发布证书。

现行的 IEEE 1609.2 未定义 RA 与 CA 之间的接口，该接口通常用于支持隐私保护证书和自动进行证书管理。

此外，为保护隐私不受 CA 运营商侵犯，使用分离 CA 结构就显得很有必要。现行的 IEEE 1609.2 尚未支持分离 CA 结构。

参考文献

[1] A. Antipa, R. Gallant, and S. Vanstone: "Accelerated Verifi cation of ECDSA Signatures," Selected Areas in 21 Cryptography, 12th International Workshop, SAC 2005, Kingston, ON, Canada, August 2005.

[2] IEEE 1609.2/D8: "Draft Standard for Wireless Access in Vehicular Environments — Security Services for Applications and Management Messages," 2011.

[3] S. Pietrowicz, H. Shim, G. D. Crescenzo, and T. Zhang: "VDTLS — Providing Secure Communications in Vehicle Networks," Infocom MOVE (MObile Networking for Vehicular Environments) Workshop, 2008.

第 22 章 4G 技术在车辆安全通信中的应用

22.1 引 言

在本章中，首先介绍第四代蜂窝技术——长期演进技术（Long Term Evolution，LTE），之后用几个例子阐述技术的可行性以及在使用 LTE 支持车路和车车安全通信时潜在的问题。

22.2 长期演进技术（LTE）

领先的 4G 蜂窝网络标准是第三代合作伙伴计划（Third - Generation Partnership Project，3GPP）发展的 LTE。相比于 3G 蜂窝网络，此 LTE 明显性能更强、延迟更低，可以满足车辆许多安全通信方面的严格要求。

在 2008 年颁布的 3GPP 第 8 版本规范中首次对 LTE 进行了定义。LTE 与之前几代蜂窝网络之间的一个基本差异在于 LTE 使用终端到终端的全网络协议网络结构。2G 蜂窝网络使用电路交换技术。3G 蜂窝网络技术使用 IP 协议支持数据服务，但是继续使用电路交换技术支持音频服务。3G 网络的 IP 网络元件和整体控制协议很大程度上依赖于传统的电路交换网络和协议。采用终端到终端全 IP 网络结构使得 LTE 极大地提高了支持高级无线服务和与互联网集成的适用性。

LTE 使用扁平化网络结构，而非之前的蜂窝网络，这样做可以让分组延迟降低，但系统也变得更加复杂。图 22－1 为 LTE 用户平面和 3GPP 定义下的 3G 网络结构简图。

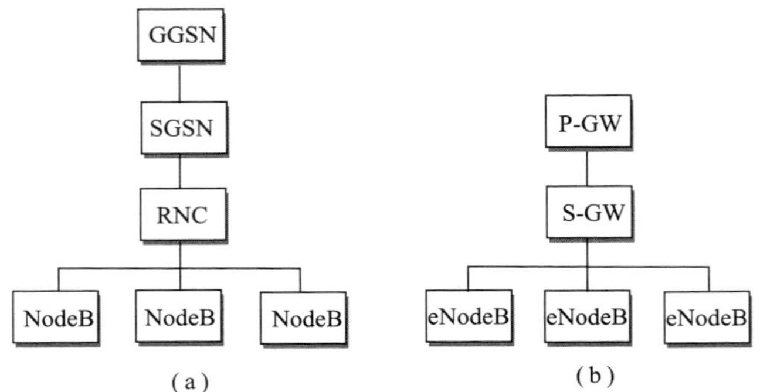

图 22－1　LTE 与 3G 网络结构的比较

(a) 3G 蜂窝网络结构；(b) LTE 网络结构

(1) 3G 网络：多个无线基站（NodeB）连接至管理无线接口的无线网络控制器（Radio Network Controller，RNC）。多个 RNC 连接至具有无线通道网络和中央网络之间连接作用的 GPRS 服务节点（Serving GPRS Support Node，SGSN）。反过来，多个 SGSN 连接至支持 IP 路径与移动节点间转发的锚点和与外部网络连接网关 GPRS 支持节点（Gateway GPRS Support Node，GGSN）。

(2) LTE 网络：多个增强了的无线基站（eNodeB）直接连接至中央网络网关——服务网关（Serving Gateway，S-GW）。不再使用 RNC。多个 S-GW 连接至分组数据网络网关（Packet Data Network Gateway，P-GW），该网关可以作为 IP 路径上的锚点和与外部网络连接的网关。

LTE 使用一系列成熟技术来增强性能，提高频谱效率，降低延迟。无线接口在下行（从基站到移动设备）过程中使用正交频分复用技术（Orthogonal Frequency Division Multiplexing，OFDM），在上行过程中使用单载波频分多址（Single-Carrier Frequency Division Multiple Access，SC－FDMA）技术。同时，使用多输入多输出（Multiple Input and Multiple Output，MIMO）天线技术以获得更高的总容量。LTE 同样支持从 1.4 MHz 到20 MHz 的信道带宽范围以支持更为广泛的数据传输速率。

LTE 最高支持 326 Mbps 的下行数据传输速率。其使用多种天线配置和调制方案支持一系列峰值数据的传输速率以适应不同的实时需要。

表 22－1 为使用不同带宽和天线配置的下行数据传输速率峰值。使用 4×4 MIMO 天线，在带宽 20 MHz 和 64 点正交幅度调制条件下可以达到最大的数据传输速率 326 Mbps。这意味着 LTE 小区使用一个 4×4 MIMO 天线可以提供最高 326 Mbps 的下行容量。LTE 网络可以使用天线分集来进一步提高小区容量。也可以让每个小区分为多个扇区，每个扇区由一个单独的天线阵列进行服务。一个三扇区小区使用 4×4 MIMO 天线可以将小区容量放大到接近 1 Gbps。

表 22－1　LTE 下行数据速率峰值

项目	1.4 MHz	3 MHz	5 MHz	10 MHz	15 MHz	20 MHz
2×2 MIMO (64－QAM)	12.1	25.9	43.2	86.4	129.6	172.8
4×4 MIMO (64－QAM)	22.9	49.0	81.6	163.2	244.8	326.4

相比之下，3G 蜂窝系统的设计能力可以支持固定用户最高 2 Mbps 的下行数据传输速率峰值，移动速度在 120 km/h（75 mph）以下的用户可以达到 384 Kbps，移动速度在 120 km/h（75 mph）以上的移动用户可以达到 114 Kbps。换言之，LTE 比 3G 蜂窝网络的数据传输峰值速率高出了几百倍。

相比于前代的蜂窝网络，对支持车辆安全通信的程度提高越多，LTE 对终到终过程中延迟的降低就越明显。LTE 的规格要求使用者通过 LTE 无线网络通道的延迟低于 10 ms，同时，设置的等待时间低于 100 ms。已有事实证明，良好设计的 LTE 网络可以将终到终延迟限制在 100 ms 以下。近来大多数试验表明，延迟在 30～50 ms 就可以满足大多数车辆安全应用的需求，例如向车辆发送交通控制信号的相位和配时（Signal Phase and Timing，SPAT）消息等。

LTE 支持 9 种不同的服务质量（Quality of Service，QoS）。表 22－2 所示为各 QoS 等级的延迟上限和丢包率。“预计包延迟”为移动设备与 LTE 中枢网络内控制使用者数据包和与外部网络（例如另一个 LTE 网域或者英特网）之间接口网关之间的延迟上限。

表 22 - 2 不同服务等级下的 LTE 质量

服务质量等级识别器	资源类型	优先次序	包延迟预计 /ms	丢包率	目标应用
1	有保证的	2	100	10^{-6}	声音会话
2	位率	4	150	10^{-3}	视频会话
3	(GBR)	3	50	10^{-3}	实时游戏
4	服务	5	300	10^{-6}	无视频会话
5	无 GBR	1	100	10^{-6}	IMS 信号
6	服务	5	300	10^{-6}	视频，基于 TCP 的应用
7		7	100	10^{-3}	声音，视频直播流
8		8	300	10^{-6}	视频，基于 TCP 的应用
9		9			(如 WWW、电子邮件、聊天等)

有四类服务可以保证对延迟和丢包率的限制，可以用来支持对延迟敏感性高的应用。例如，一类服务保证延迟低于 50 ms，另一类保证延迟低于 100 ms。四类附加服务可以支持但是不能保证延迟方面的要求。例如，用于视频游戏应用方面的服务目标为延迟低于 100 ms。

图 22 - 2 为的 2G 和 3G 蜂窝网络中的预期延迟，可以更透彻地说明 LTE 性能：

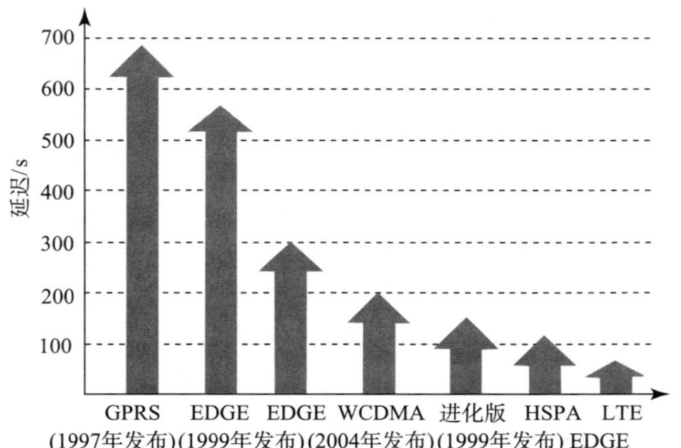

图 22 - 2 LTE 与前代蜂窝网络的延迟比较

（1）通用分组无线服务技术（General Packet Radio Service，GPRS）：GPRS是2G蜂窝技术，是在全球范围内采用的第一代蜂窝数据包无线系统。GPRS通过与实用面最广的2G蜂窝声音标准全球移动通信系统结合来提供蜂窝数据包服务。GPRS结构和协议后来得到了加强，作为组建3GPP定义下的3G蜂窝系统的基础。

（2）增强型数据速率GSM演进技术（Enhanced Data Rates for GSM Evolution，EDGE）：EDGE是提供更高数据流率和降低延迟的GPRS增强措施。

（3）宽带码分多址（Wideband Code Division Multiple Access，WCDMA）：WCDMA是使用最广的3G蜂窝标准。由3GPP定义。

（4）高速封包存取（High-Speed Data Access，HSPA）：HSPA是WCDMA的增强技术。

LTE已经在全球范围内普遍采用，它是全世界大多数主要无线网络运行所选择的4G技术。自2009年由TeliaSoner公司首次进行开发并在瑞典斯德哥尔摩和挪威奥斯陆两座城市试应用之后，商业LTE网络已经被很多国家迅速开发。截至2011年，Verizon公司的LTE在美国覆盖了超过了190座城市，几乎2/3的美国人都在使用。Verizon公司的LTE网络数据传输速率可达5 Mbps到12 Mbps。据TeleGeography收集的数据显示，截至2011年底，美国已拥有用户560余万，比上年同期增长了8000%。

美国大多数现有商业部署的带宽都是700 MHz。然而，LTE能够在一系列由文献［3］定义的频段上使用，其中包括四个700 MHz的带宽。

美国联邦通信委员会（Federal Communications Commission，FCC）已采纳LTE作为公用安全宽带通信技术标准。2011年1月，FCC要求所有基于700 MHz宽带开发的公共安全网络全部采用LTE。公共安全官员协会（Association of Public Safety Officials，APCO）和APCO国际联盟已采纳LTE作为全球应急宽带通信标准。

商业上的实施已证实了LTE能够满足其设计要求和延迟目标。举例来说，2011年3月对TeliaSonera公司在芬兰的LTE商业网络实测显示，其平均下载速度为36.1 Mbps，平均往返延迟为23 ms。此次测试用以评定现实世界使用者在LTE网络上运行一系列网络应用的体验效果。此LTE网络设计的目标使支持的下行数据流率达到20 Mbps到80 Mbps。测试所得的用户体验结果显示与LTE网络的设计目标基本相符。此外，这些商用LTE网络的性能可媲美许多先进国家的有线宽带网络性能。

现已设计了许多用来评估 LTE 在车辆安全通信方面性能的实验。当使用 20 MHz 频段和 2 ×2 MIMO 天线时，实验结果再次证实其平均下行数据传输流率可以超过 100 Mbps，终到终数据延迟低于 50 ms。例如，2009 年在慕尼黑针对诺基亚 - 西门子网络商业 LTE 装置的实验中，使用 20 MHz 频段以及 2 ×2 MIMO 天线，所支持的最大数据传输流率为 172. 8 Mbps。研究人员在城市内和开放道路环境下都以一系列车辆速度测试了 LTE 的性能，结果显示，在拥挤的城市环境中以 300 m 为蜂窝小区直径、车辆速度在 10 ~15 km/h 时，平均第 1 层（L1）吞吐量介于 60 ~100 Mbps，最大测量数据传输流率达到 140 Mbps。沿一条路面更宽但是流量同样大、车速大多介于 30 ~40 km/h 的道路行驶时，根据沿线遮蔽条件，平均 L1 吞吐量介于 14 ~83 Mbps。

随着 LTE 在全球范围内的逐步推广，3GPP 也在发展着高级 LTE。3GPP 第 10 版本中有对高级 LTE 规范的解释，并且已于 2011 年 3 月通过了 3 级冻结功能。如表 22 -3 所示，高级 LTE 提供比 LTE 大得多的网络容量和频谱效率，同时也提供增强的多媒体广播多播服务（Multimedia Broadcast Multicast Services，MBMS）功能。

表 22 -3 高级 LTE 与 LTE 对比

项目	LTE	高级 LTE
数据流率峰值（下行）	326. 4 Mbps	低流动性 1 Gbps 高流动性 100 Mbps
数据流率峰值（上行）	75 Mbps	500 Mbps
最大信道带宽（下行）	20 MHz	100 MHz
最大信道带宽（上行）	20 MHz	40 MHz
频道效率	16. 3 bps/Hz	30 bps/Hz
可扩展的信道带宽	1. 4，3，5，10，15，20	最高 100 MHz
同时活动任务数	每 5 MHz 可以容纳 200 例	LTE 能力的 4 倍

22. 3 LTE 在车辆安全通信中的应用

本节主要讨论商业服务中点对点的 LTE 通信如何支持 V2I 和 V2V 通信

应用，以及其他一些待解决的技术问题。

22.3.1　待解决问题

使用蜂窝网络支持大量车辆的通信可能会对蜂窝网络造成严重影响，由此引出几个需要深入研究的问题。

首先，驾驶员和车辆本身的操作会产生大量的会话需求，但是无线基站可以同时支持的会话和传输能力是有限的，这些限制来自于，例如，基于各传输框架中的时隙，无线电频分复用系统中的正交频率，码分复用系统中的正交码等。当下，LTE 小区通常情况下可以在 5 MHz 带宽条件下同时支持 200 组活动会话。这就意味着一个三扇区 LTE 小区站点在各扇区使用 10 MHz 带宽时可以同时支持的会话最多为 1200 组，若使用高级 LTE 则可以达到三倍于此的效果。另一个问题出现了：LTE 网络能否支持车辆产生的额外的会话需求？

其次，如今的蜂窝网络都是在所有用户当中的一小部分用户同时打电话的假设下进行的。网络通常情况下利用了统计规律对人类转换特性进行优化，可以长期预测沉默期，以通过复用多个会话的发起对网络利用率进行提高。车辆发出的蜂窝会话发起相比于人类之间的谈话有着显著差异。车辆制造的大量会话发起能够显著改变蜂窝网络的交通特性，就像网络交通已经改变了之前通常都由声音交通主宰的电信网络交通特性一样。目前亟需开展一项针对车辆发起的蜂窝会话统计特性的深入研究来评估其对蜂窝网络设计和组态的影响。

22.3.2　V2I 安全通信中的 LTE 应用

在此我们阐述像 LTE 网络那样的蜂窝网络是如何用来支持交叉口避撞应用的，以及考虑基于 SPAT 消息的应用。

图 22－3 即为使用 LTE（或者其他蜂窝网络）支持基于 SPAT 的应用。当接近交叉口时，车辆使用 LTE 连接到一个 LTE SPAT 服务器，LTE SPAT 服务器通过点对点 LTE 链路发送 SPAT 消息给正在接近交叉口的车辆。

在车辆密度较低的区域，各车辆在接近 LTE SPAT 服务器时都会发送小区会话，并且保持连接直至其驶离路口。为了降低建立到 SPAT 服务器连接的延迟，车辆可以在其需要 SPAT 消息之前的几秒就开始建立连接。

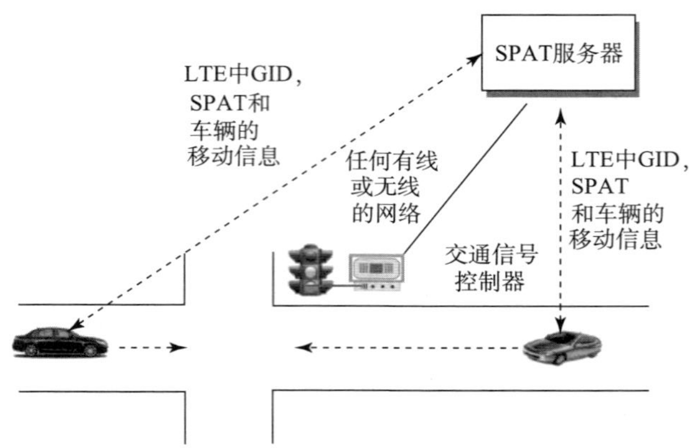

图 22-3 使用蜂窝网络支持基于 SPAT 的应用

在车辆密度较高的地区，需要更智能的解决方式来实现在避免有损 SPAT 应用性能的前提下保持车辆会话的总数低于蜂窝小区的容量。

LTE SPAT 服务器有几种获取 SPAT 消息的常用途径。许多信号道路交叉口的信号相位和配时都由集中式交通管理中心（Traffic Management Center，TMC）控制。对于这些路口，LTE SPAT 服务器可以安装在 TMC 中或者连接到 TMC，以直接获取 SPAT 消息。有些路口装备配备有可以根据本地交通条件自主调整信号相位和配时的调节器。这些交通控制器通常与 TMC 保持网络连接，可以将本地计算的信号相位和配时发送给 LTE SPAT 服务器。

接下来，我们举一个例子来验证 LTE 小区是否具有足够的能力支持基于 SPAT 的应用。此处，我们考虑纽约市中心的曼哈顿区高峰时段所有 LTE 中车辆和人们发出的会话总量。我们假设一个半径为 500 m 的 LTE 小区，该小区大概可以覆盖曼哈顿 7 条干道、13 条普通街道以及 65 个路口的范围。我们假设使用 2×2MIMO 天线和 20 MHz，小区采用三扇区规格，各扇区支持最大 176 Mbps 数据传输流率。此外，我们假设各扇区满足现行 LTE 基站的允许范围，可以最多同时支持 400 组电话会话。

近来有一项研究记录了曼哈顿一天当中的不同时刻，34 号街和 57 号街主要交叉口的交通体数量。研究表明，各方向穿过路口的车辆数目大多分布在 750~2 500，平均 1 500。这意味着平均每秒大概有 0.833 辆车穿过各路口，或者说，在整个 LTE 小区内平均每秒有 0.833×65≈55 辆车穿过路口。如果每辆车都发起一个长达 5 s 的会话来获取其所穿过路口的 SPAT

消息，那么仅车辆方面每秒就会产生将近 550 次会话。也就是说小区可以支持其范围内同时发起的会话中的大概 22.5%。若小区半径减小到 0.25 km，则这一数字将会相应地减少到约 6%。表 22－4 总结了上述结果。

现在我们考虑人和车发起的会话总数。根据 2010 年美国人口普查数据，曼哈顿区人口为 1 585 873 人，面积为大概 59 km^2（23 英里^2）。曼哈顿的一般劳动力来自曼哈顿城区外，同时其中还有很多游客。假设曼哈顿地区的移动电话数量大概为当地人口数量的 1.5 倍，也就是说在小区内我们应该考虑大概有 31 667 位移动电话使用者。表 22－5 即为人和车辆总共发起的会话数量，以及各会话的最大数据传输流率。

尽管表 22－4 和表 22－5 中的数据是大概估计的，其仍然揭示出一个有趣的现象。即使是在纽约这样人口密集的城市地区，半径将近 500 m 的 LTE 网络小区也足够支持常规电话通信和车辆为支持 SPAT 应用而发起的会话。

表 22－4　由车辆产生的支持 SPAT 应用的通话

项目	小区半径 = 0.5 km	小区半径 = 0.25 km
每秒钟穿过十字交叉口的车流量	0.83	0.83
小区内部每秒钟穿过交叉口的车流量	0.83 × 65 = 54	0.83 × 17 = 14
每个小区的平均持续时间/s	5	5
一个小区内由车辆产生的最大通信量	54 × 5 = 270	14 × 5 = 70
小区规模	1 200 个同时进行的通话	1 200 个同时进行的通话
利用率	270/1 200 = 22.5%	70/1 200 = 5.8%

表 22－5　在 LTE 小区中同时由人和车辆产生的通话

项目	小区半径 = 0.5 km	小区半径 = 0.25 km
一个小区中移动电话的数量	31 667	7 917
同期有人发起的通话数量（活跃的：2%）/次	633	158
有人和车发起的通话总数量/次	903	238

续表

项目	小区半径 =0. 5 km	小区半径 =0. 25 km
平均每个通话的带宽	0. 6 Mbps	2. 2 Gbps
小区规模	1 200 个同时进行的通话	1 200 个同时进行的通话
人和车的利用率/%	75	20

22. 3. 3 V2V 安全通信中的 LTE 应用

图 22 -4 为商业点对点蜂窝连接和消息传送用于支持 V2V 通信的流程。消息传送机构是一个可以将消息从一辆车转发给其他车辆的功能实体。

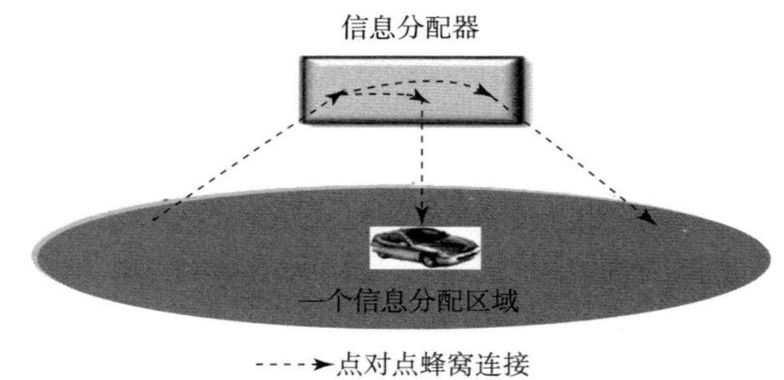

图 22 -4 使用商业点对点蜂窝方位以支持 V2V 通信

车辆利用车载电子地图和当前位置来判断需要何时通过消息传送机构向其他车辆发送消息或者接收其他车辆通过消息传送机构发来的消息。例如，事故多发地带的车辆能够检测到这一危险驾驶环境并且将此消息发送给消息传送机构，再通过蜂窝连接将其分发给该事故多发区里的其他车辆。进入此事故多发区的车辆就可以通过消息传送机构来接收从其他车辆来的实时消息。车辆还可以将其手机号码发送给消息传送机构，这样一来消息传送机构可以主动连接到车辆，当有特定事件发生时就可以向车辆发送消息，比如当收到一条来自其他车辆的前方存在危险驾驶环境的预警消息时。

近来，德国的 CoCar 项目和随后的 CoCarX 项目设计了关于使用蜂窝网络发送 V2V 危险预警和其他消息的实验。CoCar 和 CoCarX 项目使用一个反射器和一个连接到网络的功能实体来实现将从一辆车发出的消息通过点对点蜂窝连接反射发送给其他车辆。实验结果表明，使用 LTE 支持一系列事件，例如驱动 V2V 危险预警消息和其他环境提示消息之类的事件驱动、对时间敏感的即时 V2V 消息传播应用等是可行的。实验使用 5 MHz 频分双工（Frequency Division Duplex，FDD）LTE 系统（5 MHz 带宽下行容量和 5 MHz 上行容量）。LTE 网络由七部分三扇区小区站点组成，总共有 21 个无线小区扇区。无线站点之间的距离从 500 m 到 6 km 不等，都可以反射城市和郊区的网络组态。结果显示，在城市中、各小区内有 150 辆车情况下，当有 10 辆车同时反馈事件时，LTE 网络每秒钟可以实现终到终 V2V 消息发送延迟在平均 150 ms 以下。

由于点对点蜂窝连接可以用来将消息发送给各车辆，因此，接收消息的车辆越多，所需要建立的连接数就越多，同时，通过无线发送的同样内容的消息份数也就也多。也就是说，用所有发送车辆的数量乘以所有接收车辆数量得出的结果，才是全部交通产生的通信总量，这也是性能延迟等级随着发送和接收车辆数目上升的原因。

22.3.4　LTE 广播和多播服务

LTE 标准定义了本地广播和多播的功能，其能够以更高效的方式将对延迟敏感的 I2V 和 V2V 消息发送给大量本地用户。本地广播功能应当避开蜂窝小区可以功能支持的限制，即点对点会话或连接需要同时进行。

3G 蜂窝网络支持将低速率文本消息通过广播发送给一个蜂窝小区内所有接收者的小区广播业务（Cell Broadcast Service，CBS）。CBS 已广泛应用于广播公共安全预警、基于位置的新闻以及天气消息等。美国目前正在开发全国范围的公共安全预警系统。FCC 近来宣布其最新的人身定位警告系统（Personal Localized Alerting Network，PLAN）可以向移动设备发送突发事件警告。这套系统可以发送三种商业活动警报系统（Commercial Mobile Alert System，CMAS）预警：指挥警报，迫在眉睫的威胁，关于失踪老人及儿童的寻人启事（America's Missing：Broadcast Emergency Response，AMBER）。移动手机的用户可以免费接收上述预警。然而在今天，由于广播收入比其他移动服务收入要低得多，并不是所有移动网络运营商都在其网络上激活了 CBS 功能。

LTE 和高级 LTE 支持发展多媒体广播组播业务（Evolved Multimedia Broadcast and Multicast Service，E-MBMS）。MBMS 是第一批进入 3GPP 第 6

版本中的 LTE 预规范。LTE（3GPP 第 8 版本）和高级 LTE（3GPP 第 10 版本）已经对 MBMS 进行了加强，来着重发展 MBMS 或者 E-MBMS。

E-MBMS 可以支持两种模式的功能：广播和组播。E-MBMS 广播模式将包括文本、音频、视频在内的多媒体通信发送给一个或多个蜂窝小区中的所有接收者。用户不需要显式地激活或订阅广播模式。

E-MBMS 的组播模式可以向一个或多个蜂窝小区内的一组移动基站发送多媒体交通信息。与广播模式不同，组播模式需要使用者预先订阅一份多播订阅组服务并且加入相应的组播组。

EMBMS 交通可以通过专用频率发送，以减少 E-MBMS 交通与其他蜂窝交通之间的干扰。同样的频率可以用来向多个小区进行广播或者多播。这就满足了车辆每次进入一个 LTE 小区时必须更换频道来接收广播或者多播消息的需要。加入 LTE 广播或者多播服务内使用同一频道的小区称为多播/组播单频网络（Multicast Broadcast Single Frequency Network，MBSFN）。在特定的无线电网络环境下，发送给使用者的 E-MBMS 使用者服务的位率和服务质量可以不相同。

参考文献

[1] 3rd Generation Partnership Project:"3GPP TR 25.912 V8.0.0, Technical Specification Group Radio Access Network, Feasibility Study for Evolved Universal Terrestrial Radio Access (UTRA) and Universal Terrestrial Radio Access Network (UTRAN) (Release 8)," 2008.

[2] 3rd Generation Partnership Project:"3GPP TR 25.913 V8.0.0, Technical Specification Group Radio Access Network, Requirements for Evolved UTRA (EUTRA) and Evolved UTRAN (E-UTRAN) (Release 8)," 2008.

[3] 3rd Generation Partnership Project:"3GPP TS 36.141 V8.2.0 (2009-03), Technical Specification, Technical Specification Group Radio Access Network, Evolved Universal Terrestrial Radio Access (E-UTRA), Base Station (BS) Conformance Testing (Release 8)," 2009.

[4] 3rd Generation Partnership Project:"3GPP TS 23. 203 V8. 9. 0 (2010 - 03), Technical Specification Group Services and System Aspects, Policy and Charging Control Architecture (Release 8)," 2010.

[5] 3rd Generation Partnership Project: "3GPP TS 22. 146 V10. 1. 0 (2011 - 12), Technical Specification Group Services and System Aspects; Multimedia Broadcast/Multicast Service (MBMS); Stage 1 (Release 10)," 2011.

[6] 3rd Generation Partnership Project: "Overview of 3GPP Release 10 V0. 1. 3 (2012 - 01)," 2012.

[7] 3rd Generation Partnership Project: "3GPP TS 23. 246 V10. 3. 0 (2012 - 03), Technical Specification Group Services and Architecture, Multimedia Broadcast/Multicast Service (MBMS), Architecture and Functional Description (Release 10)," 2012.

[8] 3rd Generation Partnership Project: "3GPP TS 26. 346 V10. 3. 0 (2012 - 03), Technical Specification Group Services and System Aspects, Multimedia Broadcast/Multicast Service (MBMS), Protocols and Codecs (Release 10)," 2012.

[9] C. Birle, B. Borsetzky, Y. Chen, U. Dietz, G. Gehlen, S. Gläser, G. Jodlauk, J. Kahle, G. Nöcker, A. Schmidt, C. Sommer, S. Sories, and U. Dietz, ed.: AKTIV-CoCar Adaptive and Cooperative Technologies for Intelligent Traffic - Cooperative Cars: CoCar Feasibility Study Technology, Business and Dissemination, CoCar Consortium, 2009.

[10] J. C. Chen and T. Zhang: IP-Based Next-Generation Wireless Networks: Systems, Architectures, and Protocols, John Wiley & Sons, 2004.

[11] Epitiro Ltd: "LTE Real World Performance Study: Broadband and Voiceover LTE (VoLTE) Quality Analysis: Telia Sonera, Turku, Finland," Epitiro Whitepaper, 2011.

[12] Federal Communications Commission (FCC) FCC 11 - 6: "Third Report and Order and Fourth Further Notice of Proposed Rulemaking," 2011.

[13] Nokia Siemens Networks: White Paper, "LTE Performance for

Initial Deployments," 2009.

[14] New York City Department of Transportation: "Green Light for Midtown Evaluation Report," 2010.

[15] M. A. Phan, R. Rembarz1, and S. Sories: "A Capacity Analysis for the Transmission of Event and Cooperative Awareness Messages in LTE Networks," ITS World Congress, Orlando, Florida, USA 2011.

[16] S. Sesia, I. Toufik, and M. Baker: LTE - The UMTS Long Term Evolution - From Theory to Practice, Second edition, John Wiley & Sons, 2011.

[17] Tele Geography: "US Remains at Forefront of LTE Service Adoption," [online]. Available at: < http://www.telegeography.com/products/commsupdate/articles/2012/03/15/us-remains-at-forefront-of-lte-service-adoption > (accessed July 29, 2012), 2012.

[18] United States Department of Transportation, National Highway Safety Administration (NHTSA): "Vehicle Safety Communications Project Task 3 Final Report Identify Intelligent Vehicle Safety Applications Enabled by DSRC," 2005.

词汇表

2G	Second Generation	第二代
3G	Third Generation	第三代
3GPP	Third-Generation Partnership Project	第三代合作伙伴计划
4G	Fourth Generation	第四代
ABS	Antilock Braking System	防抱死制动系统
ACC	Adaptive Cruise Control	自适应巡航系统
ACJT	Ateniese-Camenisch-Joye-Tsudik	ACJT 群盲签名方案
ACK	Acknowledgement	肯定应答
AES	Advanced Encryption Standard	高级加密标准
AIAD	Additive Increase/Additive Decrease	和式增加/和式减少
AIFS	Arbitration Interframe Spacing	仲裁帧间间隔
AIMD	Additive Increase/Multiplicative Decrease	和式增加/积式减少
AMP	Arbitration on Message Priority	优先级仲裁
APCO	Association of Public Safety Officials	公共安全官员协会
ARIB	Association of Radio Industries and Businesses	日本无线工业及商贸联合会

续表

ASTM	American Society for Testing and Materials	美国材料与试验协会
BAS	Brake Assist System	制动辅助系统
BCM	Body Control Module	车身控制模块
BLIS	Blind Spot Information System	盲点信息系统
BPSK	Binary Phase Shift Keying	二进制相移键控
BSM	Basic Safe Message	基本安全信息
BSS	Basic Service Set	基本服务集
BSSID	Basic Service Set Identifier	基本服务集标识符
CA	Certificate Authority	证书授权机构
CALTRANS	California Department of Transportation	加利福尼亚州运输局
CAMP	Crash Avoidance Metrics Partnership	防碰撞联盟
CAN	Controller Area Network	控制器局域网络
CBR	Channel Busy Ratio	信道忙碌率
CBS	Cell Broadcast Service	小区广播业务
CCA	Clear Channel Assessment	空闲信道评估
CCH	Control Channel	控制信道
CD	Communication Density	通信密度
CDMA	Code Division Multiple Access	码分多址
CDP	Certificate Revocation List Distribution Points	CRL 分布点
CEN	European Committee for Standardization	欧洲标准委员会
CICAS-SLTA	CICAS-Signalized Left Turn Assistance	交叉口协同避撞系统 – 信号灯左转辅助系统
CICAS-V	Cooperative Intersection Collision Avoidance System for Violations	交叉口协同避撞系统
CLW	Control Loss Warning	控制失效警报
CMAS	Commercial Mobile Alert System	商业活动警报系统
CMDI	Channel Monitoring and Decision Interval	信道监测和决策间隔

续表

CME	Certificate Management Entity	凭证管理实体
CMRS	Commercial Mobile Radio Service	商业移动无线业务
CRC	Cyclic Redundancy Check	循环冗余校验码
CRL	Certificate Revocation List	证书撤销列表
CSMA	Carrier Sense Multiple Access	载波侦听多路访问
CSMA/CA	Carrier Sense Multiple Access with Collision Avoidance	载波监听多路访问/冲突避免机制
CSMA/CD	Carrier Sense Multiple Access with Collision Detection	载波监听多路访问/冲突检测机制
CSR	Certificate Signing Request	证书请求文件
CST	Carrier Sensing Threshold	载波监听阈值
CTS	Clear to Send	清除发射帧
CVN	Consumer Vehicle Network	消费者汽车网络
CWAB	Collision Warning with Auto Brake	带自动制动的碰撞预警系统
DARPA	Defense Advanced Research Projects Agency	美国国防部先进研究项目局
DAS	Data Acquisition System	数据采集系统
DCF	Distribution Coordination Function	分布协调功能
D-FPAV	Distribution Fair Transmission Power Adjustment for Vehicular Ad Hoc Networks	车载自组网合理传输功率调节分配
DGNSS	Differential Global Navigation Satellite System	差分全球卫星导航系统
DGPS	Differential Global Positioning System	差分全球定位系统
DIFS	DCF Interframe Spacing	DCF 帧间间隔
DNPW	Do Not Pass Warning	禁止超车警告
DoS	Denial of Service	拒绝服务
DSA	Digital Signature Algorithm	数字签名算法
DSRC	Dedicated Short Range Communication	专用短程通信
DSS	Digital Signature Standard	数字签名标准

续表

DTLS	Datagram Transport Layer Security	数据包安全传输层协议
DVI	Driver-Vehicle Interface	人车交互界面
ECC	Elliptic Curve Cryptography	椭圆曲线密码
ECDSA	Elliptic Curve Digital Signature Algorithm	椭圆曲线数字签名算法
ECIES	Elliptic Curve Integrated Encryption	椭圆曲线综合加密方案
ECM	Engine Control Module	发动机控制模块
ECU	Electronic Control Unit	电子控制单元
EDCA	Enhanced Distributed Channel Access	增强型分布式信道访问
EDGE	Enhanced Data Rate for GSM Evolution	增强型数据速率 GSM 演进技术
EEBL	Emergency Electronic Brake Light	紧急电子制动灯
EIFS	Extended InterFrame Spacing	扩展帧间隔
E-MBMS	Evolved Multimedia Broadcast and Multicast Service	多媒体广播组播业务
ESA	European Space Agency	欧洲空间局
ESC	Electronic Stability Control	电子稳定控制系统
ETC	Electronic Toll Collection	电子不停车收费系统
ETSI	European Telecommunications Standards Institute	欧洲电信标准化协会
FCC	Federal Communications Commission	美国联邦通信委员会
FCW	Forward Collision Warning	前方碰撞警示系统
FDD	Frequency Division Duplex	频分双工
FHWA	Federal Highway Administration	美国联邦公路局
FIPS	Federal Information Processing Standard	联邦信息处理标准
FOC	Full Operational Capability	全操作能力
FOT	Field Operation Trial	现场试运行
GDP	Gross Domestic Product	国内生产总值
GGSN	Gateway GPRS Support Node	网关 GPRS 支持节点

续表

GID	Geometric Intersection Description	交叉口几何描述
GNSS	Global Navigation Satellite System	全球卫星导航系统
GPRS	General Packet Radio Service	通用分组无线服务技术
GPS	Global Positioning System	全球定位系统
GSM	Global System for Mobile Communication	全球移动通信系统
GUI	Graphical User Interface	图形用户界面
HALL	High Availability Low Latency	高可靠性、低延迟
HLE	Higher-Layer Entity	更高层实体
HPLR	High Power Long Range	高功率、长距离
HSPA	High-Speed Packet Access	高速封包存取
HTTP	Hypertext Transfer Protocol	超文本传输协议
HTTPS	HTTPSecure	超文本传输安全协议
HV	Host Vehicle	主车
IEEE	Institute of Electrical and Electronics Engineers	美国电气和电子工程师协会
IETF	Internet Engineering Task Force	互联网工程任务组
IMA	Intersection Movement Assist	交叉口运动辅助预警
IOC	Initial Operational Capability	初始运行能力
IOV	In-Orbit Validation	在轨验证
IP	Internet Protocol	互联网协议
IPv6	Internet Protocol Version 6	互联网协议第六版
IRP	Intersection Reference Point	交叉口的参考点
ISI	Intersymbol Interference	码间串扰
ISP	Internet Service Provider	互联网服务提供商
ITS	Intelligent Transport System	智能交通系统
ITSA	Intelligent Transportation Society of America	美国智能交通协会

续表

ITU-T	International Telecommunications Union, Telecommunication Standardization Sector	国际电信联盟远程通信标准化组织
Kbps	Kilobits Per Second	Kbps
km	Kilometer	km
LCW	Lane Change Warning	换道预警
LIN	Local Interconnect Network	局部互联网络
LLC	Logical Link Control	逻辑链路控制
LoS	Line of Sight	视线
LTE	Long Term Evolution	长期演进技术
MAC	Media Access Control	媒体接入控制
MAC	Message Authentication Code	消息认证码
MANET	Mobile Ad-Hoc NETworks	移动自组织网络
MBL	Max Beaconing Load	最大信标负载
Mbps	Megabits Per Second	Mbps
MBSFN	Multicast Broadcast Single Frequency Network	多播/组播单频网络
MDS	Misbehavior Detection System	异常行为检测系统
MIAD	Multiplicative Increase/Additive Decrease	积式增加/和式减少
MIB	Management Information Base	管理信息库
MIMD	Multiplicative Increase/Multiplicative Decrease	积式增加/积式减少
MIMO	Multiple Input and Multiple Output	多输入多输出
MLIT	Ministry of Land, Infrastructure, Transport and Tourism	国土交通省
MLME	MAC Layer Management Entity	MAC 层管理实体
MOST	Media Oriented Systems Transport	面向媒体的系统传输
NAV	Network Allocation Vector	网络分配矢量

续表

NHTSA	National Highway Traffic Safety Administration	美国国家公路安全管理局
NIST	National Institute of Standards and Technology	美国国家标准与技术研究院
OBD	On-Board Diagnostics	车载自动诊断系统
OCB	Outside the Context of a Basic Service Set	基本服务集之外
OEM	Original Equipment Manufacturer	原装设备制造商
OFDM	Orthogonal Frequency Division Multiplexing	正交频分复用技术
OTP	Objective Test Procedures	目标测试程序
P-GW	Packet Data Network Gateway	分组数据网络网关
PHY	Physical Layer	物理层
PKCS	Public Key Cryptography Standards	公钥密码学标准
PKI	Public Key Infrastructure	公钥基础设施
PLAN	Personal Localized Alerting Network	人身定位警告系统
PLCP	Physical Layer Convergence Procedure	物理层会聚协议
PLME	Physical Layer Management Entity	物理层管理实体
PMD	Physical Media Dependent	物理介质关联层接口
PPS	Pulse Per Second	脉波
PSID	Provider Service Identifier	服务提供商标识符
PULSAR	Periodically Update Load Sensitive Adaptive Rate Control	定期负载更新敏感自适应速率控制
PWR	Insufficient Power	功率不足
PXB	Prereception Busy	预接收忙碌
QAM	Quadrature Amplitude Modulation	正交振幅调制
QoS	Quality of Service	服务质量
QPSK	Quadrature Phase Shift Keying	四相相移键控
RA	Registration Authority	数字证书注册中心

续表

RDU	Radar Decision Unit	雷达决策单元
RF	Radio Frequency	射频
RFC	Request for Comments	请求评议
RITA	Research and Innovative Technology Administration	研究和创新技术管理局
RL	Revocation List	撤回列表
RNC	Radio Network Controller	无线网络控制器
RSA	Rivest-Shamir-Adleman	公钥加密
RSS	Received Signal Strength	接收信号强度
RSU	Road Side Unit	路侧单元
RTCMS	Radio Technical Commission for Maritime Services	国际海运事业无线电技术委员会
RTK	Real-Time Kinematic	实时动态差分法
RTS	Request to Send	请求发送帧
RV	Remote Vehicle	目标车辆
RXB	Reception Busy	接收忙碌
SAP	Service Access Point	服务访问点
SC-FDMA	Single-Carrier Frequency Division Multiple Access	单载波频分多址
SCH	Service Channel	服务信道
SDARS	Satellite Digital Audio Radio Systems	卫星数字音频广播系统
SDS	Security Data Store	安全数据存储装置
SG	Study Group	学习集团
SGSN	Serving GPRS Support Node	GPRS 服务节点
S-GW	Serving Gateway	服务网关
SHA	Secure Hash Algorithm	安全散列算法（哈希算法）
SINR	Signal to Interference Noise Ratio	信号与干扰噪声比
SIP	Session Initiation Protocol	会话初始化协议
SP	Single Point	单点

续表

SPAT	Single Phase and Timing	单相和正时
TCP	Transmission Control Protocol	传输控制协议
TDEA	Triple Data Encryption Algorithm	三重数据加密算法
TMC	Traffic Management Center	交通管理中心
TOA	Time of Arrival	到达时间
TPMS	Tire Pressure Monitoring System	轮胎压力监测系统
TTA	Time to Access	访问时间
TXB	Transmission Busy	发送忙碌
UDP	User Datagram Protocol	用户数据包协议
URE	User Range Error	用户测距误差
USDOT	U. S. Department of Transportation	美国运输部
UTM	Universal Transverse Mercator	通用横轴墨卡托投影
V2CA	Vehicle to Certificate Authority	车辆 – CA
V2I	Vehicle to Infrastructure	车路
V2MDS	Vehicle to Misbehavior Detection System	车辆 – MDS
V2V	Vehicle to Vehicle	车车
VCM	Vehicle Certificate Manager	车辆认证管理机构
V-DTLS	Vehicular Datagram Transport Layer Security	车载数据包传输层安全协议
VIN	Vehicle Identification Number	车辆识别码
VLR	Verifier Local Revocation	本地验证撤销
VMT	Vehicle Miles Traveled	车辆行驶里程
VSC2	Vehicle Safety Communication 2	车间安全通信 2
VSC-A	Vehicle Safety Communications Applications	车间安全通信—应用
VTTI	Virginia Tech Transportation Institute	弗吉尼亚交通运输学院
WAAS	Wide Area Augmentation System	广域增强系统

续表

WAVE	Wireless Access in Vehicular Environment	车间无线通信
WCDMA	Wideband Code Division Multiple Access	宽带码分多址
WGS	World Geodetic System	世界大地坐标系
WME	WAVE Management Entity	WAVE 管理实体
WSA	WAVE Service Advertisement	WAVE 服务通告
WSMP	WAVE Short Message Protocol	WAVE 简讯通信协议
WSU	Wireless Safety Unit	无线安全通信单元